지능정보사회를 대비한
대학·대학원생과 공공·기업 실무를 위한

개인정보
보호와 활용 개론

이기혁 · 김원 · 홍준호 지음

생능출판

개인정보 보호와 활용 개론

초판인쇄 2017년 8월 18일
초판발행 2017년 8월 25일

지은이 이기혁, 김원, 홍준호
펴낸이 김승기
펴낸곳 (주)생능출판사 / **주소** 경기도 파주시 광인사길 143
출판사 등록일 2005년 1월 21일 / **신고번호** 제406-2005-000002호
대표전화 (031)955-0761 / **팩스** (031)955-0768
홈페이지 www.booksr.co.kr

책임편집 정하승 / **편집** 신성민, 김민보, 손정희, 이문영 / **디자인** 유준범
마케팅 백승욱, 최복락, 최일연, 김민수, 심수경, 차종필, 백수정, 최태웅, 김범용, 김민정
인쇄·제본 영신사

ISBN 978-89-7050-925-9 93000
정가 23,000원

머리말

최근 고도화·지능화되고 있는 사이버공격으로 인해 개인정보뿐만 아니라 국가기반시설 등 안보에 관련된 정보까지 노출되면서 정보보호에 대한 중요성이 높아지고 있으며, 우리나라 뿐만 아니라 전 세계는 인터넷을 매개로 하여 모든 사물이 연결되는 지능정보사회로 변모 하고 있습니다.

이에 따라 정보의 보호뿐만 아니라 활용도 중요한 이슈가 되었습니다. 특히, 개인정보 유출 사고가 발생하면 헌법상 개인의 기본권인 개인정보자기결정권을 침해받게 되고, 이는 신 체·재산상의 제2차 피해로 이어집니다. 뿐만 아니라 스마트 카, 스마트 홈, 스마트 그리드, 스마트 의료 등의 융합화가 이루어지고 있는 사물인터넷은 인간에게 편리함을 주지만, 개 인의 정보가 실시간으로 수집되고 이동된다는 것은 정보 유출의 위험성을 내포하는 것입 니다.

예를 들면, 정보통신을 기반으로 한 IoT(Internet of Things) 기기를 통해 통신, 금융, 의료 등의 활동이 이루어질 때, 악성코드 혹은 악성프로그램으로 인한 해킹(Hacking)이 이루어 져 개인 정보의 유출을 생각해 볼 수 있습니다. 즉 해커(Hacker)가 금융정보를 이용하여 재 산적 피해를 주거나, 통신정보를 이용하여 개인을 감시할 수 있는 사생활 피해가 이루어지 게 될 것이며, 의료정보를 통해 의료 기기를 조작한다면 생명에 위해를 줄 수 있는 물리적 피해를 초래하게 할 수도 있을 것입니다.

또한, 과거부터 문제가 되었던 산업계의 개인정보 유출 문제는 여전히 해결할 문제로 남아 있습니다. 이는 내부 유출 및 산업계의 정보보호 의식 부족으로 인한 허술한 보안 관리, 정보보호 투자부족, 정보보호 인력부족 등이 주요인이 되곤 합니다.

이러한 개인정보 침해를 예방하기 위해 우리나라에서는 개인정보와 관련한 법률들을 제 정 및 개정하며 법률 체계를 마련하고 있는데, 『개인정보 보호법』, 『정보통신망 이용촉진 및 정보보호 등에 관한 법률』, 『정보보호 산업의 진흥에 관한 법률』 등이 바로 그것입니다. 이 중 개인정보에 관련한 대표적인 법률로서 2011년 3월 29일에 『개인정보 보호법』이 제정되었고, 이후에도 개인정보 유출 사태를 예방하고 사후 대처를 개선하기 위하여 몇 차례에 걸쳐 선제적으로 개인정보 보호법 개정은 물론이고, 침해사고 대응 및 2차 피해 방지·피해 상담 등을 개인정보보호위원회, 행정안전부, 방송통신위원회 등 정부부처가 힘을 쓰고 있습니다.

우리나라는 2017년에도 금융회사, 숙박앱 등 20여 곳에서 개인정보 유출 사고가 발생하였고, 크고 작은 소규모의 유출 사고는 지속적으로 발생되고 있으며, 2차 피해의 심각성은 날로 증대되고 있는 것이 현실입니다.

특히 가장 큰 유출 사건으로 법 개정에 영향을 준 것은 2014년 카드사 개인정보 유출 사건입니다. 이는 우리나라의 주요 카드사가 관리하는 약 1억 4,000만 건이 넘는 개인정보가 유출되어 국민의 피해 예방과 구제의 제도적 개선 필요성을 실감하게 해주었습니다.

이에 따라 현재까지 범죄에 대한 제재강화, 징벌적 손해배상제도 및 법정 손해배상제도 등이 도입되었고, 피해자의 구제 방안에 대한 강화와 책임을 통한 개인정보 관리자의 개인정보 보호의식 향상을 유도하는 방향으로 법·정책적 개선이 이루어지고 있음을 우리는 잘 알고 있습니다.

그동안 저자들이 『개인정보 보호법』 분석, 정책연구의 경험, 국내외 보안 기업들과의 프로젝트, 각종 정보보호 법·정책 제안, 그리고 개인정보 침해사고에 대응하였던 사례 분석들을 통한 경험들을 총망라하여 2nd 개정판을 발간하는 데 주력하였습니다. 개인정보 보호 개론을 기초로 하여 개인정보 보호와 관련된 법적 현황과 『개인정보 보호법』을 기반으로 한 법제도, 해외 개인정보 보호정책 사례 등을 가장 최근 연구 자료를 반영하여 기술하려고 노력하였습니다. 그럼에도 불구하고 분명 부족한 부분이 있을 것이라고 생각하면서 독자 분들께 양해를 구합니다.

또한 초판본과 유사한 형태이지만 최신의 많은 내용이 보완·출간되어 개인정보 보호 관련 법률서적과 기술서적을 따로 볼 필요 없이 한 권에 법률과 기술을 함께 이해할 수 있도록 제작한 점을 인지해 주시면 감사하겠습니다.

부록에는 개인정보 보호 관련 국내·외 법 연혁과 그동안에 제·개정된 법·지침·가이드라인의 목록을 수록하여 개인정보 보호 관련 업계 종사자나 대학에서 정보보호와 관련한 학문을 공부하는 데 좋은 경험서가 될 것으로 생각합니다. 특히 실물 언어를 그대로 사용한 점은 이해도를 높이는 데 도움을 줄 것입니다.

끝으로 본서가 개인정보 보호에 관심이 많은 분들에게 도움이 되어 정보보호 인력 양성에 이바지하기를 바라고, 크게는 우리나라의 개인정보 보호인식을 한 단계 고양시키는 데 도움이 될 수 있는 서적이 되기를 희망합니다.

본서가 나오기까지 다방면에서 도움을 주신 개인정보보호위원회, 행정안전부, 방송통신위원회, 과학기술정보통신부, 한국인터넷진흥원, 한국정보보호학회, 한국산업보안연구학회, 개인정보보호법학회, 한국정보보호산업협회 관련 여러분께 감사의 말씀을 드립니다.

2017년 8월
이기혁, 김원, 홍준호

강의계획표

이 책은 개인정보 보호의 이론과 법률 및 제도, 실 소송사례 및 판례, 개인정보 보호법상의 실제 현업에서 적용가능한 기술적 보호대책과 보호 시스템 구축 등에 대해서 강의(3학점/3시간) 하고자 하는 교수님, 강사님을 위해서 매우 실무적으로 작성되었다.

특히, 타교재에서 다루지 않았던 기술적 보호조치가 현장에서 어떻게 설계되고 구축되는지에 관한 상세한 사례가 설명되어 있어서 개인정보 관련법률 지식과 정보보안 기술적 지식을 모두 습득할 수 있는 아주 유익한 학습기회를 제공하며, 수강자는 마치 현장 실무자처럼 체험이 가능하도록 제공된 교재이다.

전반부 1, 2, 3장은 주로 개인정보에 관한 이론과 법률 지식, 소송 사례로 구성되어 있고 후반부 4, 5, 6장은 전반부에서 학습한 내용을 실제 기술적으로 설계하여 구축, 운영하는 과정을 학습할 수 있고 또한 개인정보 보호뿐만 아니라 개인정보를 어떻게 활용할 것인가에 대한 부분도 다루었다.

또한, 첨부된 부록은 개인정보 보호법 연혁과 정부부처에서 공포한 지침, 가이드 라인목록 등을 한 눈에 확인할 수 있도록 하여 수강자들에게 실감나는 도움이 되도록 하였다.

주	해당 장(절)	주제
1	1.1~1.4	개인정보 정의 및 분류, 개인정보의 중요성
2	1.5~1.9	개인정보 생명주기, 영향평가제도, PIMS, 개인정보 분쟁조정
3	2.1~2.2	국내 개인정보 보호 법률, 개인정보 보호법
4	2.3	정보통신망법
5	2.4~2.7	개인정보 보호법관련 주요 국가 사례
6	3.1~3.2	개인정보 소송사례
7	3.3	개인정보 유출 사건의 위자료 산정
8		중간고사(필기 또는 실기)
9	4.1~4.2	개인정보의 기술적 보호대책
10	4.3	개인정보법 규정을 준수하기 위한 기술적 대책
11	4.4~4.6	개인정보 암호기술, 기술적 조치대상 기술과 제품, 사례로 이해하는 개인정보 보호의 기술적 내용
12	5.1~5.3	개인정보 유출방지시스템, 개인정보 영향평가시스템
13	5.4~5.5	데이터베이스 방화벽
14	5.6~5.9	개인정보 전송 관리시스템, 보안서버 등
15	6	개인정보 비식별 조치
16		기말고사(필기 또는 실기)

학습연계도

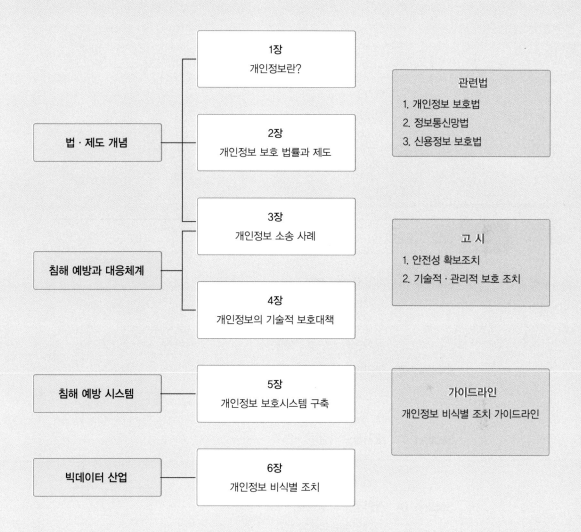

법·제도 개념

1장
개인정보란?

2장
개인정보 보호 법률과 제도

관련법
1. 개인정보 보호법
2. 정보통신망법
3. 신용정보 보호법

침해 예방과 대응체계

3장
개인정보 소송 사례

4장
개인정보의 기술적 보호대책

고 시
1. 안전성 확보조치
2. 기술적·관리적 보호 조치

침해 예방 시스템

5장
개인정보 보호시스템 구축

가이드라인
개인정보 비식별 조치 가이드라인

빅데이터 산업

6장
개인정보 비식별 조치

차례

CHAPTER 02 개인정보 보호 법률과 제도

CHAPTER 03 개인정보 소송 사례

CHAPTER 04 개인정보의 기술적 보호대책

CHAPTER

01

개인정보란?

1. 개인정보의 일반적 개념

개인정보란 "살아 있는 개인에 관한 정보로서 성명, 주민등록번호 및 영상 등을 통하여 개인을 알아볼 수 있는 정보(해당 정보만으로는 특정 개인을 알아볼 수 없더라도 다른 정보와 쉽게 결합하여 알아볼 수 있는 것을 포함한다)"를 말한다. 즉, 해당 정보만으로 개인을 식별할 수 있는 경우는 개인의 고유한 특성을 상징하거나, 그러한 상징을 내포할 수 있는 유일한 식별자를 의미하는 것으로써 우리나라의 주민등록번호가 대표적인 예이다.

해당 정보만으로 개인을 식별할 수 없는 경우라 하더라도, 다른 정보와 결합하여 개인을 식별할 수 있는 경우 그러한 정보들의 조합이 개인정보로써 인정될 수 있다. 미국 카네기멜론대학의 연구에 따르면 5자리의 우편번호(5-digit ZIP), 성별, 생년월일 정보로 미국 전체 인구의 87%가량을 식별할 수 있다.

법률적 개인정보의 정의는 『개인정보 보호법』과 『정보통신망 이용촉진 및 정보보호 등에 관한법률』(이하 정보통신망법이라 함)에서 [표 1.1]과 같이 정의한다. 개인정보 보호법과 정보통신망법에서 개인정보의 개념은 법률상 표현이 조금 다르게 되어 있으나, 법률 해석상 그 내용은 사실상 동일하다.

| 표 1.1 법률에서 정의하는 개인정보

분야	내용
『개인정보 보호법』	살아 있는 개인에 관한 정보로써 성명, 주민등록번호 및 영상 등을 통하여 개인을 알아볼 수 있는 정보(해당 정보만으로는 특정 개인을 알아볼 수 없더라도 다른 정보와 쉽게 결합하여 알아볼 수 있는 것을 포함한다)
정보통신망 이용촉진 및 정보보호 등에 관한 법률	생존하는 개인에 관한 정보로서 성명·주민등록번호 등에 의하여 특정한 개인을 알아볼 수 있는 부호·문자·음성·음향 및 영상 등의 정보(해당 정보만으로는 특정 개인을 알아볼 수 없어도 다른 정보와 쉽게 결합하여 알아볼 수 있는 경우에는 그 정보를 포함한다)

개인정보는 본인의 의사에 반하거나 본인이 알지 못하는 상태에서 이용될 경우 당사자인 정보주체의 안녕과 이해관계에 영향을 미칠 수 있는 개인관련 정보를 포괄한다고도 볼 수 있다. 즉, 개인정보는 생존하는 자연인의 내면적 사실, 신체나 재산상의 특질, 사회적 지위나 속성에 관하여 식별되거나 또는 식별할 수 있는 정보의 총체를 일컫는 것으로 이해할 수 있다.

유럽연합의 개인정보 보호 일반규정(GDPR, General Data Protection Regulation)에서는 '개인정보'를 '식별되었거나 식별 가능한 자연인 즉, 정보주체 관련된 모든 정보를 개인정보'로 정의하고 있다('personal data' means any information relating to an identified or identifiable natural person('data subject')).

이와 같이 외국의 경우, 개인정보의 정의는 개인을 특정할 수 있는 모든 정보라는 큰 틀이 유지되고 있으며, 현행법에서 적용되는 개인정보의 정의 역시 크게 다를 바가 없다. EU, OECD, 미국, 영국 등 대부분의 국가는 개인정보를 '개인을 식별하거나 신원을 확인할 수 있는 정보(자료, 기록)'로 규정하고 있다.

| 표 1.2 개인정보의 개념에 대한 각 국의 입법례

구분	법령	정의
OECD	개인정보 보호지침 (Guidelines on the Protection of Privacy and Transborder Flows of Personal Data)	개인데이터(personal data)는 식별되거나 식별될 수 있는 개인에 관한 모든 정보를 지칭
EU	개인정보 보호지침 (Directive 94/46 EC)	개인데이터(personal data)는 식별되거나 식별될 수 있는 자연인에 관한 모든 정보를 지칭 ※ 식별가능한 개인은 직접 또는 간접적으로 신원 확인번호, 신체적, 생리적, 정신적, 경제적, 사회적 동일성(identity)을 나타내는 요소를 참조하여 그 신원이 확인될 수 있는 사람을 지칭
미국	프라이버시법 (Privacy Act, 1974)	개인기록(Record)은 행정기관이 보유하는 개인에 관한 정보(information about an individual)의 개개 항목 또는 그 집합 ※ 개인기록에는 당해 개인의 이름, 식별번호·부호, 지문, 성문, 자신과 같은 당해 개인의 고유한 식별자(identifying particular)가 포함
영국	개인정보 보호법 (Data Protection Act, 1998)	개인기록(personal data)은 신원확인이 가능한 생존하는 개인에 관한 기록으로서, 그 기록 또는 다른 정보로부터 신원 확인이 가능한 것을 의미
일본	개인정보 보호법 (個人情報の保護に關する法律)	개인정보는 생존하는 개인에 관한 정보로서 성명·생년월일 기타 기술(記述)에 의해 특정 개인을 식별할 수 있는 정보

한편, 그동안 개인정보와 관련한 권리관계를 설정할 때 대개 프라이버시라는 개념으로 포괄하여 접근하는 것이 일반적이다. 프라이버시의 법적 개념을 보면, 프라이버시는 '사적인 생활의 공표 내지 노출을 침해받지 않을 권리'로써 대한민국 헌법 제17조에서는 '모든 국민은 사생활의 비밀과 자유를 침해받지 아니한다'라고 규정하고 있다. 원하지 않은 접근으로부터 자유로울 권리(물리적 접근, SMS 등), 자신에 관한 정보가 자신이 원하지 않은 방식으로 이용되지 않을 권리(매매, 노출 등), 자신도 모르는 사이에 정보가 남에게 수집되지 않을 권리(CCTV, 쿠키 등), 자신이 정확하고 올바르게 표현될 권리(무결성), 자신의 정보가 지닌 가치에 대해 보상받을 권리를 내포하고 있다.

│ 표 1.3 프라이버시 개념 변화

산업사회 (~1960년대 이전)	산업/정보화 사회 (1960~2010년)	유비쿼터스 사회 (2010년 이후)
• 물리적 공간에 의한 제약 존재 • 프라이버시는 사전적, 소극적 의미 • '물리적 침해'로부터 자유로울 권리(Free from physical infringement)	• 시 · 공간에 의한 제약의 존재 (일부해소) • 프라이버시는 소극적 의미 • 내 정보가 침해로부터 자유로울 권리(Free from information infringement)	• 실제사회와 가상사회의 통합 • 프라이버시는 적극적 의미 • 내 정보의 가치를 보호받을 권리(Protection of the value of information)

[표 1.3]은 산업사회에서 정보사회로 발전함에 따라 프라이버시의 개념 또한 변화하고 있다는 것을 보여준다.

전통적 의미에서의 프라이버시는 남에게 방해받지 않을 권리, 인간의 존엄성과 관련된 천부적인권, 사생활 보호나 초상권 등을 포함하는 소극적 의미였다. 그러나 현대 정보사회에서의 프라이버시는 적극적으로 자신에 대한 정보를 관리·통제할 수 있는 권리, 그리고 기록된 개인정보가 부정확함으로써 발생 가능한 각종 부작용을 예방하기 위해 자신의 정보를 확인하고 정정할 수 있는 청구권적 성격을 지닌 적극적인 의미로 변화했다.

❷ 개인정보 보호 관련법

국내에서는 개인정보 보호법이 2011년에 제정되면서 개인정보 보호의 문제가 법의 틀 안에서 본격적으로 다루어지기 시작했지만, 이미 그 이전부터 정보통신망 이용촉진 및 정보보호 등에 관한 법률(이하 "정보통신망법"이라 함)과 신용정보의 이용 및 보호에 관한 법률(이하 "신용정보법"이라 함)을 포함한 다양한 법률을 통해 개인정보 보호의 문제가 규율되어 왔다. 법률체계상 개인정보 보호법은 개인정보 보호에 관하여 일반법의 성격을 가지고 있는 한편, 개인정보 보호법 제정 이전부터 이미 존재해온 개인정보 보호와 관련된 다수의 법들은 대부분 특별법의 성격을 유지하며 개인정보 보호법과 공존하고 있다.

개인정보 보호법의 법 제정 배경을 살펴보면, 정보사회의 고도화와 개인정보의 경제적 가치 증대로 사회 모든 영역에 걸쳐 개인정보의 수집과 이용이 보편화됨에 따라, 공공부문과 민간부문을 망라하여 국제 수준에 부합하는 개인정보 처리원칙 등을 규정하고, 개인정보 침해로 인한 국민의 피해 구제를 강화하여 국민의 사생활의 비밀을 보호하며, 개인정보에 대한 권리와 이익을 보장하려는 것이다.

개인정보 보호법의 법 제정 연혁을 살펴보면, 공공부문과 민간부문을 모두 포섭하는 개인정보보호 일반법 제정에 관한 논의가 있었고, 17대 국회에서 노회찬 의원(민노당, 04.11), 이은영 의원(우리당, 05.7), 이혜훈 의원(한나라당, 05.12) 등 3개 '개인정보 보호법(안)'이 의원 발의되었으나 17대 국회 임기만료로 폐기되었다. 18대 국회에서 이혜훈 의원안(08.8.8), 변재일 의원안(08.10.27) 등 2개 개인정보 보호법(안)이 의원 발의되었고, '08년 11월 28일 개인정보 보호법 정부(안)이 국회에 제출되었다. '09년 2월 20일 국회 행정안전위원회에서 의원안과 정부안을 병합하여 상정하였고 이후 공청회, 법안심사소위 등을 거쳐 '11년 3월 11일 본회의에서 의결되었고 같은 해 9월 30일 시행되었다.

이와 같이 국내에서의 개인정보 보호에 관한 논의는 개인정보 보호법 입법 이전의 상황을 고려하더라도 비교적 최근에 시작되었다. 대다수의 해외 국가에서도 개인정보 보호에 관한 법령이 나타나기 시작한 것은 최근 5년~20년 정도의 기간 동안이라고 할 수 있다. 다만 미국과 유럽에서는 일찍이 19세기 및 20세기를 거치면서 개인정보 보호의 중요성에 대한 논의가 시작되었고, 현대에 와서도 1970년대 들어 다른 지역에 비해 일찍 법체계를 마련하였다. 따라서 미국과 유럽에서의 개인정보 보호 법제도의 형성과정을 파악하는 것은 국내에서의 논의에 대해서도 시사하는 바가 많다. 미국과 유럽은 서로 영향을 미치면서 논의를 발전시켜 왔는데, 오늘날에 와서는 근본적인 원칙은 대체로 유사하지만 실정법의 구조나 법집행 체계 등에 관해서는 서로 매우 다른 구조를 갖추게 되었다. CHAPTER 2에서 국내법과 선진국가의 법체계를 비교할 것이다.

[그림 1.1]은 국내 개인정보 보호 관련법 현황을 보여준다.

	정보통신	금융	의료	교육	개인정보 보호 일반
소관법령	정보통신망 이용촉진 및 정보보호 등에 관한 법률	신용정보의 이용 및 보호에 관한 법률	보건의료기본법 의료법	교육기본법 초·중등교육법	개인정보 보호법
적용범위	정보통신서비스 제공자가 이용자 개인정보 수집시	신용정보업자 등이 개인신용정보 수집·활용·제공시	의료인 및 의료기관 종사자가 처리하는 환자기록 및 비밀	교육기관이 학생 및 학부모 개인정보 처리시	개인정보 처리자가 정보주체 개인정보 수집시
적용대상	·정보통신서비스 제공자 ·방송사업자	·신용정보집중기관(5개) ·신용정보업자(33개) ·기타 신용정보처리 개인정보 처리자 등	의료인 및 의료기관 종사자	모든 교육기관 및 종사자	오프라인 사업자, 근로자 비영리단체 (협회, 동창회 등), 공공기관 등
수집/이용	·민감정보 수집제한 및 필요 최소정보 수집 ·수집 목적 등 고지 및 사전동의 획득 후 수집	·수집시 목적명확 ·합리적·공리적 수집 ·신용정보 무관 정보 수집 금지	·진료기록부 기재 등 ·관련 동의조항 없음	교육적 목적으로만 수집/이용	·최소항목 수집, 민감 정보 수집제한 ·주민등록번호 외 회원 가입 방법 수단 제공
목적 외 이용/제공	목적 외 이용 및 동의 없는 제3자 제공 금지	·개인신용정보 제공 및 활용시 동의 획득 의무 ·상거래 관계 설정·유지 여부 판단 외 제공 금지	의료기록 누설 및 제3자 제공 금지	학교생활기록 및 건강검사 자료 등을 동의 없이 제3자 제공 금지 (초·중등)	목적 외 이용 동의 없는 제3자 제공 금지

출처 : 정보통신망법 전문 교육 교재(KISA)

| **그림 1.1** 국내 개인정보 보호 관련법 현황

3. 개인정보의 영역 확대

정보사회의 발전으로 과거에는 존재하지 않았던 새로운 유형의 개인정보가 등장하게 되었고 이에 따라 새롭게 대두되는 개인정보로써 SNS 및 스마트폰 앱을 활용한 개인의 위치정보, 생체 인식 기술에 쓰이는 바이오 정보, CCTV에 의해 수집되는 화상정보 등도 보호해야 할 중요한 개인정보의 유형에 포함된다. 이러한 개인정보를 보호하기 위한 새로운 법과 제도가 탄생하게 됨에 따라 과거에는 조직이 보유한 시스템, 네트워크와 같은 전산장비 및 서비스의 보호로 국한되던 소극적인 정보보호의 개념이 개인정보를 기업의 자산으로 인식하고 보호하는 적극적인 개념으로 확대 발전하고 있다.

출처 : 정보통신서비스 제공자를 위한 개인정보 보호 법령 해설서

| **그림 1.2** 사회발전에 따라 확대되는 개인정보의 범위

개인정보의 성립 요건과 법적 성질

이번에는 현행 법률에 정의된 개인정보의 정의를 기준으로 그 구성요건을 세부적으로 설명하면서 개인정보의 보호 범위를 개별적으로 살펴보기로 한다. 『개인정보 보호법』은 개인정보를 '살아 있는 개인에 관한 정보로서 성명, 주민등록번호 및 영상 등을 통하여 개인을 알아볼 수 있는 정보(해당 정보만으로는 특정 개인을 알아볼 수 없더라도 다른 정보와 쉽게 결합하여 알아볼 수 있는 것을 포함한다)'라고 정의하였다.

개인정보의 주요 구성요건 중 하나는 '살아 있는 개인에 관한 정보'라는 것이다. 그렇다면 살아 있는 개인의 범위는 어디까지인가, 사망한 사람이나 실종한 사람의 개인정보는 보호되어야하는가 등이 논란의 여지가 있다. 본 절에서는 이에 대해 세부적으로 살펴본다.

1. 개인정보의 성립 요건

개인정보가 성립하려면 살아 있는 개인, 정보의 내용·형태, 식별 가능성 등의 요건이 갖추어져야 한다. 이 요건에 대하여 알아보도록 한다.

1) '살아 있는' 개인에 관한 정보이어야 한다.

개인정보 보호 법령상 개인정보는 '살아 있는' 자연인에 관한 정보이므로 사망했거나 실종선고 등 관계 법령에 의해 사망한 것으로 간주되는 자에 관한 정보는 개인정보로 볼 수 없다. 다만, 사망자의 정보라고 하더라도 유족과의 관계를 알 수 있는 정보는 유족의 개인정보에 해당한다.

2) '개인에 관한' 정보이어야 한다.

개인정보의 정체는 자연인이어야 하며, 법인 또는 단체에 관한 정보는 개인정보에 해당하지 않는다. 따라서 법인 또는 단체의 이름, 소재지 주소, 대표연락처(이메일 주소 또는 전화번호), 업무별 연락처, 영업실적 등은 개인정보에 해당하지 않는다. 또한 개인사업자의 상호명, 사업장 주소, 전화번호, 사업자등록번호, 매출액, 납세액 등은 사업체의 운영과 관련한 정보로서 원칙적으로 개인정보에 해당하지 않는다.

그러나 법인 또는 단체에 관한 정보이면서 동시에 개인에 관한 정보인 대표자를 포함한 임원진과 업무 담당자의 이름·주민등록번호·자택주소 및 개인 연락처, 사진 등 그 자체가 개인을 식별할 수 있는 정보는 개별 상황 또는 맥락에 따라 법인 등의 정보에 그치지 않고 개인정보로 취급 될 수 있다.

사람이 아닌 사물에 관한 정보는 원칙적으로 개인정보에 해당하지 않는다. 그러나 해당 사물 등의 제조자 또는 소유자 등을 나타내는 정보는 개인정보에 해당한다. 예를 들어, 특정 건물이나 아파트의 소유자가 자연인인 경우, 그 건물이나 아파트의 주소가 특정 소유자를 알아보는데 이용된다면 개인정보에 해당한다.

3) '정보'의 내용·형태 등은 제한이 없다.

정보의 내용·형태 등은 특별한 제한이 없어서 개인을 알아볼 수 있는 모든 정보가 개인정보가 될 수 있다. 즉, 디지털 형태나 수기 형태, 자동 처리나 수동 처리 등 그 형태 또는 처리방식과 관계없이 모두 개인정보에 해당할 수 있다.

정보주체와 관련되어 있으면, 키, 나이, 몸무게 등 '객관적 사실'에 관한 정보나 그 사람에 대한 제3자의 의견 등 '주관적 평가' 정보 모두 개인정보가 될 수 있다. 또한, 그 정보가 반드시 '사실'이거나 '증명된 것'이 아닌 부정확한 정보 또는 허위의 정보라도 특정한 개인에 관한 정보이면 개인정보가 될 수 있다.

4) 개인을 '알아볼 수 있는' 정보이어야 한다.

'알아볼 수 있는'의 의미는 해당 정보를 '처리하는 자'의 입장에서 합리적으로 활용될 가능성이 있는 수단을 고려하여 개인을 알아볼 수 있다면 개인정보에 해당한다. 현재 처리하는 자 외에도 제공 등에 따라 향후 처리가 예정된 자도 포함된다. 여기서 '처리'란 개인정보 보호법 제2조 제2호에 따른 개인정보의 수집, 생성, 연계, 연동, 기록, 저장, 보유, 가공, 편집, 검색, 출력, 정정(訂正), 복구, 이용, 제공, 공개, 파기, 그 밖에 이와 유사한 행위를 말한다.

한편, 주민등록번호와 같은 고유식별정보는 해당 정보만으로도 정보주체인 개인을 알아볼 수 있지만, 생년월일의 경우에는 같은 날 태어난 사람이 여러 사람일 수 있으므로 다른 정보 없이 생년월일 그 자체만으로는 개인을 알아볼 수 있다고 볼 수 없다.

5) 다른 정보와 '쉽게 결합하여' 개인을 알아볼 수 있는 정보도 포함된다.

'쉽게 결합하여'의 의미는 결합 대상이 될 정보의 '입수 가능성'이 있어야 하고 '결합 가능성'이 높아야 함을 의미한다.

'입수 가능성'은 두 종 이상의 정보를 결합하기 위해서는 결합에 필요한 정보에 합법적으로 접근·입수할 수 있어야 함을 의미하며, 이는 해킹 등 불법적인 방법으로 취득한 정보까지 포함한다고 볼 수는 없다.

'결합 가능성'은 현재의 기술 수준을 고려하여 비용이나 노력이 비합리적으로 수반되지 않아야 함을 의미하며, 현재의 기술 수준에 비추어 결합이 사실상 불가능하거나 결합하는데 비합리적인 수준의 비용이나 노력이 수반된다면 이는 결합이 용이하다고 볼 수 없다.

따라서, 공유·공개될 가능성이 희박한 정보는 합법적 입수 가능성이 없다고 보아야 하며, 일반적으로 사업자 구매하기 어려울 정도로 고가의 컴퓨터가 필요한 경우라면 '쉽게 결합'하기 어렵다고 보아야 한다.

2. 개인정보의 법적 성질

현재까지 개인정보의 법적 성질에 관한 논의가 거의 없기 때문에 개인정보를 헌법상 프라이버시 권리와 개인 재산으로써의 재산권적 관점에서 대별하여 살펴보기로 한다. 이는 개인정보를 프라이버시의 핵심사항이나 프라이버시와 동일시하는 인식과 최근 인터넷에서 개인정보를 재산처럼 유통하고 있는 점에 근거하여 분류한 것이다.

개인정보의 법적 성질을 헌법상 프라이버시 권리로 보는 견해와 개인의 재산으로써 개인이 소유하는 일종의 재산권으로 보는 견해가 있다. 전자의 견해에 의하면, 헌법 제17조(모든 국민은 사생활의 비밀과 자유를 침해받지 아니한다)를 근거로 하여 사생활의 비밀과 자유의 불가침을 보장하기 위한 측면에서 개인정보를 이해하고 있다. 즉, 프라이버시를 헌법상의 권리로 보고 개인정보의 성격을 프라이버시의 일종으로 보아 양도할 수 없다고 본다. 그리고 일반적으로 재산권의 객체로 인정되어 왔던 유체(有體) 재산은 분할되면 가치가 감소되지만, 정보는 분할되더라도 가치가 감소되지 않는다는 정보의 특수성을 감안하여 재산적 성격을 부정하는 이론을 전개하고 있다.

또 다른 관점에서, 저작권 및 특허권의 법리를 원용하여 재산의 개념을 확대하고 개인정보를 재산의 범위에 포함시키는 견해가 있다. 그러나 저작권이나 특허권은 창작이나 발명을 통하여 문화, 예술이나 기술의 수준을 향상시키는 대가로 일정 기간 동안 금전적 이익을 얻을 수 있도록 하는 한도 내에서 보호가 인정된다. 하지만 대부분의 정보는 창작물이라기보다는 발견물이라 할 수 있으며, 발견물에 대하여는 그러한 보호가 인정되지 아니한다는 점에서 한계가 있다. 즉, 개인정보는 『특허법』에서 요구하는 신규성(新規性)이나 『저작권법』에서 요구하는 창작성이 결여된다고 봐야 하므로 재산의 보호와 같은 개념으로 이해해서는 안 될 것이다.

Section 03 개인정보의 분류

개인정보는 광의와 협의의 개념으로 나눌 수 있다. 협의의 개인정보 개념을 다시 세분하면 당해 정보만으로 개인을 직접적으로 알아볼 수 있는 '직접 식별 개인정보'와 해당 정보만으로는 특정 개인을 알아볼 수 없더라도 다른 정보와 쉽게 결합하여 알아볼 수 있는 '간접 식별 개인정보'로 구분할 수 있다.

1. 광의의 개인정보

넓은 의미의 개인정보는 자연인(自然人), 법인(法人), 사자(死者), 부재자(不在者) 등의 개인정보가 포함되는 총체적 개인정보를 의미하므로 '인적 정보(人的情報)' 일체를 말한다. 광의의 개인정보의 범위는 자연인은 물론이고 법인의 신용정보까지 포함할 수 있다. 개인정보를 유형별로 분류하면 [표 1.4]와 같다.

| 표 1.4 개인정보 유형별 분류(행정자치부 개인정보 보호 종합포털)

유형 구분	개인정보 항목
일반정보	이름, 주민등록번호, 운전면허번호, 주소, 전화번호, 생년월일, 출생지, 본적지, 성별, 국적
가족정보	가족구성원들의 이름, 출생지, 생년월일, 주민등록번호, 직업, 전화번호
교육 및 훈련정보	학교출석사항, 최종학력, 학교성적, 기술 자격증 및 전문 면허증, 이수한 훈련 프로그램, 동아리활동, 상벌사항
병역정보	군번 및 계급, 제대유형, 주특기, 근무부대
부동산정보	소유주택, 토지, 자동차, 기타 소유차량, 상점 및 건물 등
소득정보	현재 봉급액, 봉급경력, 보너스 및 수수료, 기타 소득의 원천, 이자소득, 사업소득
기타 수익정보	보험(건강, 생명 등) 가입현황, 회사의 판공비, 투자프로그램, 퇴직프로그램, 휴가, 변경
신용정보	대부잔액 및 지불상황, 저당, 신용카드
고용정보	현재의 고용주, 회사주소, 상급자의 이름, 직무수행평가기록, 훈련기록, 출근기록, 상벌기록, 성격테스트 결과, 직무태도

유형 구분	개인정보 항목
법적정보	전과기록, 자동차 교통 위반기록, 파산 및 담보기록, 구속기록, 이혼기록, 납세기록
의료정보	가족병력기록, 과거의료기록, 정신질환기록, 신체장애, 혈액형, IQ, 약물테스트 등 각종 신체테스트 정보
조직정보	노조 가입, 종교단체 가입, 정당 가입, 클럽회원
통신정보	전자우편(E-mail), 전화 통화내용, 로그파일(Log File), 쿠키(Cookies)
위치정보	GPS나 휴대전화에 의한 개인의 위치정보
신체정보	지문, 홍채, DNA, 신장, 가슴둘레 등
습관 및 취미정보	흡연, 음주량, 선호하는 스포츠 및 오락, 여가활동, 비디오 대여기록, 도박성향

2. 협의의 개인정보

1) 직접 식별 개인정보

직접 식별 개인정보는 직접 개인을 알아볼 수 있는 정보로써, 이 정보만으로도 해당 개인에 대하여 직접적으로 침해를 가할 수 있는 정보를 말한다. 따라서 직접 알아볼 수 있는 정보는 한 개인당 고유한(Unique) 특징이 있다는 점을 전제로 하고 있으며, 개인의 신체상에 부여된 생체 식별 개인정보와 사회적으로 고유하게 부여된 사회적 개인정보로 나눌 수 있다.

생체 식별 개인정보는 지문, 홍채, 정맥 패턴 등을 말한다. 생체 식별 개인정보는 그 자체의 특성에 의하여 개인을 직접 식별할 수 있기 때문에 그 사람과 일체된 고유의 개인정보이다.

생체 식별 개인정보의 경우, 생체라는 고유한 성질에 의하여 개인을 식별할 수 있고 그 식별이 직접적이고 유일하다. 다만 타인에 의하여 부여된 정보가 아니라는 점에서 사회적 개인정보와 구별된다.

사회적 개인정보는 주민등록번호, 이용자 계정(ID), 운전면허번호, 여권번호 등의 개인정보를 통하여 해당 개인을 직접 식별할 수 있다. 이 정보는 개인이 속한 사회에 의하여 부여된 정보로써 일정한 규칙에 따라 개인이 특정되는 정보를 의미한다.

2) 간접 식별 개인정보

간접 식별 개인정보는 직접 식별 개인정보와 결합하거나 간접 식별 개인정보들을 결합하여 해당 개인을 용이하게 알아볼 수 있는 정보를 말한다. 직접 알아볼 수 있는 개인정보는 그 자체만으로 개인을 알아볼 수가 있기 때문에 개별적으로 개인정보로써 인정되지만 간접적으로 알아볼 수 있는 개인정보는 그 자체만으로는 한 개인을 식별하기가 어렵고, 여러 조합에 의하여 비로소 한 개인을 명확하게 알아볼 수 있게 되는 정보를 말한다. 예를 들면, 이름과 주소의 경우 단독으로는 한 개인을 특정하기가 어렵지만 두 개를 조합할 경우 개인을 특정할 수 있는 가능성이 높아진다.

3) 공개한 개인정보와 비밀의 개인정보

개인정보를 용도에 따라 구분할 때 공개한 개인정보와 비밀의 개인정보로 나눌 수 있다. 공개한 개인정보는 완전 공개 정보와 제한적 공개 정보로 나눌 수 있다.

완전 공개 정보는 정보 주체가 자신의 정보를 공개하면서 특별한 제한을 두지 않은 경우를 말한다. 따라서 다른 정보 주체가 이러한 공개 정보를 부정하게 사용하지 않는 한 특별히 그 사용에 있어서 불법이라고 할 수 없다. 예컨대 이메일 추출 프로그램을 사용하거나 웹사이트 등에 공개된 정보는 완전 공개 정보이므로 이를 통해 광고, 설문조사, 문의 등을 할 수 있다.

제한적 공개 정보는 정보 주체가 자신의 정보를 제공하면서 수집하는 자에게 이용에 대해서 일정한 제약을 두는 경우를 말한다. 이 경우 제약은 약관이나 개인정보 보호정책, 계약에서 그 수집 범위와 용도, 관리방법, 기간 등을 규정함으로써 발생한다. 예를 들어, 어떤 회사가 운영하는 웹사이트에 가입하고자 할 때 해당 사이트의 약관에 따라 이용자는 자신의 개인정보를 제공하고 회원으로 등록돼 활동하게 되지만, 사이트마다 제공하는 정보와 기간, 탈퇴 시 정보의 파기여부 등이 다를 수 있다. 관련 법률에서 원칙적으로 보호하는 개인정보는 제한적 공개 정보이다.

비밀의 개인정보는 타인이 정보 주체의 의사에 반하여 접근 또는 사용해서는 안 되는 정보를 말한다. 비밀의 개인정보는 개인이 비밀의 의사를 명시적 또는 묵시적으로 표시하거나 보안기능 또는 프로그램 등을 사용해 타인의 접근을 허용하지 않는 정보이다. 예를 들어, 네트워크로 웹에 연결된 개인용 컴퓨터 안의 특정 폴더에 암호를 설정해서 현재 저장 중인 개인정보관련 파일의 경우나 자물쇠로 잠가둔 책상 속의 다이어리 내용 중 관련 개인정보의 경우 또는 회사 등에서 일정 그룹의 구성원으로서 네트워크상 공유 옵션에 암호를 설정해 둔 경우는 비밀의 개인정보라 할 수 있다. 정보 주체가 비밀의 개인정보를 특정기업이나 웹사이트 운영자등에게 제공하게 되면 제한적 공개 정보로 취급된다.

1. 개인정보 이용의 효과

정보화 시대를 넘어 사물인터넷 시대에 진입함에 따라 개인정보 수요자와 개인정보 공급자가 개인정보를 이용하는 데 따르는 순기능의 효과와 함께 역기능의 효과도 커지고 있다.

개인정보 활용의 순기능을 살펴보면 개인정보 공급자 측면에서는 구매 재화 선택에 따르는 탐색 비용 절감, 재화 구매에 따르는 거래 비용 절감, 행정서류 발급비용 절감 등의 비용감소 효과와 인터넷 커뮤니티의 이용에 의한 정보교환·행정참여 등의 효용증대 효과를 들 수 있다.

한편 개인정보 수요자 측면에서는 제품개발 비용절감, 본인확인 비용절감 등의 비용감소와 마케팅 효과 제고 등을 통한 매출증대, 업무분산 등을 통한 효율성 증대 등이 있다.

개인정보 이용의 역기능을 살펴보면 개인정보 공급자 측면에서는 휴대전화 및 이메일의 스팸 및 체감스팸 증가, 개인정보 도용에 따른 정정비용 발생, 금융계좌에서의 불법인출 등을 들 수 있다. 한편 기업 측면에서는 개인정보 이용에 따르는 관리·기술·물리적 인프라 비용 증가, 개인정보 유출에 따른 천문학적 손해배상, 형사처분 위험, 회원탈퇴, 매출감소, 브랜드 이미지 악화 등의 피해 발생을 들 수 있다.

2. 개인정보 보호의 필요성

정보사회의 발전으로 개인정보의 개념이 인격권과 재산권이 혼재된 새로운 개념으로 이해되고 있고 개인을 알아볼 수 있는 정보(영상, 사진 등)가 유출되면 개인의 기본권인 인격권(초상권 등)의 침해로 이어질 수 있는 가능성이 있다.

반면, 기업의 입장에서는 회원가입, 경품응모, 커뮤니티 활동 등을 제공하는 대가로 개인으로부터 제공받는 개인정보를 기업의 마케팅 활동에 활용하는 중요한 기업의 재산으로 인식하고 있고, 개인의 입장에서는 개인이 자신을 식별할 수 있는 정보를 기업에 제공함으로써 경품응모, 커뮤니티 이용, 물품구매 등의 편익을 얻을 수 있다.

최근 발생한 캐피털 고객 개인정보 침해 사건과 정유사의 자회사 직원이 고객 개인정보를 유출시킨 사건은 다시 한 번 개인정보 보호의 중요성을 상기시켰다. 개인정보 유출은 이제 단순히 기업 마케팅이나 비즈니스 활용 목적을 벗어나 직접적 금전 대가를 목적으로 한다. 이 사건은 전 국민의 프라이버시라는 기본권 침해와 금전적 피해에 노출될 수 있었다는 점에서 개인적 침해 차원으로 생각해서는 안 된다.

온라인 네트워크가 부의 창출을 위한 경제활동의 핵심 영역으로 구축되고 있는 상황에서 문제시 되는 것은 개인정보 침해와 보안위험 등으로 인한 신뢰성 감소 등이다. 온라인 활동과 인터넷 경제가 축소된다면 국가 경쟁력의 약화로 이어질 수 있고 기업에게는 비즈니스 기회 감소로, 개인에게는 금전적 손실 등의 위험이 따를 수도 있다.

경제 측면보다 더 큰 위험은 개인정보 도용으로 사회적 지위까지 위태로울 수 있다는 점이다.

ID도용 등으로 하루아침에 자신도 모르는 사이에 신용 불량자로 전락하거나 악성 루머 등으로 개인 이미지가 손상되기도 한다. 기업은 자사가 보유한 개인정보 유출사고 발생 시 SOX, HIPAA 등 IT 컴플라이언스를 준수하지 못했을 경우, 집단 민사소송 및 형사소송으로 이어져 법적, 경제적 피해와 함께 주가 하락은 물론이고 기업 이미지와 신뢰도 하락으로 이어질 수 있다. 최악의 경우 고객 개인 정보보호에 실패한 기업은 과다한 벌금 등의 소송으로 인해 파산할 수도 있다. 이미 유럽은 기업들이 개인정보 유출소송으로 파산할 수 있음을 경고한 바 있고 일본에서도 몇 년 전 개인정보 침해사고로 인한 '기업 돌연사'라는 용어가 유행했다. 개인정보 위험관리시스템이 허약해 외국에 개인정보 보호 취약국이라는 낙인이 찍힐 경우, 국가신뢰도 하락 및 국내 정보기술 산업의 수출 위축을 가져올 수도 있다. 대부분의 기업은 이미 CPO제도 등을 통해 방어 장치를 마련했다고 공언해왔지만 2008년 발생한 옥션 해킹 사건을(자세한 내용은 3장 참조) 비롯한, 수많은 기업의 개인정보 유출 사건은 개인정보 보호시스템 및 내부 통제가 제대로 작동하지 않거나 실제 효과가 크지 않음을 보여주고 있다. 문제는 개인정보 침해가 가져올 사회적 파급력에 비해 그 해결책은 지극히 개인적이고 개별적인 방식으로 제공되었다는 점이다. 따라서 사회전체 차원의 위험관리시스템 구축에서 그 해결책이 모색되어야 한다.

공공과 민간영역의 각 주체들은 『개인정보 보호법』, 개인정보 영향평가, 각종 컴플라이언스 법제들, 개인정보 보호기술인 PET(Privacy Enhancing Technology) 등이 사회에 효과적인 개인정보위험관리 수단으로 조속히 자리 잡도록 함으로써 개인정보 보호 침해로 인한 국가적 위기와 기업의 위기 그리고 국민 개개인의 위험을 보호할 수 있도록 해야 한다.

③ 개인정보 활용에 대한 기업, 고객, 사회의 인식

일반적으로 사람들은 개인정보의 상업적 이용이 증가할수록 개인정보 침해의 위험성이 비례하여 증가하기 때문에 개인정보 보호를 위해서는 개인의 정보 수집 및 이용을 금지하거나 최소화하여야 한다는 인식이 있다. 하지만 이는 논쟁의 여지가 있다.

그 예로 스팸메일을 살펴볼 수 있다. 스팸메일은 그것이 잘못된 사람 또는 원치 않는 사람으로부터 보내지기 때문에 메일 수신자는 이에 대해 거부감을 갖는다. 특히 개인정보 활용이 스팸성 판촉의 증가를 가져올 것이라는 우려는 판촉 행위 중에서도 불필요한 판촉에 대한 비용측면만 고려했기 때문에 발생한 것이다. 소비자 역시 경제적 이해득실을 통해 거래를 하는 주체인 만큼, 정보제공 및 활용에 대해서 얻는 혜택이 지불해야 하는 비용보다 많다면 정보제공에 무조건 부정적인 반응을 보이지 않을 것이다. 실제로 소비자는 정보제공을 통해 불필요한 DM(Direct Mail)과 TM(Tele-marketing) 등의 처리에 발생하는 비용보다 개별화된 제품이나 서비스 제공 혜택이 클 경우 정보제공 용의가 있음이 밝혀졌다. 또한 국내 인터넷 사용자를 대상으로 한 조사에서도 1년 내 웹사이트 이용 때문에 개인정보 제공을 요구받았을 때 제공 경험이 가장 많은 사이트는 인터넷 쇼핑몰(46.5%), 금융기관 사이트(13.9%)의 순으로 나타났다. 이는 실제적인 거래를 하거나 맞춤 정보의 혜택이 클수록 정보제공 정도가 크다는 것을 알 수 있다.

기업 입장에서는 소비자 정보가 미래 글로벌 기업의 경쟁력을 결정하는 핵심자산이기 때문에 정보를 효율적, 효과적으로 수집, 관리, 활용 및 보호하는 기업이 미래의 시장을 지배하게 될 것으로 보고 있다. 즉 기업은 개인정보 활용을 통해 정확한 고객정보를 기반으로 하는 올바른 마케팅적 의사결정과 마케팅 비용 감소로 인해 자원배분의 효율성을 높일 수 있다. 또한 고객 관리비용 감소와 신규고객 창출이 용이해짐으로 인해 효율적 마케팅을 통한 수익 향상을 달성할 수 있다.

소비자 입장에서도 맞춤형 정보획득으로 정보비용을 감소시킬 수 있으며, 만족도를 높일 수 있다. 또한 무분별한 스팸메일 공격에서 벗어날 수 있으며, 맞춤형 서비스 이용으로 생활이 보다 편리해질 수 있을 것이다. 마지막으로 사회 전반은 개인정보 활용을 통해 네트워크를 효율적으로 활용할 수 있게 되고, 합법적 개인정보 획득과 활용비용의 현실화가 달성될 수 있을 것이다.

이와 같이 개인정보 활용이 반드시 부정적인 결과만을 초래하는 것은 아니며, 개인정보 보호와 균형을 이룬 개인정보 활용은 기업, 소비자, 사회 전반에 긍정적인 효용을 창출할 수 있다.

개인정보 보호를 위해서 무조건 개인정보 활용을 전면 금지하는 것은 바람직한 방법이 아니다. 특히 오늘날과 같은 유비쿼터스 사회에서 정보는 중요한 부가가치 창출 수단으로 활용되기 때문에 무조건적인 활용 금지는 오히려 역기능으로 작용할 수 있다. 따라서 기업, 소비자, 사회에서는 개인정보 활용의 역기능을 최소화하고 원래의 의모인 순기능의 존재를 감안하여 적절한 개인정보 수집 및 활용에 관한 기준을 만들어야 한다.

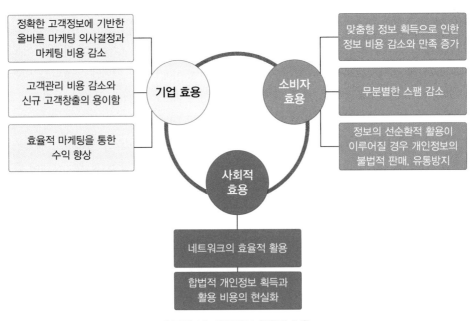

| **그림 1.3** 개인정보 활용의 효용

4. 개인정보 활용의 개념

정보통신기술의 발달로 인터넷 사용 확산은 SNS(Social Network Service) 등을 통하여 소비자와의 쌍방향 대화를 가능하게 하였고, 웹 기반환경에서 수집되는 소비자 관련 정보를 추가적으로 분석할 수 있게 되었다. 특히 웹사이트의 보편화는 소비자에 관한 정보를 종전보다 빠르고 편리하게 수집하고 이용할 수 있게 하였다. 이는 소비자 개인의 성향과 취향을 밝혀내고, 획일적인 서비스가 아닌 고객과의 일대일 관계를 발전시켜 나가는 개인화 전략을 가능하게 한 것으로 볼 수 있다.

이와 더불어 오늘날 급속한 기술개발과 소비자의 욕구 다양화는 제품 수명주기를 단축시키고, 기업 간 경쟁을 심화시켰다. 또한 가격 경쟁뿐만 아니라 제품력, 서비스 등 비가격 경쟁이 일반화되면서 기업은 보다 많은 마케팅 정보를 필요로 하게 되었다. 기업이 마케팅 관리를 수행할 때 기업목표를 이해하고 현 상황을 분석·평가해야 하며, 나아가 미래 상황을 예측하여 이에 따른 마케팅 계획수립과 집행 및 통제를 수행하는 과정을 거치게 된다. 이러한 과정을 통해 기업의 목적을 달성하기 위해서는 의사결정을 위한 충분한 정보가 필요하다. 그러나 적절한 마케팅 정보가 제공되지 못하고 쓸모없는 정보가 너무 많으면 마케팅 관리에 어려움을 겪을 수 있다.

5. 개인정보의 경제적 가치

개인정보 유출 및 노출 사고 발생 시 그 피해액이나 손해배상액을 산정하는 등 개인정보의 가치를 확인할 필요가 있을 때에는 객관적으로 증명된 가치산정 방식에 기초해야 한다. 개인정보의 경제적 가치를 추정하기 위해서는 델파이법(Delphi Method), 전문가 판단과 같은 일반적인 사회학적 방법으로도 개인정보의 가치를 산정할 수 있지만, 가장 대표적으로는 가상가치접근법(CVM, Contingent Valuation Method)을 이용할 수 있다. 환경재해 등 비시장 재화의 가치평가 방법인 가상가치접근법을 사용하여, 인터넷 이용자들이 개인정보 유출 피해라는 경제적 손실을 회피하기 위해 통신 서비스에 대하여 평균적으로 지불할 의사금액(WTP, Willing to Pay)을 측정하는데 이용한다.

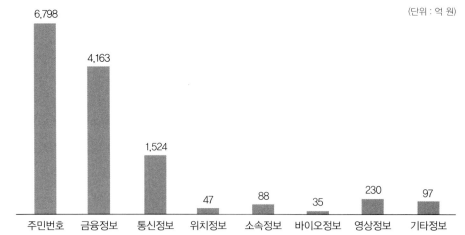

출처 : 개인정보영향평가전문교육교재(KISA)

| **그림 1.4** 연간 개인정보 보호의 가치

한국인터넷진흥원(구 한국정보보호진흥원)이 2006년 전국 인터넷 이용자 2,402명을 대상으로 실시한 설문조사 결과 일반 인터넷 이용자들이 느끼는 연간 개인정보 보호에 대한 총 가치는 약 1조 3,000억 원에 달하고, 많은 개인정보 중에서 특히 금융정보 유출을 가장 우려하고 있는 것으로 나타났다. 개인정보 보호의 총 가치는 조사대상 인터넷 이용자들이 개인정보 유출을 피하기 위해 지불할 의사가 있는 비용(월 3,914원)을 우리나라 전체 인터넷 이용자로 환산하여 산정되었다.

당시 조사에서는 전체 응답자의 약 61.4%에 해당하는 1,476명이 개인정보 보호를 위해 금전적인 부담을 지불할 의사가 있다고 응답하였다. 또한 가구소득이 많을수록, 금융정보에 대한피해 경험과 통신비 지출이 많을수록 지불의사가 높은 것으로 분석되었다.

개인정보의 유형별로 보면 은행 계좌번호 등 금융정보의 유출을 가장 심각하게 우려하고 있으며, 그 다음으로 주민등록번호 등 개인고유정보, 휴대 전화번호 등 통신정보, CCTV 등 영상정보 순으로 나타났다. 하지만 이들 개인정보 유형 중 인터넷 이용자들이 가장 개선하고 싶은 것은 개인고유정보로 나타났는데, 이는 금융정보는 유출 시 실제 피해는 가장 크지만, 실제로 발생하는 피해건수는 주민등록번호 유출로 인한 피해가 가장 많기 때문에 나타난 결과로 추정된다. 현재는 주민번호 유출, 카드번호 유출에 의해 주민번호 및 금융정보의 가치가 높으나 향후 유비쿼터스 사회에서는 위치정보, 바이오 정보, 영상정보 등의 가치가 높아질 것이다.

개인정보 유출 피해 빈도는 전체 응답자 중 약 20% 이상이 개인정보 유출로 인한 피해경험이 있는 것으로 나타났으며, 각 속성별 피해경험은 통신정보, 주민번호, 소속정보 순으로 나타났다. 휴대전화, 이메일 스팸 피해로 인해 통신정보 침해경험이 높지만 심각성은 피해의 영향력이 큰 금융정보로, 이에 대한 대비가 필요한 것으로 나타났다.

개인정보 라이프 사이클

1. 개인정보 생명주기의 정의

개인정보 생명주기란 사업자가 해당 서비스를 제공하기 위해 이용자의 개인정보를 수집, 저장/관리, 이용/제공, 파기하는 개인정보 관리의 단계를 의미한다. 개인정보 생명주기를 도식화하면 [그림 1.5]와 같다.

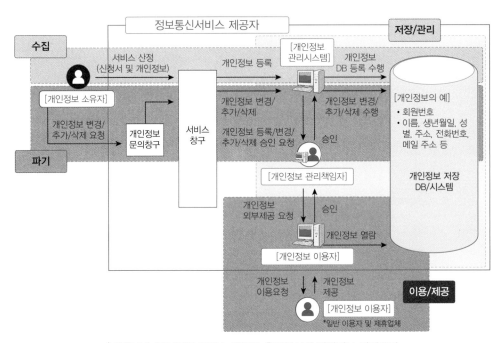

| **그림 1.5** 정보통신 서비스 제공자 측면에서의 개인정보 생명주기

개인정보 제공자로부터 수집한 개인정보는 개인정보 관리책임자의 승인하에 관리를 위한 등록/변경/추가/삭제가 이루어지며, 개인정보 관리책임자의 승인 후에 이용과 제공을 할 수 있도록 구성되어 있다. 특히, 개인정보 관리책임자의 승인 하에 시스템의 용도변경 및

서비스 종료에 따른 대량 고객정보의 파기가 주기적으로 이루어진다.

개인정보 생명주기상에는 여러 가지 형태의 침해요인과 침해방법이 존재할 수 있다. 개인정보 생명주기를 바탕으로 개인정보 침해유형을 그림으로 나타내면 [그림 1.6]과 같다.

수집	저장 및 관리	이용 및 제공	파기
동의 없는 개인정보 수집 시 고지사항 불이행	조직 내부 취급자에 의한 개인정보의 유출, 훼손, 변경 등	동의 없는 개인정보의 무단 제공 및 공유	수집 및 목적달성 후 개인정보의 미파기
동의 및 고지 없는 개인정보 주체 외로부터의 수집	외부인의 불법적 접근에 의한 개인정보 유출 및 훼손 변경	당초 수집 시에 고지한 이용 목적을 넘어서는 개인정보의 이용	개인정보 삭제 요구 불응
법정대리인의 동의 없는 개인정보의 수집	사업자의 인식부족, 과실 등으로 인한 개인정보의 공개	타인의 개인정보를 무단으로 이용하는 경우	
서비스 이용과 관련 없는 과도한 개인정보의 수집	기술적·관리적 조치 미비로 인한 개인정보의 유출		
해킹 등 불법 수단에 의한 개인정보의 수집	고객의 개인정보 클레임에 대한 불응 또는 미조치		
기망에 의한 개인정보의 수집			

출처 : 한국인터넷진흥원 연구자료

| 그림 1.6 생명주기 사이클별 침해유형

② 개인정보 수집

개인정보를 수집할 때, 개인정보처리자는 이용자에게 수집·이용목적, 수집항목, 보유 및 이용 기간을 명시적으로 고지하고 동의[1]를 얻어야 한다. 이때, 수집할 수 있는 정보는 서비스를 위한 최소한의 정보만을 수집해야 한다. 또한 개인의 권리나 이익을 뚜렷하게 침해할 우려가 있는 민감한 정보인 인종, 민족, 사상, 출신지, 정치적 성향, 범죄 기록 등은 수집해서는 안 된다.

---

1) 개인정보 보호법은 동의를 거부할 권리가 있다는 사실 및 동의거부에 따른 불이익이 있는 경우에는 그 불이익의 내용을 추가로 고지하고 동의를 얻어야 한다.

특히 14세 이하 아동의 개인정보의 수집, 이용, 제공에 대한 동의를 받기 위해서는 사전에 반드시 법정대리인의 동의를 받아야 하고, 법정대리인의 동의를 위한 법정대리인의 성명, 연락처 등 최소한의 정보를 수집할 수 있다.

다음은 개인정보 수집 시 침해 요소가 될 수 있는 사항이다.

1) 동의 없이 개인정보를 수집할 때, 고지사항을 이행하지 않는 경우

인터넷 쇼핑몰 등에서 개인정보에 대한 수집목적, 이용목적, 보유기간, 회원탈퇴 방법 등에 대한 사항이 전혀 고지되지 않는 경우나 고지되어 있다 하더라도 그와 달리 개인정보가 이용되는 경우가 대표적이다.

2) 동의 및 고지 없이 개인정보 주체 외로부터 개인정보를 수집하는 경우

인터넷 마케팅 업체들이 쿠키를 사용해서 소비자들이 어느 웹사이트에 얼마나 머무르는지, 어떤 거래를 하는지에 대하여 동의를 구하지 않고 모니터링 하는 행위가 대표적이다.

3) 법정대리인의 동의 없이 개인정보를 수집하는 경우

법정대리인(부모)의 동의 없이 만 14세 어린이를 회원으로 가입시켜 게임, 아이템 등을 결제하게끔 하는 행위가 대표적이다.

4) 서비스 이용과 관련 없는 과도한 개인정보를 수집하는 경우

이메일을 사용하기 위해서 인터넷 이메일 계정을 신청할 때, 최소한의 개인정보를 넘어서 주소나 학력 등에 대한 개인정보를 필수항목으로 입력하는 것이 대표적이다.

5) 해킹 등 불법 수단을 사용하여 개인정보를 수집하는 경우

해킹 도구를 이용하여 키보드를 해킹하거나 웹 취약점을 이용하여 개인정보를 수집하는 경우이다.

6) 기망에 의해 개인정보를 수집하는 경우

계약직 직원 등을 모집한다고 인터넷에 글을 올리고 회원 가입 시 많은 양의 개인정보를 입력하게 한 후, 이와는 상관없는 다른 사이트에 마케팅 등의 수단으로 수집한 해당 개인 정보를 판매하거나 제공하는 경우가 대표적이다.

이러한 침해요소에 대한 대응책으로써 개인정보 수집단계에서는 수집되는 개인정보의 범위 및 사용목적 제한과 수집되는 개인정보에 대해 개인정보 소유자가 이를 인식 및 제어할 수 있어야 한다.

3. 개인정보 저장 및 관리

이 단계에서는 수집된 개인정보를 데이터베이스 등에 저장하고, 개인정보 보호정책에 따라 허가 받은 자만이 해당 개인정보에 접속할 수 있는 권한을 가지며 관리가 이루어진다. 또한 이용자가 서비스에 대한 탈퇴를 요청하면 해당 개인정보에 대한 이용 및 제공은 종료되어 서비스 탈퇴자의 개인정보는 즉시 파기되어야 한다. 단, 법률적인 근거에 의해 개인정보를 일정기간 보유해야 하는 경우가 있으므로 서비스 탈퇴자의 개인정보는 종류에 따라 지체 없이 파기되거나 보유기간 동안 관리체계에서 파기 전까지 저장하고 관리하게 된다.

개인정보의 저장 및 관리 단계에서는 저장된 개인정보에 대한 다양한 보호조치를 취해야 할 뿐만 아니라, 개인정보의 이용 시 발생할 수 있는 불법적인 개인정보 유출을 방지해야 한다.

계정 및 비밀번호의 관리, 데이터베이스 접근 통제 정책, 개인정보 데이터베이스 쿼리의 무결성 검증, DB보안 관리자의 직무분리 등을 주기적으로 시행함으로써 안정한 저장 및 관리 요건을 충족시킬 수 있다.

다음은 개인정보 저장 및 관리단계에서의 침해유형별 요인을 정리하였다.

1) 조직 내부 취급자에 의한 개인정보의 유출, 훼손, 변경

개인정보의 노출은 이용자의 동의 없이 개인정보가 노출되거나 권한 관리 또는 시스템/서비스 오류를 통해 노출될 수도 있다. 성형외과에서 성형 전후의 사진을 광고 형태로 내보내는 것이 대표적인 사례라고 할 수 있다.

2) 외부인의 불법적 접근에 의한 개인정보 유출 및 훼손, 변경

타인의 개인 메일 ID와 비밀번호를 알아내어 무단으로 메일 및 개인 웹사이트의 내용을 열람하는 것이 대표적인 사례라고 할 수 있다.

3) 사업자의 인식부족, 과실 등으로 인한 개인정보의 공개

관리자 또는 이용자의 실수로 개인정보가 노출되는 예로는 관리자가 실수로 이메일 첨부 파일에 개인정보를 포함한 파일을 전송하거나 홈페이지 상에 개인정보를 게재하는 경우를 들 수 있다.

4) 기술적, 관리적 조치 미비로 인한 개인정보의 유출

사업자는 수집한 이용자의 개인정보가 외부 시스템 침입 등을 통해서 불법적으로 유출되는 사고에 대비하여 안전한 장치를 통해 저장하여야 한다. 이러한 저장장치의 안전성에 따라 저장되는 개인정보의 침해 위협여부가 결정된다. 특히 개인정보는 기본적으로 개인정보가 가지는 가치와 이용되는 빈도 등에 따라 선별적으로 저장의 안전성 등급을 설정하고 이에 따라 저장할 수 있다. 그러나 안전성이 보장되지 않은 시스템에 저장되는 개인정보는 불법 유출을 통한 개인정보 침해 요인을 포함하고 있다고 할 수 있다. 개인정보의 저장은 저장하는 개인정보 항목별로 개인정보 보호정책에서 명시한 개인정보 보유기간에 따라 저장되어야 한다.

5) 고객의 개인정보 클레임에 대한 불응 또는 미조치

이용자가 자신의 개인정보에 대한 삭제를 요구하거나 서비스 탈퇴를 요구했으나, 인터넷 서비스의 탈퇴 방법이 없거나 탈퇴신청 후에도 처리가 되지 않아 요금 부과 및 광고성 메일이 계속 보내지는 경우를 예로 들 수 있다.

4. 개인정보 이용 및 제공

개인정보처리자가 이용자로부터 수집한 개인정보는 수집 및 이용 목적에 한하여 사용해야 하고 수집, 이용 목적이 변경되는 경우에는 반드시 이용자에게 별도의 동의를 구해야 한다. 개인정보처리자는 다음의 경우를 제외하고는 개인정보를 수집할 때, 고지 및 이용자들이 동의한 범위를 넘어서 개인정보를 이용할 수 없다.

- 이용자의 동의를 얻은 경우
- 계약을 이행하기 위하여 필요한 개인정보로서 경제적, 기술적인 사유로 통상적인 동의를 받는 것이 뚜렷하게 곤란한 경우
- 요금 정산을 위해 필요한 경우
- 기타 법 또는 다른 법률에 특별한 규정이 있는 경우

이용자로부터 수집한 개인정보를 개인정보처리자에게 영리적으로 제공하는 경우는 '제3자 제공', '개인정보의 취급 위탁'으로 크게 구분할 수 있다.

개인정보처리자가 '제3자'에게 개인정보를 제공하는 경우, '제공받는 자, 제공받는 자의 개인정보 이용목적, 제공하는 개인정보 항목, 제공받는 자의 개인정보 보유 및 이용기간'을 명시적으로 고지한 후, 동의를 획득해야만 한다. 대표적으로 신용카드 고객의 개인정보를 마케팅을 위해 대형 할인 마트에 제공하는 경우가 이에 해당된다.

취급 위탁의 경우에는, 개인정보 수집, 생성, 연계, 연동, 기록, 저장, 보유, 가공, 편집, 검색, 출력, 정정, 복구, 이용, 제공, 공개, 파기 등의 취급업무를 제3자에게 위탁할 때에는 개인정보 취급을 위탁받는 자와 위탁 내용을 명시적으로 고지한 후, 동의를 구해야 한다. 예를 들면 홈쇼핑의 상품 배송을 위한 택배 이용 시, 고객 정보를 택배회사에 제공한 경우가 이에 해당된다.

개인정보의 이용 및 제공 단계에서의 침해요인과 침해방법에는 다음과 같은 경우가 있다.

1) 동의 없는 개인정보의 무단 제공 및 공유

개인정보처리자는 이용자의 개인정보를 보유하고 있고, 다양한 서비스를 제공하므로 다수의 사업자 간에 다양한 개인정보를 제공하는 문제가 발생한다. 이 경우 발생 가능한 개인정보 침해 유형은 크게 네 가지로 분류할 수 있다.

우선 개인정보 보호정책에 명시되지 않은 위탁사업자나 제3서비스 제공자에게 개인정보를 제공하는 경우이다. 개인정보 보호정책은 서비스를 제공받는 모든 이용자가 자신의 개인정보를 수집, 저장 및 관리, 이용 및 제공에 대한 사항을 세부적으로 확인하는 장치이므로 개인정보 보호정책에는 개인정보처리자가 관리하는 모든 서비스 제공자, 위탁사업자와 제

공 개인정보항목 및 목적, 기간 등이 반드시 포함되어야 하며, 개인정보는 개인정보 보호정책을 준수하여 제공되어야 한다.

그 다음으로 개인정보 보호정책에 명시되지 않은 개인정보 항목을 제공하는 경우이다. 개인정보 보호정책에 명시된 위탁사업자 또는 제3서비스 제공자라 하더라도 모든 개인정보 항목을 제공하여서는 안 되며, 반드시 제공항목에 해당하는 개인정보만을 제공하여야 한다.

마지막으로 온라인 또는 오프라인 개인정보를 제3자에게 양도하는 등 불법적 거래의 경우이다. 사업자는 서비스 이용자의 중요한 개인정보를 포함하고 있으므로, 저장된 개인정보의 이용 및 제공은 반드시 접근 권한을 가진 담당자에 의해서만 합법적으로 수행되어야 한다.

2) 당초 수집 시 고지한 이용 목적을 넘어서는 개인정보의 이용

사업자가 보유한 개인정보를 바탕으로 서비스 이용자에게 이메일, SMS, 휴대전화 등으로 사전 동의를 거치지 않고 상품광고나 광고성 정보를 제공하는 경우가 해당된다.

3) 타인의 개인정보를 무단으로 이용하는 경우

개인정보는 서비스 필요성에 의해 분석이 필요한 경우도 있으나, 마케팅이나 기타 다른 목적으로 분석이 이루어지는 경우도 있다. 사용자의 동의 없이 개인정보를 분석하는 경우로 수집시점 또는 분석 이전에 개인정보의 분석에 대한 동의를 받지 않거나, 동의를 받았더라도 사전에 명시한 분석 목적 외로 사용, 또는 분석을 위한 개인정보 항목 외의 다른 개인정보를 분석에 포함시킨 경우가 모두 포함된다.

5. 개인정보의 파기

개인정보처리자는 보유기간의 경과, 개인정보의 처리 목적이 달성된 경우에는 개인정보를 지체 없이 해당 개인정보를 복구·재생할 수 없도록 파기해야 한다. 여기서 '지체 없이'란 '즉시'를 의미하지 않으며, 합리적 근거 및 이유에 따라 가장 빠른 시기를 의미한다. 또한 다른 법령에 의하여 개인정보를 보존하여야 하는 경우에는 해당 개인정보 또는 개인정보파일을 다른 개인정보와 분리하여서 저장, 관리하여야 한다. 개인정보를 파기하는 경우는 다음과 같다.

- 개인정보의 수집, 이용 목적을 달성한 경우
- 개인정보의 보유 및 이용 기간이 끝난 경우
- 사업을 폐업하는 경우
- 예외 : 국세기본법, 전자상거래상에서의 소비자 보호에 관한 법률, 통신비밀 보호법

개인정보의 파기 대상은 이용자가 제공한 개인정보뿐만 아니라 이용자로부터 서비스 제공 과정상에서 생성된 개인정보인 로그인 기록, IP, 쿠키, 결제 기록 및 백업 파일에 기재된 개인정보도 포함된다.

전자적으로 기록된 개인정보를 파기할 때에는 재생할 수 없는 기술적 방법으로 삭제하거나 당해 개인정보가 기록된 매체를 물리적으로 분쇄 또는 완전히 파기해야 한다.

개인정보 파기 단계에서의 침해요인과 침해방법은 다음과 같다.

1) 수집 및 목적 달성 후 개인정보를 파기하지 않는 경우

개인정보를 파기하는 시점에서 파기가 성공적으로 수행되지 않는 경우에는 부적절한 개인정보의 파기가 발생함으로써 침해 위협이 존재한다. 예를 들어 개인정보가 저장된 하드디스크를 파기하는 경우, 저장 정보를 삭제하지 않고 그대로 방치하는 경우, 자석식 소거기나 소각기 등을 이용하지 않고 포맷하는 경우 등은 하드디스크 재생을 통해 개인정보가 유출될 수 있다.

2) 개인정보의 삭제 요구에 불응

이용자가 자신의 개인정보를 삭제할 것을 요구했음에도 불구하고, 지체 없이 파기하지 않음으로써 해당 개인정보가 다른 목적으로 이용되거나, 노출될 수 있는 침해 위협이 존재할 수 있다.

1. 개인정보 영향평가 개요 및 의의

개인정보 영향평가(PIA, Privacy Impact Assessment)는 새로운 정보시스템의 도입과 개인정보의 수집에 앞서 계획하고 있는 시스템이 구축, 운영될 경우 프라이버시에 미칠 영향에 대하여 미리조사, 예측, 검토하는 체계적인 절차를 의미한다. 개인정보 영향평가는 개인정보를 취급하는 단체 등의 경우 공공이든 민간이든 모두가 수행할 수 있다.

개인정보 영향평가는 구축되기 이전 단계에서 제안된 정보시스템에 대하여 분석하는 절차를 의미하기 때문에 개인정보를 효과적으로 보호하기 위한 사전 계획적, 컨설팅적 측면이 강하며 능동적, 적극적, 사전적 조치라고 할 수 있다. 또한 기존 시스템을 운영하는 중에라도 중대한 침해 위협 가능성이 있을 경우에 실시하게 된다.

개인정보 영향평가의 사업 범위는 다음과 같다.

- 개인정보를 다량으로 보유, 관리하는 정보시스템의 신규 구축
- 신기술 또는 기존 기술의 통합으로 프라이버시 침해 가능성이 있는 기술을 사용하는 사업
- 개인정보를 보유, 관리하는 기존 정보 시스템을 변경하는 경우
- 개인정보 생명주기 단계에서 침해 우려가 발생할 수 있는 사업
- 기존에 보유하고 있는 개인정보 파일을 다른 기관과 연계하는 경우

개인정보 영향평가 수행은 다음과 같은 절차에 따라 이루어진다.

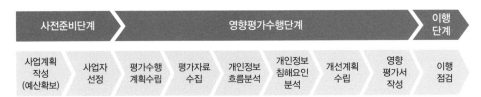

출처 : 개인정보 영향평가 수행안내서(행정자치부, KISA)

| **그림 1.7** 개인정보 영향평가 절차

첫째, 사전분석 단계에서는 시행 또는 변경하고자 하는 사업에 대한 개인정보 영향평가의 필요성 여부를 스스로 결정한다. 이때, 영향평가의 대상이 되는 정보는 이용자(고객)의 개인정보이다. 필요성 검토 시, 개인정보처리자가 가용할 수 있는 자원(예산, 인력, 기간, 사업 수행부서, 이해관계자, 평가 자료의 확보)을 고려한다.

둘째, 영향평가팀을 구성한다. 개인정보 영향평가를 수행하는 자는 정책, 전략수립 지식, 기술 및 시스템 분석 지식, 위험평가 및 프라이버시 관련 지식, 운영 프로그램 및 사업계획에 대한 지식 등을 갖춘 자로서 회사 내외에서 선택할 수 있다.

셋째, 개인정보 관련정책, 법규 및 사업내용을 검토한다. 조직 내의 개인정보 관리절차 및 방법, 개인정보 보호정책과 관련 조직체계 등을 조사하고, 시행하고자 하는 사업에 적용되는 관련 법령 및 지침, 가이드라인 등에 대한 조사를 실시한다. 이때 사업의 추진배경, 목표, 사업개요 등이 포함된 사업진도표와 사업절차도를 작성한다.

평가 시행에 앞서 사전분석 단계로써 수행한 평가 과정에 필요한 사항을 정리하여 평가 계획을 수립한다.

넷째, 정보흐름 분석(Data Flow Analysis)을 실시한다. 이때 시행 혹은 변경하고자 하는 사업에서 취급하는 개인정보 및 이를 포함하고 있는 자산을 확인한 후, 개인정보 자산의 종류 및 처리단계, 개인정보에 대한 통제 및 접근 권한, 제3자 제공 여부 등을 도표화한다. 또한 각종 보안장치를 포함한 정보시스템 구조도를 분석한다.

| 표 1.5 영향평가팀 업무 배분 예시

	사업주관	개인정보 소유부서	시스템 운영부서	개인정보 관리책임자	최고의사 결정권자	기타
영향평가 필요성 검토	○			○		
개인정보 관련 정책, 법규 및 사업내용 검토	○	○		○		
개인정보 흐름 분석	○		○	○		외부전문가 참여가능
개인정보 침해 요인 및 위험평가	○		○	○		
개선계획 수립 및 위험관리	○	○	○	○		
보고서 작성 및 제출	○			○		
보고서 검토 및 사업 지속여부 판단					○	

다섯째, 개인정보 침해요인을 분석한다. 평가 대상이 되는 사업에 대해 영향평가 기준을 바탕으로 침해 요소를 파악한다. 정보자산에 대한 분류 기준을 확립하고, 자산 목록을 수령한 후, 각 자산의 중요도 등을 고려하여 자산을 그룹핑한다. 자산을 그룹핑 한 후, 개인정보 자산의 민감도를 평가하게 되는데, 이때 정보의 기밀성, 무결성, 가용성을 기준으로 민감도를 정의한다. 민감도를 정의한 후, 개인정보 자산의 기밀성, 무결성, 가용성을 위태롭게 할 수 있는 위협요소를 도출하고, 각 개인정보와 연결시킨다. 또한 취약성과 위협요소를 연결하여 침해 상황이 발생할 수 있는 시나리오를 작성한 후, 개인정보 자산의 위험도를 산출한다. 산출된 위험도를 바탕으로 위험평가표를 작성한다.

여섯째, 개선 계획을 수립하고 위험을 관리한다. 사업수행 부서의 요구사항을 고려하여 개인정보 소유자, 사용자 및 기타 관련 주체 간의 합의로 보장수준을 결정한다. 보장수준은 수용할 수 있는 위험 정도를 의미하며, 개인정보 보호를 강화하고자 하는 경우에는 보장수준을 낮게 정의한다.

위험평가 결과를 바탕으로 개선계획을 수립하는 데 있어서 위험 요소를 제거하거나 최소화할 수 있는 대처 방안을 마련하고 해결을 위한 벤치마킹 등을 수행한다.

일곱째, 영향평가 보고서를 작성하고 보고한다. 영향평가 보고서에는 사전 준비 단계부터 위험관리까지 모든 절차의 내용과 결과를 정리하여 문서화한 후, 조직 내 최고의사결정권자에게 보고한다.

여덟째, 이행 단계이다. 마지막 단계인 이행단계에서는 개인정보 침해요인별 조치가 필요한 사안에 대하여 그에 대한 조치결과를 확인·점검하는 과정으로써, 시스템 구축이나 변경 사업의 경우에는 테스트 단계에서 침해요인별 조치가 적절히 수행되었는지를 점검한다.

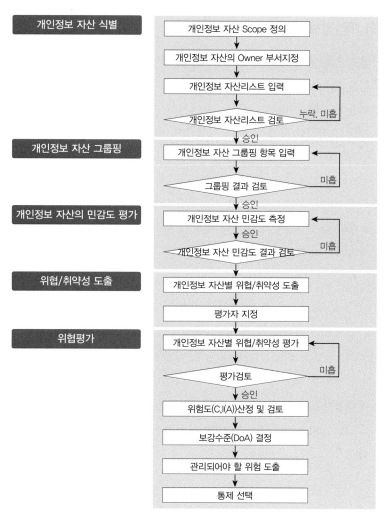

| 그림 1.8 위험평가 방법 흐름도

위험도 산출(Risk Value) = 개인정보 자산의 민감도(Asset Value) +
위협의 정도(Threats Value) +
취약성의 정도(Vulnerability Value)

| 그림 1.9 위험평가 위험도 산출

2. 국내외 개인정보 영향평가 제도

국내의 개인정보 영향평가 제도는 2005년 한국인터넷진흥원(KISA)[2]에서 '기업의 개인정보 영향평가 수행을 위한 가이드'를 발표하고, '2006년 이동통신사 개인정보 보호지침'이 시행되면서 시작되었다. 이후, 2007년 공공부분에서의 개인정보 영향평가 의무 도입이 결정되고, 2008년 대량 고객정보 유출에 따른 기업의 이미지 실추와 기업의 존폐 영향, 집단소송 제기 등이 이슈화되면서 개인정보 영향평가의 도입을 민간 기업에서도 적극적으로 고려하기 시작했다. 2011년 일반법인 개인정보 보호법이 제정되면서 개인정보 영향평가의 제도가 공공부문에 의무도입이 되었고, 더불어 개인정보 영향평가의 확대 시행에 실질적인 도움이 될 수 있도록 개인정보 영향평가 수행을 위한 교육과정을 2009년 이후 한국인터넷진흥원(KISA)에서 개설하여 운영하고 있다.

미국은 2002년에 국민에 대한 정부의 서비스와 행정기관 내부의 행정작용을 개선하고, 정부에 대한 시민들의 참여 기회를 확대하기 위하여 인터넷이나 그 밖의 정보기술(IT)의 효율적인사용을 증진시킬 목적으로 전자정부법(E-Government Act)을 제정하였다. 전자정부법은 이러한 목적 수행을 위하여 관리예산처(OMB) 내에 전자정부법의 수행상황을 감독하고 다양한 특별 조치를 위임할 수 있는 전자정부기구를 설치할 것을 요구하고 있다. 또한 프라이버시 영향평가를 시행함으로써 연방정부의 각 기관들이 그러한 조치를 고려할 것을 명문으로 규정하고 2003년 9월 26일 OMB는 프라이버시 관련규정 수행을 위한 가이드라인을 발표하였다.

---

2) 2009년 (구)한국정보진흥원, (구)정보통신 국제협력 진흥원, (구)한국인터넷진흥원이 통합되어 현재 한국인터넷진흥원(KISA)로 명칭이 변경됨

개인정보 보호관리체계(PIMS)

1. 개인정보 보호관리체계

이 장에서는 개인정보 보호관리체계란 무엇이며 왜 필요한지, 개인정보 보호관리체계를 수립했을 때 어떤 장점이 있는지를 설명한다.

1) 개인정보 보호관리체계의 정의

고객의 개인정보를 보호하기 위해 가장 중요한 요소는 침입탐지시스템 같은 정보보호 시스템을 도입하거나 정책을 수립하는 것 또는 사고대응팀과 같은 특정부서를 수립하고 책임자를 지정하는 것이 아니다. 고객의 개인정보를 보호하기 위해서 조직이 보호해야 하는 개인정보가 무엇이며, 어떻게 전달되고, 왜 중요한지, 어떤 수준으로 관리하고 보호해야 하는지, 어떤 방법으로 개인정보를 보호할 수 있는 목표를 달성할 수 있으며, 목표대로 수행하고 있는지를 확인할 수 있는 체계의 수립이 가장 중요하다.

개인정보 보호관리체계는 조직의 전반적인 경영을 위한 관리구조의 한 부분이 되어야 한다.

즉, 조직의 사업 목적을 달성하고 사업을 수행하기 위한 여러 경영관리체계 중의 하나로써 특히 개인정보자산의 보호에 관련된 위험을 관리하기 위한 것이다. 개인정보 보호에 관련된 위험이란 개인정보자산이 허가되지 않은 사람에게 노출되거나(기밀성), 허가되지 않은 사람이 변경(무결성)하는 등의 위험은 물론이거니와 '개인정보 자기결정권' 관점에서의 이용자의 권리보장을 수행하는 것을 말한다. 또한 기술적·관리적·물리적 보호조치 및 준거성을 달성하기 위하여 이러한 위험의 정도를 평가하고 그 위험을 막기 위한 대책을 수립·운영하기 위한 것이다.

위험 정도를 평가한 후 어느 정도까지 이 위험을 수용할지 목표를 설정하여 관리하는 방식을 위험기반 접근방법이라고 한다. 개인정보 보호관리체계는 이 위험기반 접근방법을 기반으로 하여 위험관리절차를 수립하고 문서화하며, 이에 따라 필요한 대책을 구현하여 지속적으로 운영, 관리하는 것이다.

이때 필요한 관리절차와 과정은 일반적인 사업 통제의 관리주기와 마찬가지로 계획, 실행, 검토, 반영의 주기를 갖는다. 즉, 명확한 목표를 정하고 전략을 세우는 계획수립단계, 수립된 계획을 실행하는 단계, 수립 결과를 계획에 대비하여 검토하는 단계, 검토 결과를 차기 계획에 반영하는 단계로 구성이 되고 이 단계는 지속적으로 반복이 된다. 특히 개인정보 보호를 목표로 할 경우에 이 과정은 정책을 수립하고 조직을 구성한 후, 침해위험 분석에 따른 보호대책적용 계획을 수립하는 침해위험관리 과정을 거쳐 개인정보 관리계획에 따른 대책구현 및 운영, 이후 검토와 모니터링을 포함하는 사후관리로 이루어진다.

개인정보 보호관리체계란 이러한 일련의 관리과정을 통해 이용자의 개인정보를 안전하게 보호할 수 있도록 기술적·관리적·물리적·조직적인 다양한 보호 대책들을 구현하고 지속적으로 관리, 운영하는 종합적인 체계를 말한다.

2) 개인정보 보호관리체계의 필요성

1970년대 최초의 컴퓨터 보급 이후로 자동화기기의 사용이 보편화되면서 선진국을 중심으로 개인정보 보호에 관심이 커졌다. 1980년에는 OECD(Organization for Economic Cooperation and Development;1980년)가 '개인정보 보호 8원칙'이라는 최초의 국제규범을 채택한 이래 UN(United Nations;1990년), EU(European Union;1995년), ILO(International Labor Organization;1996년), APEC(Asia-Pacific Economic Cooperation;2004년) 등에서 잇따라 개인정보 보호원칙을 선언하였다. 대다수의 EU회원국과 캐나다, 호주, 뉴질랜드, 일본 등이 『개인정보 보호법』을 보유하고 있으며, 국내 역시 공공과 민간의 통합된 『개인정보 보호법』이 2011년 9월 30일부터 시행되고 있다.

이러한 국내외 법·제도적 움직임이 일어난 것은 개인정보와 내부 정보유출 등의 정보자산의 취급·관리의 중요성이 증대되고 있기 때문이다.

개인 측면에서는 컴퓨팅 파워의 증가로 인해 서버중심의 업무처리 프로세싱이 개인사용자 단말기(PC)로 이동하고, 기술발전에 따른 하드웨어 가격하락 등으로 인한 USB, 외장하드 등의 이동 가능한 외부저장 매체의 이용이 증가되었으며, HTTP의 활성화로 또 하나의 플랫폼이 인식되는 World Wide Web의 이용으로 UCC, blog 등의 사용자 참여가 가능한 문화코드를 들 수 있을 것이다.

조직 측면에서는 Web이라는 매체의 홍보 및 매출을 기대할 수 있는 대상이 증가하였다는 측면이 있으며 정보보호 측면에서는 기존의 1차적이며 기술적인 네트워크기반 침입차단시스템, 침입탐지시스템뿐만 아니라 다양한 정보보호 제품의 등장으로 기존공격방식이 힘들어짐에 따라 응용프로그램(Application) 서비스 방해 또는 데이터 자체를 목적으로 한 사회공학적 방식의 복합적 공격(Combined Attack)이 증가되었기 때문이다. 또한, 공격자 입장에서는 기존의 실력을 과시하기 위한 침해시도 행위에서 정보자산의 금전적 가치상승에 따른 금전적 획득의 목적이 증대되었기 때문이라고 볼 수 있다.

이러한 정보기술의 발전과 문화코드의 변화 등으로 인해 개인정보를 안전하게 관리할 수 있는 새로운 보호체계가 필요하다.

조직에서 취급하는 개인정보가 다양화되고 활용 범위가 증가함에 따라 기존에 한정된 부분의 기밀정보 보호 중심의 보호체계로는 전사적 차원으로 활용되고 있는 개인정보를 보호하는 데 어려움이 발생하고 있으며, 개인정보 침해사고 발생 시 집단 소송 등의 적극적 배상요청이 보편화되는 등 국민들의 인식변화로 인해 개인정보침해사고는 기업의 생존에 영향을 미치는 중요 위험요소로 인식되고 있다.

개인정보 보호관리체계 구축을 위한 전사차원의 보호조치 구현을 위한 합리적 구축과 투자결정을 위한 최소한의 기준이 필요하게 되었으며 침해사고 법률 분쟁 시 집단 손해배상 등 위험을 완화하기 위해 신뢰할 수 있는 기관으로부터 적합성을 검증받고자 하는 기업의 요구가 증가함에 따라 기업은 개인정보 보호관리체계 구축을 위한 최소한의 기준을 필요로 하고 있다.

즉, 조직의 침해위험에 대한 단편적인 개인정보 보호대책과 문제가 발생할 때마다 일회성으로 관리하는 부분적 보안은 조직의 개인정보 보호와 이용자의 권리보장에 큰 도움을 줄수가 없다. 따라서 수많은 보호대책 중 우리에게 반드시 필요한 대책을 찾아내고, 대책 구현 및 체계적이고 지속적인 운영, 유지관리를 위해 개인정보 보호관리체계 수립이 필요하다.

3) 개인정보 보호관리체계 수립의 이점

개인정보 보호관리체계의 수립으로 조직은 이용자의 불만 등 외부 개입 이전에 내부적으로 문제를 파악·처리하여 대내외 신뢰를 증진시킬 수 있다. 개인정보 보호관리체계 수립의 이점은 다음과 같다.

첫째, 개인정보 보호관리체계를 수립·운영하게 되면 개인정보의 수집, 이용 및 제공, 저장 및 관리, 파기에 이르는 생명주기를 관리할 수 있다. 이용자의 개인정보는 동의획득을 통한 수집부터 이용 및 제공, 저장 및 관리, 파기 단계에 이르는 생명주기에 따라 관리되고 있으며 서비스 이용에 따른 이용자의 동의획득과 철회에 따라 지속적으로 관리되어야 한다. 개인정보 보호관리체계를 수립하게 되면 일회적인 관리가 아닌 개인정보와 관련된 법률요구사항을 지속적으로 관리함으로써 법률 측면에서 적절한 대응이 이루어질 수 있다.

둘째, 개인정보 보호관리체계의 운영으로 인해 개인정보 관리수준을 목표수준으로 제고하고 지속적으로 유지할 수 있다. 개인정보 보호 관련 제품은 일반적으로 도입 시 효과가 가장 높고 시간이 갈수록 그 효과가 떨어지게 된다. 개인정보 보호관리체계를 수립하게 되면 도입 순간에만 효과가 있는 일회적인 개인정보 보호가 아니라, 개인정보 보호수준을 지속적으로 관리함으로써 항상 일정 수준의 보호가 이루어질 수 있다.

셋째, 개인정보 보호관리체계는 지나친 보호대책을 구현하여 발생할 수 있는 비용을 감소시키는 한편 중요자산을 적절히 보호하지 못하여 발생하는 위험을 막을 수 있다. 개인정보 보호관리체계를 통해 조직은 개인정보자산을 조사하고 위험관리방법으로 도출된 적절한 보호대책을 수립하고 관리한다. 이러한 분석과 계획 없이는 새로운 보호대책을 도입한다 하더라도 정작 중요한 자산에 대한 적절한 대책을 마련하지 못하여 피해가 발생할 수 있다. 즉, 개인정보 보호관리체계의 수립·운영을 통해 개인정보 유출사고 발생으로 인한 자산의 피해와 이러한 보안 사고를 막기 위한 보호대책 간의 투자비용 균형을 맞출 수 있다.

넷째, 개인정보 보호관리체계를 수립하면 조직의 인식제고를 꾀할 수 있다. 기존의 정보보호와는 달리 개인정보 보호는 개인정보취급자의 역할이 상당히 중요하다. 이러한 개인정보취급자는 기획, 마케팅, 영업, 민원서비스 팀 등의 조직의 다양한 직무에 분포되어 있다. 이러한 개인정보취급자는 유관 개인정보 보호법률 요구사항과 보호대책 수립을 이해하고 협조함으로써 조직에 보안성 향상을 위한 인식제고에 영향을 미친다.

다섯째, 개인정보 보호관리체계의 지속적인 운영 및 유지를 통해 정보보호 관련 기술 및 노하우를 조직 내부에 축적할 수 있다. 이렇게 축적된 지식은 장기적으로 사고에 적시 대응할 수 있는 능력을 갖추게 하여 사고발생 피해를 감소시킬 수 있다.

이렇게 체계화된 형태의 개인정보 보호관리는 단순히 기존 개인정보자산의 보호뿐만 아니라 새로운 사업 자체를 가능하게 해주는 긍정적인 기반요소가 될 수 있다. 과거에는 개인정보 보호가 단순히 최소화해야 하는 비용요소로 간주되었다. 그러나 현재와 같이 인터넷을 통해 새로운 사업을 전개하고 관련 정보를 수집, 이용, 저장, 관리, 전송, 처리하는 상황에서는 개인정보 보호를 고려하지 않을 수 없다. 인터넷상의 각종 위협이 매우 크기 때문에, 개인정보 보호를 단순히 비용요소로 간주하고 최소화시킨다면 차후에 발생하는 정보유출, 부정 거래 등의 개인정보 유출사고 위험을 감당할 수 없으며, 개인정보 집단소송으로 인해 기업은 돌연사를 일으킬 수도 있다. 개인정보 보호를 고려하지 않고 진행하는 인터넷 기반의 서비스는 그 사업이 성공적일수록 더 많은 공격을 유발하여 차후 보류해 두었던 비용을 치르게 될 수 있다.

2. 개인정보 보호관리체계 인증

이 장에서는 개인정보 보호관리체계 인증이란 무엇이며 왜 필요한지, 어떤 장점이 있는지를 설명한다. 또한 개인정보 보호관리체계 인증제도의 시행현황과 국내외 유사제도의 현황을 설명한다.

| 그림 1.10 PIMS 마크

1) 개인정보 보호관리체계 인증의 정의

개인정보 보호관리체계 인증은 방송통신위원회 심의·의결 '개인정보 보호관리체계 인증제도 도입에 관한 건(제2010-66-173)'에 근거, 개인정보 보호관리체계를 수립·운영하고 있는 조직에 대하여 인증심사 기준에 적합한지 여부를 인증기관이 평가하여 인증을 부여하는 제도이다.

즉, 개인정보 보호관리체계 인증심사기준에 따라 조직이 개인정보 보호관리체계를 잘 수립·운영하고 있는지를 독립적이고 객관적인 입장에 있는 인증기관이 평가하여 인증을 부여하는 것이다.

특히 행정자치부[3]와 방송통신위원회는 각각 따로 운영하던 개인정보 보호법에 따른 개인정보보호 인증제도(PIPL)와 개인정보 보호관리체계(PIMS) 인증제도를 2016년 1월부터 통합하여 운영하고 있다. 인증제도의 명칭은 제도가 먼저 도입된 "개인정보 보호관리체계" 인증을 사용하고 있다.

---

3) 2017. 7월 행정자치부는 행정안전부로, 미래창조과학부는 과학기술정보통신부로 정부조직 개편안이 국회를 통과하여 정부조직 명칭이 변경되었다.

인증제도의 공정성과 객관성 확보를 위하여 한국인터넷진흥원이 인증기관으로써 인증심사를 직접 수행하고, 향후 인증수요 증가여부에 따라 민간 인증기관을 추가로 지정하여 운영할 예정이다. 또한, 한국인터넷진흥원은 내·외부 심사원으로 심사팀을 구성하여 신청기관에 대해 인증심사를 수행하고 인증위원회의 심의를 거쳐 그 결과에 따라 인증서를 발행한다.

2) 개인정보 보호관리체계 인증의 필요성

자체적으로 개인정보 보호관리체계를 수립하여 운영하고 있더라도 조직 전반적인 차원에서 그 신뢰성과 효과에 대한 확신을 갖기는 어렵다. 정보보호 및 내부통제관리에 대한 전문성을 갖고 있는 조직원은 대부분 이미 그 업무에 종사하고 있으므로 객관적인 입장에서 적절한 판단을 할 수 있는 평가자를 조직 내부에서 찾기가 힘들고 이로 인한 자체 검토는 평가의 신뢰성을 손상시킬 수 있다. 따라서 내부적인 평가만으로 대외 신뢰도를 제고하기는 힘들다.

대외적인 측면에서 개인정보 보호관리 능력에 대한 보증은 개인정보를 매개로 사업을 영위하는 많은 기업들이 전자거래, 개인정보 보호관리 등의 사업 분야에서 우수고객 및 거래 파트너를 확보하는 데 중요한 요소가 될 수 있다. 외부업체와 협력하려 하였을 때 해당 조직의 개인정보 관리수준을 제시하기란 결코 쉽지 않다. 특히 아웃소싱 등 긴밀한 관계를 맺고 있는 사업 파트너의 경우 상대 조직의 개인정보 관리수준을 확인하기를 원할 수 있지만 그런 요구를 만족시켜주기 위해 내부의 통제나 세부사항을 공개하기는 어렵다. 따라서 이러한 의문을 해소하고 조직의 개인정보 보호수준에 대한 대내외적 신뢰도를 높이기 위해서 전문적이고 객관적인 제3자에 의한 평가가 필요하다.

3) 개인정보 보호관리체계 인증의 이점

개인정보 보호관리체계 인증은 전문 국가기관이 평가를 수행하기 때문에 객관성을 확보할 수 있고 사업 파트너, 고객, 주주들에게 조직의 정보보호관리 능력에 대한 보증을 제공함으로써 조직의 이미지 제고 및 사업 활성화에 기여한다. 또한 개인정보 보호관리체계 인증 과정을 통해 조직의 개인정보 보호관리체계를 다시 한 번 검토하고 보완함으로써 개인정보 보호관리체계를 강화하고 목표로 하는 정보보호 수준을 유지할 수 있다.

개인정보 보호관리체계 인증은 조직의 개인정보 보호관리능력을 대중에게 객관적으로 보장해주는 한편 그 조직의 세부적인 통제사항이나 내용은 대중에게 공개하지 않을 수 있다.

따라서 개인정보 보호수준에 대한 보증을 제공하면서 보호대책의 세부사항은 여전히 비밀로 유지할 수 있다. 만일 타 조직이나 기업과 중요정보를 교환할 경우 상대 조직이 개인정보 보호관리체계 인증을 받았다면 그 조직의 개인정보 보호관리능력을 신뢰할 수 있다.

개인정보 보호관리체계 인증을 취득할 경우 인증 취득 기업에서 개인정보 관련사고 발생 시 과징금, 과태료를 경감해주는 혜택을 방송통신위원회에서 마련하고 있다(개인정보 보호 법규 위반에 대한 과징금 부과 기준, 방통위 고시 제2014-27).

또한, [표 1.6]과 같이 현재 정보보호관리체계(ISMS) 인증 취득 시 부여하는 혜택을 개인정보 보호관리체계 인증 취득 기업에도 동일한 수준으로 부여할 예정이다.

| 표 1.6 ISMS 인증 취득 시 혜택

구 분	시행 기관	혜택 내용
가산점 부여	미래창조과학부	공공부문 정보시스템 기획, 구축, 운영 사업자, SW 개발사업자 선정 시 평가항목(기밀보안)에 ISMS 인증 취득 시 만점(최대 5점) 부여
		보안관제 전문 업체 지정 시 '정보보호 인증기업' 평가항목에 만점(최대 5점) 부여
		지식정보보안 컨설팅 전문 업체 지정 시 '정보보호 인증기업' 평가항목에 만점(최대 5점) 부여
	KISA	정보보호대상, 입찰, 과제선정 평가 시 가점 부여
	한국기업지배구조원	상장기업 대상 ESG(환경, 사회, 지배구조) 평가 시, 소비자항목에 가산점부여
요금할인	보험사	정보보호 관련 보험(개인정보 배상책임보험 등) 가입 시 할인
권고	교육부	원격교육설비기준에 ISMS 인증 취득 권고(원격교육 설비 기준 고시)
	국토교통부	유비쿼터스 도시기반 시설에 대하여 ISMS 인증 취득 권고

4) 국내외 유사 인증제도 동향

앞 절에서 설명한 인증의 필요성과 이점을 인식하여 우리나라를 포함한 세계 각국은 유사한 제도를 수립하여 운영하고 있다.

먼저 개인정보 보호와 관련하여 인근국가인 일본에 프라이버시마크 제도가 있다. 기업에서 구축·운영하는 개인정보 보호체계를 평가하여 기업에 인증을 부여하는

10861372(05)

| 그림 1.11 일본의 프라이버시 마크

제도로 일본정보처리개발협회(JIPDEC)가 인정 및 인증기관의 역할을 병행하며, JIPDEC에서 지정한 다수의 인증기관이 활동 중이다.

서류심사를 중심으로 현장심사는 최소화하여(1/2 H) 운영하며, 유효기간은 2년으로 사후관리 심사는 없다.

국내에도 이와 유사한 개인정보 보호마크제도(e-Privacy)가 있다. 기업에서 운영하는 웹사이트의 개인정보 보호정책 및 관리수준을 종합적으로 평가하여 일정기준을 충족하는 경우 웹사이트에 인증 마크를 부여하는 것으로 개인정보 보호협회가 인증기관으로 심사 수행 및 인증위원회를 함께 운영하고 있다. 웹사이트 점검 및 서류, 현장심사를 수행하며, 마크 유효기간은 1년으로 사후관리 심사 대신 사후관리 모니터링을 실시(반기별)하고 있다.

| **그림 1.12** 국내 개인정보 보호마크

정보보호와 관련하여서는 ISO 27001(정보보안경영시스템 인증)이 있다. 이는 조직의 경영시스템 중 정보보호관리체계 시스템을 심사하고 인증하는 제도로 ISO와 IEC가 2005년에 제정한 국제표준이다. 각 나라별로 인정기관 및 인증기관을 지정하여 운영하고 있으며, 인증기관 내 인증위원회에서 인증결과를 심의하고 의결하고 있다.

| **그림 1.13** ISO 27001 마크

인증심사는 문서심사와 현장심사로 이루어지며, 인증 유효기관은 3년으로 인증취득 후 6개월에서 1년 주기로 사후관리심사를 받아야 한다.

국내에는 정보보호관리체계 인증(ISMS)이 있다. 기업이 정보자산의 비밀성, 무결성, 가용성 보장을 위해 구축·운영 중인 정보보호관리체계에 대해 한국인터넷진흥원(KISA) 또는 미래창조과학부장관이 지정한 인증기관이 적합성을 평가하여 인증을 부여하는 제도로 "정보통신망법"에 따라 인정기관은 미래

| **그림 1.14** ISMS 마크

창조과학부, 인증기관은 '한국인터넷진흥원 및 인증기관'으로 하고 있으며, 인증기관(KISA)에서 인증위원회를 구성하여 인증심사 결과의 적절성을 검토하고 있다.

문서심사와 현장심사로 이루어지며, 인증 유효기간은 3년으로 인증 취득 후 연 1회 이상 사후심사를 받아야 한다.

이와 같이 개인정보 보호를 관리하기 위한 체계와 제도를 수립, 운영하고 그 운영 상태를 특정 기준에 따라 평가하여 보증하는 제도는 전 세계적으로 활성화되고 있다.

1. 개인정보 보호관리체계 인증심사

이 장에서는 개인정보 보호관리체계 인증심사에 관련하여 인증체계, 인증심사 기준, 인증심사절차 등에 대하여 설명한다.

1) 개인정보 보호관리체계 인증체계

[그림 1.15]는 개인정보 보호관리체계 인증체계를 나타낸 것이다.

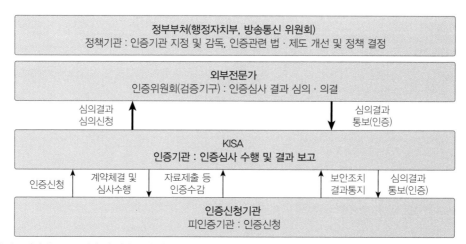

출처 : 개인정보 보호법령 및 지침 고시 해설

| **그림 1.15** 개인정보 보호관리체계 인증체계

① 인증기관

인증제도 조기 안정화를 위하여 심사의 객관성 확보가 용이한 정부산하기관인 한국인터넷진흥원이 인증기관 역할을 수행한다(이후 인증기관이라고 지칭한 것은 한국인터넷진흥원을 말한다). '개인정보 보호관리체계 인증준비안내서'에 명시되어 있는 인증기관의 역할은 다음과 같다.

- 인증심사
- 인증서 발급 및 관리
- 인증 심사원 양성
- 기타 인증 수행에 관련된 업무
- 인증위원회 운영
- 사후 관리
- 인증제도 및 기준 개선

② 인증대상

인증을 취득하고자 하는 신청기관은 해당하는 유형의 인증을 신청할 수 있다.

- "소상공인 보호 및 지원에 관한 법률"에 따른 소상공인에 해당하는 사업자 및 그 밖의 사업자(유형1)
- "중소기업기본법"에 따른 중소기업에 해당하는 사업자(유형2)
- "대·중소기업 상생협력 촉진에 관한 법률에 따른 대기업에 해당하는 사업자 및 정보통신망법에 따른 "정보통신서비스 제공자"(유형3)
- "개인정보 보호법"에 따른 공공기관(유형4)

③ 인증위원회 및 심사팀

인증심사팀은 신청기관의 개인정보 보호관리체계를 인증기준에 따라 심사하게 되며 그 결과를 보고서로 작성하여 한국인터넷진흥원에 제출한다. 그리고 인증위원회에서 심사결과를 심의한 후 그 결과에 따라 한국인터넷진흥원장이 대상기관에게 인증서를 부여한다.

심사팀은 심사팀장 1명과 심사원 3명으로 구성되는 것을 원칙으로 한다. 심사원은 인증기관이 관리하는 심사원 풀에서 선정하게 되는데, 외부전문가가 포함될 수 있다. 모든 심사원들은 각인증심사마다 심사를 통해 알게 된 신청 기관의 정보에 대하여 비밀을 유지하겠다는 서약서를 제출한다.

인증위원회는 한국인터넷진흥원, 관계 기관, 학계, 연구 기관 등의 전문가로 한국인터넷진흥원 또는 인증기관의 장이 위촉한 5~10명으로 구성되어 인증위원회 회의 개최, 인증심사결과심의, 인증취소의 타당성 심의 등을 수행하고, 한국인터넷진흥원 또는 인증기관에 인증심의결과서를 제출한다. 이들 역시 심사원들과 마찬가지로 심의과정을 통해 알게 된 정보에 대한 비밀유지 서약을 한다.

④ 인증범위

인증범위는 기본적으로 전 조직에 대하여 개인정보 보호관리체계를 수립할 것을 권고하고 있지만 조직의 규모와 특성에 따라 개인정보관리체계의 범위를 특정서비스로 정의할 수 있다.

이 경우에도 조직 특성상 분리하여 심사하기 어려운 부분이 있을 수 있기 때문에 신청인이 신청한 인증의 범위 내에서 인증기관의 장과 신청인의 상호협의하에 결정하도록 하고 있다.

⑤ 인증 유효기간

한 번 개인정보 보호관리체계 인증을 받으면 그 인증은 3년간 유효하다. 관리체계의 지속적인 유지운영을 위해 1년에 한 번 이상 관리체계를 점검하는 사후심사를 해야 한다. 개인정보 보호관리체계 인증의 유효기간은 3년이므로 인증취득기관이 인증의 효력을 연장하는 경우 갱신심사를 신청하여 인증기관의 심사를 받아 인증을 갱신하여야 한다. 만일 인증의 갱신을 신청하지 않고 인증의 유효기간을 경과한 때에는 인증의 효력은 상실된다.

2) 개인정보 보호관리체계 인증심사 기준

ISO 27001(정보보안경영시스템 인증)은 국제 표준화 기구인 ISO에서 시행하고 인증하는 국제 표준의 인증제도이고, ISMS(정보보호 관리체계)는 한국인터넷진흥원에서 시행하고 인증하고 있는 국내 인증제도이다. ISMS 인증제도는 2002년부터 시행되어 비교적 오랜 역사를 가지고 있으며, 2013년도에 의무 시행되도록 법이 개정되면서 본격적으로 활성화되었다. ISMS가 정부 주도의 정보통신망법에 의한 법률규제인 반면에 정보보호 준비도 평가는 민간주도 자율 규제 형태의 인증제도이다. BS 10012는 영국표준협회(British Standard Institution)에서 인증하는 제도이고, 회사에 중대한 영향을 미칠 수 있는 개인정보 관련 사고의 발생 가능성을 감소시키고, 개인정보를 다루는 조직 내외의 모든 활동에 대해서 검증을 거칠 수 있는 프레임워크를 제공하는 글로벌 개인정보경영시스템 표준이다.

개인정보 보호관리체계의 인증심사 기준은 KISA-ISMS, ISO 27001, BS10012 등 국내외의 표준과 '정보통신망 이용촉진 및 정보보호 등에 관한 법률'에 명시된 개인정보 보호조치를 고려하여 국내 환경에 적합하도록 보완하여 개발한 것이다. 타 유사기준은 관리적 측면 또는 웹서비스 측면을 강조하거나 정보보안 측면만 강조하는 반면에 개인정보 보호관리체계 인증 심사기준은 개인정보 유권 컴플라이언스를 대응하기 위한 최소한의 구현사항과 법적 준거성 측면, 그리고 체계운영 측면이라는 부분을 보강하였다. 또한, 실제 활용 측면을 중요시하여 현업에 있는 사업부서 담당자나 개인정보 보호조직 담당자가 할 수 있는 부분을 명확히 구분하고, 현실적으로 구현이 어려운 요구사항은 삭제하는 등의 조치를 취했다.

개인정보 보호관리체계 인증기준은 개인정보 보호 관리과정(16개), 생명주기 및 권리보장(20개), 개인정보 보호대책(50개) 총 3개분야 86개의 심사항목으로 구성되어 있다.

| 표 1.7 개인정보 보호관리체계 적용 유형별 인증기준

구분	적용 유형별 인증기준			
	공공기관 (유형4)	대기업 · 정보 통신서비스제공자 (유형3)	중소기업 (유형2)	소상공인 (유형1)
개인정보 보호 관리과정(16개)	16	16	15	4
생명주기 및 권리보장(20개)	20	19	19	19
개인정보 보호대책(50개)	50	48	40	24
총계	86	83	74	47

기준은 신청기관 유형별(공공기관, 대기업·정보통신서비스제공자, 중소기업, 소상공인)로 중소기업·소상공인의 부담을 완화하고 기업별 특성을 고려하여 차등 적용한다. 공공기관이 대기업에 비해서 추가로 점검해야 할 항목은 '개인정보 파일 관리', '개인정보 영향 평가', '영상정보처리기기 설치·운영 사무의 위탁관리' 등 3가지이다. 개인정보 보호법에 의하면 3가지 경우는 공공기관만 적용되는 의무사항이다.

| 표 1.8 PIMS의 신청기관 유형별 적용기준

유형	항목수	적용기준
공공기관 (유형4)	86	• 법적 요구사항
대기업 및 정보통신서비스 제공자 (유형3)	83	• PIMS 수립 및 이행 – 개인정보 흐름분석을 통한 위험분석 및 위험관리 • 경영진 참여 및 의사결정 • 개인정보 보호 강화를 위한 보호대책

유형	항목수	적용기준
중소기업 (유형2)	74	• 법적 요구사항 • PIMS 수립 및 이행 • 개인정보 보호 강화를 위한 보호대책
소상공인 (유형1)	47	• 법적 요구사항

이 절에서는 개인정보 보호관리체계 인증심사의 세 가지 중요한 인증기준에 대해서 간단히 설명한다.

| 표 1.9 개인정보 보호관리체계 인증기준

구분	설명	구성요소
개인정보 보호 관리과정 (16개)	• 인증을 위한 최소한의 요구 사항을 필수 항목으로 구성	① 관리체계 수립(7) ② 실행 및 운영(5) ③ 검토 및 모니터링(2) ④ 교정 및 개선(2)
생명주기 및 권리보장 (20개)	• 개인정보의 취급 생명주기(Life—Cycle)와 관련된 법적 요구사항을 필수항목으로 구성	① 개인정보 생명주기 관리(16) ② 정보주체 권리보장(4)
개인정보 보호대책 (50개)	• 개인정보 보호 법적 요구사항 및 전사적으로 다양한 관리적, 기술적, 물리적 요구사항을 만족할 수 있도록 구성	① 관리적 보호조치(10) ② 기술적 보호조치(32) ③ 물리적 보호조치(8)

개인정보 보호관리체계 인증을 받기 위해서는 다음 세 가지 인증기준을 만족시켜야 한다. 첫째, 4단계 개인정보 보호관리과정에 따라 개인정보 보호관리체계를 수립하고 운영해야 한다.

둘째, 개인정보의 취급 생명주기와 관련된 법적 요구사항을 만족할 수 있도록 생명주기 준거 요구사항을 만족하여야 한다. 셋째. 개인정보 보호 유관 법적 요구사항 및 전사적으로 다양한 관리적·기술적·물리적 요구사항을 만족할 수 있는 보호대책을 수립하고 운영하여야 한다.

3) 개인정보 보호관리과정 인증기준

개인정보 보호관리체계는 관리체계 수립, 실행 및 운영, 검토 및 모니터링, 교정 및 개선의

4단계 과정을 거쳐 수립, 운영된다.

그러나 한번 개인정보 보호관리체계를 수립한 것으로 개인정보 보호가 완료되는 것은 아니다.

조직 내부의 정보자산, 사업 내용의 변화나 조직 외부의 위협 요소의 변화 또는 새로운 취약성의 발견 등에 의하여 정보보호 환경과 그 위험은 지속적으로 변화하고 있다. 이러한 변화에 대응하여 초기 수립 시에 설정한 목표 위험 수준을 유지하기 위해서는 변화의 영향을 분석하고 새로운 대책을 선정하는 침해 위험분석을 주기적으로 수행해야 한다.

따라사 이 관리 과정은 일회적인 단계가 아니라 지속적으로 유지 관리되는 순환주기의 형태를 가진다. 개인정보 보호관리과정 인증기준의 4개 분야를 [표 1.10]과 같이 제시하고 있다.

| 표 1.10 개인정보 보호관리과정 인증기준

인증 분야		세부 인증 기준
개인정보 보호 관리과정 요구사항	1. 관리체계수립	1.1 정책 및 범위 1.2 경영진의 책임 1.3 조직
	2. 실행 및 운영	2.1 개인정보 식별 2.2 위험관리
	3. 검토 및 모니터링	3.1 개인정보 보호체계의 검토
	4. 교정 및 개선	4.1 교정 및 개선활동 4.2 내부 공유 및 교육

4) 생명주기 및 권리보장 인증기준

생명주기 및 권리보장 인증사항은 개인정보와 관련된 법률 요구사항을 위한 대책을 수립하고 관리하는 체계이다. 개인정보 보호관리체계 인증심사 기준에서는 2개 분야의 20개 인증기준 사항을 제시하고 있으며, 이 2개 인증 분야는 [표 1.11]과 같다.

| 표 1.11 생명주기 및 권리보장 인증기준

인증 분야		세부 인증 기준
생명주기 및 권리보장 인증기준 요구사항	5. 개인정보 생명주기 관리	5.1 개인정보 수집 시 보호조치 5.2 개인정보 이용 및 제공 5.3 개인정보 보유 시 보호조치 5.4 개인정보 파기 시 보호조치
	6. 정보주체 권리보장	6.1 권리보장(열람, 정정 · 삭제, 정지)

5) 개인정보 보호대책 인증기준

개인정보 보호대책 인증사항은 관리적·기술적·물리적 정보보호에 관련된 위험을 통제하기 위한 대책을 수립하고 관리하는 체계이다. 개인정보 보호관리체계 인증심사 기준에서는 3개 분야의 50개 인증기준 사항을 제시하고 있으며, 이 3개 분야는 [표 1.12]와 같다.

| 표 1.12 개인정보 보호조치 인증기준

인증 분야		세부 인증 기준
개인정보 보호대책 인증기준 요구사항	7. 관리적 보호조치	7.1 교육 및 훈련 7.2 개인정보취급자 관리 7.3 위탁업무 관리 7.4 침해사고 관리
	8. 기술적 보호조치	8.1 접근권한 관리 8.2 접속기록 관리 8.3 접근통제 영역관리 8.4 운영보안 8.5 암호화 통제 8.6 개발보안
	9. 물리적 보호조치	9.1 영상정보처리 기기관리 9.2 물리적 보안관리 9.3 매체관리

1. 개인정보 분쟁조정 제도

이 장에서는 개인정보 분쟁에 대한 조정과 개인정보 침해사고에 대하여 설명한다.

1) 대안적 분쟁해결 제도

대안적(소송외적) 분쟁해결제도란 분쟁의 발생 시 제3자가 관여하거나 또는 관여 없이 당사자 쌍방의 자율적 의사 및 합의에 따라 분쟁을 해결하는 방식으로써 법원의 소송제도에 의한 분쟁해결방식을 보완하는 의미를 지니고 있다.

인간의 사회생활 중 발생한 분쟁은 원칙적으로 분쟁당사자 간에 양보와 타협으로 스스로 해결하는 것이 원칙이나, 대다수의 분쟁은 당사자 스스로 해결하기 어려우므로 이러한 경우에는 제3자가 개입하여 분쟁을 해결할 수 있다.

제3자가 관여하는 분쟁해결방식 중 대표적인 것은 '법원에 의한 소송'인데, 이는 분쟁해결 주체로서 법원의 권위를 기대할 수 있고, 집행에 있어서도 강제력이 부여되기 때문에 가장 확실하고 신뢰할 수 있는 분쟁해결방식이라고 할 수 있다. 그러나 소송에 의한 분쟁 해결방식은 그 처리기간이 비교적 장기간이며, 비용도 과다하다는 것이 단점으로 지적된다. 이에 따라 소송제도에 갈음한 「대안적(소송외적) 분쟁해결제도(ADR, Alternative Dispute Resolution)」가 주목을 받고 있는데 우리나라에서는 대안적 분쟁해결제도로써 화해, 조정, 중재, 알선 등 다양한 제도가 각종법률에 근거하여 운영되고 있다.

외국에서도 중재(Arbitration), 중재와 조정의 중간적 형태(Med-Arb), 조정(Mediation), 화해(Conciliation), 알선(Facilitation), 협상(Negotiation), 의견제시 또는 권고(Opinion or Recommendation), 결정(Determination), 이행고지(Enforcement Notice) 등 다양한 제도가 있다.

대안적 분쟁해결제도는 더욱 신속하게 분쟁해결을 기대할 수 있고, 비용이 저렴하며 분쟁해결절차도 법원의 소송에 비해 간편하다는 장점이 있지만, 분쟁해결 결과에 대한 이행 강제력이 없으므로, 어느 일방이 합의사항을 이행하지 않을 때에는 분쟁당사자는 또 다시 법원에 제소해야 한다는 단점도 있다.

우리나라의 대표적 대안적 분쟁해결제도는 [표 1.13]과 같다.

| 표 1.13 우리나라의 대안적 분쟁해결제도 일람

명 칭	세부 구분	의 미	특 징
화해	재판 외 화해	민법상 화해계약 (민법 제731조 이하)	당사자 간 상호 양보하여 분쟁해결을 약정
	재판상 화해	−	−
	1. 제소 전 화해	분쟁일방이 소 제기 전에 법원에 화해 신청	제소 전 화해조서가 작성되면 확정판결과 동일한 효력
	2. 소송상 화해	소송중 당사자가 합의하여 결과를 법원에 진술	화해조서작성 시 확정판결과 동일한 효력
	의제화해	법률에 의해 재판상화해와 동일한 효력이 부여되는 경우	금융분쟁조정, 소비자분쟁조정 등
조정	조정	제3자가 중개하여 분쟁해결하는 방식	
	1. 법원 조정	가사조정, 민사조정	재판상 화해 효력
	2. 행정위원회	각종 분쟁조정위원회 조정	효력규정의 위헌여부문제
	3. 행정형 위원회	각종 분쟁조정위원회 조정	민사상 화해
중재	중재	중재인의 판정으로 해결	중재판정에 복종의무
	1. 중재법의 중재	상행위 관련 중재	국제무역거래분쟁 등
	2. 기타 중재	언론중재 등	조정에 가까움
알선	−	분쟁당사자가 합의할 수 있도록 알선인이 관여	조정의 전 단계로 한계가 있음

*행정형 위원회는 법률에 따라 구성되기는 하나 조정 효력이 재판상 화해가 아닌 "민사상 화해"에 그치는 조정을 말한다.

2) 개인정보분쟁조정 제도의 도입배경

개인정보와 관련하여 발생하는 피해는 일반적 민사 분쟁과는 달리 사소한 일상생활이나 소액거래과정에서 빈번히 발생하지만, 정보통신서비스가 대규모로 제공되는 현실상 개인정보침해가 발생하면 그 피해의 규모나 파장이 매우 크고 빠른 특징이 있다.

기업이 고객의 개인정보를 적절히 활용함으로써 영업의 효율성을 높이고 고객의 편의성을 높일 수 있는 긍정적 측면이 있지만, 개인정보의 오·남용 및 유출로 인한 프라이버시나 인격권을 침해할 우려가 있으며, 인터넷 등 정보통신기술이 고도로 발달한 현대사회에서는 개인정보의 대량수집과 집적이 가능할 뿐만 아니라, 유출된 개인정보는 순식간에 가공할 만한 속도로 광범위하게 유포될 수 있는 문제가 있다.

개인정보의 유출이나 오·남용에 의한 피해는 동시에 수많은 사람에게 발생할 수 있으며, 피해액을 정확히 예측하기 어려우므로 피해액을 정확하게 산정하는 것도 어려운 현실이다. 특히 기업이 고객의 개인정보 이용과 관련하여 우려되는 점은 기업이 고객의 개인정보를 수집·이용하는 경우에 정보주체가 스스로 개인정보의 유출이나 오·남용을 사전에 인지 또는 통제하기 어려우며, 프라이버시나 인격권의 침해에 대한 사후적 구제조치에 의한 원상회복도 거의불가능하다. 따라서 개인정보의 오·남용 및 유출로 인한 이용자의 피해를 방지하기 위하여 그 수집, 이용 및 유통 등에 관한 규제가 필요하게 되었다.

이에 따라 개인정보침해에 대한 피해구제는 시간과 비용이 많이 들고 절차가 번거로운 기존의소송제도만으로는 적절한 피해구제를 도모할 수 없다는 인식이 확산되었고, 이러한 취지에서세계 여러 나라에서는 개인정보 보호 전문기관을 두고, 소송외적 분쟁해결방식을 마련하여 개인정보피해를 구제하고 있다.

2. 개인정보 분쟁조정위원회

1) 구성

개인정보 분쟁조정위원회(이하 '위원회')는 개인정보와 관련된 분쟁이 발생하면 당사자 간에 합리적이고 원만하게 분쟁을 해결하기 위하여 설립된 대안적 분쟁해결 기구로써, "정보통신망법" 제33조에 근거해 발족하였으나, 현재 『개인정보 보호법』 제6장에서 규정하고 있다.

위원회는 위원장 1인을 포함한 20인 이내의 위원으로 구성되며, 당연직위원과 위촉위원으로 구성된다. 또한 위원은 보호위원회 위원장이 위촉하며, 법조계 또는 학계의 전문가·사업자와 소비자단체에서 추천하는 인사 등으로 구성되어 개인정보 분쟁해결의 전문성은 물론 독립성과 자율성을 보장하고 있다. 위원의 임기는 2년이고, 1차에 한하여 연임할 수 있다.

위원회는 개인정보와 관련한 분쟁조정을 고유기능으로 하고 있다. 위원회는 필요한 경우 조정절차를 진행하기 전에 당사자에게 합의를 권고할 수 있다. 또한, 위원회는 분쟁조정을 위해 필요한 자료의 제공을 분쟁당사자에게 요청할 수 있으며, 분쟁당사자 또는 참고인으로 하여금 분쟁조정위원회에 출석하게 하여 의견을 들을 수 있다. 분쟁당사자는 정당한 사유가 없는 한위원회의 자료제공 요청에 응해야 한다. 그리고 위원회는 2004년에 '조정부제도'를 도입하여 운영 중에 있다. 조정부제도는 개인정보 분쟁조정업무를 더욱 신속하고 효율적으로 수행하기 위하여 도입된 것으로써, 위원장이 지명하는 5인 이하의 위원으로 구성되며 그 중 1인 이상은반드시 변호사의 자격을 가진 위원이 포함되도록 하고 있다.

이에 따라 개인정보 분쟁조정사건에 대한 심의·의결을 조정부 회의에서도 처리하게 됨으로써 개인정보피해를 입은 이용자들은 더욱 신속·간편하게 피해구제를 받을 수 있게 되었다.

또한 위원회는 분쟁조정뿐만 아니라 피해예방 활동, 법제도 개선 건의, 기업의 잘못된 거래 행태에 대한 시정권고 등을 통해 국민의 권리보호 및 기업 능률향상과 건전한 개인정보 이용환경 구축에도 이바지하고 있다.

2) 분쟁조정의 범위

위원회는 개인정보, 즉 생존하는 개인에 관한 정보로써 성명, 주민등록번호 및 영상 등을 비롯하여 다른 정보와 쉽게 결합하여 개인을 알아볼 수 있는 부호, 문자, 음향 및 영상 등의 정보 침해로 인한 분쟁이면 모두 조정대상으로 하고 있다. 특히 위원회는 "개인정보 보호법"에서 규율하고 있는 개인정보침해 이외에도 『정보통신망법』, 『신용정보의 이용 및 보호에 관한 법률』, 『의료법』 및 『민법』 등 관련 법률의 규정에 의한 개인정보침해나 사생활 침해 등에 대해서도 조정대상에 포함시켜 오고 있다.

위원회는 제6차 분쟁조정위원회(2002.5.20)에서 위원회의 조정범위에 대하여 "정보통신망법" 위반사건에 한정하지 아니하며, 신청인과 피신청인 및 정보통신망법상 이용자와 정보통신서비스제공자에 한정하지 아니하기로 한 이래, 개인정보침해 사건에 대해서는 모두 위원회가 조정할 수 있고 개인정보를 침해당한 자 및 침해한 자는 모두 조정사건의 신청인 및 피신청인이 될 수 있다는 입장을 견지해 오고 있다. 다만 타 기관에서 처리함이 타당하다고 판단되는 사건에 대하여는 위원회의 결정으로 그 사건을 처리 대상에서 제외할 수 있다.

3) 조정신청 자격

개인정보와 관련하여 분쟁이 있는 이해관계인은 누구나 위원회에 분쟁의 조정을 신청할 수 있다. 여기에는 이용자뿐만 아니라 분쟁의 해결을 원하는 사업자도 포함된다.

분쟁 당사자는 변호사, 기타 제3자를 대리인으로 선임할 수 있는데, 이 경우는 대리권의 범위를 명시한 위임장을 위원회에 제출하도록 하고 있다. 또한 공동의 이해관계가 있는 다수 당사자는 그 중 1인 또는 수인을 대표당사자로 선임할 수 있다. 대표당사자는 조정에 관한 일체의 행위를 할 수 있으며, 위원회는 대표당사자를 상대로 하여 조정절차를 진행한다.

4) 분쟁조정의 효력

위원회의 조정안을 제시받은 당사자 쌍방이 제시받은 날로부터 15일 이내에 위원회의 조정안을 수락하는 경우 양 당사자 간에는 조정서와 동일한 내용의 합의(민사상의 화해계약)가 성립된 것으로 본다. 당사자 중 일방이라도 조정안을 거부하면 조정의 효력은 상실되며, 이 경우 피해자는 민사소송 등 다른 방법으로 분쟁을 해결할 수 있다.

5) 분쟁조정 절차

① 분쟁조정 신청접수 및 사실조사

분쟁조정은 웹사이트, 우편, 팩스 등을 이용하거나 사무국에 방문하여 신청할 수 있다.

분쟁조정 신청사건이 접수되면, 사무국은 양 당사자에게 접수사실을 통보하고, 당사자로부터 전화, 우편, 이메일, 팩스 등 다양한 수단을 이용해 사실조사를 실시한다.

② 조정 전 합의 권고

위원회는 조정에 앞서 당사자 간의 자율적인 노력으로 분쟁이 해결될 수 있도록 당사자에게 합의를 권고할 수 있다. 위원회의 합의권고에 의해 당사자 간 합의가 성립하면 사건이 종결되나, 합의가 이루어지지 않으면 조정절차가 개시된다.

③ 조정결정

위원회는 당사자의 의견청취, 증거수집 등 필요한 절차를 거쳐 분쟁조정 신청을 받은 날로부터 60일 이내에 쌍방에게 합당한 조정안을 제시하고 수락을 권고한다. 이 경우 당사자는 위원회의 회의에 참석하여 자신의 의견을 개진할 수 있다.

④ 조정의 종결

양 당사자가 모두 조정안을 수락하면 조정이 성립되어 조정서가 작성되고 조정절차가 종료하게 된다. 그러나 당사자 일방이 조정안을 수락하지 않으면 조정이 성립되지 않는다. 조정이 불성립된 경우 당사자는 법원에 소를 제기할 수 있다. 법원은 위원회의 조정결정에 구속되지 아니하나, 위원회의 결정은 법률가, 기술전문가, 사업자 및 이용자단체 대표 등이 면밀한 검토 끝에 내린 결론이므로 법원의 판단에도 어느 정도 영향을 미칠 수 있다.

한편 법 위반 사항이 중대하고 반복적인 경우, 위원회는 행정자치부, 방송통신위원회 및 관계부처와 경찰 등에 통보하여 법에 따라 조치하도록 하고 있다.

3. 개인정보침해 신고센터

1) 기능

개인정보처리자의 개인정보 처리로 인해 개인정보에 관한 권리 또는 이익을 침해받은 사람은 행정자치부장관에게 그 침해 사실을 신고할 수 있다. 권리·이익을 침해받은 정보주체 자신뿐만아니라 그의 법정대리인이나 임의대리인도 정보주체를 대신하여 신고할 수 있다.

행정자치부장관은 개인정보 침해신고 접수·처리 등에 관한 업무를 효율적으로 수행하기 위하여 한국인터넷진흥원을 전문기관으로 지정하고 있으며, 이에 따라 한국인터넷진흥원은 개인정보침해 신고센터(http://privacy.kisa.or.kr)를 설치·운영하고 있다. 개인정보침해 신고센터는 개인정보 처리와 관련한 신고의 접수·상담, 접수된 사건에 대한 사실의 조사·확인 및 관계자 의견청취, 그 밖에 이들 업무에 딸린 부수적 업무를 수행한다.

행정자치부장관은 접수된 사건에 대한 사실 조사·확인 등의 업무를 효율적으로 수행하기 위하여 필요한 경우 "국가공무원법"에 따라 소속 공무원을 한국인터넷진흥원에 파견할 수 있다.

개인정보 침해신고센터의 주요 업무는 다음과 같다.

- 개인정보 처리와 관련한 신고의 접수·상담
- 개인정보 침해 신고에 대한 사실 조사·확인 및 관계자의 의견 청취
- 개인정보처리자에 대한 개인정보 침해 사실 안내 및 시정 유도
- 사실 조사 결과가 정보주체의 권리 또는 이익 침해 사실이 없는 것으로 판단되는 경우 신고의 종결 처리
- 개인정보 분쟁조정위원회 조정 안내 등을 통한 고충 해소 지원

2) 상담의 범위

개인정보 침해로 피해를 입은 자는 누구든지 개인정보침해 신고센터에 상담·신고를 할 수 있다. 현행법상 고충처리 및 피해구제의 대상이 되는 개인정보의 범위는 "개인정보 보호법" 제2조에 의하여 살아있는 개인에 관한 정보로서 성명, 주민등록번호 및 영상 등을 통하여 개인을 알아볼 수 있는 정보(다른정보와 쉽게 결합하여 알아볼 수 있는 경우 포함)를 말한다. 따라서 이 조항에 따른 정보 침해로 인한 것이면 모두 침해상담·신고의 대상이 되는 개인 정보의 범위에 해당한다.

현행 "개인정보 보호법"과 "정보통신망법"은 공공, 비영리단체, 오프라인 사업자, 정보통신 서비스제공자 및 그로부터 정보를 제공받은 자 등 모든 개인정보처리자에게 적용되며, 이 들 사업자의 행위로 인한 개인정보침해 문제를 규제하고 있다.

개인정보 분쟁조정위원회는 개인정보에 관한 분쟁을 해결하는데 필요한 경우라면 특정 영 역에 구애받지 않고 광범위하게 피해구제 역할을 하고 있다.

3) 상담 및 신고 절차

개인정보침해 신고센터의 상담·신고에 따른 고충처리는 다음과 같은 절차로 진행되며, 이 절차는 원칙적으로 상담은 7일 이내, 법령 질의는 14일 이내, 신고처리는 30일 이내에 완 료하고 있다.

① 사건의 접수 및 통보

개인정보침해로 인한 상담 또는 신고는 웹사이트, 전화, 팩스, 이메일 및 우편 등을 통해 신청인이 직접 또는 대리로 신청할 수 있다. 고충처리 요청 및 침해신고가 접수되면 신청인과 피신청인에게 접수사실이 통보된다. 그리고 신청인이 민사적 피해보상 등 피해구제를 요구하는 경우에는 개인정보 분쟁조정위원회로 이관한다.

② 사실조사

조사담당자는 모니터링, 당사자로부터 의견청취(전화, 우편, 이메일, 팩스 등)를 하며, 필요한 경우에는 자료제출 요구 및 현장조사 등의 방법으로 사실조사를 실시한다.

개인정보침해 신고센터는 사실조사 결과 개인정보 보호조치가 미흡한 부분이 발견되면 사업자에게 침해를 유발하는 제도·관행의 개선, 이용자의 신속한 고충해결 등 시정을 요구하고, 시정요구가 수용될 경우 사건처리를 종결한다. 그러나 시정요구를 받아들이지 않거나 동일 침해가 반복되는 경우 또는 법률을 명백히 위반하였다고 판단되는 경우에는 보고서를 작성하여 관계 행정기관으로 이송한다.

③ 시정명령 또는 과태료 부과

관계 행정기관은 한국인터넷진흥원(개인정보침해 신고센터)의 보고서를 접수한 후 법률 위반의 경중에 따라 시정명령을 내리거나 과태료를 부과하는 등 행정처분을 한다.

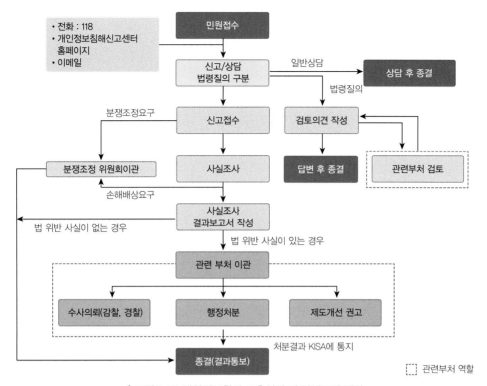

┃ 그림 1.16 개인정보침해 고충처리 및 분쟁조정 절차

CHAPTER

02

개인정보 보호 법률과 제도

국내 개인정보 보호 법률 개요

1. 국내 법제도 체계

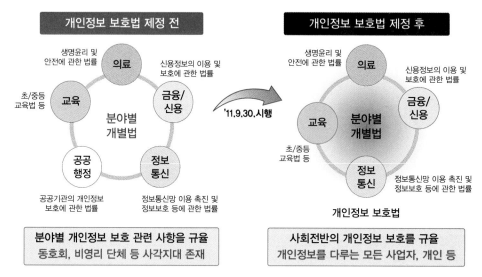

출처 : 개인정보 보호법 교육 교재(KISA)

| **그림 2.1** 국내 개인정보 보호법 제정

1) 『개인정보 보호법』 시행 이전

우리나라는 『개인정보 보호법』이 2011년 3월 29일에 제정이 되어, 2011년 9월 30일부터 시행되었다. 동법 시행 이전까지, 공공부문은 『공공기관의 개인정보 보호에 관한 법률』과, 『전자정부법』, 『공공기관의 정보공개에 관한 법률』, 『주민등록법』, 『호적법』, 『자동차관리법』, 『도로교통법』, 『국세기본법』 등의 개별법으로 규율되고 있었으며, 민간부문은 일반적으로 "정보통신망법"에 의한 규율과, 신용정보에 대해서는 『신용정보의 이용 및 보호에 관한 법률』, 위치정보보호에 대해서는 『위치정보의 보호 및 이용 등에 관한 법률』로 규율하는 등 각 분야별로 개별법으로 개인정보를 규율하여 왔다.

| 표 2.1 국내 주요 개인정보 보호 관련법률(『개인정보 보호법』 시행 이전)

분야	주요 법률	기타 관련법	기타 비밀준수규정
공공행정	공공기관의 개인정보 보호에 관한 법률	• 공공기관의 정보공개에 관한 법률 • 전자정부법, 주민등록법, 호적법 • 자동차관리법, 도로교통법, 국세기본법 • 국정감사 및 조사에 관한 법률, 통계법 등	• 변호사법 • 법무사법 • 세무사법 • 관세사법 • 공인노무사법 • 외국환거래법 • 공증인법 • 은행법 • 근로기준법 • 노동위원회법 • 직업안정법
정보통신	정보통신망이용촉진 및 정보보호 등에 관한법률	• 통신비밀보호법 • 위치정보의 보호 및 이용 등에 관한 법률 • 정보화촉진기본법, 정보통신기반보호법, 전기통신사업법, 전자서명법 • 인터넷주소자원에 관한 법률 등	
금융신용	신용정보의 이용 및 보호에 관한 법률	• 금융실명거래 및 비밀보장에 관한 법률 • 독점규제 및 공정거래에 관한 법률 • 방문판매 등에 관한 법률	
의료	보건의료기본법 의료법	• 응급의료에 관한 법률 • 장기 등 이식에 관한 법률 • 생명윤리 및 안전에 관한 법률 • 인체조직안전 및 관리 등에 관한 법률 • 후천성면역결핍증 예방법, 전염병 예방법 등	• 공인중개사의 업무 및 부동산신고거래에 관한 법률 • 형법 제317조 등
교육	교육기본법	• 초·중등 교육법 • 교육정보시스템의 운영에 관한 규칙 등	

이러한 개별 법률마다 적용대상이 아래와 같이 특정되어 있으며, 2008년 개정된 "정보통신망법"에서는 기존에 개인정보 보호에 대한 사각지대로 지적되어왔던 오프라인의 준용사업자를 적용대상으로 포함한 것이 특징이다.

| 표 2.2 『개인정보 보호법』의 각 법률별 적용대상(『개인정보 보호법』 시행 이전)

분야	주요 법률	기타 관련법	기타 비밀준수규정
공공행정	공공기관의 개인정보 보호에 관한 법률	• 공공기관이 처리하는 개인정보 • 지자체 및 각 급 학교 및 공공기관	비영리 사업자 및 단체 • 종교단체 • 자선단체 • 온라인 동호회 • 개인 블로그 등
정보통신	정보통신망이용촉진 및 정보보호 등에 관한 법률	• 정보통신서비스 이용자의 개인정보 • 정보통신서비스제공자 및 준용사업자 (비디오 대여점, 학습지 회사, 부동산 중개업, 결혼 중개업, 웹호스팅, P2P사이트 등)	
금융신용	신용정보의 이용 및 보호에 관한 법률	• 신용정보업자 등이 처리하는 신용정보 • 신용정보집중기관, 신용정보업자, 기타 신용정보취급사업자 등	

분 야	주요 법률	기타 관련법	기타 비밀준수규정
의료	보건의료기본법 의료법	• 의료기관 등이 처리하는 환자기록, 비밀 • 의료인 및 의료기관 종사자	
교육	교육기본법	• 교육기관이 처리하는 학생, 학부모 정보 • 모든 교육기관 및 종사자	

2) 개인정보 보호법 시행 이후

그동안 공공행정, 정보통신, 신용 등 분야별로 개별법에 따라 개인정보 처리행위가 규율되고, 국가사회 전반을 규율하는 개인정보 보호원칙과 개인정보 처리기준이 부재함에 따라 개인정보 보호 관련 법 적용을 받지 않는 개인정보 보호의 사각지대가 발생할 뿐만 아니라 개별 법률간 처리기준이 상이하여 국민의 혼란이 야기되어 왔다. 특히, 대규모 개인정보 침해사례가 지속적으로 발생함에 따라 국민의 프라이버시 침해는 물론 국민의 불안 가중, 명의도용, 전화사기 등 정신적·금전적 피해 등이 심각한 사회문제로 대두되었다.

이에 따라 이전까지 정보통신망이나 금융기관, 공공부문 등 일부에만 적용되던 개인정보 보호에 대한 법률규정의 사각지대를 해소하고, 공공·민간을 망라하여 OECD 8원칙 등 국제수준에 부합하는 개인정보 처리원칙을 규정하고, 개인정보 침해로 인한 국민의 피해 구제를 강화하여 개인정보의 안전한 이용 환경을 조성하고 개인의 권리와 이익을 보장하고자, 행정자치부(2017. 7월 현재 행정안전부[1])에서는 2008년 8월 개인정보 보호법을 입법 예고하였다.

입법 예고된 『개인정보 보호법』 제정안이 2011년 3월 11일 국회 본회의를 통해 심의 의결됨에 따라, 2011년 9월 30일 시행된 『개인정보 보호법』에서는 개별법에 의해 소관 분야별로 집행되는 계층적 체계로 규율되어 있고, 『개인정보 보호법』 규제 대상이 공공기관, 법인, 단체, 개인 등 전체 개인정보처리자로 확대되었으며, 보호범위도 고객의 개인정보뿐 아니라 기업·기관의 근로자 정보까지 포함되도록 하여 법 적용의 사각지대를 해소하였다. 또한 동법에서는 집단분쟁조정 및 단체소송제도 도입, 개인정보 유출 시 개인정보처리자가 정보주체에게 알리는 유출통지제도 도입, 개인정보 처리정지 요구권 도입 등 신규 제도의 도입으로 정보주체의 권익이 한층 강화되었고 공공기관의 일정 기준에 해당하는 정보화사업에서 개인정보 영향평가의 의무화 도입, 개인영상정보의 프라이버시 보호를 위해 공공기관에서만 규제되던 CCTV 등 영상정보처리기기의 설치·운영이 민간부분으로까지 확대되는 등 개인정보 보호를 위한 전반적인 노력들이 한층 강화되었다.

---

1) 2017. 7월 행정자치부는 행정안전부로, 미래창조과학부는 과학기술정보통신부로 정부조직 개편안이 국회를 통과하여 정부조직 명칭이 변경되었다.

『개인정보 보호법』 시행에 따라 변화되는 내용 중 법 집행의 혼선을 방지하기 위해서 다시한번 정리될 부분은 『개인정보 보호법』과 타 법률과의 관계이다.

| 표 2.3 『개인정보 보호법』 시행으로 달라지는 점

구 분	개인정보 보호법 시행 이전	개인정보 보호법 시행 이후
규율대상	• 공공기관, 정보통신사업자, 신용정보 제공 · 이용자 등 분야별 개별법이 있는 경우에 한하여 개인정보 보호의무 적용	• 공공 · 민간 통합 규율로 법적용대상 확대 　– 현행법 적용을 받지 않던 오프라인 사업자, 의료기관, 협회 · 동창회 등 비영리단체, 개인, 국회 · 법원 · 헌법재판소 · 중앙선거관리위원회 등으로 확대 　– 개별법 우선 적용, 그 이외의 부분은 개인정보 보호법적용 　– 분야별로 개인정보를 규율하는 별도의 개별법이 있는 경우 개별법을 우선 적용 • 공공기관 개인정보 보호에 관한 법률 폐지
보호범위	• 공공기관은 컴퓨터 등에 의해 처리되는 개인정보파일만을 보호대상으로 함 • 고객의 개인정보 대상	• 주민센터 민원신청서류 등 종이문서에 기록된 개인정보도 보호대상에 포함 • 고객뿐만 아니라, 근로자의 개인정보까지 포함
수집 · 이용 및 제공기준	• 공공, 정보통신 등 분야별 개별법에 따른 처리기준 존재	• 공공 · 민간을 망라하는 개인정보 처리원칙과 기준 제시
고유식별정보처리 제한	• 주민등록번호 등 고유식별정보의 민간사용을 사전적으로 제한하는 규정 없음	• 원칙적 처리금지 　– 정보주체의 별도 동의, 법령의 근거가 있는 경우 등은 예외 허용
	• 인터넷상에서 주민등록번호 외의 회원가입방법 제공 의무화(정보통신서비스제공자 한정)	• 인터넷상 주민등록번호 외의 회원가입방법 제공 의무화대상 확대(정보통신서비스제공자 → 공공기관, 일부 민간분야 개인정보처리자) ※ 대통령령에서 의무화대상 규정
		• 주민등록번호 등 고유식별정보 처리 시 암호화 등 안전조치 확보의무 명시
영상정보 처리기기 규제	• 공공기관이 설치 · 운영하는 폐쇄회로텔레비전(CCTV)에 한하여 규율 • 범죄예방 및 교통단속 등 공익을 위하여 필요한 경우 전문가 및 이해관계인 의견 수렴을 거쳐 설치녹음기능, 임의조작 금지	• 공개된 장소에 설치 · 운영하는 영상정보처리기기 규제를 민간까지 확대 　– 공개된 장소인 백화점 · 아파트 등 건물주차장, 상점내 · 외부 등에 영상정보처리기기를 설치할 때에는 법령, 범죄예방 · 수사, 시설안전 및 화재예방, 교통단속 등을 위해서 설치 가능 • 규율대상을 기존 '폐쇄회로텔레비전(CCTV)'에서 네트워크카메라도 포함
		• 공중 화장실 · 목욕탕 · 탈의실 등 사생활 침해 우려가 큰 장소는 설치 금지

구 분	개인정보 보호법 시행 이전	개인정보 보호법 시행 이후
텔레마케팅 등 규제	• 「정보통신망법」에 따라 정보통신서비스제공자에 한하여 규제 – 마케팅 목적으로 개인정보 취급을 위탁하는 경우 정보주체 동의를 받아야 함	• 마케팅을 위해 개인정보처리에 대한 동의를 받을 때에는 다른 개인정보 처리에 대한 동의와 묶어서 동의를 받지 않도록 명시적으로 규정 – 정보주체가 알기 쉽도록 고지하고 동의를 받아야 함 • 모든 개인정보처리자는 마케팅 업무 위탁 시, 정보주체에게 위탁업무 내용 및 수탁자를 고지해야 함(정보통신서비스제공자 → 모든 개인정보처리자로 규제대상 확대)
개인정보파일 등록 · 공개 및 영향평가	• 공공기관이 개인정보파일 보유 시 행정안전부장관(현 행정자치부 장관)과 사전협의	• 공공기관이 개인정보파일 보유 시 행정자치부 장관에게 등록
	• 행정안전부장관(현 행정자치부 장관)은 사전협의파일 관보 공고	• 행정자치부 장관은 등록사항 공개
	관련 제도 없음	• 공공기관 대규모 개인정보파일 구축 등 침해 위험이 높은 경우에는 사전영향평가 실시 의무화(민간은 자율시행)
유출 통지	관련 제도 없음	• 정보주체에게 개인정보 유출사실 통지 의무화 • 일정규모 이상의 개인정보 유출시 전문기관에 신고
개인정보 집단분쟁	관련 제도 없음	• 다수의 정보주체에게 같거나 비슷한 유형으로 발생하는 개인정보 침해에 대하여 분쟁조정 위원회에서 일괄 접수 및 처리
단체소송	관련 제도 없음	• 소비자단체(소비자연맹 등)를 통해 개인정보 침해를 입은 정보주체가 법원에 단체소송 제기 제도 도입 ※권리 침해행위 금지 · 중지 청구 소송(손해배상 제외)
개인정보의 정정, 삭제	• 정보주체의 동의철회 · 열람 · 정정권리	• 정보주체의 개인정보 삭제, 처리정지 요구 권리 추가 –정정 · 삭제 결과 통보 의무 등 구체화
수집, 동의 시 개인정보처리자의 입증책임부과	관련 제도 없음	• 정보 수집 시 '필요 최소한에' 대한 사업자 입증 책임 부과 • 동의 없이 처리할 수 있는 개인정보라는 입증 책임 부과
위원회	• 국무총리 소속 공공기관 개인 정보보호심의위원회 – 공공부문 정책 심의	• 대통령 소속 개인정보 보호위원회 설치 – 공공 · 민간부문 개인정보 보호정책을 심의 하는 기구
	• 개인정보 분쟁조정위원회 – 민간분야 분쟁조정	• 개인정보 분쟁조정위원회 기능 확대 – 공공 · 민간 분쟁조정

[표 2.3]에서 개별법 우선 적용의 원칙을 언급하였듯이 『개인정보 보호법』 제6조(다른 법률과의관계)는 다른 법률에서 개인정보 보호에 관한 규정이 있는 경우 해당 법률을 따르도록 하고 있다. 이에 따라 영역별 『개인정보 보호법』이 존재하는 경우, 영역별 『개인정보 보호법』이 우선하여 적용되며 공공부문의 행정정보에 대해서도 『개인정보 보호법』의 적용을 받지만 행정정보의 수집·이용·제공에 관한 규정이 있으면 해당 법의 적용을 먼저 받게 된다.

학생정보와 의료정보의 경우에도 해당 분야를 규율하고 있는 『교육기본법』, 『초·중등교육법』 『학교보건법』 등이 우선 적용되고 보충적으로 『개인정보 보호법』의 적용을 받게 되는 등 개별법 우선의 원칙이 적용되어 타 법률과의 관계에서 혼선을 줄이기 위한 장치를 마련하고 있다. 다만, 타 법의 보호조치 등이 미흡할 경우에는 『개인정보 보호법』을 따르는 것이 적절하다고 판단하여야 한다.

	정보통신	금융	의료	교육	개인정보 보호 일반
소관법령	정보통신망 이용촉진 및 정보보호 등에 관한 법률	신용정보의 이용 및 보호에 관한 법률	보건의료기본법 의료법	교육기본법 초·중등교육법	개인정보 보호법
적용범위	정보통신서비스 제공자가 이용자 개인정보 수집시	신용정보업자 등이 개인신용정보 수집·활용·제공시	의료인 및 의료기관 종사자가 처리하는 환자기록 및 비밀	교육기관이 학생 및 학부모 개인정보 처리시	개인정보 처리자가 정보주체 개인정보 수집시
적용대상	• 정보통신서비스 제공자 • 방송사업자	• 신용정보집중기관(5개) • 신용정보업자(33개) • 기타 신용정보처리 개인정보 처리자 등	의료인 및 의료기관 종사자	모든 교육기관 및 종사자	오프라인 사업자, 근로자 비영리단체 (협회, 동창회 등), 공공기관 등
수집/이용	• 민감정보 수집제한 및 필요 최소정보 수집 • 수집 목적 등 고지 및 사전동의 획득 후 수집	• 수집시 목적명확 • 합리적·공리적 수집 • 신용정보 무관 정보 수집 금지	• 진료기록부 기재 등 • 관련 동의조항 없음	교육적 목적으로만 수집/이용	• 최소항목 수집, 민감 정보 수집제한 • 주민등록번호 외 회원 가입 방법 수단 제공
목적 외 이용/제공	목적 외 이용 및 동의 없는 제3자 제공 금지	• 개인신용정보 제공 및 활용시 동의 획득 의무 • 상거래 관계 설정·유지 여부 판단 외 제공 금지	의료기록 누설 및 제3자 제공 금지	학교생활기록 및 건강검사 자료 등을 동의 없이 제3자 제공 금지 (초·중등)	목적 외 이용 동의 없는 제3자 제공 금지

| **그림 2.2** 국내 개인정보 보호 관련법 현황

2. 국내 개인정보 보호 관련 기관 및 기구

『개인정보 보호법』 시행 이전에는 공공부문은 국무총리 소속하에 설치된 '공공기관 개인정보보호 심의위원회'가 개인정보 보호에 관한 정책 및 제도 개선, 처리정보의 이용 및 제공에 대한 공공기관 간의 의견조정 등 공공기관의 개인정보 보호에 관한 전반적인 사항을 심의하였으나, 『개인정보 보호법』 시행 이후에는 대통령 소속의 '개인정보 보호위원회'가 그 역할을 수행하게 되며, 동 위원회는 국가 개인정보 보호 기본계획 수립, 국가 개인정보 보호 전반의 정책, 제도, 법령 개선, 해석·운용에 관한 사항을 심의·의결하는 등 그 역할의 범위가 확대되었다.

행정자치부는 『개인정보 보호법』 주무부처로서 개인정보 보호에 관한 표준지침 개발·보급, 자율규제 촉진 및 지원, 개인정보 처리에 관한 자료제출 요구 및 필요시 개인정보 처리에 관한 실태조사 등을 수행하며, 인터넷상에서의 개인정보 보호를 위해 관련 법령 정비, 계획 수립, 시설 및 시스템 구축 등 제반 조치를 취한다.

공공기관은 『개인정보 보호법』에 따라 개인정보를 보유할 경우 개인정보 파일을 행정자치부에 등록하고, 개인정보 보호방침을 수립·공고하며, 개인정보파일의 보유 목적 외의 목적으로 처리정보가 이용되거나 제공되지 않도록 제한하는 한편, 정보통신망을 통해 개인정보를 송·수신할 경우 안전성 확보에 필요한 조치를 취하여야 한다. 정보주체는 처리정보에 의하여 식별되는 자로서 해당 정보의 주체가 되는 자인데, 처리정보에 대한 열람, 정정 및 삭제, 처리정지를 요구할 수 있으며, 개인정보에 관한 권리 또는 이익의 침해를 받은 자는 행정자치부가 지정하는 전문기관(2017년 7월 현재 한국인터넷진흥원)에 침해사실을 신고할 수 있다. 이에 따라 한국인터넷진흥원은 개인정보침해 신고센터(http://privacy.kisa.or.kr)를 설치·운영하고 있다. 개인정보침해 신고센터는 개인정보 처리와 관련한 신고의 접수·상담, 접수된 사건에 대한 사실의 조사·확인 및 관계자 의견청취, 그 밖에 이들 업무에 딸린 부수적 업무를 수행한다.

민간부문은 『정보통신망 이용촉진 및 정보보호 등에 관한 법률』, 『신용정보의 이용 및 보호에 관한 법률』, 『통신비밀보호법』, 『금융실명거래 및 비밀보장에 관한 법률』 등의 개별법에 정의된 개인정보 보호에 관한 규정과 『개인정보 보호법』에 의해 규율된다.

정보통신서비스제공자의 개인정보 수집·이용·제공에 관한 규율은 방송통신위원회에서 수행하고, 신용정보의 보호 등은 금융위원회에서 담당하는 등 분야별 개별법에 의해 규율된다.

『개인정보 보호법』 시행에 따라 정보주체의 권익강화를 위해 관련 기구에 변화가 생겼는데, 『개인정보 보호법』 시행 이전에 공공부문은 행정안전부, 민간부문은 방송통신위원회 산하 한국인터넷진흥원에서 개인정보 침해신고 접수를 수행하였으나, 동법 시행 이후에는 공공부문과 민간부문에서 발생하는 개인정보 침해신고에 대한 상담, 개인정보 보호에 관한 피해보상 등 분쟁조정 업무가 『개인정보 보호법』 및 하위법령에서 지정된 전문기관(2017년 7월 현재 한국인터넷진흥원)에서 일괄적으로 수행하도록 변경되었으며, 신규 도입 제도인 유출통지 신고접수 및 기술지원 업무 또한 『개인정보 보호법』 및 하위법령에서 지정하는 전문기관에서 수행하도록 규정되었다.

┃표 2.4 국내 개인정보 보호기구 현황(『개인정보 보호법』 시행 후)

기관명		관할 범위	근거 법령
개인정보 보호위원회		공공·민간 개인정보 관련된 정책, 제도 및 법령의 개선 등	개인정보 보호법
행정자치부		공공기관이 보유하는 개인정보 침해 민간기관이 보유하는 개인정보 침해	
개인정보 분쟁조정위원회		공공·민간 개인정보침해 일반 분쟁조정	
개인정보침해 신고센터		공공·민간 개인정보침해신고 접수·처리	
중앙행정기관	방송통신위원회	정보통신서비스 제공자에 의한 개인정보 침해	정보통신망법
	교육과학기술부	교육관련 기관 등 대상 학생 신상정보 및 생활기록 정보보호	교육기본법, 초·중등 교육법, 학교보건법
	금융위원회	신용정보기관 등에 의한 신용정보처리과정에서의 침해	신용정보의 이용 및 보호에 관한 법률
경찰청(사이버안전국)		형사처분의 대상이 되는 개인정보침해조사	형법, 통신비밀보호법, 개인정보 보호법, 정보통신망법 등

1) 개인정보 보호위원회

『개인정보 보호법』은 개인정보에 관한 종합적 기능을 담당하는 독립위원회 형태인 대통령 소속의 개인정보 보호감독기구로서 '개인정보 보호위원회(이하 보호위원회)'를 설치·운영하도록 규정하고 있다.

보호위원회는 위원장 1인, 상임위원 1인을 포함한 15인 이내의 위원으로 구성하되, 상임위원은 정무직 공무원으로 임명한다. 위원장은 위원 중에서 공무원이 아닌 사람으로 대통령이 위촉한다. 위원은 개인정보 보호와 관련된 시민사회단체 또는 소비자단체로부터 추천을 받은 사람, 개인정보처리자로 구성된 사업자단체로부터 추천을 받은 사람, 개인정보에 관한 학식과 경험이 풍부한 자 중에서 국회에서 선출한 5명, 대법원장이 지명하는 5명을 포함하여 대통령이 임명 또는 위촉하며, 임기는 3년이고 1차에 한해 연임할 수 있다.

보호위원회는 기본적으로 개인정보 보호를 위해 필요한 사항이나 쟁점이 되는 문제 등을 심의·의결하는 역할을 하고 있다. 위원회의 구체적인 심의·의결 사항은 개인정보 침해요인 평가에 관한 사항, 개인정보 보호 기본계획 및 시행계획, 개인정보 보호에 관한 정책, 제도, 법령의 개선에 관한 사항, 처리에 관한 공공기관 간의 의견조정에 관한 사항, 개인정보 보호에 관한 법령 해석·운용에 관한 사항, 개인정보의 이용·제공에 관한 사항, 영향평가 결과에 관한 사항, 의견제시에 관한 사항, 조치의 권고에 관한 사항, 처리 결과의 공표에 관한 사항, 연차보고서의 작성·제출에 관한 사항 등의 사항이다. 또한 보호위원회는 기본계획을 효율적으로 수립하기 위하여 개인정보처리자, 관계중앙행정기관의 장, 지방자치단체의 장 및 관계기관 단체 등에 개인정보처리자의 법규 준수 현황과 개인정보 관리 실태 등에 관한 자료의 제출이나 의견의 진술 등을 요구할 수 있다. 이 경우에는 필요한 최소한의 범위로 한정하여 요구하여야 한다.

2) 행정자치부[2]

행정자치부는 『개인정보 보호법』 주무부처로서 중앙행정기관이 소관 법령에 따라 해당 부분에 대해서 규율하는 개인정보 보호 관련 이외의 사항과 『개인정보 보호법』에 규정되는 사항에 대해 총괄하게 된다. 주요한 역할로서 개인정보 보호 관련 개인정보 보호에 관한 표준지침 개발·보급, 자율규제 촉진 및 지원, 개인정보 처리에 관한 자료제출 요구 및 필요시 개인정보 처리에 관한 실태조사 등을 수행하며, 인터넷상에서의 개인정보 보호를 위해 관련 법령 정비, 계획 수립, 시설 및 시스템 구축 등 제반 조치 등이 있다.

행정자치부 장관은 개인정보 보호에 영향을 미치는 내용이 포함된 법령이나 조례에 대하여 필요하다고 인정하면 보호위원회의 심의·의결을 거쳐 관계 기관에 의견을 제시할 수 있다. 행정자치부 장관은 개인정보 보호를 위하여 필요하다고 인정하면 개인정보처리자에게 개인정보처리 실태의 개선을 권고할 수 있다. 이 경우 권고를 받은 개인정보처리자는 이를 이행하기 위하여 성실하게 노력하여야 하며, 그 조치 결과를 행정자치부 장관에게 알려야 한다.

행정자치부 장관은 개인정보 보호정책 추진, 성과평가 등을 위하여 필요한 경우 개인정보처리자, 관계 중앙행정기관의 장, 지방자치단체의 장 및 관계 기관·단체 등을 대상으로 개인정보관리 수준 및 실태파악 등을 위한 조사를 실시할 수 있다.

---

2) 2017. 7월 행정자치부는 행정안전부로, 미래창조과학부는 과학기술정보통신부로 정부조직개편안이 국회를 통과하여 정부조직 명칭이 변경되었다.

3) 개인정보 분쟁조정위원회

『개인정보 보호법』은 개인정보침해와 관련된 분쟁을 신속, 간편, 공정하게 해결하기 위한 목적으로, 제40조에서 제50조까지 개인정보 분쟁조정위원회 관련 사항을 명시하고 있다. 분쟁조정위원회는 『개인정보 보호법』에 따라 개인정보 보호위원회에서 사무국을 운영하며, 분쟁조정위원회의 피해구제 방법은 분쟁조정제도로써, 이는 공공부문 및 민간부문에서 발생하는 개인정보 관련분쟁의 해결을 위해 위원회가 분쟁당사자의 주장과 사실관계를 기초로 하여 공정하고 합리적인 조정안을 제시함으로써 다툼을 평화적으로 해결하는 분쟁해결 방법이다. 분쟁조정위원회는 국내에서 유일하게 개인정보와 관련된 분쟁을 전문적으로 조정하기 위해 설치된 기구라는 점에서 개인정보피해구제에 있어 중대한 역할을 담당하고 있으며, 정보주체의 권익보호 강화를 위해 『개인정보 보호법』 제49조에서 새로 도입한 집단분쟁조정의 업무도 수행한다.

4) 개인정보침해 신고센터

『개인정보 보호법』은 제62조에서 개인정보침해 신고의 접수·상담 등을 위해 개인정보 침해신고 업무를 담당하는 개인정보침해 신고센터 관련 사항을 명시하고 있다. 당초 "정보통신망법"에 근거하여 한국인터넷진흥원 내에 개인정보침해 신고센터가 설치·운영되고 있었으나, 『개인정보 보호법』이 시행되면서 동법에서 지정하는 전문기관(2017년 7월 현재 한국인터넷진흥원)에서 동 신고센터를 설치·운영하도록 통합되었다. 개인정보침해 신고센터는 개인정보침해방지 및 보호를 위하여, 개인정보처리와 관련한 신고의 접수·상담, 사실의 조사·확인 및 관계자의 의견 청취 등을 그 업무로 하고 있다. 특히 신고가 접수된 위법사실에 대해서는 행정자치부 또는 소관 중앙행정기관에 통보하여 행정제재를 취할 수 있도록 조치하고 있다.

5) 중앙행정기관

중앙행정기관은 소관 법률에 따라 개인정보처리자에게 관계 물품, 서류 등을 제출하게 할수 있고 소속공무원으로 하여금 개인정보처리자의 사업장에 출입하여 업무상황, 장부 또는 서류 등을 검사하게 할 수 있다. 중앙행정기관의 장은 표준개인정보 보호지침에 따라 소관 분야의 개인정보처리와 관련한 개인정보 보호지침을 정하여 개인정보처리자에게 준수를 권장할 수 있다. 중앙행정기관은 이러한 자료제출 요구권 및 검사, 조사권 외에도 법위반사실이 인정될 경우 해당 위반자에 대하여 필요한 시정조치를 명하거나 고발 또는 징계 권고를 하거나 과태료를 부과하거나 결과 공표할 수 있는 행정 제재권을 가진다. 또한 중앙행정기관은 개인정보침해 신고센터로부터 통보받은 개인정보 침해사건에 대하여 과태료, 과징금 부과, 시정명령, 형사기관 수사의뢰 등의 조치를 취할 수 있다.

6) 경찰청(사이버안전국)

경찰청은 전형적인 의미에서 개인정보 보호기구라 보기는 다소 어렵지만, 오늘날 개인정보 보호 및 침해의 방지에 사이버테러대응센터에서 비롯된 경찰청 사이버 수사대가 중요한 역할을 하고 있다.

경찰청 사이버테러대응센터(현 사이버안전국)는 법 집행기구인 경찰청의 한 부속기구로 본래는 해킹이나 바이러스의 유포 등과 같은 사이버테러를 방지하기 위한 목적으로 설립되었으나, 최근에는 인터넷을 통한 사기행위, 사이버 명예훼손, 개인정보 및 개인의 비밀침해 사건의 증가로그 업무범위가 확대되어 사이버에서 발생하는 모든 불법적인 행위에 대해 전담하여 수사를 펼치고 있다. 사이버안전국은 접수되는 신고를 '사이버테러형 범죄'와 '일반 사이버 범죄'로 나누고 있는데, '사이버테러형 범죄'란 정보통신망 자체를 공격 대상으로 하는 불법행위로써 해킹, 바이러스 유포, 메일 폭탄, DOS 공격 등 전자기적 침해 장비를 이용한 컴퓨터 시스템과 정보통신망을 공격하는 행위이며, '일반 사이버 범죄'란 사이버 공간을 이용한 일반적인 불법행위로써 사이버 도박, 사이버 스토킹과 성폭력, 사이버 명예훼손과 협박, 전자상거래 사기, 개인정보 유출 등의 행위를 의미한다.

특히 개인정보 침해사건과 관련하여 사이버안전국은 신고를 접수받아 위법사항이 발견된 경우 관련 법령에 따라 처벌을 하고 있다. 사이버안전국의 활동 근거가 되는 개인정보 관련 법령으로는 비밀침해죄를 규정한 『형법』 제316조 제2항, 『개인정보 보호법』의 벌칙조항, 『정보통신망법의 벌칙조항』, 『통신비밀보호법』 제16조의 통신 및 대화비밀의 보호 및 제26조의 벌칙조항, 『주민등록법』 제37조의 벌칙조항 등이 있다.

현재 사이버안전국은 인터넷 웹사이트와 전화로 사이버 범죄에 관한 신고 및 상담을 접수받고 있으며, 접수받은 사건이 사법처리가 가능한 사이버 범죄에 해당되는지 여부를 판단하여 수사여부를 결정한다. 만약 사이버 범죄에 해당되나 사법처리 대상이 아닌 경우에는 개인정보 분쟁조정위원회 등 관련 기구에 안내를 해주며, 사이버 범죄가 아닌 일반 사법처리 대상 범죄에 대해서는 관할 경찰서에 신고하도록 상담처리하고 있다. 또한 사이버안전국은 일반적으로 심각하고 중대한 해킹 등 정보통신망 공격행위와 같은 사이버테러형 범죄에 대해서는 직접 수사를 하나, 개인정보 유출과 같은 사건은 보통 관할 지방경찰청 사이버 범죄 수사대에 이관하여 처리하도록 하고 있다. 즉, 개인정보 침해사고와 관련하여 사이버안전국은 단일한 범죄신고 접수창구의 역할을 하는 것이라 볼 수 있다.

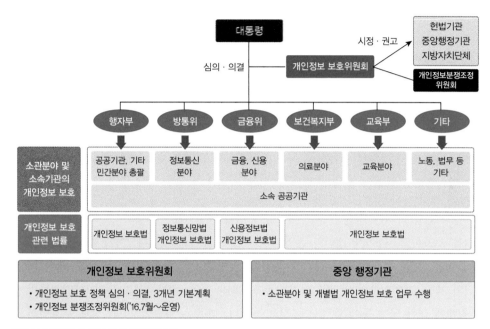

출처 : 개인정보 보호법 교육 교재(KISA)

| **그림 2.3** 우리나라의 개인정보 보호 거버넌스

개인정보 보호법

 개인정보 보호법은 공공부문과 민간부분을 모두 포섭하는 개인정보 보호 일반법 제정에 관한 논의를 하여 2011년 3월 11일 국회 본회의에서 의결되었고 같은 해 9월 30일 시행되었다. 개인정보 보호법 제정 배경은 정보사회의 고도화와 개인정보의 경제적 가치 증대로 사회 모든 영역에 걸쳐 개인정보의 수집과 이용이 보편화됨에 따라 공공부문과 민간분문을 망라하여 국제 수준에 부합하는 개인정보 처리 원칙 등을 규정하고, 개인정보 침해로 인한 국민의 피해 구제를 강화하여 국민의 사생활의 비밀을 보호하며, 개인정보에 대한 권리와 이익을 보장하려는 것이다.

 이 법의 입법 목적은 개인정보의 처리 및 보호에 관한 사항을 정함으로써 개인의 자유와 권리를 보호하고, 나아가 개인의 존엄과 가치를 구현하는 것이다. 이에 따라 개인정보의 수집·이용, 제공 등 개인정보 처리 기본원칙, 개인정보의 처리 절차 및 방법, 개인정보의 처리의 제한, 개인정보의 안전한 처리를 위한 관리·감독, 정보주체의 권리, 개인정보의 권리 침해에 대한 국제 등에 대해서 규정하고 있다. 다음은 일반법인 개인정보 보호법의 주요내용을 기술하고자한다.

1) 공공, 민간 등 모든 개인정보처리자로 확대 적용

국회·법원 등 헌법기관, 비영리단체 등을 포함, 업무상 개인정보 파일을 운용하기 위하여 스스로 또는 다른 사람을 통하여 개인정보를 처리하는 자에 대하여 법률을 적용하고, 전자적으로 처리되는 개인정보 이외에 수기 문서까지 개인정보의 보호범위에 포함하여 그동안 개인정보 보호 관련 법률 적용을 받지 않았던 사각지대를 해소하였다.

2) 개인정보 보호위원회 설치

대통령 소속으로 각 부처에 독립적인 '개인정보 보호위원회'를 두고 있으며 개인정보 보호 기본계획, 법령 및 제도 개선 등 개인정보에 관한 주요 사안을 심의·의결함으로써 개인정보 보호와 관련한 중요 사안에 대한 의사결정의 신중성, 전문성, 객관성을 확보하고 있다.

3) 개인정보의 수집, 이용, 제공 등에 대한 단계별 보호기준 규정

공공·민간 분야를 포괄하여 정보주체의 동의, 법률의 규정이 있는 경우 등 일정한 기준에 해당하는 경우 정보주체에게 일정 사항을 알리고 개인정보를 수집·이용하거나 제공할 수 있도록 하고, 수집·이용 목적달성 등으로 불필요하게 된 때에는 지체 없이 개인정보를 파기하도록 규정하고 있다.

4) 고유 식별 정보의 처리 제한 강화

주민등록번호 등 법령에 의하여 개인을 고유하게 구별하기 위해 부여된 고유 식별 정보는 원칙적으로 처리를 금지하고 별도의 동의를 얻거나, 법령에 의한 경우 등 제한적으로 예외를 인정하고 있으며, 대통령령이 정하는 개인정보처리자는 홈페이지 회원 가입 시 주민등록번호를 사용하지 않는 회원가입 수단을 제공하도록 의무화되었다. 주민등록번호의 경우에는 별도의 조문을 두어 원칙적인 처리를 금지하고 있는데, 주민등록번호의 광범위한 사용 관행을 제한함으로써 주민등록번호 오남용을 방지하는 한편, 고유 식별 정보에 대한 보호를 한층 강화하였다.

5) 영상정보처리기기의 설치를 제한할 근거 마련

영상정보처리기기 운영자는 공개된 장소에서는 범죄예방 등 특정 목적으로만 설치하도록 하고, 안내판 설치 등의 필요한 조치를 취하도록 규정하고 있으며, 공공과 민간부문 모두에서 이를 준수토록 하고 있다. 영상정보처리기기의 설치·운영 근거를 구체화함으로써, CCTV 등 영상정보처리기기의 무분별한 설치를 방지하고 개인영상정보 보호를 강화할 수 있도록 하였다.

6) 개인정보 파일의 등록 및 공개제도 도입

공공기관이 개인정보 파일을 보유하는 경우 운영 목적, 근거 등 일정사항을 행정자치부장관에게 등록하도록 하고 행정자치부장관은 이를 일반에 공개하도록 규정하고 있다. 공공기관에서 운용하는 개인정보 파일의 안전한 관리 및 개인정보처리의 투명성과 신뢰성을 확보하고, 정보주체가 해당 개인정보파일 검색을 통해 열람, 정정, 삭제, 처리정지 등이 용이하도록 하여 자기 통제권을 강화할 수 있게 되었다.

7) 개인정보 영향 평가제도 도입

공공기관의 장은 대통령령으로 정하는 기준에 해당하는 개인정보파일의 운용으로 인하여 정보주체의 개인정보 침해가 우려되는 경우에는 그 위험요인의 분석과 개선 사항 도출을 위한 영향평가를 하고 그 결과를 행정자치부장관에게 제출하여야 한다. 이 경우 공공기관의 장은 영향평가를 행정자치부 장관이 지정하는 기관(이하 "평가기관"이라 한다) 중에서 의뢰하여야 한다.

공공기관 외의 개인정보처리자는 개인정보파일 운용으로 인하여 정보주체의 개인정보 침해가 우려되는 경우에는 영향평가를 하기 위하여 적극 노력하여야 한다.

개인정보처리자는 개인정보 파일의 구축·확대 등이 개인정보 보호에 영향을 미칠 우려가 크다고 판단될 경우 자율적으로 영향평가를 수행할 수 있도록 하되, 공공기관은 정보주체의 권리침해 우려가 큰, 대통령령으로 정하는 기준에 해당하는 개인정보파일을 운용하는 경우에 영향평가 수행이 의무화되었다. 개인정보 침해로 인한 피해는 원상회복 등 사후 권리구제가 어려우므로 영향평가의 실시로 미리 위험요인을 분석하고 이를 조기에 제거함으로써 개인정보유출 및 오남용 등의 피해를 효과적으로 예방할 수 있도록 하였다.

8) 개인정보 유출사실에 대한 통지제도 도입

개인정보처리자는 개인정보 유출 사실을 인지하였을 경우 지체 없이 해당 정보주체에게 관련 사실을 통지하도록 하고 피해의 최소화를 위해 필요한 조치를 하도록 규정하고 있으며, 대통령령으로 정하는 규모 이상의 개인정보가 유출된 경우에는 지체 없이 전문기관(2017년 7월 현재 한국인터넷진흥원) 등에 신고하여 피해 확산 방지를 위한 기술지원을 받도록 함으로써 신속한 조치 및 정보주체의 효과적 권리구제 등이 가능하도록 하였다.

9) 정보주체의 권리 보장 및 손해배상책임 강화

정보주체의 권리로써 열람청구권, 정정·삭제 청구권, 처리 정지 요구권 및 그 제한 사유와 권리행사 방법 등 정보주체의 권리를 명확히 규정함으로써, 정보주체가 보다 용이하게 개인정보 자기결정권을 실현할 수 있도록 하였다.

정보주체는 개인정보처리자가 『개인정보 보호법』을 위반한 행위로 손해를 입으면 개인정보처리자에게 손해배상을 청구할 수 있다. 고의 또는 과실에 대한 입증책임은 개인정보처리자에게 있으며, 고의 또는 중대한 과실이 인정되면 법원은 그 손해액의 3배를 넘지 않는 범위에서 손해배상액(징벌적 손해배상)을 정할 수 있다. 또한 개인정보처리자의 고의 또는 과실로 손해를 입은 개인은 300만 원 이하의 범위에서 손해배상(법정 손해배상)을 청구할 수도 있다.

10) 개인정보분쟁조정위원회 설치

공공부문과 민간부문의 개인정보에 관한 분쟁조정 업무를 신속하고 공정하게 처리하기 위하여 개인정보분쟁조정위원회를 두며, 분쟁조정위원회는 분쟁 조정 신청이 있는 경우 침해행위중지, 원상회복, 손해배상 등 조정결정을 수행토록 하고 있다. 분쟁조정제도는 준사법적·독립적 권리구제절차로 시간·비용 등의 절약은 물론 개인정보에 관한 전문성 있는 조정이 이루어짐에 따라, 개인정보처리의 전체 영역에서 정보주체의 개인정보 침해 피해 발생 시 신속한권리 구제가 가능하게 되었다. 또한 개인정보처리자가 집단분쟁조정을 거부하거나 집단분쟁조정의 결과를 수락하지 아니한 경우에는 법원에 소송을 제기할 수 있다.

11) 개인정보 침해사실에 대한 신고 부분의 명확화

공공부문 및 민간부문의 개인정보처리자로부터 권리 또는 이익을 침해받은 자가 행정자치부 장관에게 그 침해사실을 신고할 수 있으며, 행정자치부 장관은 신고 접수, 조사 등의 업무처리 지원을 위해 개인정보침해신고센터를 전문기관(2017년 7월 현재 한국인터넷진흥원)에 설치하도록 하였다. 이를 통해 개인정보처리의 전체 영역에서 개인정보 침해사실을 신고하고 상담할 수 있는 창구 마련으로 정보주체의 신속한 권리구제와 고충처리가 가능하게 되었다.

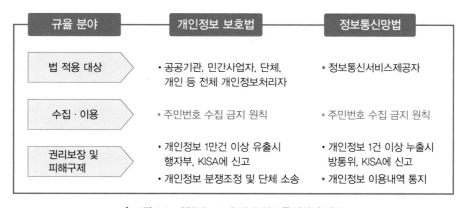

| 그림 2.4 개인정보 보호법과 정보통신망법 비교

정보통신망 이용촉진 및 정보보호 등에 관한 법률

● **적용 대상범위 : 정보통신서비스 제공자**

〈인터넷 사업자〉　　〈이동통신 사업자〉　　〈전화 사업자〉

〈웹호스팅 업체〉

〈포털 사이트〉

〈게임 사이트〉

〈인터넷 쇼핑몰〉　　〈일반 웹사이트〉　　〈P2P사이트〉 등

● **정보통신서비스 제공자의 정의**

　– 전기통신사업법 제2조제8호에 따른 전기통신사업자(기간, 부가, 별정통신사업자)와
　　영리를 목적으로 전기통신사업자의 전기통신역무를 이용하여 정보를 제공하거나 정보의
　　제공을 매개하는 자를 말한다.

| 그림 2.5 정보통신망법의 적용대상 범위

여기서는 『개인정보 보호법』 제정 이전에 정보통신서비스 제공자와 준용사업자에게 개인정
보보호에 관한 일반사항을 규정하였으며 개인정보 보호를 구체적으로 규정하고 형사처분
규정이 명확한 "정보통신망 이용촉진 및 정보보호 등에 관한 법률(이하 정보통신망법)"을 중
심으로 살펴보기로 한다(개인정보 보호법 시행 이후, 적용 동법의 적용대상은 정보통신서비스제
공자로 한정되었다).

1. 개인정보의 수집 · 이용 및 제공

개인정보의 수집·이용 및 제공 부분은 개인정보의 수집·이용 동의, 개인정보의 수집 및
이용의 제한, 개인정보의 취급위탁, 영업의 양수 등에 따른 개인정보의 이전 등으로 나눌
수 있다.

1) 개인정보의 수집·이용 동의

정보통신서비스 제공자는 개인정보를 이용하려고 수집하는 경우에는 개인정보의 수집·이용 목적, 수집하는 개인정보의 항목, 개인정보의 보유 및 이용 기간의 모든 사항에 대하여 이용자에게 알리고 동의를 얻어야 한다. 또한 상기 내용 중 하나라도 변경하고자 할 때에도 동일하게 이용자에게 공지와 동의가 필요하다.

한편 정보통신서비스 제공자가 다음 중 하나에 해당하는 경우에는 이용자의 동의 없이 개인정보를 수집·이용할 수 있도록 하는 예외 규정이 있다.

- 정보통신서비스의 제공에 관한 계약을 이행하기 위하여 필요한 개인정보로써 경제적·기술적인 사유로 통상적인 동의를 받는 것이 뚜렷하게 곤란한 경우
- 정보통신서비스의 제공에 따른 요금정산을 위하여 필요한 경우
- 이 법 또는 다른 법률에 특별한 규정이 있는 경우

2) 개인정보의 수집 및 이용의 제한

정보통신서비스 제공자는 사상·신념·가족 및 친인척 관계, 학력, 과거의 병력 기타 사회활동경력 등 개인의 권리·이익이나 사생활을 뚜렷하게 침해할 우려가 있는 개인정보를 수집하지 못하도록 규정되어 있다. 또한 정보통신서비스 제공자는 개인정보를 수집하는 경우 서비스 제공에 필요한 최소한의 정보만을 수집하여야 하며, 필요한 최소한의 정보 이외의 개인정보를 제공하지 아니한다는 이유로 그 서비스의 제공을 거부해서는 안 된다고 명시하고 있다. 이때 최소한의 개인정보는 해당 서비스의 본질적 기능을 수행하기 위하여 반드시 필요한 정보를 말한다.

정보통신서비스 제공자는 수집한 개인정보를 이용자로부터 동의 받은 목적과 다른 목적으로 이용하지 못하도록 개인정보의 이용을 제한하고 있다.

정보통신서비스 제공자는 개인정보를 제3자에게 제공하려는 경우에는 아래 모든 사항에 대하여 이용자에게 알리고 동의를 얻어야 하며 변경 시에도 동일하다. 단, 제23조의 규정에 따라 이용자의 동의를 얻거나 다른 법률에 따라 특별히 수집 대상 개인정보로 허용된 경우에는 필요한 범위에서 최소한으로 수집이 가능하도록 규정하고 있다.

- 개인정보를 제공받는 자
- 개인정보를 제공받는 자의 개인정보 이용 목적

- 제공하는 개인정보의 항목
- 개인정보를 제공받는 자의 개인정보 보유 및 이용 기간

위의 조항에 따라 정보통신서비스 제공자로부터 개인정보를 제공받은 자는 그 이용자의 동의가 있거나 다른 법률에 특별한 규정이 있는 경우를 제외하고는 개인정보를 제3자에게 제공 또는 제공받은 목적 외의 용도로 이용하여서는 안 된다.

또한 정보통신서비스 제공자 등은 개인정보제공의 동의와 개인정보 취급위탁의 동의를 받을 때에는 개인정보의 수집, 이용에 대한 동의와 구분하여 받아야 하고, 이에 동의하지 않는다는 이유로 서비스 제공을 거부하여서는 안 된다.

3) 개인정보의 처리위탁

정보통신서비스 제공자와 개인정보를 제공받은 자는 제3자에게 개인정보를 수집, 보관, 처리, 이용, 제공, 관리, 파기 등을 처리할 수 있도록 업무를 위탁하는 경우에는 개인정보 처리위탁을 받는 자(수탁자)와 개인정보 처리위탁을 하는 업무의 내용에 대해 이용자에게 알리고 동의를 얻어야 한다. 정보통신서비스의 제공에 관한 계약의 이행 및 이용자 편의 증진 등을 위하여 필요한 경우로 수탁자와 개인정보처리위탁 업무 내용을 공개하거나 전자우편 등 대통령령이 정하는 방법에 따라 이용자에게 통지한 경우에는 개인정보 처리위탁에 따른 고지 및 동의절차를 거치지 아니할 수 있다.

정보통신서비스 제공자 등은 개인정보 처리위탁을 하는 경우에는 수탁자가 개인정보를 처리할 수 있는 목적을 미리 정해야 하며, 수탁자는 이 목적을 벗어나서 개인정보를 처리해서는 안 된다고 명시하고 있다.

정보통신서비스 제공자 등은 수탁자가 규정을 위반하지 아니하도록 관리, 감독하여야 하는 의무도 부과되어 있다. 이러한 맥락으로 수탁자가 개인정보 처리위탁을 받은 업무와 관련하여 규정을 위반하여 이용자에게 손해를 발생시킨 경우에는 그 수탁자를 손해배상책임에 있어서 정보통신서비스 제공자 등의 소속직원으로 본다.

4) 영업의 양수 등에 따른 개인정보의 이전

정보통신서비스 제공자 등이 영업의 전부 또는 일부의 양도, 합병 등으로 개인정보를 타인에게 이전하는 경우에는 미리 다음 사항 모두를 홈페이지에 게시하거나 전자우편 등 대통

령령이 정하는 방법에 따라 이용자에게 통지하여야 한다.

- 개인정보를 이전하려는 사실
- 개인정보를 이전 받는 자의 성명(법인의 경우에는 법인의 명칭), 주소, 전화번호 그 밖의 연락처
- 이용자가 개인정보의 이전을 원하지 아니하는 경우 그 동의를 철회할 수 있는 방법 및 절차

개인정보를 이전 받는 자 등은 개인정보의 이전을 받은 경우에는 지체 없이 그 사실을 홈페이지에 게시하거나 전자우편 등 대통령령이 정하는 방법에 따라 이용자에게 통지하여야 한다.

개인정보를 이전 받는 자 등은 정보통신서비스 제공자 등이 개인정보를 이용하거나 제공할 수 있는 당초의 목적 범위 안에서만 개인정보를 이용하거나 제공할 수 있다. 다만, 이용자의 별도의 동의를 얻은 경우에는 해당사항이 없다.

2. 개인정보의 관리 및 파기

개인정보의 관리 및 파기는 여러 가지 세부 절차를 다음과 같이 지정하고 있다.

1) 개인정보 보호책임자의 지정

정보통신서비스 제공자 등은 이용자의 개인정보를 보호하고 개인정보와 관련한 이용자의 고충을 처리하기 위하여 개인정보관리 책임자를 지정하여야 한다고 규정하고 있다. 단 종업원 수, 이용자 수 등이 대통령령이 정하는 기준[3]에 해당하는 정보통신서비스 제공자 등의 경우에는 지정하지 아니할 수 있다. 정보통신서비스 제공자 등이 개인정보관리책임자를 지정하지 않은 경우에는 사업주나 대표자가 개인정보관리책임자가 된다. 개인정보관리책임자의 자격요건 그 밖의 지정에 관하여 필요한 사항은 대통령령으로 정하도록 되어 있다. 한편, 정보통신서비스 제공자 등이 개인정보를 취급하는 경우에는 개인정보 처리방침을 정하여 이를 이용자가 언제든지 쉽게 확인할 수 있도록 공개하도록 하고 있다. 개인정보 처리

---

3) '대통령령으로 정하는 기준에 해당하는 정보통신서비스제공자 등'이란 상시 종업원 수가 5명 미만의 정보통신서비스 제공자 등을 말한다. 다만, 인터넷으로 정보통신서비스를 제공하는 것을 주된 업으로 하는 경우에는 상시 종업원 수가 5명 미만으로서 전년도 말 기준으로 직전 3개월간의 일일평균이용자가 1천명 이하인자를 말한다.

방침에는 다음 사항을 모두 포함하여야 한다.

- 개인정보의 수집·이용 목적, 수집하는 개인정보의 항목 및 수집방법
- 개인정보를 제3자에게 제공하는 경우 제공 받는 자의 성명(법인의 경우에는 법인의 명칭), 제공 받는 자의 이용 목적 및 제공하는 개인정보의 항목
- 개인정보의 보유 및 이용 기간, 개인정보의 파기절차 및 방법
- 개인정보취급위탁을 하는 업무의 내용 및 수탁자
- 이용자 및 법정대리인의 권리와 그 행사방법
- 인터넷 접속정보파일 등 개인정보를 자동으로 수집하는 장치의 설치, 운영 및 그 거부에 관한 사항
- 개인정보관리책임자의 성명 또는 개인정보 보호 업무 및 관련 고충사항을 처리하는 부서의 명칭과 그 전화번호 등 연락처

정보통신서비스 제공자 등은 개인정보 처리방침을 변경하는 경우에는 이유와 변경 내용을 지체 없이 공지하고, 이용자가 언제든지 변경된 사항을 쉽게 알아볼 수 있도록 조치하여야 한다.

2) 개인정보 유출 등의 통지·신고

정보통신서비스 제공자 등은 개인정보의 분실·도난·유출(이하 "유출 등"이라 한다) 사실을 안 때에는 지체 없이 해당 이용자에게 알리고 방송통신위원회 또는 한국인터넷진흥원에 신고하여야 하며, 정당한 사유 없이 그 사실을 안 때부터 24시간을 경과하여 통지·신고해서는 아니 된다. 다만, 이용자의 연락처를 알 수 없는 등 정당한 사유가 있는 경우에는 대통령령으로 정하는 바에 따라 통지를 갈음하는 조치를 취할 수 있다. 신고하여야 하는 사항은 '유출 등이 된 개인정보 항목', '유출 등이 발생한 시점', '이용자가 취할 수 있는 조치', '정보통신서비스 제공자 등의 대응조치', '이용자가 상담 등을 접수할 수 있는 부서 및 연락처'이다. 신고를 받은 한국인터넷진흥원은 지체 없이 그 사실을 방송통신위원회에 알려야 하며, 정보통신서비스 제공자 등은 통지를 할 경우, 정당한 사유를 방송통신위원회에 소명하여야 한다. 또한 정보통신서비스 제공자 등은 개인정보의 유출 등에 대한 대책을 마련하고 피해를 최소화할 수 있는 조치를 강구하여야 한다.

3) 개인정보의 보호조치

정보통신서비스 제공자 등은 개인정보를 처리함에 있어 개인정보가 분실·도난·유출·변조 또는 훼손되지 아니하도록 안전성 확보에 필요한 기술적·관리적 조치를 하여야 한다고 규정하고 있다. 이를 위해 정보통신서비스 제공자 등은 개인정보를 처리하는 자를 최소한으로 제한해야 하며, 개인정보를 처리하고 있거나 처리하였던 자는 직무상 알게 된 개인정보를 훼손·침해 또는 누설하여서는 아니 된다고 명시하고 있다.

4) 개인정보 파기

정보통신서비스 제공자 등은 개인정보의 수집·이용 목적을 달성한 경우, 개인정보의 보유 및 이용 기간이 종료한 경우, 사업을 폐지하는 경우에는 개인정보를 지체 없이 해당 개인정보를 복구, 재생할 수 없도록 파기해야 한다. 다만 다른 법률에 따라 개인정보를 보존하여야 하는 경우에는 그러하지 아니하다.

3. 이용자의 권리

이용자의 권리는 이용자의 권리, 법정 대리인의 권리, 손해배상으로 나누어진다.

1) 이용자의 권리

이용자는 정보통신서비스 제공자 등에 대하여 언제든지 개인정보수집·이용·제공 등의 동의를 철회할 수 있다. 또한 이용자는 정보통신서비스 제공자 등에 대하여 본인에 관한 다음 사항에 대한 열람이나 제공을 요구할 수 있고 오류가 있는 경우에는 정정을 요구할 수 있다.

- 보유하고 있는 이용자의 개인정보
- 개인정보를 이용하거나 제3자에게 제공한 현황
- 개인정보수집·이용·제공 등의 동의를 한 현황

정보통신서비스 제공자 등은 이용자가 동의를 철회한 경우에는 지체 없이 수집된 개인정보를 복구, 재생할 수 없도록 파기하는 등 필요한 조치를 취하여야 한다. 정보통신서비스 제공자 등은 열람이나 제공을 요구받은 경우에는 지체 없이 필요한 조치를 취하여야 한다.

정보통신서비스 제공자 등은 오류의 정정을 요구 받은 경우에는 지체 없이 그 오류를 정정하거나 정정하지 못하는 사유를 이용자에게 통지하는 등 필요한 조치를 취하여야 하고, 필요한 조치를 취할 때까지는 해당 개인정보를 제공 또는 이용하여서는 안 된다.

정보통신서비스 제공자 등은 동의의 철회 또는 개인정보의 열람·제공 또는 오류의 정정을 요구하는 방법을 개인정보의 수집 방법보다 쉽게 하여야 한다. 이용자의 권리와 관련된 규정은 영업양수자 등에게도 이를 준용하며, 이 경우 "정보통신서비스제공자 등"은 "영업양수자 등"으로 해석된다.

또한 이용자는 연락처를 제공하지 않은 경우를 제외하고는 정보통신서비스 제공자 등으로부터 개인정보의 이용내역을 주기적으로 통지받을 수 있다.

2) 법정 대리인의 권리

정보통신서비스 제공자 등이 만 14세 미만의 아동으로부터 개인정보수집·이용·제공 등의 동의를 얻고자 하는 경우에는 그 법정대리인의 동의를 얻어야 한다. 이 경우 정보통신서비스제공자는 그 아동에게 법정대리인의 동의를 얻기 위하여 필요한 법정대리인의 성명 등 최소한의 정보를 요구할 수 있다.

3) 손해배상

이용자는 정보통신서비스 제공자 등이 규정을 위반한 행위로 손해를 입은 경우에는 그 정보통신서비스 제공자 등에 대하여 손해배상을 청구할 수 있다. 이 경우 해당 정보통신서비스 제공자 등은 고의 또는 과실이 없음을 입증하지 아니하면 책임을 면할 수 없다. 따라서 무과실 입증의 책무를 사업자에게 부과하고 있다.

이용자는 정보통신서비스 제공자 등이 고의 또는 과실로 법률을 위반한 경우 또는 개인정보가 분실·도난·유출된 경우에 해당하는 경우에는 대통령령으로 정하는 기간 내에 정보통신서비스 제공자등에게 제32조에 따른 손해배상을 청구하는 대신 300만 원 이하의 범위에서 상당한 금액을 손해액으로 하여 배상(법정 손해배상)을 청구할 수 있다. 이 경우 해당 정보통신서비스 제공자 등은 고의 또는 과실이 없음을 입증하지 아니하면 책임을 면할 수 없다. 법원은 청구가 있는 경우에 변론 전체의 취지와 증거조사의 결과를 고려하여 상당한 손해액을 인정할 수 있다.

4) 노출된 개인정보의 삭제·차단

정보통신서비스 제공자 등은 주민등록번호, 계좌정보, 신용카드정보 등 이용자의 개인정보가 정보통신망 등을 통하여 공중에 노출되지 않도록 해야 하며, 노출된 경우, 방송통신위원회 또는 한국인터넷진흥원의 요청이 있는 경우, 노출된 개인정보에 대한 삭제·차단 등 필요한 조치를 취하여야 한다.

④ 정보통신망에서의 이용자 보호

정보통신망에서의 이용자 보호는 이용자의 권리 보호, 정보의 삭제요청 및 임시조치, 게시판이용자의 본인 확인, 이용자에 대한 정보제공청구, 이용자의 정보보호, 불법적인 개인정보의 수집금지, 전자우편주소의 무단 수집행위 등 금지, 개인정보 보호를 위한 국제협력 등으로 분류할 수 있다.

1) 이용자의 권리 보호

정보통신망에서의 이용자 보호를 위해 각 주체별로 다음과 같은 사항의 준수가 필요하다. 정보통신서비스 이용자는 사생활의 침해 또는 명예훼손 등 타인의 권리를 침해하는 정보를 정보통신망에 유통시켜서는 안 된다.

정보통신서비스 제공자는 자신이 운영, 관리하는 정보통신망에 사생활의 침해 또는 명예훼손 등 타인의 권리를 침해하는 정보가 유통되지 아니하도록 노력하여야 한다. 정부(방송통신위원회)는 정보통신망에 유통되는 정보로 인한 사생활의 침해 또는 명예훼손 등 타인에 대한 권리침해를 방지하기 위하여 기술개발, 교육, 홍보 등에 대한 시책을 마련하고 이를 정보통신서비스 제공자에게 권고할 수 있도록 하고 있다.

2) 정보의 삭제요청 및 임시조치

정보통신망을 통하여 일반에게 공개를 목적으로 제공된 정보로 인하여 사생활의 침해 또는 명예훼손 등 타인의 권리가 침해된 경우 그 침해를 받은 자는 해당 정보를 취급한 정보통신서비스 제공자에게 침해 사실을 소명하여 해당 정보의 삭제 등(삭제 또는 반박내용의 게재)을 요청할 수 있다.

정보통신서비스 제공자는 정보의 삭제 등의 요청을 받은 때에는 지체 없이 삭제, 임시조치 등의 필요한 조치를 취하고 이를 즉시 신청인 및 정보 게재자에게 통지하여야 한다. 이 경우 정보통신서비스 제공자는 필요한 조치를 한 사실을 해당 게시판에 공시하는 등의 방법으로 이용자가 알 수 있도록 하여야 한다.

정보통신서비스 제공자는 정보의 삭제요청에도 불구하고 권리의 침해 여부를 판단하기 어렵거나 이해당사자 간에 다툼이 예상되는 경우에는 해당 정보에 대한 접근을 임시적으로 차단하는 조치(임시조치)를 할 수 있다. 이 경우 임시조치의 기간은 30일 이내로 한다.

정보통신서비스 제공자는 필요한 조치에 관하여 내용, 절차 등을 포함하여 미리 약관에 명시하여야 하며, 자신이 운영, 관리하는 정보통신망에 유통되는 정보에 대하여 필요한 조치를 한 경우에는 이로 인한 배상책임을 줄이거나 면제받을 수 있다.

정보통신서비스 제공자는 자신이 운영, 관리하는 정보통신망에 유통되는 정보가 사생활의 침해 또는 명예훼손 등 타인의 권리를 침해한다고 인정되는 경우에는 임의로 임시조치를 할 수 있다. 정보통신서비스 제공자 단체는 이용자를 보호하고 안전하며 신뢰할 수 있는 정보통신서비스의 제공을 위하여 정보통신서비스 제공자 행동강령을 정하여 시행하는 등의 자율규제를 할 수 있다.

3) 게시판 이용자의 본인 확인

다음 사항에 해당하는 자가 게시판을 설치, 운영하려는 경우에는 그 게시판 이용자의 본인 확인을 위한 방법 및 절차의 마련 등의 '본인확인조치'를 해야 한다.

- 국가기관, 지방자치단체, 「공공기관의 운영에 관한 법률」 제5조 제3항에 따른 공기업·준정부기관 및 「지방공기업법」에 따른 지방공사·지방공단(이하 "공공기관 등"이라 한다)

정부는 본인확인을 위하여 안전하고 신뢰할 수 있는 시스템을 개발하기 위한 시책을 마련하여야 한다.

공공기관 등 및 정보통신서비스 제공자가 선량한 관리자의 주의로써 본인확인조치를 한 경우에는 이용자의 명의가 제3자에 의하여 부정 사용되어 발생한 손해에 대한 배상책임을 줄이거나 면제받을 수 있다.

4) 이용자의 정보보호

정부는 이용자의 정보보호에 필요한 기준을 정하여 이용자에게 이를 권고하고, 침해사고의 예방 및 확산방지를 위하여 취약점 점검, 기술지원 등 필요한 조치를 할 수 있다. 주요 정보통신서비스 제공자는 정보통신망에 중대한 침해사고가 발생하여 자신의 서비스를 이용하는 이용자의 정보시스템 또는 정보통신망 등에 심각한 장애가 발생할 가능성이 있는 경우에는 이용약관이 정하는 바에 따라 해당 이용자에게 보호조치를 취하도록 요청하고, 이를 이행하지 아니하는 경우에는 해당 정보통신망으로의 접속을 일시적으로 제한할 수 있다.

누구든지 정보통신망에 의하여 처리, 보관 또는 전송되는 타인의 정보를 훼손하거나 타인의 비밀을 침해·도용 또는 누설해서는 안 된다.

5) 불법적인 개인정보의 수집금지

누구든지 정보통신망을 통하여 속이는 행위로 다른 사람의 정보를 수집하거나 다른 사람이 정보를 제공하도록 유인하여서는 안 된다. 정보통신서비스 제공자는 불법적인 이용자 정보수집사실을 발견한 경우는 즉시 방송통신위원회 또는 한국인터넷진흥원(KISA)에 신고하여야 한다.

방송통신위원회 또는 한국인터넷진흥원은 신고를 받거나 위반 사실을 알게 된 경우에는 다음과 같은 필요한 조치를 취하여야 한다.

- 위반 사실에 관한 정보의 수집·전파
- 유사 피해에 대한 예보·경보
- 정보통신서비스제공자에 대한 접속경로의 차단요청 등 피해확산 방지를 위한 긴급조치

6) 전자우편주소의 무단 수집행위 금지

누구든지 홈페이지 운영자 또는 관리자의 사전 동의 없이 홈페이지에서 자동으로 전자우편주소를 수집하는 프로그램 또는 그 밖의 기술적 장치를 이용하여 전자우편주소를 수집하여서는 안 된다. 뿐만 아니라 불법으로 수집된 전자우편주소를 판매·유통하는 것은 물론, 수집·판매 및 유통이 금지된 전자우편주소임을 알고 이를 정보전송에 이용하는 것도 금지되어 있다.

7) 개인정보 보호를 위한 국제협력

정부는 개인정보의 국가 간 이전 및 개인정보의 보호에 관련된 업무를 추진함에 있어 다른 국가 또는 국제기구와 상호 협력해야 한다. 정보통신서비스 제공자 등은 개인정보에 관하여 법규정을 위반하는 사항을 내용으로 하는 국제계약을 체결하여서는 안 된다.

정보통신서비스 제공자 등은 개인정보를 국외로 이전하고자 하는 때에는 이용자의 동의를 얻어야 한다. 정보통신서비스 제공자 등은 개인정보를 국외로 이전하기 위한 동의를 얻고자 하는 경우에는 미리 다음 사항 모두를 이용자에게 고지하여야 한다. 정보통신서비스 제공자 등은 개인정보를 국외로 이전하는 경우 대통령령이 정하는 바에 따라 보호조치를 취해야 한다.

- 이전되는 개인정보 항목
- 개인정보가 이전되는 국가·이전 일시 및 이전방법
- 개인정보를 이전받는 자의 성명(법인의 경우에는 법인 명칭 및 정보관리책임자의 연락처)
- 개인정보를 이전받는 자의 개인정보 이용 목적 및 보유·이용 기간

개인정보 보호를 위한 국제 규범 및 기구

1. 국제 사회 논의 동향

개인정보 보호에 대한 논의가 국제기구에 의하여 처음 논의된 것은, UNESCO가 1970년 ICJ(International Commission of Jurists, 국제사법재판소)에 프라이버시와 개인정보 보호에 관한 보고서를 의뢰한 시기였다. 그로부터 2년 후인 1972년 ICJ는 이와 관련한 보고서를 제출하였고, 이듬해인 1973년에 세계 최초의 개인정보 보호관련 국내 입법인 스웨덴의 'Datalag' 제정이 이루어졌다. 이어 미국이 'the Privacy Act of 1974'를 제정하는 등 1980년대 중반까지 유럽 및 북미를 중심으로 본격적인 개인정보 보호법제의 발전으로 이어지게 되었다.

1980년대부터는 정보통신기술의 발전으로 인하여 컴퓨터에 의한 대량의 데이터 처리가 가능해짐에 따라 개인정보의 보호, 특히 전산 처리되는 개인정보의 보호 필요성이 강하게 제기되었고 이에 국제기구들은 이를 위한 여러 가지 방안과 지침을 제시하기 시작하였다. 가장 먼저 OECD는 '개인 데이터의 국제유통과 프라이버시 보호에 관한 가이드라인[4]'을 채택하여 각국의 개인정보 보호를 위한 노력과 국내 입법의 제정을 권고하였고, UN은 '개인정보 전산화 가이드라인'을 공표하였다. 이후 EU에서도 개인정보의 처리와 보호에 관한 지침을 발표하여 국제기구 차원의 개인정보 보호를 위한 노력이 이어지게 되었다.

개인정보에 관한 국제기구의 노력은 사회 각 분야가 가진 특수성에 따라 여러 방면에서 논의되기도 했는데 이러한 노력은 ILO의 1995년 노동자의 개인정보 보호를 위한 행동강령, UN의 2001년 7월의 유전자 프라이버시와 차별금지에 관한 UN 경제사회이사회 결의안 2001/39와 2003년 7월의 유전자 프라이버시와 차별금지에 관한 결의안 2003/232 등으로 나타났다.

---

4) OECD Guidelines on the protection of Privacy and Transborder Flows of Personal data

초기에 '홀로 있을 권리'로 이해되어 온 프라이버시권은 과학기술의 급속한 발달과 언론기관의 상업화 및 정보사회의 진전 등의 외부 환경적 요인에 의해 '자기와 관련된 정보를 통제할 수 있는 권리'라는 적극적, 능동적인 권리로 발전하였다. 정보사회에서의 프라이버시권은 '사생활을 공개당하지 않을 권리', 또는 '사생활의 자유로운 형성과 발전을 방해받지 아니할 권리'에서 '자기와, 자기의 책임하에 있는 자에 관한 정보를 통제할 수 있는 권리'로 변화하기에 이른 것이다. 프라이버시권에 대한 논의가 계속되고 이어 등장한 컴퓨터 등 정보기술의 발전은 자신에 대한 정보의 유통과 이용에 대한 우려를 심화시켰고 개인정보의 보호에 관한 관심으로 이어지게 되었다.

2. 경제협력개발기구

개인정보의 보호에 대한 국제적 동향과 관련하여 가장 먼저 가이드라인 등 회원국의 입법적조치를 촉구한 것은 경제협력개발기구(OECD)이다. 1980년 OECD에서 「프라이버시 보호와 개인정보의 국제유통에 대한 가이드라인에 관한 이사회 권고(이하 OECD 프라이버시 보호 가이드라인이라 한다)」가 작성되었다. OECD 이사회가 1980년 9월 채택한 프라이버시 보호와 개인정보의 국제유통에 대한 지침은 개인정보의 수집 및 관리에 관한 국제사회의 일치된 의견을 반영한 것으로써 회원국이 준수해야 할 일반적인 가이드라인(지침)을 규정한 것이다. 이 지침은 장래의 기술발전을 충분히 수용할 수 있는 기술 중립적인 가이드라인 원칙을 반영했고 현재 동 가이드라인에서 규정된 원칙들이 각 회원국에서 제대로 시행되기 위한 조치를 강구하는 데 중요한 지침이 되고 있으며, 인터넷상에서 동 원칙이 원활하게 시행되기 위한 기술과 방법의 개발에 논의가 집중되고 있다.

동 가이드라인은 회원국에 대하여 ① 적절한 국내 입법을 채택하고 ② 실행규약(Code of Conduct)이나 기타의 형식으로 자율규제를 장려하여야 하며, ③ 개인의 권리행사를 도울 수 있는 적절한 방법을 제공하여야 한다. 또한 ④ 개인정보 보호원칙을 따르지 않을 경우 적절한 제재조치를 취하고 이로 인한 피해에 대한 구제수단을 마련하여야 한다. ⑤ 정보주체에 대한 불공정한차별이 없도록 보장하여야 한다.

동 가이드라인은 여덟 가지 개인정보 보호기본원칙을 천명하고 있는데 이러한 개인정보 보호원칙은 UN 가이드라인이나 EU지침을 비롯하여 각국의 개인정보 보호법에 큰 영향을 끼쳤다. OECD 가이드라인 역시 회원이 준수해야 할 개인정보처리에 관한 최소한의 기준을 제시한 것이라고 밝히고 있고 세계적으로도 개인정보 보호를 위한 기본원칙과 기준으로써 인정받고 있다. 구체적인 OECD 가이드라인 8개 원칙의 주요 내용은 다음과 같다.

| 표 2.5 OECD 개인정보 보호 8개 원칙

구 분	주요 내용
수집제한의 원칙	• 적법하고 공정한 방법을 통한 개인정보의 수집 • 정보주체의 인지 또는 동의를 얻어 개인정보 수집 • 민감한 개인정보의 수집제한
정보정확성의 원칙	• 이용목적과의 관련성 요구 • 이용목적상 필요한 범위 내에서 개인정보의 정확성, 완전성, 최신성 확보
목적명시의 원칙	• 수집 이전 또는 당시에 수집목적 명시 • 명시된 목적에 적합한 개인정보의 이용
이용제한의 원칙	• 정보주체의 동의나, 법 규정이 있는 경우를 제외하고는 목적 외 이용 및 공개 금지
안전성 확보의 원칙	• 개인정보의 침해, 누설, 도용 등을 방지하기 위한 물리적, 조직적, 기술적 안전조치 확보
공개의 원칙	• 개인정보의 처리 및 보호를 위한 정책의 공개 • 개인정보관리자의 신원 및 연락처, 개인정보의 존재사실, 이용목적 등에 대한 접근 용이성 확보
개인 참가의 원칙	• 정보주체의 개인정보 열람 · 정정 · 삭제청구권 보장 • 정보주체가 합리적 시간과 방법에 의해 개인정보에 접근할 수 있도록 보장
책임의 원칙	• 개인정보 관리자에게 원칙 준수의무 및 책임 부과

OECD 정보컴퓨터통신정책위원회(ICCP)는 1999년에 「범세계적 네트워크상에서 OECD 프라이버시 가이드라인을 실행하고 집행할 프라이버시 보호제도 및 장치(법, 자율규범, 계약, 기술 등)에 관한 인벤토리」 등을 발표하였다. 그리고 1998년 「범세계적 네트워크상의 프라이버시 보호에 관한 각료선언」에서 촉구한 일련의 조치들을 구체화하기 위한 활동을 해오고 있다. 그 중 「온라인을 통한 국제적 정보 이전에 관하여 계약적 해결책의 이용 및 계약적 해결모델을 개발하도록 권장하는 조치」와 관련하여 1999년 3월과 12월의 ICCP WISP 검토보고서에서는 전자거래의 활성화에 따라 개인정보의 국경 간 이동이 빈번해지고 있는 데 반하여, 개인정보 보호 관련법, 제도는 국가별로 상이하여 분쟁발생 및 개인정보 침해의 우려를 지적하였다. 그리고 보완방법으로써 당사자간 계약에 의한 개인정보 유통방안과 정보주체인 당사자가 외국의 정보수입업체가 저지른 잘못에 대해 국내 정보수출업자를 제소할 수 있는 당사자 자격부여 방안(DRAFT)을 제안하고 있다.

유럽연합(EU)의 개인정보 보호제도

1. EU 개인정보 보호법률체계 개요

법체계

EU 개인정보 보호지침
Directive 95/46/EC

• 개인정보 보호에 대한 기본 원칙 목표 규정
• 각 회원국이 지침에 따라 법률 제정 · 집행

 개정

개인정보 보호 일반 규정('18.5.25. 시행)
(General Data Protection Regulation)

• 각 회원국에 직접 적용되는
  단일 규범 체계

추진체계

EU 집행위원회(EU Commission) : 개인정보 보호 법안/정책 개발 등

제29조 작업반(working party 29)
: 집행위에 의견 제안 등 정책 자문 활동

 구성
각국 개인정보감독기구 대표
EU 집행위원회 대표
EU 기관/기구 개인정보 보호감독기관 대표

 개정

개인정보 보호 위원회(European Data Protection Board)
: 법 인격체를 갖는 기구

 구성
각국 개인정보 감독기관장
유럽 개인정보 보호감독관(EDPS)의 기관장

각 국 개인정보 보호감독기관(DPA)
: EU지침에 따라 제정된 자국의
  개인정보 보호규정에 대한 적용 및 이행 감독

 : 자국의 GDPR 이행 감독

| **그림 2.6** 유럽연합(EU)의 개인정보 보호 거버넌스

'EU 개인정보 보호지침(EU Data Protection Directive)'은 1995년에 도입된 바 있다. 이 지침은 EU 회원국들에 직접적인 법적 영향력을 행사할 수 없다. 하지만, 이 지침에서 규정한 내용을 개별국가들의 개인정보 보호법률에 최소 기준으로 하도록 함으로써, 개별 국가의 국내법을 통해서 간접적인 영향력을 행사하는 구조를 가지고 있다. 하지만, 정보기술의 발달과 데이터 산업의 확장으로 현재의 EU 개인정보 보호지침 체제로는 개인데이터의 보호가 충분하지 못하다는 판단으로 디지털 환경에서의 새로운 프라이버시 체제를 수립하려는 노력을 하게 되었다. 그 결과 2012년에 EU 집행위원회(European Commission)가 새

로운 프라이버시 규제 체제인 'EU 개인정보 보호 일반규정(GDPR, General Data Protection Regulation)'을 제안하게 되고, 2015년 12월에 결국, GDPR의 최종안이 실질적으로 결정되었다.

EU 개인정보 보호지침은 개인정보의 보호에 관한 일반적인 규제체제의 기능을 해왔다. 이런 일반적 규제체제 이외에도 EU 차원에서 일부 영역에서만 적용이 되는 규제가 존재하고 있다. 2002년에 도입된 'e-Privacy 지침(e-Privacy Directive)'은 전자통신 영역에서의 개인정보의 보호에 적용된다. 예를 들어, 전송정보의 파기 및 익명처리에 대한 의무, 발신자·접속자 번호의 표시 및 표시제한, 쿠키, 위치정보의 제공, 광고성 정보의 전송 제한 등을 규정하고 있다.

2. 'EU 개인정보 보호 일반규정(GDPR, General Data Protection Regulation)' 공표

2012년 1월에 EU 집행위원회(European Commission)가 EU의 데이터 보호를 위해 제시했던 새로운 규제 체제의 내용이 다양한 논의 끝에 2015년 12월에 실질적인 합의가 이루어졌다. 데이터의 중요성이 커지고 있는 디지털 시대에 EU 시민의 개인정보를 효과적으로 보호하기 위한 취지로 제시된 통일적인 규제 체제이다. 이 확정된 규제 체제의 핵심적인 부분이 GDPR의 도입이고, 다음에 GDPR이 형식적인 승인 절차를 거쳐서 법규 체제의 효력을 가지게 되면 EU 시민의 개징정보에 대한 기존의 보호 규범인 'EU 개인정보 보호지침(EU Data Protection Directive)'을 대체하게 된다.

EU 집행위원회가 2012년에 GDPR을 처음으로 제안한 이후, EU 각료회의(Council of Ministers)와 유럽의회(European Parliament)가 서로 다른 안을 제시했고, 이런 서로 다른 세 가지 제안 및 다양한 이해관계자들의 의견을 고려하여 이 세 기관 사이에 길고 긴 협의 과정을 거치게 되었다. GDPR 내용에 대한 이러한 협의과정을 통해 결국, 2015년 12월에 GDPR의 최종안에 대한 합의가 이루어졌고, 2016년 4월에 유럽의회의 최종승인이 되어 법 규범적 효력을 가지게 되었다. EU 개인정보 보호지침과는 다르게 EU 회원국들에 직접 적용되는 규제 체제이다. 그래서 EU 차원에서의 개인데이터에 대한 일관적이고 통일된 법규적용이 가능해졌다.

내용적 측면에서 특징을 보이는 부분은 위반 행위에 대한 제재 부분이다. 이런 제재의 구체적인 사항들에 대해서 EU 개인정보 보호지침은 거의 전적으로 개별 국가들의 재량에 맡기는 구조로 되어있다. 하지만, GDPR은 과징금의 기준에 대한 구체적인 사항을 규정하고 있어서 좀 더 통일적인 제재가 가능해지는 특징을 보인다. 게다가 어느 정도의 액수 제한은 있지만, 개별 기업의 전 세계 매출액을 기준으로 하여 매우 높은 수준의 과징금(4%)을 부과할 수 있도록 설정하고 있기도 하다.

3. '세이프 하버' 협약 무효에 따른 대안 '프라이버시 쉴드' 협약

1) EU 미국 간 세이프 하버(Safe-Harbor) 협약 무효 판결

2015년 10월에 유럽사법재판소는 EU와 미국 사이의 세이프 하버 협약이 무효라는 판결을 내렸다. 이번 판결에 따라 이 세이프 하버 협약을 활용하는 4,600여 개의 미국 기업들은 EU에서 미국으로 데이터를 전송할 경우에 개인데이터에 대한 보호의 확인을 어떻게 할 것인지에 대해서 재고해야 할 상황에 부닥치게 되었다. 이 판결문에서 유럽사법재판소는 개별 국가들의 개인정보 보호기관들이 데이터 보호에 중요한 역할을 하고 있다는 사실을 재확인하면서, 이런 기관들과 EU 집행위원회, 그리고 법원들이 데이터의 국외이전에 대한 평가에서 서로 다른 능력들을 갖추고 있다는 사실도 분명히 하고 있다. 특히, 이 유럽사법재판소의 판결은 미국이란 제3국으로의 개인데이터 이전에 대한 규제를 다루는 최초의 사건이라는 의의도 가지고 있다.

세이프 하버 협약은 EU 차원에서 데이터의 국외이전을 할 수 있는 예외적인 방식이다. EU의 데이터 국외이전에 대해서는 EU 개인정보 보호지침이 규율하고 있다. 이 지침에 따르면 EU 시민의 개인데이터를 EU 외부로 이전할 경우에 이런 데이터의 국외이전은 원칙적으로 해당 데이터를 받게 되는 국가의 개인정보 보호 체제가 적정한 수준에 있다고 판단한 경우에만 그 국가로 데이터의 이전이 가능하다. 이런 적정성 평가 제도가 데이터 국외이전의 원칙이 되고, 세이프 하버 협약은 EU가 미국에 대해서만 허용한 일종의 예외적인 데이터 이전 방식이다. 미국 기업들은 이 세이프 하버 협약을 이용하여 EU 시민들의 개인 데이터를 미국 국내로 자유롭게 이전할 수 있었다.

세이프 하버 협약은 기본적으로 자율적 인증 체제를 기반으로 하므로 개인정보의 보호가 충분하게 이루어지는 것인지에 대한 의구심과 비판이 지속해서 이루어져 왔다. 이런 상황에서 2013년에 PRISM 프로그램에 대한 전직 NSA(National Security Agency) 직원이었던 스노든의 폭로 사건이 발생하면서 유럽 내부에서 데이터의 보안에 대한 경각심이 급상승하게 되었다. 특히 이 PRISM 프로그램에 참여한 대부분의 미국 기업들 모두가 세이프 하버 제도에 의해 인증을 받았다는 인식이 확산하면서, 이 세이프 하버 협약에 대한 비판의 강도가 더욱 높아지게 되었다.

이런 상황에서 EU 프라이버시 운동가인 Max Schrems가 아일랜드의 데이터보호기관에 Facebook 아일랜드 지사에서 Facebook 미국 본사 서버로 자신의 데이터를 이전하는 것을 중단해 달라는 청원을 제기했고, 이 청원이 거절되자 아일랜드의 최고법원으로 항소했다. 아일랜드의 최고법원은 이 사건을 유럽사법재판소로 이송하면서 결국, 유럽사법재판소가 이 사건을 맡게 되었다. 유럽사법재판소는 이러한 Facebook의 데이터 국외이전 행위의 근거가 세이프 하버라고 판단하였는데, 결국, 이 사건에서 유럽사법재판소는 세이프 하버 협약이 무효라는 판결을 내리게 되고, 이 판결의 이유로 세이프 하버 협약이 자신들의 데이터에 대한 접근·수정·삭제를 원하는 개인들에 대한 법적 구제책을 제공하지 않는다는 등을 제시하고 있다.

| 표 2.6 세이프 하버 원칙

원칙	내용
고지 (Notice)	개인에 대하여 어떠한 정보가 수집될 것이고 왜 그 정보가 수집되는지에 대하여 고지
선택 (Choice)	개인정보가 다른 회사에 제공 또는 공유될 것인지에 관하여 개인에게 선택권을 opt-out 방식으로 제공
정보이전 (Onward transfer)	전자비즈니스 파트너들이 세이프 하버 원칙을 준수하거나 그와 동등한 수준의 데이터 보호를 하는데 동의할 것을 보장
접근 (Access)	개인정보에 접근하는 방법을 제공
안전 (Security)	게인정보의 손실, 오용, 비공인 접근, 공개, 변조 또는 파기되지 않도록 보호
데이터 무결성 (Data integration)	오직 수집 당시의 이용목적에 부합한 정보만 수집하고 이를 보장
집행 (Enforcement)	원칙의 준수를 담보하고 분쟁해결과 구제를 위한 절차를 개발

2) EU-미국 간 '프라이버시 쉴드(Privacy Shield)' 협약

2015년 10월 유럽사법재판소는 EU-미국 간 개인정보의 국외이전에 관한 '세이프 하버(Safe Harbor)' 협약을 무효 판결함에 따라, 4,600여개 미국 기업들은 EU에서 자국으로 개인정보를 이전하기 위해서 새로운 대안이 필요하게 되었다. EU와 미국은 지속적인 협의를 진행하여, 2016년 2월 2일 개인정보의 국외이전에 관한 새로운 대안으로 '프라이버시 쉴드(Privacy Shield)' 협약 추진에 대하여 합의하였다.

같은 달 29일 EU 집행위원회는 이 협약에 대한 적정성 평가 초안을 발표하였으며, 2016년 4월 'EU 제29조 작업반(WP29, Article 29 Working Party)'은 프라이버시 쉴드 협약 초안이 기존 세이프 하버 협약에 비하여 발전하였음을 인정하면서도 다음과 같은 사항들을 지적하였다. 먼저 EU 집행위원회가 내놓은 협약 초안이 형식상 여러 개의 문서로 이루어져 있어서 필요한 정보를 찾기 어려울 뿐만 아니라, 전반적인 내용의 명확성이 떨어진다고 지적하였다. 또한, 정보처리 목적을 제한하는 원칙이나 정보보유 원칙 등 정보보호를 위한 핵심 원칙 일부가 협약에 반영되어 있지 않다고 비판하였고, 미국 기업이 보유하게 된 유럽시민들의 정보는 제3국으로 이전될 수도 있는데, 이 경우에도 같은 보호수준을 보장하도록 보완해야 한다고 지적하였다. 다양한 구제 수단에 대해서는 너무 어렵고 복잡해서 결과적으로 효과적이지 못할 것이라고 예측하였으며, 옴부즈맨제도에 관해서는 주목할 만한 제도라고 평가하였지만 그 독립성에 관하여 의문을 제기하는 의견을 내놓았다.

이후 EU 내 의견 수렴과 협의 과정을 거쳐 2016년 7월 12일 최종 체결에 이르렀으며, 프라이버시 쉴드는 8월 1일부터 기존 세이프 하버를 대체하여 적용되게 되었다. 프라이버시 쉴드의 주요내용은 미국 참여 기업의 개인정보 보호 강화 조치와 미국 정부의 개인정보보호 의무 강화로 요약될 수 있는데, EU 시민은 보다 쉽고 간소화된 절차를 거쳐 미국 기업에 개인정보 보호와 관련하여 항의를 할 수 있고, 미국 기업은 45일 내에 어떤 형태로라도 대응해야 할 의무를 가지게 되었다. 또한, 미국 연방거래위원회와 상무성은 EU의 기준에 따라 프라이버시 쉴드가 얼마나 잘 지켜지고 있는지 매년 평가(Annual Joint Review Mechanism)를 통하여 정기적으로 점검을 받아야 한다. 한편, 미국정부가 국가안보목적으로 유럽시민들의 개인정보 접근시 일부 제한이 적용되고, 개인정보 침해에 대한 구제수단으로 국가정보기관으로부터 독립된 지위를 갖는 옴부즈맨 제도를 도입하였다.

참고로 미국에 진출한 한국기업도 유럽이용자들의 정보를 미국에서 상업적으로 이용하고자 할 경우 프라이버시 쉴드 협약의 적용을 받게 되므로 한국기업들도 적절한 대비를 해야 할 것으로 보인다.

미국의 개인정보 보호 제도

1. 미국 개인정보 보호법률 체제 개요

공공 분야   연방 정부기관이 보유하고 있는 개인정보 보호−연방 프라이버시 보호법(1974)

예산관리국(OMB)	연방 프라이버시법에 따른 정책지침 개발, 공공기관의 이행여부 관리감독 등
프라이버시 위원회 (Privacy Council)	프라이버시 관련 정책 개발 및 정부 기관 간 협력 지원 등(16.2월 설립)

민간 분야   자율규제 원칙에 따른 소비자 보호−분야별 연방 또는 주(州)별 법률 · 제도 마련

주요 개인정보 보호
규제/정책 수행 기관

공정거래위원회(FTC)	**통신위원회(FCC)**	**상무성(DoC)**
• 불공정거래 관련 개인정보 규율 • 아동의 온라인 프라이버시 보호 • 소비자 신용정보 보호	전기통신사업자 규율	개인정보 국외 이전 관련 정책 수행 − 세이프 하버, APEC CBPR

| **그림 2.7** 미국의 개인정보 보호 거버넌스

미국의 개인정보 보호법률은 개인정보 보호의 일반법이 없으며 각 분야에서 개별법으로 개인정보 보호를 명시하는 개별법주의의 법률체계를 가지고 있다. 이를 다시 공공부문과 민간부분으로 구분한다. 공공부문에서는 연방 프라이버시 보호법(Privacy Act of 1974)이 일반법의 역할을, 민간부분에서는 불공정거래, 아동의 온라인 프라이버시 보호, 소비자 신용정보보호, 전기통신사업자 규율, 개인정보 국외이전 등 각 분야에서 필요성이 제기될 때마다 해당 사안에 맞는 개별법을 제정하는 방식을 취하고 있다.

기술의 진보와 신규 침해사고의 발생에 따라서 개인정보에 관련된 새로운 법률규정이 추가되고 있다. 예를 들면 유전자 정보의 오남용의 우려가 커지자, 관련법의 제정 필요성이 제기되어 유전자 정보를 이용한 근로자 차별행위, 유전자 정보이용 및 공개에 따른 의료정보

프라이버시 규제, 건강보험과 관련하여 유전자 정보를 근거로 하는 질병가능성 기반 보험료 할증 등의 이슈를 묶어서 '유전자정보차별금지법(Genetic Information Nondiscrimination Act of 2008)'을 제정함에 이르렀다. 또한 기존의 ID 도용방지법에도 불구하고 ID 도용사례가 끊이지 않자, '정확한 신용정보 트랜잭션을 위한 아이디 도용경보 및 정보불일치방지법(Identity Theft Red Flags and Address Discrepancies Under the Fair and Accurate Credit Transactions Act of 2003, Final Rule 2008)'이 제정되었다.

그러나 이러한 개인정보 보호를 위한 입법 추진과 달리 2001년 9·11 이후 가속화되고 있는 자국의 안보강화를 위한 법률 제정은 다양한 이해 주체로서의 개인 프라이버시를 침해하는 측면으로 작용하고 있다. 이러한 추세를 반영하는 입법의 예로 PAA(Protect America Act of 2007), FISA 개정법(Foreign Intelligence Surveillance Act of 1978, Amendments Acts of 2008), KIDSPA(Keeping the Internet Devoid of Sexual Predators Acts of 2008) 등을 들 수 있다. PAA의 감청규정과 정부주도의 모니터링 시스템의 결합으로 인한 프라이버시에 심각한 위협이 될 수 있다. KIDSPA(2008)은 온라인 아동성범죄의 예방을 잠재적 성범죄자의 프라이버시 보호보다 우선하는 정책으로 강력히 시행되고 있다. 미국의 기존 주요 개인정보법령을 정리하면 다음과 같다.

| 표 2.7 미국의 개인정보 관련 입법현황

보호 대상	개인정보 관련 주요 법률
정부 보유정보	프라이버시법(Privacy Act, 1974), 정보공개법(Freedom of Information Act, 1974)
전자기록정보	전자통신 프라이버시법(Electronic Communications Privacy Act, 1986)
컴퓨터 접근정보	컴퓨터 사기 및 남용방지법(Computer Fraud and Abuse Act, 1986)
컴퓨터 보안정보	컴퓨터보안법(Computer Security Act, 1987)
통화정보	전기통신법(Telecommunications Act, 1996)
의료정보	건강보험관리 및 책임에 관한 법률(Health Insurance Portability and Accountability Act, 1996)
온라인 이용 아동정보	아동 온라인 프라이버시 보호법(Child Online Privacy Protection Act, 1998)
고객 금융정보	금융현대화법(Gramm-Leach-Bliley Act, 1999)
전자정보 서비스 정보	전자정부법(E-government Act, 2002)

2. 미국 개인정보 보호 관련 주요 법률의 내용

1) 프라이버시법

1974년 프라이버시법은 미국 정부기관이 보유한 기록을 보호하는 것을 목적으로 하고 있다.

이 법은 정보주체의 열람 및 정정요구권, 필요한 범위 내에서의 정보 수집 원칙, 어떠한 정보가 수집되었는지에 대한 고지의무, 정보 공유의 원칙적 금지 등의 내용을 담고 있다. 또한 이법은 일반 개인이 자신들의 기록에 무슨 정보가 포함되며 어떻게 사용되는지를 알 수 있어야 하고, 사전 동의 없이 일정한 목적으로 수집된 정보가 다른 용도로 사용되는 것을 금지하고 있다. 그러나 이 법은 공공기관이 본래의 수집 목적과 양립할 수 있는 '일상적인 이용'을 위하여 관련 개인정보를 공개할 수 있도록 하고 있고, 특정한 공공기관의 경우에는 정보의 정확성이나 기타 법적 의무로부터 면제되도록 하고 있어 실효성을 가지고 있지 못하다는 비난을 받고 있다.

2) 정보공개법

정보공개법은 거의 모든 정보요구자에 대하여 정부에 의하여 수집된 개인정보의 공개를 허용하고 있다. 이 법은 모두 아홉 가지의 비공개사항을 열거하고 있는데, 개인정보 보호와 관련된 조항은 여섯 번째와 일곱 번째이다.

여섯 번째 비공개사항은 공개하게 되면 개인의 프라이버시가 명백히 침해되는 인사 및 의료에 관한 파일 및 이와 유사한 자료에 대하여 비공개를 유지할 것을 규정하고 있다. 이 비공개사항은 개인의 프라이버시와 국민의 알권리 사이의 이익형량을 요구한다. 이익형량은 한 가지로 결정해야 할 두 가지 사안이 양립하기 힘들 때, 두 사안의 이익을 비교하여 이익이 더 큰 쪽으로 결정하는 원칙을 말한다.

일곱 번째 비공개사항은 법집행을 목적으로 수집된 기록 또는 정보가 개인의 프라이버시에 대한 부당한 침해가 될 것으로 예상되는 경우에는 그 기록 또는 정보를 공개할 수 없도록 하고 있다.

3) 전자통신 프라이버시법(TRPPA)

전자통신 프라이버시법은 전자기록에 관한 정부의 접근절차 및 방법에 대하여 통제함으로써 전자기록의 비밀성을 보호하는 것을 그 내용으로 하고 있다. 이 법은 수색영장이나 수신자의 동의 없이 서신을 개봉하는 것을 금지하는 법률 및 당사자의 동의가 없는 전화, 데이터 전송, 라디오 통신의 차단 또는 도청장치의 사용을 금지하는 법률의 통신 프라이버시 보호에 관한 내용을 전자메일이나 기타 컴퓨터를 통한 데이터 전송과 같은 새로운 통신 분야로 확장시켰다는 의미를 갖고 있다. 특히 이 법은 저장된 음성메일 및 전자메일에 대한 권한 없는 접근이나 이용을 금지하고, 이러한 저장된 이메일 내용을 해당 전자통신 서비스 제공자가 외부에 공개하는 것을 금지한다. 이러한 금지규정을 위반한 자는 형사상 제재뿐만 아니라, 고의적 위반행위로 인하여 피해를 입은 자는 민사소송을 통해 금지명령 등의 피해구제를 청구하거나 금전적 배상을 요구할 수 있다.

전자통신 프라이버시법의 중요한 세 가지 예외는 다음과 같다. 첫째, 온라인 서비스 제공자는 송신자가 시스템이나 다른 사용자에게 해를 입히려고 의심할 만한 이유가 있으면 사적인 이메일을 검열할 수 있다. 그러나 무작위적인 이메일 모니터링은 금지된다. 둘째, 온라인 서비스제공자는 메시지의 송신자 또는 수신자가 검열이나 공개에 동의한 경우 적법하게 사적 메일을 검열 또는 공개할 수 있다. 많은 상업적 서비스 제공자들은 새로운 회원이 서비스를 위하여 계약할 때 동의를 구하여야 한다. 셋째, 고용주가 이메일 시스템을 소유하는 경우, 고용주는 시스템상의 고용인 이메일을 검열할 수 있다. 따라서 하나의 사업 지역으로부터 발송된 모든 이메일은 사적이 아닐 개연성이 높다. 일부 법원의 판례는 고용주가 이들 고용인의 이메일메시지를 모니터할 권리를 가지는 것으로 판결하였다.

4) 컴퓨터 사기 및 남용방지법

1986년에 제정된 컴퓨터 사기 및 남용방지법은 이후 1994년, 1996년, 2001년 개정되었다. 이법은 연방 컴퓨터 범죄에 해당하는 형사사기와 남용의 정의를 구체화하고, 이러한 범죄에 대한 기소를 위한 법적 장애물을 제거하기 위하여 제정되었다. 이 법은 연방 관련 컴퓨터에 대한 무단 접근에 대한 두 가지 중범죄와 컴퓨터 패스워드의 무단 유통에 대한 한 가지 경범죄를 규정하고 있다.

중범죄 중의 하나는 사기절도를 목적으로 한 연방 관련 컴퓨터에 대한 무단 접속을 다루기 위하여 제정되었다. 또 다른 중범죄는 연방관련 컴퓨터 내의 정보를 변경하거나 컴퓨터의 사용을 방지하는 것을 포함하여 '악의적 손상'을 다루기 위하여 제정되었다. '악의적 손상'이 되기 위해서는 의료기록의 변조를 포함하는 사례를 제외하고 1,000달러 이상의 손상을 피해자에게 초래해야만 한다.

또한 이 법은 주간 통상(Interstate Commerce)에 영향을 주는 사기에 가담할 의도로 컴퓨터 패스워드를 유통하는 것을 연방 경범죄로 규정하고 있다. 이 규정은 기밀 컴퓨터 패스워드가 노출된 '불법전자게시판'의 생성, 유지 및 사용에 대응하기 위한 규정이다.

5) 컴퓨터 보안법

컴퓨터보안법은 국가표준국(National Bureau of Standards)에 대하여 연방 컴퓨터 시스템의 보안을 위한 표준과 가이드라인을 발전시킬 책임을 부여한다. 이 법은 컴퓨터시스템자문회의(Computer Systems Advisory Board)가 연방 컴퓨터 보안과 프라이버시 관련 이슈들을 적시하고 이러한 이슈에 대하여 국가표준국에 자문을 하고, 관리예산처(Office of Management and Budget), 국가안보원(National Security Agency) 및 연방의회에 대해서는 그 결과를 보고하도록 규정하고 있다. 이 법은 연방 컴퓨터 시스템 내의 민감한 정보의 보안과 프라이버시를 향상시키는 것을 목적으로 하고 있다.

6) 전기통신법

연방의회는 1996년 전기통신법에 개인기록에 대한 전화 회사의 오용에 대한 우려를 다루는 규정을 포함하여, 새로운 서비스를 판매하기 위하여 전화가입자의 통화유형에 관한 정보를 이용하기 전에 통신회사들이 고객으로부터 승인을 얻도록 하고 있다. 그러나 이 법은 통신회사들에게 고객의 정보를 사용하기 이전에 승인을 얻도록 요구하는 반면에 통신회사들이 어떻게 그 승인을 얻어야 한다는 점은 적시하지 않고 있다. 이와 관련하여 가이드라인을 요청하는 전화회사들을 위하여 연방통신위원회(FCC)는 1998년 2월 '승인' 요구의 해설에 관한 명령을 내리게 되었다. 이러한 연방통신위원회의 명령에 따라 통신회사들은 고객들에게 통화유형의 사용을 통제할 회사의 권리에 대한 명백하게 고지하여야 하고, 그 사용을 위해서는 서면, 구두 또는 전자적으로 명확한 승인을 획득하여야 한다.

7) 건강보험관리 및 책임에 관한 법(HIPPA)

연방의회는 건강보험관리 및 책임법을 제정함으로써 전자적 형태의 건강정보에 대한 프라이버시 보호관련 연방정책을 처음으로 보장하였다. 이 법은 건강정보의 전자적 교류를 위한 표준의 개발 및 채택을 강제하는 것을 내용으로 하는 '행정간소화(Administrative Simplication)'에 관한 장을 포함하고 있다.

이 법에서는 또한, 연방의회나 보건 및 인류서비스부(Secretary of Health and Human Services)가 그러한 전자적 교류를 통제할 프라이버시 규칙을 개발하도록 요구하지만, 이 규칙은 전자시스템이 가동하기 이전에 적용될 수는 없도록 하고 있다. 그러나 건강정보의 전자적 교류를 위한 표준의 신속한 개발 및 채택을 강제하는 규정들은 환자의 프라이버시를 보호하는 규정이 완비되지 않으면 집행하기가 곤란하다는 점 때문에 이 법은 연방의회나 행정부가 1999년 8월 21일 이전까지 프라이버시 규칙을 제정하도록 요구하였는데, 1999년 10월 연방의회가 자체 부여한 최종시한을 넘겨 클린턴 행정부는 의료정보를 보호하기 위한 최초의 연방 프라이버시 규칙을 제안하였다. 클린턴-고어의 제안발의(Clinton-Gore initiative)로 알려진 이 제안은 회사들이 의료정보나 고객의 소비습성에 관한 상세한 정보를 공유하기 전에 고객의 동의를 요구하는 것을 목적으로 한다. 또한 이 제안은 회사들이 사용자와의 정보거래 이전에 자사의 프라이버시 정책을 공개하도록 요구하고 있다.

이 제안은 몇 가지 사항을 강제하고 있다. 첫째, 환자들은 어떻게 정보가 사용, 보관 및 공개되는지에 관하여 명백한 서면 설명을 받아야 한다. 둘째, 환자들은 그들의 기록에 대한 사본의 획득과 수정을 요구할 수 있어야 한다. 셋째, 환자들은 정보가 공개되기 전에 그 권한을 주어야 하며 공개에 대한 제한을 요구할 수 있어야 한다. 넷째, 정보제공자와 건강계획은 치료가 행하여지기 이전에 환자로부터 포괄적인 승인을 요구할 수 없다. 다섯째, 건강정보는 몇 가지 예외를 제외하고는 건강의 목적 자체로만 활용될 수 있다. 여섯째, 정보제공자와 건강계획은 반드시 서면 프라이버시 절차를 채택하고, 고용인을 교육시키며, 프라이버시 관리인을 지정하여야 한다.

아울러 건강보험관리 및 책임법은 중소기업과 대기업에 대하여는 2002년 10월, 소기업은 2003년 10월부터 이 법을 준수할 것을 강제하였다.

8) 아동 온라인 프라이버시 보호법

아동 온라인 프라이버시 보호법은 13세 이하의 어린이에 대한 정보의 온라인 수집을 금지하고 있다. 어린이들을 주 대상으로 하는 이 법은 어린이들로부터의 정보 수집을 인식하는 상업적 웹 사이트들의 운영자들은 데이터 수집 정책을 고지하고, 어린이들로부터의 정보 수집 이전에 부모의 동의를 구하도록 요구한다. 이 법은 연방거래위원회(Federal Trade Commission)에 대하여 부모에 대한 고지와 동의의 형태 및 실체적 내용에 대한 대부분의 핵심이슈들을 위임하고 있다.

이 법의 적용을 받는 웹 사이트는 13세 이하의 아동과 직접적으로 관련된 서비스를 제공하는 상업적 웹 사이트 운영자뿐만 아니라 모든 일반인을 대상으로 서비스를 제공하더라도 13세 미만의 아동으로부터 개인정보를 수집하는 모든 웹 사이트도 대상으로 하고 있다.

이 법의 적용을 받는 웹 사이트는 반드시 홈페이지에 프라이버시 정책을 고지하고 개인정보를 수집하는 페이지에 프라이버시 정책이 링크되도록 하여야 한다. 또한 접근권을 보장하여 부모에게 아동의 개인정보가 제3자에게 제공되도록 허락할 것인지 여부를 선택하거나 개인정보를 삭제할 기회를 보장하여야 한다. 그리고 인터넷 웹 사이트 운영자는 인터넷 게임이나 설문조사 등 기타 활동에 아동이 참여할 때, 그러한 활동에 참여하는 데 있어 합리적으로 필요한 수준 이상으로 더 많은 개인정보를 제공하여서는 안 되며, 아동으로부터 수집한 개인정보의 비밀성, 안전성, 무결성을 유지하기 위한 노력을 기울여야 한다.

9) 금융현대화법(GLBA)

금융현대화법은 금융기관이 보유하는 고객의 금융정보를 보호하기 위하여 제정된 법이다. 이법은 은행, 증권사, 보험사 등의 금융기관, 대부업과 같은 대출서비스기관, 중개업, 자금 전송 또는 보관업, 금융자문이나 신용컨설팅회사, 채권추심업 등과 같은 금융상품 또는 서비스를 제공하는 모든 회사에 적용된다. 이 법은 금융 프라이버시에 관한 원칙, 세이프가드 원칙, 프리텍스팅(Pretexting)과 같은 세 가지 주요한 내용을 담고 있다.

금융 프라이버시 원칙이란 금융기관에 의한 고객의 개인금융정보의 수집 및 이용을 규제하는 것으로, 어떠한 정부당국도 금융기록이 합리적으로 기록되지 않는 한, 금융기관으로부터 고객의 금융기록에 포함된 정보 및 그 사본에 접근하거나 이를 획득할 수 없다는 것이다. 따라서 금융기관은 소비자에게 회사의 개인금융정보에 대한 정책을 고지하여야 하고, 소비자 개인정보를 이해관계가 없는 제3자에게 제공하여 정보를 공유하기 전에 반드시 소비자에게 이 사실을 알리고 반대할 권리를 부여하여야 한다.

세이프가드 원칙은 모든 금융기관이 소비자의 정보를 보호하기 위한 안전장치를 고안하고 시행하며 유지할 것을 요구하는 것이다. 이 원칙은 소비자로부터 직접 정보를 수집하는 금융기관뿐 아니라 다른 금융기관으로부터 고객정보를 받는 신용평가회사 등의 금융기관에도 적용된다.

프리텍스팅 규정은 소비자를 기만하여 개인의 금융정보를 취득하는 개인 또는 기업으로부터 소비자를 보호하는 규정이다.

10) 전자정부법

미국의 전자정부법은 국민 중심의 전자정부를 통합적으로 추진하고, 행정기관 간의 협력 및 민간부문과 정부 사이의 협력을 증진하여 국민의 권익을 보다 충실하게 보장하고자 제정되었다. 이 법은 관리예산처(OMB) 내에 전자정부국을 두어 연방정부가 리더십을 효과적으로 발휘하여 전자정부 서비스 및 업무를 개발, 촉진할 수 있도록 하고 있다.

전자정부법은 정보시스템뿐만 아니라 정보도 함께 보호하는 규정을 두고 있다. 특히 개인정보의 보호와 관련해서는 정보기술 도입 전에 프라이버시 영향평가를 실시하도록 하고 있다.

3. 미국의 최근 개인정보 입법동향

최근 미국은 개인정보 유출사건의 피해가 점차 증가되었고, 기업의 자율규제 때문에 개인정보유출이 증가되어 자율규제를 재고해야 한다는 여론이 생겨났다. 이에 따라 미국 정부는 2012년 2월 '네트워크화 된 세계의 소비자 데이터 프라이버시(Consumer Data Privacy in a Networked World)'를 발표하였고, 이후 3월 공정거래위원회(FTC)는 '급속히 변화하는 시대에 있어서의 소비자 프라이버시 보호(Protecting Consumer Privacy in an Era of Rapid Change)'를 발표하여, 정부 주도의 규제로 간주하는 것이 아닌 효율적인 자율규제의 장을 마련한다는 목적을 내세웠다. 이어서 2014년 1월에는 미국 국가표준기술원(NIST)는 개인정보 및 시민자유 보호를 목적으로 '사이버보안 프레임워크(Cyber security framework)'를 발표하였다. 따라서 미국은 자국의 안보차원에서 개인정보를 보호하기 위한 정책을 진행하는 것으로 보고 있다. 현재 미국의 개인정보 보호의 정책에 대한 동향으로는 다음과 같다.

첫째, '네트워크화된 세계의 소비자 데이터 프라이버시'에는 개인정보의 수집 및 활용과정에서 사업자에 대하여 소비자의 개인정보에 대한 보안요구권 등의 7개 원칙으로 구성되어 있는 소비자 프라이버시 권리장전(A Consumer Privacy Bill of Rights), 관련 분야의 다양한 이해당사자들과의 토론의 장을 통해 행위규범을 도출하도록 하는 집행 가능한 행위규범 책정(Codes of Conduct), 연방거래위원회의 집행기능 강화(Strengthening FTC Enforcement), 미국 내의 개인정보 기준과 국제기준과의 호환성 증진을 위한 국제 상호운용성(Improving Global Interoperability) 증진 등으로 구성되었다.

둘째, '급속히 변화하는 시대에 있어서의 소비자 프라이버시 보호'에서는 '네트워크화된 세계의 소비자 데이터 프라이버시'의 세부 이행을 위하여 인터넷 브라우저의 '추적 금지(Do Not Track)' 원칙을 지속적으로 준수 및 발전하게 하며 자율규제를 바탕으로 개인정보를 수집하고 활용하기 위하여 정보 공개의 장을 마련하는 등의 내용으로 구성되어 개인정보에 대한 활용을 위하여 자율규제의 규제방식과 범위를 정하고 있다.

셋째, 사이버 공격에 대하여 미국의 주요 사이버 인프라 보호 제도를 명령하는 "핵심 인프라사이버 보안"에 관한 행정명령을 발표를 시작으로 NIST에 의해 '사이버 보안 프레임워크'를 발표하여 자국민의 개인정보 및 시민자유의 보호에 대한 내용을 담고 있다. 이는 개인정보 보호에 대한 기업의 자율적 참여를 유도하는 자율규제 정책을 고수한다는 점에서 이 보고서도 개인정보 보호를 법적 구속력을 통해 기업에게 강제하는 것이 아니기 때문에 정부규제의 전환이라고 볼 수는 없다. 그러나 점점 개인정보 보호에 대한 불안감이 증가되어 자율규제의 제한의 필요성에 대한 인식이 대두되고 있는 추세이다.

1. 일본 개인정보 관련 법률 개요

개인정보 보호법(2003 제정, 2015.9월 개정)

| 개인정보 보호 기본사항 (1~3장) 기본이념, 국가/지방공공단체의 책무 등 규정 | + | 민간분야 개인정보 보호 일반사항 (4장~7장) 개인정보취급사업자의 의무 등 규정 |

공공 · 민간 분야

개인정보 보호위원회(내각총리대신 소속 제3자 감독기관, 2016. 1. 1. 설립)

● 공공 · 민간분야 개인정보 보호 총괄 수행 독립기구

– (일반법) 행정기관, 독립행정법인 등의 개인정보 보호 관련 기본방침 수립

※ 행정기관이 보유한 개인정보 보호에 관한 법률 및 독립행정기관이 보유한 개인정보 보호에 관한 법률

※ 총무성 소관사항이나, 상기 기본방침을 따라야 하며, 위원회의 감독 및 규율 기능을 배제할 수 없음

– (일반법) 민간부문 개인정보 처리에 대한 감독 및 규율

※ 개인정보의 보호에 관한 법률

– (특별법) 공공부문은 my number 제도에 대한 관리, 감독, 조사

※ 행정절차에서 특정개인을 식별하기 위한 법호의 이용 등에 관한 법률

| **그림 2.8** 일본의 개인정보 보호 거버넌스

일본의 개인정보 관련 법률은 민간 및 공공 부문에 공통으로 적용되는 기본법이자 민간부문의 일반법에 해당되는 「개인정보의 보호에 관한 법률」과 정부 행정기관의 일반법에 해당되는 「행정기관이 보유한 개인정보에 관한 법률」이 있다. 그 밖의 민간 부문에 대해서는 일반법에서개인정보 취급 사업자의 의무 등을 규정하고 있다.

일본은 헌법 제21조에서 "집회·결사 및 언론·출판과 기타 표현의 자유를 보장하며, 검열을 금지하고 더불어 법에 위배되는 어떤 종류의 비공개 의사소통도 금지할 것"을 규정하고 있다.

또한 제35조에는 "정당한 사유 또는 조사와 압류를 위해 특별히 지정된 장소를 제외하고 모든 국민이 가지는 주거, 문서 및 사유자산의 자유를 보장한다. 각각의 조사와 압류는 필요한 별개의 정당한 사유에 의거하여 소관 법관에 의해 행할 수 있다"고 명시되어 있다. 이와 같이 일본은 적극적인 의미의 프라이버시권의 보장이나 개인정보 자기결정권에 대하여 명시적으로 헌법에서 밝히고 있지는 않으며, 다만 위에서 기술한 바와 같이 일본헌법 제21조와 제35조에서 간접적인 의미에서 프라이버시권을 보호하고 있다. 일본의 개인정보 보호 관련 법률 현황을 정리하면 [표 2.8]과 같다.

| 표 2.8 일본의 개인정보 보호 관련 법률 현황

법률명	적용 범위	주요 내용
개인정보의 보호에 관한 법률	민간부문 공공부문	• 개인정보의 적정한 취급에 관한 기본원칙 및 국가, 지방자치단체의 책무 규정 • 민간 개인정보취급사업자의 의무 규정 • 사업자 및 인정개인정보 보호단체에 의한 자율적인 피해구제제도 규정
행정기관이 보유하는 개인정보의 보호에 관한 법률	공공부문	• 행정기관에서의 개인정보의 취급에 관한 기본적인 사항을 정함. • 이용목적 달성에 필요한 범위 내에서 개인정보 보유 및 목적 외 이용, 제공 금지 • 정보주체의 열람, 정정, 이용정지청구권 인정 • 법률을 위반한 행정공무원 등에 대하여 강력한 형사처분으로 그 집행 담보
독립행정법인 등이 보유하는 개인정보의 보호에 관한 법률	공공부문	• 독립행정법인, 행정목적 수행을 위한 특수법인, 인가법인은 대상 개인정보, 개인정보 취급규모, 관리규칙, 정보주체의 권리, 피해구제제도 등에 있어서 일반 행정기관과 동일하게 취급함을 규정
정보공개 · 개인정보 보호 심사회 설치법	공공부문	• 정보공개, 개인정보 보호심사회의 설치 및 조직과 조사심의 절차 등에 관한 규정 • 개인정보의 열람, 정정, 이용 정지 신청에 대한 행정기관 등의 결정에 대한 불복 신청과 관련하여 자문을 행함
행정기관이 보유하는 개인정보의 보호에 관한 법률 등의 시행에 따른 관계 법률의 정비 등에 관한 법률	공공부문	• 행정기관이 보유하는 개인정보 보호에 관한 법률, 독립행정법인 등이 보유하는 개인정보 보호에 관한 법률, 정보공개 • 개인정보 보호 심사회 설치법의 시행에 따른 관련 법률정비 등을 행하기 위하여 제정 • 등기, 형사소송, 특허 등과 관련된 정보에는 행정기관이 보유하는 개인정보 보호에 관한 법률 일부 적용제외

[표 2.8]에서 민간부문과 공공부문에 적용되는 개인정보의 보호에 관한 법률을 살펴보도록

한다. 이 법률은 개인정보의 유용성을 배려하면서 개인의 권리와 이익을 보호하는 것을 목적으로 하고 있으며, 민관에 통용되는 기본법 부분과 민간 사업자에 대한 개인정보의 적정한 취급규칙 부분으로 구성되어 있다. 또한 동법은 민간사업자의 개인정보 취급에 관해 공통적인 필요 최소한의 규칙을 정한 것이며, 일본의 정부조직인 각 성청 등이 책정한 가이드라인에 따라 사업자가 사업 분야의 실정에 맞춰 자율적으로 대처하는 것을 중시하고 있다. 이 법률에서 개인정보는 '생존하는 개인에 관한 정보로써 특정 개인을 식별할 수 있는 것'으로 정의하고 있다. 이는 구체적으로 특정의 개인정보를 전자계산기를 이용하여 검색할 수 있도록 체계적으로 구성한 것과 이외에 특정의 개인을 용이하게 검색할 수 있도록 체계적으로 구성한 것으로써 법률로 정한 것이 이에 해당한다.

이 법률의 규율대상은 5,000건이 넘는 개인정보를 컴퓨터 등을 이용하여 검색할 수 있게 체계적으로 구성된 '개인정보 데이터베이스 등'을 사업 활동에 이용하고 있는 사업자이다. 이 개인정보 취급 사업자가 지켜야 할 의무 사항을 보면 다음과 같다.

첫째, 이용·취득에 관한 의무이다. 개인정보의 이용목적을 가능한 한 특정하며, 이용목적의 달성에 필요한 범위를 초과하여 개인정보를 취급해서는 안 된다. 또한 거짓, 기타 부정한 수단으로 개인정보를 취득하는 것은 엄격하게 금지된다. 그리고 본인에게서 직접 서면으로 개인정보를 취득하는 경우에는 미리 본인에게 이용목적을 명시해야 한다. 간접적으로 취득한 경우는 신속히 이용목적을 통지 또는 공표할 필요가 있다.

둘째, 적정하고 안전한 관리에 관한 의무이다. 고객정보의 누설 등을 방지하기 위해 개인 데이터를 안전하게 관리하고 종업원과 위탁처를 감독해야 한다. 이용목적의 달성에 필요한 범위에서 개인 데이터를 정확하게, 그리고 최신의 내용을 유지할 필요가 있다. 특별히 이 법률의 제20조에서는 개인정보에 대한 보안과 기밀성을 보장하기 위해 개인정보 데이터베이스에 저장된 데이터 암호화, 접근제어, 감사 등의 조치를 수행할 것을 요구하고 있다.

셋째, 제3자 제공에 관한 의무이다. 개인 데이터를 사전에 본인의 동의를 얻지 않고 제3자에게 제공하는 것은 원칙적으로 금지된다.

넷째, 공개 등에 관한 의무이다. 사업자가 보유한 개인 데이터에 관해 본인의 요구가 있을 경우에는 그 공개, 정정, 이용정지 등을 해야 한다. 또한 개인정보 취급에 관해 민원이 들어 왔을 때엔 적절하고 신속히 처리해야 한다.

그러나 이러한 의무에서 헌법상 보장된 자유(표현의 자유, 학문의 자유, 신앙의 자유, 정치활동의 자유)와 관련하여 보도기관이 보도활동을 위한 경우, 또는 저술활동을 업으로 삼는 자가 저술활동을 위한 경우, 학술연구기관 및 단체가 학술활동을 위한 경우, 종교단체가 종교 활동을 위한 경우, 정치단체가 정치활동을 위한 경우에는 개인정보의 취급에 대하여 개인정보취급 사업자의 의무가 적용되지 않는다.

개인정보의 보호에 관한 법률에는 사업자가 보유한 개인 데이터에 관해 '본인이 관여할 수 있는 구조'가 포함되어 있다. 개인정보의 주체는 자신에 관한 정보의 공개와 정정 등을 요구할 수 있는 외에도 사업자가 법률의 의무를 위반하여 개인정보를 취급하고 있을 때에는 그 이용정지 등을 요구할 수 있다. 또 사업자가 공개 등의 요구에 응하지 않을 경우에는 그 이유를 설명하는 노력을 하도록 하고, 그리고 공개 등의 구체적인 절차에 대해서는 법률에 의거 각 사업자가 정한 바에 따라 실시하게 된다.

개인정보에 관한 다툼이나 의문은 개인정보취급 사업자 자신의 노력으로 해결하는 것이 원칙이지만, 「개인정보의 보호에 관한 법률」에 의거하여 인정받은 개인정보 보호단체에 의한 민원대응 이외에 국민생활센터나 지방공공단체의 민원상담 등을 받을 수 있게 하고 있다. 행정기관은 이들 민원상담창구의 명칭, 전화번호 등의 정보를 정리하여 홈페이지에 공표하고 있다.

개인정보취급 사업자가 의무규정을 위반하고 부적절하게 개인정보를 취급할 경우에는 사업을 소관하는 주무대신이 필요에 따라 사업자에 대해 권고, 명령 등의 조치를 취할 수 있으며, 사업자가 명령에 따르지 않을 경우에는 벌칙의 대상이 된다.

이 개인정보의 보호에 관한 법률은 국제적 기준을 수용한 법률로써, 법률 구성 및 체계상 민간분야를 규율 대상으로 하는 점에서 유럽의 법률 체계를 따르지만, 사업자의 자율성을 중요시하고 과도한 규제를 피하고 있는 점에서는 일본 자체의 사회적 실정과 특성을 감안하고 있다. 그리고 동법에 의거하여, 정보주체는 본인의 개인정보와 관련된 권리의 침해가 있을 경우개인정보취급사업자, 인정개인정보 보호단체, 주무대신에게 그 고충을 해결해 줄 것을 청구할 수 있도록 함으로써 고충처리절차의 다원화를 규정하고 있다. 또한 예외인정의 범위를 규정함으로써 헌법상 표현의 자유, 학문의 자유, 종교의 자유, 정치활동의 자유를 보호하고 있다.

마지막으로 개인정보의 보호에 관한 법률의 특징을 살펴보면 다음과 같다.

첫째, 국제적 기준을 수용한다는 점이다. 유럽연합의 1995년 개인정보 보호지침(Directive

95/46/EC), OECD 가이드라인 8원칙 등 국제적 기준을 적절히 일본 실정에 맞게 반영한 것이다.

둘째, 법률의 구성 및 체계가 특징적이라는 점이다. 본 법률은 민간분야에 관해서도 법률의 대상으로 하는 점에서 유럽형이지만, 강제력이 강한 유럽 규제방식과는 달리 유연한 유인책과 사후조치 등 사업자의 자율성을 중요시하고 과도한 규제를 피하고 있는 점에서는 일본의 민간부문 현황과 특성을 감안하였다고 볼 수 있다.

셋째, 고충 처리 절차를 다원화시켰다는 점이다. 정보주체는 본인의 개인정보와 관련된 권리의 침해가 있을 경우 개인정보취급사업자, 인정개인정보 보호단체, 주무대신에게 그 고충을 해결해 줄 것을 청구할 수 있다. 긍정적인 면으로는 고충을 처리할 수 있는 다양한 방법을 제시함으로써 권리구제를 강화한다고도 볼 수 있으나, 절차의 다양화로 오히려 피해를 구제받으려는 사람들을 혼란스럽게 할 수 있다는 단점이 있다.

넷째, 독립된 개인정보 보호감독기구가 존재하지 않는다는 점이다. 본 법률은 개인정보 보호와 관련된 집행기관으로써 독립된 포괄적인 감독기구를 별도로 설치하지 않고, 각 개인정보취급사업자가 수행하는 사업의 실태를 잘 파악하고 있는 소관사업의 주무장관이 직접 집행 및 감독책임을 지도록 하고 있다.

2. 일본의 최근 개인정보 입법동향[5]

일본은 2003년『개인정보의 보호에 관한 법률(개인정보 보호법)』을 제정하였고, 10년이 지난 2013년 12월 20일에 개인정보의 활용을 위하여 개인정보 보호법의 개정에 대해 재검토를 결정하였다. 그 이유는 개인정보의 이용 가치가 높아지고 있지만 보호되어야 할 정보의 범위와사업자가 준수해야 할 규칙이 불분명하고, 개인정보 활용과 더불어 악용에 대한 소비자의 우려를 안심시키는 제도가 필요하고, 개인정보 활용과 프라이버시 보호의 균형을 이루는 신산업·신서비스의 창출 등을 위한 환경을 정비해야 하며, 국제적 수준의 개인정보 보호제도를 마련할 필요가 있기 때문이다. 따라서 일본은 개인정보 보호법의 개정을 추진하였고 2015년 9월 3일에 중의원 본회의에서 가결되었다. 현재 일본의 개인정보 보호법 개정 법률은 다음과 같은 몇 가지 경향을 띠고 있다.

---

5) 한은영, "일본 개인정보 보호법의 개정 내용 및 평가", 정보통신정책연구원 정보통신방송정책 제27권 제17호(통권 608호), 2015 참조.

첫째, 개인정보의 유용성을 확보하기 위하여 익명가공정보(특정 개인을 식별할 수 없도록 개인정보를 가공해 얻을 수 있는 개인에 관한 정보로써 해당 개인정보를 복원할 수 없도록 한 것)를 통해 사업자가 개인정보를 취득할 때 이용자에게 이용목적을 변경하는 경우가 있다는 것을 통지하거나 공표한 경우에 개인정보 보호위원회의 규칙에 따라 이용목적을 변경할 수 있게 하고 있다. 또한 개인정보 이용방법에서 개인의 권리이익을 침해할 우려가 적은 것(전화번호부 등)은 개인정보데이터베이스 등의 규제로부터 제외하도록 정하여 규제 완화를 추진하였다.

둘째, 이용자의 인종, 신조, 사회적 신분, 병력, 범죄피해를 받은 사실 및 전과 등 부당한 차별 또는 편견이 발생하지 않도록 배려를 필요로 하는 개인정보에 대해서는 본인의 동의를 얻지 않고 취득하는 것을 원칙적으로 금지하도록 하고, 사업자는 제3자 제공에 관한 확인 및 기록 작성과 일정기간 보관할 것을 의무화하도록 하며, 부정한 이익을 도모할 목적에 의한 개인정보데이터베이스 제공죄를 신설하는 것 등으로 개인정보 활용에 대응한 보호의 강화를 위한규정의 정비를 하고 있다.

셋째, 사업자가 외국에서 국내에 있는 자에 대한 물품 또는 서비스의 제공에 관련한 개인정보를 취급하는 경우에, 일본의 개인정보 보호법에 상당하는 외국집행당국에 대해서 직무수행에 관련한 정보제공은 가능하게 하면서 사업자가 외국에 있는 제3자에게 개인정보를 제공하는 경우에 일본과 동등한 수준에 있다고 인정할 수 있는 개인정보 보호제도를 갖추고 있는 국가 혹은 해당 제3자가 일본의 개인정보 보호법에서 마련하는 사업자의 의무에 대한 적합한 체계를 이루고 있다면 제3자 제공을 허용하고, 그 외에는 불허한다는 규정의 정비를 추진하고 있어 일본 자국민의 개인정보가 외국으로 나가는 것에 대해서는 엄격한 규제를 마련하고 있다.

넷째, 개인정보 보호위원회를 신설하였다. 이 위원회는 『행정절차에서 특정 개인을 식별하기위한 번호의 이용 등에 관한 법률("번호법")』의 특정개인 정보보호위원회를 개편한 것으로써, 2016년 1월 4일에 개인정보 악용을 감시하기 위한 제3의 독립기구로 발족되었다. 위원회는 출입 조사권을 포함한 강력한 권한을 갖고, 현재 각 산업별 주무장관이 실시하고 있는 감독업무를 일원화하여 집약해 담당한다. 또한 위원회는 이번 개정에 의해 신설되는 각종 제도 등의 세부사항을 규칙으로 정할 수 있는데, 이는 EU 데이터보호지침에 의한 국가정보보호기구와의 균형을 맞추기 위함이라고 볼 수 있다. 위원은 전문가 9명으로 구성되며, 현재 약 50명인 사무국의 체제는 확정이 되지 않았다.

이처럼 개인정보 보호법률이 개정되었음에도 구체적인 내용은 개인정보 보호위원회 규칙으로 확정되기 때문에 현재로써는 여러 가지가 모호한 상태이며 개인정보 유출에 대한 불안은 여전하다고 할 수 있다.

CHAPTER

03

개인정보 소송 사례

개인정보 소송 사례를 들어가면서

예전에는 재산권적 성격, 인격권적 성격, 비밀적인 성격이 옅어 법의 주목을 받지 못하던 개인정보가 정보기술의 발전에 따라 수집, 결합, 분석됨으로써 유용한 가치를 가지게 되었다. 그리고 때로는 정보의 오남용에 의하여 정보주체에게 피해를 주는 경우가 발생함에 따라 개인정보 보호는 법률적 관점에서도 중요해지고 있다.

인터넷의 광범위한 보급으로 인한 인터넷 기반 서비스의 출연은 필연적으로 서비스를 이용하는 고객 정보의 집적을 가져왔다. 그러나 이러한 기술의 발전 속도에 비해 고객의 개인정보에 대한 보안의식은 이를 따르지 못했고, 그 결과 2008년 이후 여러 차례 대규모의 개인정보 유출 사고가 발생하고 있다. 따라서 개인정보의 수집과 이용이 보편화되고 있으나, 국가사회전반을 규율하는 개인정보 보호원칙과 개인정보 처리기준이 마련되지 못하는 상황에 개인정보에 대한 권리와 이익을 보장하기 위하여 2011년 3월 29일 『개인정보 보호법』을 제정하였고 2011년 9월 30일에 시행되어 수차례의 개정 및 보완을 하고 있다. 이번 장에서는 개인정보 유출 사건에 대한 우리나라의 판례의 경향을 검토, 분석하여 판례의 의미 및 시사점을 살펴보고자 한다.

1. 개인정보 유출 사례

1) N온라인 게임업체 개인정보 유출 사건

N온라인 게임업체의 개인정보 유출 사건은 국내 최초의 개인정보 유출 집단소송[1]이었다. 피고 N사는 게임 사업을 운영 및 그 이용서비스를 제공함으로써 수익을 올리는 회사이고, 원고들은 이 사건 게임서비스를 이용하고 있는 이용자들이다.

N사는 2005년 5월 11일, 이 사건 게임 서버 및 네트워크 정기점검 및 업데이트 작업을 실시하는 과정에서, 담당 직원이 아이디, 비밀번호 입력과 관련된 기능을 테스트하기 위하여 임시로 이용자들의 아이디와 비밀번호가 로그파일(log file)에 기록되도록 하였다가, 테스트 종료 후 아이디, 비밀번호 기록 기능을 삭제하지 않은 상태에서 서버 업데이트 작업을 마치는 바람에, 2005년 5월 11일 오전 10시부터 이 사건 게임에 접속한 이용자들에 대하여 생성된 로그파일에 이용자들의 아이디와 비밀번호가 기록되게 되는 사고(이하 '이 사건 사고'라고 한다)가 발생하게 되었다. N사는 2005년 5월 16일 12:00경에서야 이용자들의 아이디와 비밀번호가 로그파일에 기록되고 있음을 알게 되었고, 즉시 이용자들의 게임서버 접속을 차단하고, 아이디와 비밀번호가 로그파일에 기록되도록 하는 기능을 삭제하였으며, 이미 개별 컴퓨터에 생성된 로그파일이 삭제되도록 하는 시스템 패치작업을 실시하였다. N사는 이러한 시스템 패치 작업과 더불어, 일시적으로 이용자들의 게임서버 접속을 차단하고, 이 사건 사고기간 동안에 이 사건 게임에 접속하였던 모든 이용자들로 하여금 주민등록번호로 동일인 확인을 거친 후에 새로운 비밀번호로 변경한 다음에만 이 사건 게임에 접속할 수 있도록 하는 조치를 취하였다.

---

[1] 개인정보 보호법과 정보통신망법에는 정식적으로 집단소송제도는 2017.7월 현재 도입되지 않았으며, 여기서는 다수 참여 소송을 의미한다.

2) K은행 개인정보 유출 사건

K은행 개인정보 유출 사건은 개인정보 유출로 인해 최초로 1,000명 이상의 원고가 소송을 제기하게 되어 '집단소송'이라는 말이 어울리는 첫 번째 사례였다고 할 수 있다. 원고들은 피고 K은행과의 사이에 이 사건 복권서비스 이용계약을 체결하여 온라인상에 인터넷 주택복권통장을 개설한 회원들이다. 서비스를 시행하는 기간 중에 K은행의 담당직원이 2006년 3월 15일 13:50경 이 사건 복권서비스 이용계약을 체결한 가입 회원 중 최근 3개월간 위 서비스를 이용하지 아니한 32,277명의 회원들에게 이 사건 복권서비스에 관한 안내 이메일을 발송하는 과정에서, 원고들을 포함한 위 32,277명의 회원들의 성명, 주민등록번호, 이메일 주소, 최근 접속일자가 수록된 텍스트 파일을 이메일 첨부파일란에 첨부하여 발송하는 사고(이하 '이 사건 사고')가 발생하였다. K은행 담당직원은 이 사건 사고 후 이 사건 파일이 이메일에 첨부된 사실을 알고 이메일 전송을 강제 중단시켰으나, 이미 3,723명의 회원들에게 이메일 발송이 완료되었다. K은행은 미열람한 이메일은 전부 회수하였고, 열람된 고객들에게는 전화 또는 이메일을 통하여 삭제를 요청하였으며, 웹사이트 내에 고객정보유출 피해접수센터를 개설하여 고객정보 유출 여부 조회 및 피해접수 창구를 마련하고, 한국신용평가정보주식회사가 개설한 "크레디트 뱅크"의 정보도용 차단서비스를 1년간 무료로 이용할 수 있는 서비스를 제공하였다.

3) A인터넷쇼핑몰 개인정보 유출 사건

2008년은 국내 최대 인터넷 쇼핑몰에서 고객의 데이터베이스가 해커에 의해 뚫려 고객들의 정보가 통째로 유출된 사건으로 시작되었다. 회사 측은 유출된 정보가 1,081만 명이라고 밝혔지만 사고 발생 후 2년이 지난 2010년도에 1,081만 명이 아닌 전체 회원 1,863만 명의 정보가 유출된 사실이 밝혀지게 되었다. 원고들은 피고 A사가 제공하는 상품 중개서비스를 이용하기 위하여 서비스 이용계약을 체결하고 A사의 인터넷 오픈마켓 사이트(이하 '이 사건 사이트'라 한다)에 온라인 회원으로 가입하면서, A사의 이용약관 제8조에 따라 이름, 주민등록번호, 휴대전화번호, 이메일 주소 등을 제공하였다. 2008년 1월 초 A사의 서버에 해킹사고가 발생하였는데, 경찰수사결과에 의하면 위 해킹사고는 중국인 해커로 추정되는 소외인 등이 2008년 1월 3일 A사의 웹 서버 중 하나의 관리자 페이지에 백도어 프로그램을 올렸고, 각종 해킹기법을 통해 서버에 침입하여 이 사건 데이터베이스 서버의 관리자 아이디와 암호화된 비밀번호를 알아낸 다음, 2008년 1월 4일부터 2008년 1월 8일까지 네 차례에 걸쳐 이 사건 데이터베이스 서버에 저장되어 있던 회원의 이름, 주민등록번호 등 A

사의 회원정보를 유출하였다.

한편 A사는 '개인정보 보호를 위한 정보보호정책 및 관리지침(이하 '이 사건 관리계획'이라 한다)'을 제정 및 개인정보 관리계획을 수립·시행하였고, 네트워크에 대한 침입탐지시스템과 침입방지시스템을 설치하여 운영하였으며, 이 사건 관리계획을 통해 패스워드 작성 규칙을 수립·이행하였고, 복수의 백신 소프트웨어를 설치·운영하는 등 개인정보에 대한 불법적인 접근을 통제하기 위하여 (구)"정보통신망법" 제28조 제1항 등에서 요구하고 있는 개인정보 보호를 위한 기술적·관리적 조치를 취하고 있었다.

4) L통신사 사건

L통신사는 데이터베이스와 연동이 되어 있는 www.ezi.co.kr이라는 L통신사의 사이트로부터 www.mshop.or.kr이라는 사이트로 고객들의 정보가 실시간으로 전송되었던 사건이다. 위 엠샵 사이트는 한 대학교의 연구소에서 만든 것인데, 벨소리 서비스를 제공하기 위해 휴대전화 번호를 입력하면 휴대전화 기종을 알려주는 기능을 하는 사이트였다. 그런데 L통신사가 개인휴대통신서비스를 제공하는 엠샵 사이트로부터 시스템 점검을 위하여 아이디와 비밀번호를 임시로 부여 받았다가 시스템 점검 후 아이디와 비밀번호를 삭제하지 아니하여 위 웹사이트에 휴대폰 번호를 입력하면 가입자의 개인정보가 서버로부터 전송되는 상태에 있었음을 이유로 엠샵 사이트에 가입한 원고가 손해배상을 청구한 사건이다.

5) G정유사 사건

G정유사는 자회사에게 G정유사의 보너스카드 서비스 및 GS&POINT 서비스 홈페이지인 www.kixx.co.kr의 관리업무, 고객관리센터 및 마케팅 대행 업무를 위탁하였고, 이러한 위탁업무처리를 위하여 동 서비스에 가입된 원고들의 개인정보를 자회사에게 제공하였다. 자회사의 시스템 및 네트워크 관리직원이 2008년 7월부터 8월까지 약 1달여에 걸쳐 자신의 관리자 권한을 이용하여 자회사의 서버에 접속한 후, G정유사가 통합보관 중이던 원고들의 개인정보를 이동저장장치에 옮겨 담아 이를 빼내었다. 그리고 공범인 배모 씨는 원고들의 개인정보를 보기에 편한 엑셀 파일로 변환하여 이를 CD 및 DVD에 담았다. 이후 저장매체에 저장된 상태로 전달 또는 복제한 후 개인정보 유출 사실을 언론을 통하여 보도함으로써 고객정보가 저장된 저장매체를 언론관계자들에게 제공하여 관리업체의 불법행위에 의한 손해배상책임에 대해 집단소송을 제기한 사건이다.

6) S회사 해킹 사건

인터넷상에서 포털서비스사업을 하는 S주식회사가 제공하는 온라인 서비스에 저장된 가입자 3,500만 명 전원의 아이디, 비밀번호, 이름, 주민등록번호, 연락처 등의 개인정보가 유출된 사건으로 사상 최대 규모의 개인정보 유출 사건으로 기록되었다. S회사의 개인정보 유출경로는 다음과 같다. S회사 내부 직원들이 사용하는 E회사의 압축 프로그램의 서버를 해킹하여 일반 이용자들이 업데이트를 실행하면 압축 프로그램을 통해 해킹프로그램이 설치되도록 하였고, S회사 직원들 역시 압축 프로그램 업데이트를 통해 감염되면서 관리자 계정이 해킹 당했고, 사상 초유의 개인정보 유출이 발생하게 된 것이다. 이는 최근 화두가 되었던 해킹방식으로 좀비PC 감염의 사례이다.

7) '회피 연아' 사건

차 모씨는 인터넷 검색을 하던 중 밴쿠버 동계올림픽 선수단 귀국 당시 김연아 선수가 유인촌 장관을 회피하는 듯한 장면을 편집한 사진이 게시되어 있는 것을 발견하고 네이버 카페에 올렸다. 유인촌 장관은 차모 씨를 명예훼손 혐의로 고소하였고, 이에 서울종로경찰서장이 인터넷 검색 포털 업체인 네이버로부터 영장 없이 차모 씨의 ID, 이름, 주민번호, 이메일, 휴대전화 번호, 가입일자 등에 대한 인적사항을 제공받자 차모 씨가 자신의 개인정보를 동의 없이 제공하였다는 이유로 위자료를 청구한 사건이다.

8) 개인정보 유출 사례 – 카드3사

① 사건개요

2014년 1월 18일, KB국민카드, NH농협카드, 롯데카드가 소유하고 있는 대량의 개인정보가 유출된 사실이 언론을 통해 드러났다. 유출은 2012년 10월부터 2013년 12월까지 지속적으로 이루어졌음이 밝혀졌는데, 그 규모(1억 400만여 건)는 상하이 로드웨이 D&B(중국, 2012년, 1억 5,000만 건) 유출 다음으로써 세계적으로 3번째로 큰 규모의 유출 사고임이 드러났다. 또한 국내 최대 개인정보 유출 사고였던 SK컴즈사건(네이트, 싸이월드 해킹)의 유출 건수(3,500만 건)를 초과한 수치로 국내 대부분의 개인정보가 유출되었을 것으로 추정되고 있다. 이러한 정보의 유출은 단순히 불쾌함을 넘어서 계정 신설, 스팸문자나 메일 수신, 더 나아가 스토킹까지 이어질 수 있어서 사회적 문제가 될 여지가 있다.

무엇보다도 카드3사 정보 유출 사고는 국내 다른 정보 유출 사고와 유사하게 체계적인 보안 시스템의 구축 미비, 보안에 대한 관리자의 주의의무 결여에서 비롯된 인재(人災)라는 점에서 계속해서 반복되는 이러한 정보 유출을 해결하기 위한 방안을 모색할 필요가 있다.

② 유출 과정

카드3사 개인정보 유출 사고는 아이핀을 관리하는 국내 신용평가 업체인 코리아크레딧뷰로(KCB)의 직원을 통해 발생하였다. 해당 직원은 각 카드사의 분실·위변조 탐지 시스템(FDS)을 개발하는 프로젝트 책임자로 각 카드사에 파견되어 근무하면서 시스템 테스트용으로 받은 개인정보를 USB에 담아 빼냈다. 여기서 카드사가 외부 용역담당자에게 시스템 테스트용으로 고객들의 진짜 정보를 제공했다는 점도 문제가 된다.

③ 피해규모

카드3사에서 유출한 개인정보는 각각 KB국민카드 약 4,000만 건, 롯데카드 약 2,000만 건, NH농협카드 약 2,000만 건에 해당한다. 유출된 개인정보도 비교적 방대한데 3사 모두 개인 신상정보와 결제계좌가 유출되었고 KB국민카드는 타사 카드 정보, 롯데카드와 NH농협카드에서는 카드번호와 카드유효기간이 유출되었다. 게다가 개인 신상정보는 이름, 주민등록번호, 연락처 등 기본 개인정보 뿐만 아니라 연봉, 결혼 여부, 자동차 소유 여부와 같은 세부 개인정보와 결제일, 신용한도 금액, 신용등급과 같은 민감한 금융정보까지 유출되었다. 더욱이 KB국민카드는 같은 계열사인 국민은행 사용자 정보까지 유출된 것으로 드러났다. 그러나 이번 유출 사고에서 해당 3사의 카드를 사용하지 않은 사람들 및 5년 이상 해당 카드를 이용하지 않은 사람들, 심지어 사망자의 개인정보도 함께 유출되었다.

추가적인 유출 의혹에 관하여 검찰은 정황을 보아 추가확산을 부인하였고, 2차 피해는 발생하지 않을 것으로 잠정적인 결론을 내렸고, 금융감독원에서도 추가 유출이 없음을 공식적으로 선언하였다. 그러나 얼마 되지 않아 유출된 개인정보의 악용 사례가 방송을 통해 전파되면서 정부의 공식적인 입장은 무색하게 되었다.

④ 대응과정

이 사건으로 인해 금융감독원은 긴급브리핑을 열고 파악된 유출 규모와 대응방안을 발표하였으며, 사건의 책임을 지고 카드사 임원진 전원은 사퇴 의사를 밝혔다. 각 회사들은 피해 고객들의 2차 피해를 방지하는데 도움이 되는 결제 내역 알림 문자 서비스를 1년 무료로 제공하고, 피해 발생시 100% 그 피해를 보상하겠다고 약속했다. 문제의 카드사들은 즉시 홈페이지에 사과문을 게재하고, 개인정보 유출 여부를 열람할 수 있는 페이지를 운영했다. 각 카드사의 홈페이지와 콜센터는 폭주하는 접속자로 불통이 되었고, 오프라인 창구에서도 카드 재발급을 요구하는 고객들이 폭증하여 2014년 1월 22일에는 카드 재발급 및 해지/탈회 신청자 수가 200만을 돌파했고, 2월 들어서는 700만 명을 돌파했다

대통령의 사건의 진상 규명과 재발방지 촉고 및 관련자 엄중 문책 지시에 따라 금융당국은 '금융권 개인정보 보호 종합대책'을 발표하였고, 카드3사에 대하여 현행법상 최고수준의 제재인 3개월 영업정지를 부과하고, 매출의 1%를 과징금으로 부과하는 것과 장기적으로는 징벌적 손해배상제도를 도입할 것을 검토한다고 밝혔다. 그러나 과징금은 현행법상 최대 600만 원까지만 부과할 수 있어 솜방망이 제재라는 논란이 일어난 바 있다.

⑤ 손해배상

대형 개인정보 유출 사고가 발생하면 항상 동반되는 것이 정보주체들의 단체소송이다. 유출된 피해자당 10만 원씩만 배상해준다고 하더라도 10조 원을 배상해 주어야 하고, 신뢰저하로 인한 매출 타격까지 감안하면 기업은 도산의 위험을 떠안게 된다. 그러나 우리나라의 경우 법원이 개인정보 유출 건에 대한 단체소송에서 정보주체의 손을 들어주지 않는 사례가 대부분이다. 유출에 대한 피해를 일일이 보상하다 보면 정작 기업 자체가 망해 국가적인 혼란이 야기될 수도 있다는 기업 논리와 정치적인 이유 때문이다. 2008년 옥션 개인정보 유출 사건을 기점으로 우리나라에서도 개인정보 유출 피해자들이 단체소송을 제기하는 사례는 늘고 있지만, 실제 승소한 사례는 많지 않다.

법리상으로 카드사의 배상책임은 과실에 기한 불법행위 책임인데, 이 때 피해자는 손해발생사실, 불법행위자의 과실, 인과관계, 구체적인 피해액을 모두 입증하여야 한다. 당연히 추상적인 피해가능성이 있다는 것만으로 위 요소들을 모두 입증하기란 곤란하다. 환경오염피해 등에 있어서는 피해자의 입증책임을 다소 완화하려는 움직임이 판례에 나타나기는 하지만, 정보 유출 건에 관한 판례는 아직까지 위 기본적인 법리를 그대로 따라가고 있기

때문에, 승소가능성이 그리 높지 않은 것이다.

2. 개인정보 유출 사례의 유형

개인정보침해 사건의 유형은 개인정보 처리자의 과실로 개인정보가 유출된 경우, 개인정보처리자의 과실과 제3자(해커 등)의 고의로 인한 불법행위가 경합하여 개인정보가 유출된 경우. 개인정보 처리자에게 고용된 사람인 피고용자/수탁자가 고의로 개인정보를 유출한 경우, 개인정보 처리자가 동의를 받지 아니하고 개인정보를 제3자에게 제공한 경우, 개인정보처리자가 동의 없이 정보를 수집하는 경우, 동의 받은 목적과 달리 사용하거나 이용자의 동의철회/열람/정정 등 요구를 받고도 이행하지 아니하는 경우 등으로 구분하기도 한다. 이러한 분류에 따라 개인정보 유출 사례의 유형을 과실, 해킹, 고의, 동의 없는 제공으로 구분하면, 지금까지의 개인정보 유출 사례를 [표 3.1]과 같이 정리할 수 있다.

| 표 3.1 개인정보 유출 사례의 유형

유 형	사 례	적용법률 (정보통신망법)
과실에 의한 정보 유출	N온라인 게임업체 사건, K은행 개인정보 유출 사건, L통신사 사건	제28조 제1항
제3자의 해킹 등에 의한 개인정보 유출	A인터넷쇼핑몰 개인정보 유출 사건, S회사 해킹 사건	제28조 제1항
고의에 의한 정보 유출	G정유사 사건	제28조의 2 제1항
동의 없이 제3자에게 제공	'회피 연아' 사건	제24조

3. 개인정보 유출 사건 관련 판례 분석

1) 과실에 의한 정보 유출 유형

| 표 3.2 과실에 의한 정보 유출 유형 비교

	N온라인 게임업체 사건	K은행 개인정보 유출 사건	L통신사 사건
사건의 개요	2005년 5월 11일~5월 16일까지 N온라인 게임업체 게임에 접속한 개별 컴퓨터의 로그파일에 접속자의 아이디와 비밀번호가 노출되었다.	2006년 3월 15일 K은행 인터넷복권 통장 가입고객들 중 최근 3개월간 접속을 안 한 32,277명의 고객들에게 이메일을 발송하면서 32,277명의 고객의 이름, 주민등록번호, 이메일, 최종 접속 일자가 표시되어 있는 명단이 첨부되어 발송되었다.	L통신사가 개인휴대통신서비스를 제공하는 주식회사로부터 서버와 연동하는 웹사이트의 시스템 점검을 위하여 서버와 연동할 수 있는 아이디와 비밀번호를 임시로 부여받았으나 점검 후 이를 삭제하지 않아 위 웹사이트의 폰 정보조회 페이지에 휴대전화 번호를 입력하면 휴대폰번호 가입자의 개인정보가 서버로부터 전송되는 상태에 이르렀다.
피고의 조치	• 2005년 5월 16일 접속을 차단하고 비밀번호 강제변경 조치 • 시스템 패치 작업 (이용자가 게임서버에 접속할 때 패치 프로그램을 전송시켜 로그파일을 삭제하도록 하는 작업)	• 메일 발송한 후 메일 발송 중단 • (주)한국신용평가정보의 신용평가서비스인 크레디트뱅크의 정보도용 차단 서비스 1년간 제공 • 소 제기 후인 4월 13일 피해접수센터 설치	피고는 2008. 3. 24. 14:20 수도권 고객센터에 고객정보 조회 신고가 접수되어 같은 날 15:10 소외 1에게 사이트를 폐쇄하라고 하였음에도 소외 1이 임의로 이를 삭제하지 아니하자, 2008. 3. 24. 17:30 사이트의 IP를 차단조치하고, 2008. 3.25. 13:55경 개인휴대통신서비스를 제공하는 주식회사로 하여금 패스워드를 강제로 변경하게 함으로써 "휴대전화 정보 조회" 페이지는 물론 "폰 정보 조회" 페이지에서도 휴대전화 정보를 조회할 수 없게 하였다.
피고의 과실	직원이 업데이트를 하는 과정에서 로그파일을 암호화하지 않았다.	고객들에게 메일을 발송하면서 주의 의무에 위반하여 명단 파일을 첨부해서 발송하였다.	시스템 점검을 위하여 임시로 부여받은 서버와 연동할 수 있는 아이디와 비밀번호를 점검 후삭제하지 않았다.
피고 측 소송 대리인의 항변	• 아이디와 비밀번호는 개인정보가 아니다. • 로그파일에 기록된 것일 뿐 유출이 아니다. • 유출로 인해 현실적인 피해가 없었다.	• 락 현상으로 인하여 파일이 첨부된 것이 보이지 않았으므로 피고의 과실이 없다. • 약관에 명시하지 않았으므로 채무불이행 책임을 부담하지 않는다.	• 고객정보가 열람 가능한 상태에 있었으나, 피고의 관리 · 통제권을 벗어나 제3자가 내용을 알 수 있는 상태에 이르지 않았다.

	N온라인 게임업체 사건	K은행 개인정보 유출 사건	L통신사 사건
피고 측 소송 대리인의 항변	• 미국 판례에 의하면 유출로 인한 정신적 고통을 인정하지 않는다.	• 피고 K은행의 개인정보 보호방침은 웹사이트에 게시한 자료일 뿐이므로 채무불이행 책임의 근거가 될 수 없다. • 불법행위책임이 성립요건인 위법성이 없다. • 유출로 인한 명의도용 등 현실적인 피해가 없었다. • 미국 판례에 의하면 유출로 인한 정신적 고통을 인정하지 않는다.	• 유출로 인한 명의도용 등 현실적인 피해가 없었다.
법원의 판단	• 아이디와 비밀번호는 가상공간에서 행위자의 인격을 표상한다고 할 것이므로 개인정보에 해당된다. • 헌법상의 기본권인 개인정보가 공개되지 아니할 권리를 침해하였다. • 정보통신망법 제28조 (기술적 · 관리적 조치의무)를 위반하였다.	• 이메일도 개인정보에 해당한다. • 개인정보가 공개되지 아니할 권리를 침해하였다. • 인격적 이익에 직접 관계되는 것이므로, 원고의 정신적 고통은 통상 손해이다. • 정보통신망법 제28조 (기술적 · 관리적 조치의무) 위반	위 웹사이트의 폰 정보 조회 페이지에 원고들의 휴대전화 번호를 입력하기 전에는 원고들의 개인정보는 서버에 그대로 보관된 채 아무런 접근이 이루어지지 않으며 개인휴대통신 서비스를 제공하는 주식회사가 관리 · 통제권을 행사하여 위 웹사이트와 서버가 더 이상 연동하지 않도록 함으로써 원고들의 개인정보에 대한 접근과 전송 가능성을 없앨 수 있었던 상태에 있었으므로, 원고들의 휴대전화 번호가 위 웹사이트의 폰 정보 조회 페이지에 입력되었는지가 확인되지 않은 상황에서 위 웹사이트와 서버가 연동하고 있었다 하더라도 원고들의 개인정보가 개인휴대통신서비스를 제공하는 주식회사의 관리 · 통제권을 벗어나 제3자가 내용을 알 수 있는 상태에 이르게 되었다고 볼 수 없다.
결과	• 1심 : 5명 각 50만 원 배상 • 2심 : 3명 각 10만 원 배상, 집에서 컴퓨터를 이용한 2명은 기각 • 두 번째로 제기한 소송 (원고 44명)이 대법원 에서 2009년 5월 28일에 2심 판결 내용 그대로 확정되었다.	• 1심 : 1,024명 각 10만 원, 이메일만 유출된 2명 각 7만 원 배상 • 2심 : 1인당 20만 원 배상 (이메일 유출자는 10만 원) 으로 증액 • 양측 상고하지 않아 2심 판결로 확정됨	• 1심 : 원고 일부 승소 (1인당 5만 원) • 2심 : 원고 패소

2) 제3자의 해킹 등에 의한 개인정보 유출 유형

| 표 3.3 제3자의 해킹 등에 의한 개인정보 유출 유형 비교

	A인터넷쇼핑몰 개인정보 유출 사건	S회사 해킹 사건
사건의 개요	원고들은 피고가 제공하는 상품 중개서비스를 이용하기 위하여 피고와 서비스 이용계약을 체결하고 피고의 인터넷 오픈마켓 사이트 (이하 '이 사건 사이트'라 한다)에 온라인 회원으로 가입하면서, 피고의 이용약관 제8조에 따라 이름, 주민등록번호, 휴대전화번호, 이메일 주소 등을 제공하였음. 2008. 1. 초 피고의 서버에 해킹사고가 발생하였는데, 경찰수사 결과에 의하면 위 해킹사고는 중국인 해커로 추정되는 소외인 등이 2008. 1. 3.경 피고의 웹서버 중 하나인 이노믹스 서버에 설치된 웹애플리케이션 서버인 톰캣 서버에 초기설정 상태인 아이디와 비밀번호로 접속하여 위 톰캣 서버의 관리자 페이지에 백도어 프로그램을 올렸고, 각종 해킹기법을 통해 이노믹스 서버에 침입하고 이 사건 데이터베이스 서버의 관리자 아이디와 암호화된 비밀번호를 알아낸 다음, 2008. 1. 4.경부터 2008. 1. 8.경까지 네 차례에 걸쳐 이 사건 데이터베이스 서버에 저장되어 있던 회원의 이름, 주민등록번호 등 피고의 회원정보를 유출하였다.	중국에 거주하는 것으로 추정되는 해커(이하 '이 사건 해커'라 한다)는 2011. 7. 21. 00:40경 피고의 DB 기술팀 직원인 소외 1의 컴퓨터에 윈도우 예약 작업을 이용하여, 자신이 미리 설정해 놓은 임의의 도메인에 역 접속을 시도하는 기능을 가진 악성프로그램인 'nateon.exe'를 유포하고, 2011. 7. 26부터 2011. 7. 27까지 중국 내 불상지에서 자신의 컴퓨터로 소외 1의 컴퓨터에 원격 접속하여 피고 정보통신망에 침입하였으며, N포털의 회원정보가 저장된 데이터베이스 서버, C포털 회원정보가 저장된 데이터베이스 서버, N포털과 C포털에 모두 가입한 중복 회원정보가 저장된 데이터베이스 서버에 침입하여 위 각 서버에서 처리·보관하고 있는 개인정보를 아이피 주소 '(생략)'이 할당된 컴퓨터인 에듀티에스 서버(www.eduts.co.kr)로 전송함. 이 사건 해킹사고로 말미암아 N포털 또는 C포털의 회원 중 34,954,887명의 개인정보가 유출되었는데, 유출된 개인정보에는 성명, 주민등록번호, 아이디(ID), 비밀번호, 이메일 주소, 주소, 전화번호 등이 포함되어 있었다.
피고의 조치	피고는 2008. 1. 3.경 이 사건 사이트의 이상 징후를 발견한 이후 자체적으로 수립하고 있던 침해사고 대응절차에 따라 합리적인 대응 조치를 취하였다.	피고는 2011. 7. 28. 이 사건 해킹사고를 경찰과 방송통신위원회에 신고하였고, 같은 날 N포털과 C포털 홈페이지를 통해 위 해킹으로 회원들의 개인정보가 유출되었다는 사실을 공지하였다.
피고 측 소송 대리인의 항변	• 개인정보 보호조직의 구성·운영에 관한 사항, 접근통제 등에 관한 세부 사항, 그 밖에 개인정보 보호를 위하여 필요한 사항 등을 구체적으로 규정한 「정보보호정책 및 관리지침」(이하 '이 사건 관리계획'이라 한다)을 제정하여 임직원으로 하여금 이를 준수하게 하는 등 개인정보 관리계획을 수립·시행하였다. • 네트워크에 대한 침입탐지시스템과 침입 방지시스템을 설치하여 운영하였으며, 이 사건 관리계획을 통해 패스워드 작성 규칙을	• 피고는 관련 법령에서 정한 기술적·관리적 보호조치를 모두 준수하였다. 따라서 원고의 개인정보가 유출되었다는 이유만으로 피고에 책임을 묻는 것은 결과책임을 묻는 것과 마찬가지이다. • 원고의 개인정보가 유출되었다는 사실만으로 원고에게 실질적인 손해가 발생한 것으로 볼 수 없으며, 가사 원고에게 손해가 발생하였다 하더라도, 지적재산권을 보호하는 저작권법의 보호법익을 고려하면, 피고의 국내용 알집 사용에 따른 저작권법 위반행위와 원고의 손해

	A인터넷쇼핑몰 개인정보 유출 사건	S회사 해킹 사건
피고 측 소송 대리인의 항변	수립·이행하였고, 복수의 백신 소프트웨어를 설치·운영하는 등 개인정보에 대한 불법적인 접근을 통제하기 위하여 구 정보통신망법제 28조 제1항 등에서 요구하고 있는 개인정보 보호를 위한 기술적·관리적 조치를 취하고 있었다. • 이 사건 데이터베이스 서버 등에 각종 인증 및 접근제어 시스템을 운용하였고, 데이터베이스 서버 보안솔루션 등 여러 보안 조치를 통해 데이터베이스 서버에 대한 비정상적인 접근이나 정보조회 요청인 쿼리(Query)의 정상범위를 벗어난 실행 등을 모니터링하고 있었다. • 피고의 업무나 시스템 특성, 해킹사고 당시의 보안기술의 수준 등을 고려할 때, 이 사건 해킹사고 당시 피고가 이상 징후로 설정한 조건이 잘못되었다고 보기도 어렵다.	발생 사이에는 상당인과 관계가 없다. • 국내 기업용 알집 프로그램에도 ALAD.dll 파일이 존재하고, 그 업데이트 방식도 국내 공개용 알집 프로그램의 업데이트 방식과 똑같은 이상 피고가 국내 기업용 알집 프로그램을 사용하였다 하더라도, 이 사건 해커의 침입이 가능하였다고 할 것이므로, 피고의 국내 공개용 알집 프로그램 사용이 이 사건 해킹사고의 발생과 인과관계가 있다고 볼 수 없다.
법원의 판단	정보통신서비스제공자가 이 사건 고시에서 정하고 있는 기술적·관리적 보호조치를 다하였다면, 특별한 사정이 없는 한, 정보통신 서비스제공자가 개인정보의 안전성 확보에 필요한 보호조치를 취하여야 할 법률상 또는 계약상 의무를 위반하였다고 보기는 어렵다.	피고는 정보통신서비스 제공자로서 정보통신망법 및 동법 시행령 등에 따라 그 이용자인 원고의 개인정보를 보호할 의무가 있으며, 서비스 이용 약관에 따라 원고의 개인정보를 보호하기 위한 보안시스템을 구축하고, 개인정보를 취급함에 있어 안전성 확보에 필요한 합리적인 수준의 기술적 및 관리적 대책을 수립·운영할 계약상 의무가 있음에도 이러한 의무를 위반하여 이 사건 해킹사고를 방지하지 못하고, 그 때문에 원고의 개인정보가 유출되도록 하였으므로 정보통신망법 제32조에 따른 손해배상책임은 물론 계약상채무 불이행에 따른 손해배상책임 또한 부담한다.
결과	• 원심 : 원고 청구 기각(피고가 보안관제 업무를 소홀히 하여 이 사건 해킹사고를 사전에 방지하지 못하였다고 볼 수 없다는 이유로 원고들의 청구를 배척) • 대법원 : 관련 법리와 기록에 비추어 살펴보면, 원심의 사실인정 및 판단은 정당한 것으로 수긍할 수 있고, 거기에 논리와 경험의 법칙을 위반하고 자유심증주의의 한계를 벗어나거나 보안관제 담당업체의 손해배상책임에 관한 법리를 오해하는 등의 위법이 없다.	• 1심 : 원고 승소(100만 원) • 2심 : 피고는 원고에게 1,000,000원 및 이에 대하여 이 사건 해킹사고가 발생한 2011. 7.26.부터 피고가 이행의무의 존재 여부나 범위에 관하여 항쟁하는 것이 타당하다고 인정 되는 제1심판결 선고일인 2012. 4. 26.까지는 민법이 정한 연 5%, 그 다음 날부터 다 갚는 날까지는 소송촉진 등에 관한 특례법이 정한 연20%의 각 비율로 계산한 지연손해금을 지급 할 의무가 있다.

3) 고의에 의한 정보 유출 유형

G정유사는 자회사에게 G정유사의 보너스카드 서비스 및 GS&POINT 서비스 홈페이지인 "www.kixx.co.kr"의 관리업무, 고객관리센터 및 마케팅 대행 업무를 위탁하였고, 이러한 위탁업무처리를 위하여 동 서비스에 가입된 원고들의 개인정보를 자회사에게 제공하였다. 자회사의 시스템 및 네트워크 관리직원이 2008년 7월부터 8월까지 약 1달여에 걸쳐 자신의 관리자 권한을 이용하여 자회사의 서버에 접속한 후, G정유사가 통합보관 중이던 원고들의 개인정보를 이동저장장치에 옮겨 담아 이를 빼내었다. 그리고 공범인 배모씨는 원고들의 개인정보를 보기에 편한 엑셀 파일로 변환하여 이를 CD 및 DVD에 담았다.

H통신사 사건에서 취급위탁인지가 쟁점이었다면, 이 사건은 위탁여부는 분명하므로 과연 내부직원이 개인정보를 이동저장장치에 옮겨 담은 경우 판례상의 유출 개념에 해당하는 것으로 볼 수 있는지 여부가 쟁점이었다. 일본에서는 인터넷 서비스 제공회사인 BB테크놀로지의 퇴직 직원이 데이터 서버에서 고객 1,100만 명의 개인정보(성명, 주소, 전화번호, 이메일 주소)를 빼내고, 이를 엑셀 파일로 정리하여 DVD와 CD에 담은 다음 돈을 요구한 사건에서, 오사카 지방법원은 2006년 5월 19일 피고 BB테크놀로지는 원고들에게 1인당 6,000엔의 손해배상금을 지급하라는 판결을 선고한 사례가 있다.

직원이 고객정보를 무단으로 이동저장장치에 옮긴 것에 대해서 담당 판사는 "1차 유출이 있었지만 그로 인해 프라이버시권이 침해당하는 등 직접적 손해를 인정하는 것은 쉽지 않을 것"이라면서도 "회사의 개인정보 관리 의무에 대해 문제제기를 한다면 새로운 쟁점으로 재판을 통해 다투게 될 것"이라고 밝혔다.

G정유사 사건의 경우 실제 개인정보를 유출시킨 회사 직원 등 4명은 실형을 선고받았다. 회원 1,151만 명의 주민번호와 전화번호 등을 빼낸 혐의로 기소된 직원 정모 씨에게는 징역 1년 6월, 정모 씨가 빼낸 정보를 거래하려고 했던 왕모 씨 등 3명에게는 징역 1년이 선고되었다.

4) 동의 없이 제3자에게 제공한 유형

'회피 연아' 판결은 '개인정보 제공'에 있어서 포털사이트가 수사기관으로부터 개인정보 제공요청을 받았을 때, 포털사이트의 가입자의 개인정보 보호를 위해 해야 할 조치에 관한 판결이다. 1심에서는 원고 차모 씨가 기각되었으나, 항소심인 서울고등법원에서 그 판결이 뒤집히면서 관련업에 종사하는 정보통신사업자들의 관심이 주목되고 있다. 서울고등법원의 이 판결이 내포하고 있는 의미를 검토해보기로 한다.

서울고등법원은 동 조문을 포털의 수사기관에 대한 협조의 근거 조문으로 보았고 포털이 수사기관의 요청에 따를 의무가 부여되는 것은 아니라고 하였다. 또한 포털 운영자는 침해되는 법익 상호간의 이익형량을 하여 개인정보의 제공 여부와 범위를 심사하여야 하므로 동 조문을 통신자료 제공에 대한 면책을 주장하는 데 이용할 수도 없을 것이다. 이러한 심사 의무가 포털사업자들에게 막중하게 주어진다면 포털 사업자들은 당연 소극적인 대응만을 할 것이고, 이 때문에 (구)『전기통신사업법』 제54조 제3항(현 『전기통신사업법』 제83조 제3항)의 사문화가 문제될 수 있으며, 수사기관의 수사상 부담 및 법원의 영장발부 부담이 커질 수 있다.

사이버명예훼손의 사례가 증가하고 있고, 청소년들 사이에서 사이버 불링 문제가 새로운 법적이슈가 되고 있는 가운데 위의 판결로 사이버명예훼손의 피해자의 권리 구제에도 어려움이 있을 것으로 보인다. 수사기관이 포털 사업자 등에게 가해자에 관한 정보의 제공을 요청하여 도포털 사업자 등이 개인정보 보호를 이유로 제공하지 아니한다면, 수사는 제대로 진행될 수 없을 것이며 그 결과 피해는 명예훼손 또는 사이버 불링의 피해자가 또 한 번 안게 될 문제가 될 것이다.

포털 사업자는 『전기통신사업법』상 부가통신사업자이면서 "정보통신망법"상 정보통신서비스제공자이기 때문에 『전기통신사업법』 및 "정보통신망법"의 적용을 받는다. 그런데 개인정보제공에 있어서 『전기통신사업법』에 특별한 규정이 있으면 정보주체의 동의 없이 제공할 수 있으나, 없다면 "정보통신망법"에 의하여 정보주체의 동의를 받아야 제공할 수 있다. 즉 개인정보 주체는 개인정보 자기결정권이 법률의 특별한 규정이 없을 경우에만 행사할 수 있게 된다.

'회피 연아' 판결은 인권적 의미에서는 진일보한 판결로 평가할 수 있으나, 명예훼손 피해자 구제의 어려움, 공공기관의 개인정보 제공 관행에 미칠 영향, 수사기관이나 법원 부담 증가 등의 문제점도 야기할 수 있을 것이라 평가된다.

개인정보 유출 사건의 위자료 산정

1. 법원의 위자료 산정 시 고려요소

우리 법원이 실제 사례에서 어떠한 요소를 위자료 증액 또는 감액하는 기준으로 삼을까? 이는 법원의 위자료 판단기준을 살펴봄으로써 기업의 입장에서 어떠한 대비를 하여야 하는지 보여줄 수 있을 것이다. [표 3.4]는 개인정보 유출 사고 단계별로 위자료 액수에 영향을 주는 요소를 정리한 것이다.

| **표 3.4** 유출 사고 단계별 위자료 산정 시의 고려 요소

사고의 단계	영향 요소
사고발생 이전	개인정보의 수집 목적
	해당 기업의 규모 및 성격
	사전 보안 조치 여부
사고의 내용 및 경위	유출의 주체
	개인정보 유출 사고에 있어서의 고의, 과실의 유무 및 그 정도
	유출 정보의 규모 및 성격, 전파가능성
사고 이후의 조치	사후조치의 신속성, 적절성
	피해자에 대한 사고의 고지 및 피해회복조치의 유무
	2차적 피해 발생 여부

[표 3.4]와 같은 요소를 기준으로 실제 개인정보 유출 사례가 문제된 판례를 분석해 본다면 [표 3.5]와 같다. [표 3.5]는 기존에 개인정보 유출 사례로써 법원에서 확정된 N온라인 게임업체 사건, K은행 사건, L전자 입사지원서 사건에서 [표 3.4]의 위자료 산정 시의 고려요소가 어떤 식으로 판례에서 나타났는지 비교하였다.

| 표 3.5 개인정보 유출 사례에서의 위자료 산정 시 고려요소

영향요소	N온라인 게임업체	
	1심 판결(50만 원)	2심 판결(10만 원)
개인정보 수집 목적	–	–
사전 보안 조치 여부	–	–
유출 정보의 규모 및 성격, 전파가능성	–	• 유출된 사람은 40~50만 명으로 추산 • 사고기간이 5일에 불과
사후조치의 신속성, 적절성	–	시스템 패치작업, 비밀번호 강제변경 등의 사후조치
피해자에 대한 사고의 고지 및 피해 회복조치의 유무	별다른 보상조치를 취한바가 없음	–
2차적 피해 발생 여부	현실적, 경제적으로 입은 손해는 확인되지 아니한 점	실제로 도용되었다는 사실이 밝혀지지 아니한 점

영향요소	K은행 사건	
	1심 판결(10만 원)	2심 판결(20만 원)
개인정보 수집 목적	–	개인정보를 영리적으로 이용
사전 보안 조치 여부	–	–
유출 정보의 규모 및 성격, 전파가능성	• 이메일을 전송받아 열람한 641명은 피해자임 • 유출된 파일이 개인의 이메일 계정으로 전송된 점 • 이메일 주소는 다른 개인정보와 결합하지 아니한 한신분도용 등의피해가 발생하기 어려움	• 성명, 이메일주소, 특히 주민번호는 신분도용의 문제까지 발생할 수 있는 중요정보임 • 암호화하지 않음 • 정보는 결합됨으로써 개인의 식별 가능성이 커지는데 결합되어 유출된 점
사후조치의 신속성, 적절성	• 1시간 이내에 사고를 인지하고 이메일 발송을 강제중단 • 포털사이트 운영자에게 이메일을 회수하여 줄 것을 요청	–
피해자에 대한 사고의 고지 및 피해 회복조치의 유무	–	개인정보 도용의 위험이 완전히 제거되지 못한 점(정보도용 차단서비스가 제3자의 정보도용 시도에 대한 완벽한 차단책이 되지 못하고, 서비스 제공시기도 1년간으로 제한되고 있음)
2차적 피해 발생 여부	악용, 도용 사실이 구체적으로 증명되지 않음	–

영향요소	L전자 사건	
	1심 판결(70만 원)	2심 판결(30만 원)
개인정보 수집 목적		영리의 목적
사전 보안 조치 여부	-	나름대로 보안조치를 취하였던 점 (당시의 기술수준에 비추어 충분하다고 볼 수 없으나, 기본적 인적사항은 별도로 보관하고 마스터 ID에 의하여서만 접근할 수 있도록 하였고, URL이 직접적으로 노출되지 않도록 하는 등의 조치를 취한 점이 고려됨)
유출 정보의 규모 및 성격, 전파가능성	학력사항, 자기소개 등 개인적으로 상당히 민감한 정보임을 고려하되, 원고들의 성명, 주민등록번호 등 직접 불법적인 용도에 사용되기 쉬운 정보는 열람되지 않음	• 사적인 영역의 민감한 정보까지 침해 • 성명, 주민등록번호가 열람되지 않음 • 원고의 신원을 구체적으로 특정하기는 어려움 • 개인정보가 저장이나 재전송이 어려운 방식으로 열람됨
사후조치의 신속성, 적절성	• 게시된 지 55분 후에 삭제 • 1시간 38분 후에는 채용사이트 서버의 접속 차단	• 시스템 모니터링이 아니라 다른 인터넷 게시판의 모니터링을 통하여 이사건 사고가 발견됨 • 사고발생 후 해킹방지시스템을 보완하는 등의 조치
피해자에 대한 사고의 고지 및 피해 회복조치의 유무	-	• 이메일 등을 통하여 안내하지 않음 • 개인정보 유출 여부, 유출된 정보가 무엇인지 확인하여주지 않음 • 미흡하나마 사과 및 재발방지를 다짐한 점
2차적 피해 발생 여부	정보가 외부에 확산되거나 불법적인 용도에 사용되지 않음	• 2차적인 피해 확산가능성은 높지 아니함 • 정보가 외부에 확산되거나 불법적인 용도에 사용되지는 않음

지금까지 확정된 개인정보 유출 사건은 위 사례들이 전부인데, 특이하게도 위 사건들의 1, 2심 판결은 전부 배상 금액이 다르다. K은행 사건은 2심에서 유일하게 증액되었고, 다른 사건은 1심에서 비교적 전향적으로 선고된 금액이 2심에서 상당부분 감액되었다. 그러나 판결에서 설시(說示)된 위자료 결정의 고려요소를 보아서는 감액의 이유가 구체적으로 설시되어 있지 않은 것이 사실이다. N온라인 게임업체 사건의 경우, 배상금액을 무려 5배나 감액하였음에도 불구하고 납득할 만한 이유가 설명되지 않았다. 1심이 다수의 이용자들을 회원으로 가입시켜 수익을 얻고 있는 업체는 특별한 주의의무를 부담한다는 이유를 들어 비교적 고액의 배상을 명한 반면, 2심에서는 오히려 'IT 관련업계로써는 완벽한 개인정보 보호를 위한 조치가 미흡할 수밖에 없는 현실적인 한계'가 있다고 하여 이를 배상액 감액의 사유로 삼았던 것이다.

K은행 사건에서 2심인 서울고등법원은 사실관계에 대한 구체적인 판단은 1심을 그대로 원용하면서 배상액의 결정 근거에 대해서만 판단을 하였다. K은행 사건의 1심이 든 사유는 신기하게도 모두 배상금을 감액하는 사유였으나, 2심에서는 비교적 균형 잡히게 증액의 요소와 감액의 요소를 거시(擧示)한 후 배상액을 2배로 증액하였다.

L전자 사건의 경우 2심은 1심에 비해 비교적 상세하게 위자료 결정 사유를 논증하였다. 그러나 2심이 든 다음과 같은 사유를 보아도 배상액을 감액하는 결론이 나온 것은 선뜻 이해가 되지 않는다. 첫째, L전자 측의 기본적인 보안조치가 상당히 허술하였다는 점을 인정하였음에도 다시 '나름대로' 보안조치를 취했다고 한 점, 둘째, 시스템 모니터링이 아니라 다른 인터넷 게시판의 모니터링을 통하여 이 사건 사고를 발견하였다는 사실을 인정하였으나 사고발생 후 해킹방지시스템을 보완하는 등의 조치를 취한 점, 셋째, 사고발생 하루 후에 사고의 발생 사실을 게시하였을 뿐 이메일 등을 통하여 안내하지 않고 개인정보 유출 여부와 유출된 정보가 무엇인지 확인하여 준 바가 없다고 하여 피고의 사후조치가 극히 미흡함을 인정하여 놓고서, '미흡하나마' 사과 및 재발방지를 다짐한 점을 든 것 등은 1심에 비해 위자료를 대폭 감액한 이유로 들기에는 상당히 부족하다고 생각된다. 2심 법원은 배상액을 증액할 수 있는 사유들을 거시했음에도, 이보다 훨씬 약한 감액 사유를 들면서 배상액을 반 이상 감액하였는데, 이는 우리 법원의 인색한 위자료 산정 관행을 잘 보여주는 것이다.

❷ 개인정보 유출 사고 시 기업의 책임을 줄이기 위한 전략

기업의 책임에 영향을 미치는 요소들은 사고 발생 이전 단계에서부터 사고 발생단계, 그리고 사고 이후의 사고 처리 단계로 나누어 볼 수 있다. 비록 우리 법원의 태도는 기본적으로 정보를 유출한 기업에 대해 상당히 관대하다. 그러나 기업이 개인정보 유출 사고에 대해 면책되거나 책임이 경감되도록 하기 위해서는 모든 단계의 요소들에 대해 모든 사항을 고려하여 전사적 차원의 노력을 기울여야 한다.

1) 사고발생 이전 단계

사고발생 이전 단계에서는 기본적으로 개인정보 수집을 최소화하며, 수집된 정보를 암호화하여 저장하는 한편, 사전에 개인정보 침해사고가 발생할 수 있는 가능성을 점검해 봄으로써 개인정보 유출 사고 발생가능성을 최소화해야 한다. 기업들은 개인정보 영향평가를 통해 개인정보를 활용하는 새로운 정보시스템의 도입, 기존 정보시스템의 중대한 변경 시 시스템의 구축 및 운영이 개인정보 관련 법률에 부합하는지 여부와 개인정보 생명주기에 따라 개인정보에 미칠 영향에 대해 미리 조사, 분석, 평가함으로써 사전에 개인정보 침해사고의 발생 가능성을 최소화할 수 있다.

또한 "정보통신망법" 제27조의3에는 개인정보 유출 시 통지 및 신고 제도를 규정하고 있다.

정보통신서비스 제공자 등은 개인정보의 분실·도난·유출(이하 "유출 등"이라 한다) 사실을 안 때에는 지체 없이 다음 각 호의 모든 사항을 해당 이용자에게 알리고 방송통신위원회 또는 한국인터넷진흥원에 신고하여야 하며, 정당한 사유 없이 그 사실을 안 때부터 24시간을 경과하여 통지·신고해서는 아니 된다. 다만, 이용자의 연락처를 알 수 없는 등 정당한 사유가 있는 경우에는 대통령령으로 정하는 바에 따라 통지를 갈음하는 조치를 취할 수 있다.

유출 등의 사실을 안 때 이용자에게 알려야 할 사항은 다음과 같다.

① 유출 등이 된 개인정보 항목
② 유출 등이 발생한 시점
③ 이용자가 취할 수 있는 조치
④ 정보통신서비스 제공자등의 대응 조치
⑤ 이용자가 상담 등을 접수할 수 있는 부서 및 연락처

2) 사고발생 단계

사고발생 단계의 기업의 대응전략은 최대한 사고를 빨리 탐지하고, 안전하게 사고경위를 기록하며, 네트워크와 시스템으로부터 침해사고 관련 증거들을 수집하는 것이다. 이를 위해서 사고발생 시점에서 개인정보 유출 사실을 확인할 수 있는 개인정보 모니터링 시스템이 갖추어져야 한다. 그리고 시스템을 종료하지 않은 상태에서도 실시간으로 사고에 대한 증거를 수집할 수 있는 디지털 포렌식(Digital Forensic) 기술도 필수적으로 요구된다. 또한 기본적으로 이상 징후와 사고 당시의 시스템 및 네트워크 상황을 안전하게 로그로 기록하고 무결성을 보장할 수 있는 시스템이 필요하다.

① 개인정보 모니터링 시스템

개인정보가 수집, 이용, 저장, 파기되는 생명주기 전체에 걸쳐 노출 여부, 권한 없는 자에 의한 접근 여부, 부적절한 이용 여부 등을 상시적으로 모니터링하고 이상 징후 발견 시 경고할 수 있는 시스템이 운영되어야 한다.

② 로그 기록 및 보관

특정 컴퓨터 시스템 및 네트워크에서 발생한 모든 이벤트들을 로그로 기록한다. 그리고 기록된 로그들이 위·변조되지 않도록 안전하게 보관함으로써 개인정보 사고의 원인을 분석할 수 있고, 디지털 증거를 확보할 수 있게 해 준다.

③ 디지털 포렌식의 활용

디지털 포렌식이란 디지털 장비들로부터 디지털 증거를 보존, 수집, 식별, 분석, 해석, 기록 제출하는 절차 및 기술을 말한다. 사고 발생 당시 및 직후에 디지털 포렌식 기술을 통해 개인정보 사고 현장으로부터 법적 증거를 확보함으로써 기업의 면책 및 책임감경을 돕는다. 특히 정보통신망법에 의하면 기업 측이 과실이 없음을 입증하도록 입증책임을 전환하고 있으므로 디지털 포렌식을 통한 증거확보가 중요하다.

3) 사고 이후 사후처리 단계

사고 이후의 기업의 대응전략은 신속하고 적절하게 사후 조치를 수행하는 것이다. 그리고 피해가 다른 영역으로 전파되거나 2차적인 피해가 발생하지 않도록 막으면서 개인들을 피해로부터 회복할 수 있도록 지원해 주는 것이라 할 수 있다. 이를 위해 개인정보 유출 사고를 당한기업은 신속하게 관련 기관에 사고발생 신고를 하고 디지털 포렌식 기술을 통해 사고관련 증거를 수집, 분석함으로써 향후 피해재발 방지대책 및 피해 경감을 위한 조치를 취해야 한다.

또한 유출 정보의 외부 확산과 2차적인 피해를 막기 위해 신속하게 피해자 개개인에게 개별적으로 피해사실을 알려야 한다. 그리고 구체적인 피해 사실을 본인이 확인할 수 있는 본인 피해 확인 서비스를 제공해 주거나, 아이디를 변경하도록 요청하는 등의 조치들이 필요하다. 이를 위해서는 개인정보 유출 사실 통지시스템과 피해확산 방지시스템 구축이 필요하다.

① 개인정보 유출 사실 통지시스템 구축

기업이 개인정보 유출 사실을 인지하였을 경우 지체 없이 해당 정보주체에게 사고 경위와 피해상황, 조치방법 등 관련 사실을 통지하도록 하는 제도로, 개인정보 유출로 인한 피해의 확산방지를 위한 신속한 조치 및 정보주체의 효과적 권리 구제를 위해 반드시 필요하다.

② 피해확산 방지시스템 구축

유출 정보의 외부 확산 및 2차적인 피해를 막기 위해 피해자 본인이 구체적인 피해사실과 외부로 유출된 정보를 이용한 도용 현황을 본인이 확인할 수 있는 본인 피해확인 서비스를 제공해 주거나 피해자들에게 아이디와 비밀번호를 변경하도록 요청하는 조치가 필요하다.

3. 위자료 액수의 적정화 문제

개인정보 분쟁조정위원회에서 주민등록번호가 유출된 사례의 경우 50만 원에서 100만 원까지 조정결정이 있었던 사례에 비추어 볼 때, 우리 법원의 위자료 인정 액수는 지나치게 소액이라서 고객의 정보를 다루는 기업들에게 정보보호의 중요성에 관한 각성효과를 거둘 수 있는지 의문이 든다. 손해배상액이 미미할 경우 해당 사업자는 개인정보의 보호를 위한 노력이나 투자를 할 필요가 크지 않다고 판단하게 되어 개인정보 보호는 무색해 질 수 있다. 국내법원의 개인정보 보호에 대한 판결에서 위자료 인정 액수가 낮아 그러한 우려가 현실화되고 있다.

N온라인 게임업체 개인정보 유출 사건의 경우 1심에서는 50만 원을 선고하였으나, 2심은 10만 원으로 대폭 감액하였다. 이는 정신적 손해를 미미하게 산정한 결과로써, 개인정보의 침해를 통해서 지적활동의 기록이 유출되고 더 나아가 제3자에 의한 신용카드의 개설이나 심지어는 무단 은행 대출을 통해서 경제적 손실과 혼란을 초래할 수 있는 위험성을 가지고 있다는 점을 간과한 것으로 보는 견해가 있다. 우리 법원이 개인정보의 침해로 인한 위자료 배상액을 낮게 산정함으로써, 현실적이고 경제적인 손해가 발생하기 이전까지는 사업자들도 개인정보 보호를 위한 노력이나 투자를 열심히 할 아무런 이유나 절심함을 느끼지 못할 것이라는 우려는 인터넷 홈쇼핑 개인정보 유출 사건이 발생함으로써 현실화되었다고 할 수 있다.

개인정보 분쟁조정위원회는 개인정보 유출 시의 위자료 산정기준을 [표 3.6]과 같이 제시하고 있다. [표 3.6]에서 보는 것처럼 지금까지 판례에서는 개인정보 분쟁조정위원회의 기준보다 다소 낮게 위자료를 책정하고 있다.

┃표 3.6 개인정보 침해에 의한 정신적 피해배상액 산정기준(단위 : 만 원)

산정요소		계산기준 (해당 피해배상등급에 따름)					비 고
		5	4	3	2	1	
침해 기간	장(長)	+20	+15	+10	+8	+5	침해유형에 따라 다르므로 구체적 언급은 어렵지만 단기는 1월 이하, 중기는 6월 이하, 장기는 6월 초과 정도로 볼 수 있음
	중(中)	+15	+10	+8	+5	+3	
	단(短)	+10	+8	+5	+3	+1	
침해 빈도	과다(過多)	+20	+15	+10	+8	+5	침해유형에 따라 다르지만 소는 1~2회 정도, 다는 5회 이하, 과다는 5회 초과 정도로 침해행위가 발생한 경우로 볼 수 있음
	다(多)	+15	+10	+8	+5	+3	
	소(少)	+10	+8	+5	+3	+1	
침해 정보의 민감성	대	+50	+30	+20	+15	+10	소는 성명·주민번호·전화번호·주소 등 많이 이용되는 항목이 1~2개, 중은 2개 이상 항목, 대는 의료정보·사진 등 특별히 민감한 정보가 침해된 경우로 볼 수 있음
	중	+25	+15	+10	+8	+5	
	소	+20	+10	+5	+3	+2	

산정요소			계산기준 (해당 피해배상등급에 따름)					비 고
			5	4	3	2	1	
침해 정보가 노출된 범위	특정	일반 개인	+20	+10	+8	+5	+3	개인정보가 동의 없이 제공된 범위가 특정이 가능한 경우 - 정보주체와 관련 있는 일반 개인 - 정보통신서비스제공자가 수집목적으로 이용하거나 업무상 관련 있는 자에게 제공 - 정보통신서비스제공자가 영리목적 혹은 개인적인 이해관계로 인하여 개인정보를 수집·이용하는 것을 사업으로 하는 자에게 제공
		목적외 이용 및 업무상 관련자	+20	+10	+8	+5	+3	
		개인정보 수집자 및 판매상	+30	+20	+20	+15	+10	
	불특정	TV 등 언론매체	+50	+30	+30	+20	+10	불특정 다수에게 개인정보가 유포된 경우에는 해당 수단의 파급력이나 접근성에 따라 분류
		인터넷 등	+30	+15	+10	+10	+5	
		인쇄물 기타	+20	+10	+10	+8	+5	
피해자의 과실	대		−50	−30	−20	−15	−10	구체적 사건에 피해자가 개인정보 침해에 얼마나 과실이 있는지 판단
	중		−30	−20	−10	−8	−8	
	소		−10	−8	−5	−5	−5	
침해 행위를 통해 얻은 이익	대		+50	+20	+10	+10	+5	개인정보 제공이나 서비스 가입 등으로 얻은 이익의 정도에 따라 판단
	소		+20	+10	+5	+5	+3	
침해의 동기·목적	악질적 목적		+30	+20	+15	+10	+8	스토킹 등 극심한 정신적 고통을 유발할 목적으로 개인정보를 침해한 경우, 정보통신서비스제공자가 자신의 이익을 위한 경우, 고객의 편의나 공공이익을 위한 경우로 분류
	고의·중과실		+15	+10	+8	+5	+3	
	선의·경과실		−10	−8	−5	−3	−3	
사회생활 상의 불이익	대		+30	+20	+15	+10	+8	정보주체의 신용이나 명예훼손 정도 등에 따라 구체적 사건에서 판단
	중		+20	+15	+10	+8	+5	
	소		+10	+8	+5	+3	+1	
침해 후의 피해회복 조치	불량		+20	+10	+8	+5	+3	침해행위 후 피해를 최소화하려는 노력이 있었는지 여부로 양·불량 판단
	양		−20	−10	−8	−5	−3	
가해자의 사회적 책임	중대		+20	+15	+10	+8	+5	구체적 사건에서 사업자의 시장지배력이나 사회적 명성에 따라 가산 필요시 판단
	중		+10	+8	+5	+3	+1	

산정요소		계산기준 (해당 피해배상등급에 따름)					비 고
		5	4	3	2	1	
후속 손해의 발생	극대	+50	+30	+20	+15	+10	소는 정신과 치료나 스트레스로 인한 질병 등이 발생한 경우. 대는 유출된 정보가 제3자에 의해 악용된 경우. 극대는 가정 파탄이나 실직 등 중대한 손해가 발생한 경우
	대	+20	+15	+10	+8	+5	
	소	+10	+8	+5	+3	+2	

4. 맺음말

위와 같이 일어난 일련의 개인정보 유출 사고는 전 국민의 정보가 유출되었다고 할 정도로 그 규모에 있어서 이전의 사건과는 차원을 달리하였고, 디지털 시대에 있어서 개인정보의 중요성과 그 유출의 파급력을 여실히 보여준 사례였다. 그러나 법원의 낮은 위자료 산정 기준 등으로 인해 기업의 개인정보 보호 의식 변화와 과감한 보안 투자에는 아직 이르지 못하고 있다.

정부는 그동안 정보보호 수준진단과 보안서버 보급 확대 및 모니터링 강화 등 많은 노력을 기울여 온 결과, 세계경제포럼으로부터 정보보호수준이 상승하였다는 발표를 얻는 성과를 올리기도 하였다. 그러나 각 기관의 관리 소홀뿐만 아니라 해킹기술의 발전, 유무선 통합과 유비쿼터스 서비스의 확대 등으로 개인정보 침해가 끊이지 않고 지속적으로 발생하고 있어 사회문제가 되고 있다.

개인정보 유출 사고가 빈발하고 있는 가운데, 개인정보 유출 사고관련 소송의 과열경쟁에 대해서도 많은 비판이 있는 실정이다. H통신사의 불법적인 정보제공에 대하여 수사결과 발표가 있는 당일, 무려 50여 개의 소송 카페가 개설되었고, 카페를 제일 먼저 개설한 변호사가 가장 많은 원고들을 확보한 것을 단순한 해프닝으로 보기에는 사태가 무척 심각하다고 생각된다. L전자 입사지원서 유출 사건의 항소심을 담당하였던 판사는 '변호사가 나서서 원고를 모집하는 이른바 기획소송의 양상까지 보이고 있고, 개중에는 청구권에 대한 법리구성이나 사안에 대한 깊이 있는 분석 없이 원고를 모집하였다가 중도에 소송을 포기하거나, 소송에서 투망식 주장을 하다가 상대방이나 재판부의 지적에 의하여 청구원인을 거듭 변경하거나 경우에 따라서는 청구가 기각되는 사례가 보인다'고 비판하고 있다. 우리 법원의 위자료 산정 기준이 극히 인색한상황에서 구체적인 법리 검토 없는 막무가내식의 소송은 개인정보 유출 소송의 본래의 의미를 퇴색시킬 것이 분명하다. 우리 법원의 위자료 액수에 대한 전향적인 자세 못지않게 전문성이 있는 변호사로 하여금 소송을 수행할 수 있도록 하는 정보주체들의 의식 전환도 요구된다.

그동안 일련의 개인정보 유출 소송으로 인해 많은 판례가 축적되었고, 그로 인해 사회적으로 개인정보 보호 및 정보보안 분야에 대한 각성 효과를 어느 정도 거두게 되었다. 앞으로 정보를 보유하고 관리하는 기업들이 개인정보 보호 및 보안 분야에 많은 투자와 대비를 한다면, 실질적인 IT 강국이 될 수 있을 것이다.

CHAPTER

04

개인정보의 기술적 보호대책

개인정보의 기술적 보호대책

1. 개인정보 생명주기별 유출흐름 분석

개인정보의 기술적 보호대책 수립에 앞서 사업자의 입장에서 개인정보의 단계별 생명주기 (이하 개인정보 생명주기)에 따라서 고객의 개인정보가 어떠한 흐름으로 활용되는지를 분석함으로써 좀 더 효과적으로 보호해야 될 개인정보 및 침해유형 등을 선별하는 데 도움을 줄 수 있다. 개인정보 유출흐름을 분석하기 위해서는 개인정보 제공자가 사업자에게 개인정보를 제공하는 과정에 대한 분석이 선행되어야 한다. 이를 위해 개인정보를 제공하는 개인정보 제공자와 개인정보의 수집 주체인 사업자의 내부 이용자, 수집된 개인정보를 요청하는 제3자로 개인정보 이용주체를 구분하였으며, 개인정보 생명주기 관점에서 개인정보 제공자가 제공한 개인정보가 수집에서부터 폐기까지 활용되는 주요 개인정보 흐름 과정에서의 침해요인 및 침해유형을 분석한다.

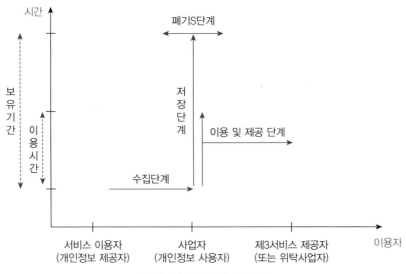

| 그림 4.1 개인정보 생명주기

개인정보 유출 흐름 분석의 기준이 되는 개인정보 생명주기는 수집, 저장, 이용 및 제공, 폐기단계로 구성되어 있다.

2. 수집단계에서의 개인정보 흐름 분석

수집단계에서 개인정보 제공자 또는 사용자는 사업자의 서비스를 이용하기 위해 본인의 개인정보를 제공하여야 하며, 사업자는 개인정보 제공자에게 정보수집의 목적을 알리고 동의를 받은 후 개인정보를 수집하여야 한다. 이 단계에서 사업자는 개인정보의 종류, 이용목적, 제3자 제공범위, 취급기준 등을 명시하여 개인정보 제공자에게 수집 및 제공하는 개인정보가 정당한 것임을 보장해야 하지만 이러한 일련의 과정이 준수되지 않을 경우 개인정보 침해요인이 발생하게 된다.

즉 사업자가 개인정보 제공자로부터 개인정보를 수집하고자 할 경우 사업자는 가장 먼저 수집 및 이용에 대한 동의를 획득하여야 한다. 이를 위해 2007년 7월 이전 "정보통신망법"에서는 개인정보 제공자의 개인정보를 수집하려면 개인정보 수집·이용에 관한 10여 가지의 사항들을 개인정보 제공자에게 고지하거나 약관에 명시하여 동의를 얻도록 규정하였다. 그러나 사업자가 개인정보 제공자에게 고지하거나 명시해야 할 항목이 많으며, 해당 항목들을 장문의 개인정보 보호정책 또는 약관에 포함시키기 때문에 개인정보 제공자는 자신의 개인정보가 어떻게 이용되고 보관되는지 반드시 알아야 할 중요한 사항들을 명확히 인지하지 못하고 형식적으로 동의하는 문제가 발생하고 있다. 따라서 개정된 '정보통신망법'(2010년 9월 시행, 3월 22일 개정)에서는 개인정보의 수집·이용에 대해서 반드시 이용자가 알아야 할 중요 사항을 규정하고 있다.

수집단계에서 발생할 수 있는 개인정보 침해요인으로는 첫째, 이용 목적을 벗어나 실제 필요성을 고려하지 않고 불필요한 항목까지 개인정보를 수집하는 경우. 둘째, 사용자 동의를 얻기 위해 사전 공지하는 개인정보 보호정책 또는 약관 등에서 명시한 항목 외에 추가적으로 개인정보를 수집하는 경우. 셋째, 개인정보 제공자의 개인정보 수집을 위해 개인정보 정책을 무시하는 수집용 소프트웨어를 이용하거나 개인정보 제공자인 개인 컴퓨터에 불법 스파이웨어 등을 설치하여 사용자의 동의 없이 개인정보를 수집하는 경우. 넷째, 개인정보 제공자의 동의없이 개인의 인터넷 활동이나 사생활 및 접속정보 등을 지속적으로 수집 또는 모니터링 하는 경우. 마지막으로 개인정보 제공자가 온라인상에서 개인정보를 입력할 때 비밀번호 화면 노출 등의 이유로 중요 개인정보가 제3자에게 노출되는 경우가 있다.

또한 사업자가 제공하는 서비스는 사업자 자체가 제공하는 서비스와 외부 사업자에 의한 서비스로 분류할 수 있으며, 수집하는 개인정보는 상시 저장 개인정보와 일시 개인정보로 분류할 수 있다. 일반적으로 사업자 자체 제공 서비스를 위해서는 해당 서비스에 필요한 개인정보를 개인정보 제공자로부터 직접 수집할 수 있고, 외부 사업자 또는 제3자에 의한 서비스를 위해서는 필요한 개인정보를 직접 수집하거나 외부 사업자로부터 받을 수 있다. 그러나 일련의 프로세스는 사전에 개인정보 보호정책 또는 이용약관 등으로 표현되어야 하며 이러한 일련의 과정이 준수되지 않을 경우 개인정보 침해요인이 발생하게 된다.

수집단계에서의 개인정보 침해는 개인정보를 수집하는 경우나 개인정보 보호정책에 명시되었어도 수집 시 사전 동의가 필요한데 이러한 절차를 거치지 않은 경우에 발생한다.

개인정보 보호정책 등에는 사업자가 필요로 하는 개인정보 수집항목, 수집목적 등이 해당 서비스 별로 명시되어야 하며, 개별 수집 항목에 대한 다수의 목적에 대해서도 항상 수집할 것인지, 아니면 수집하기 전에 사전 동의를 구할 것인지, 또는 수집 후 사후 승인을 얻을 것인지 등을 해당하는 가 목적별로 명시하여야 한다. 따라서 이러한 개인정보 보호정책 등을 바탕으로 명시되지 않은 개인정보를 수집하거나 사용자 동의 없이 개인정보를 수집하는 것은 개인정보의 부적절한 접근과 수집의 침해 유형이 된다.

개인정보 제공자에게 제공되는 서비스 중에는 모니터링이 가능한 서비스가 있다. 온라인을 이용한 서비스에서는 개인정보 제공자가 방문하는 사이트 정보 등을 통해 인터넷 활동을 모니터링 할 수 있을 뿐 아니라, 통화내역, 위치정보 등을 통하여 등을 통하여 개인정보 제공자의 사생활을 모니터링 할 수 있는 위험이 있다.

따라서 인터넷의 쿠키 정보나 접속 사이트 정보, 통화내역, 위치정보 등을 수집함으로써 개인정보 침해위험 가능성이 있다. 특히 통화요금 산정, 고객센터 운영 등을 위해서는 통화내역조회 및 관련 개인정보 조회 등이 필수적이므로 부적절한 모니터링을 통한 개인정보 침해 위험이 크다.

3. 저장단계에서의 개인정보 흐름 분석

개인정보 제공자를 통해 수집된 개인정보는 사업자가 수집목적에 적합하도록 변환 과정을 거쳐 데이터 유형 등의 기타 추가정보 등과 함께 저장된다. 저장된 개인정보는 사업자의 개인정보 보호정책 등에 의거하여 관리되며, 개인정보 제공자에 의해서 자신의 정보가 수정되거나 삭제될 수 있다.

수집된 개인정보는 사업자에 의해 필요한 형태로 가공되어 데이터베이스 등의 형태로 저장되며, 저장된 개인정보는 사업자의 이용목적에 맞게 관리되고 있다. 저장 단계에서 발생할 수 있는 개인정보 침해요인으로는 다음과 같은 경우가 있다.

- 개인정보를 저장하고 있는 데이터베이스를 공격하여 수집된 개인정보가 불법적으로 유출되는 경우
- 개인정보 보호정책 등에서 명시한 보유기간을 경과하여 보관하는 경우
- 웹페이지 또는 이메일, 검색엔진 등을 통해 개인정보 제공자의 동의 없이 개인정보가 외부에 노출되는 경우
- 국내 통신사업자 관리 오류 등의 이유로 인해 개인정보가 외부에 노출되는 경우
- 국내 통신사업자 또는 내부 이용자의 실수로 인해 개인정보가 노출되는 경우

또한 사업자가 개인정보 제공자로부터 수집한 모든 개인정보는 일정 보유기간 동안 저장되어 관리되는데, 이 단계에서는 부적절한 저장이나 개인정보의 노출 등의 침해 유형이 발생한다.

사업자는 수집한 개인정보가 외부의 시스템 침입 등을 통해서 불법적으로 유출되는 사고에 대비하여 안전한 장치를 통해 저장하여야 하며, 이러한 저장장치의 안전성에 따라 저장되는 개인정보의 침해위협 여부가 결정된다. 특히 개인정보는 기본적으로 개인정보가 가지는 가치와 이용되는 빈도 등에 따라 선별적으로 저장의 안전성 등급을 설정하고 이에 따라 저장할 수 있다. 그러나 안전성이 보장되지 않은 시스템에 저장되는 개인정보는 불법적인 유출을 통한 개인정보 침해 요인을 포함하고 있다고 할 수 있다. 또한 개인정보의 저장은 저장하는 개인정보항목별로 개인정보 보호정책 등에서 명시한 개인정보 보유기간에 따라 저장되어야 하며 관리효율성을 증대를 위해서도 필요한 사항이다.

이러한 저장단계에서 발생할 수 있는 주요 침해유형으로는 폐기단계와 관련되어 개인정보 제공자에 의한 폐기 요청 또는 보유기간이 경과한 개인정보의 반영구적인 보관이 있다.

개인정보의 관리측면에서 가장 위험한 개인정보 침해유형은 개인정보의 노출위협이다. 개인정보의 노출은 개인정보제공자의 동의 없이 노출되거나, 권한관리 또는 시스템·서비스

오류를 통해 노출될 수도 있고, 관리자 및 이용자의 실수로 노출되는 경우 등 다양한 형태로 발생하고 있다.

특히, 인터넷 등 온라인 형태로 노출되는 개인정보는 단순 명의도용 등을 통해 개인정보가 노출되는 경우보다 불특정 다수를 통한 복제 및 전송이 쉽게 이루어지기 때문에 심각한 사고를 발생시킬 수 있다. 이러한 개인정보 노출과 관련되어 빈번히 발생하는 침해 유형으로는 이벤트 당첨 등에 의해 개인의 신상정보를 동의 없이 인터넷 등에 노출하거나 개인정보 제공자의 동의 또는 신원 미확인 등을 통해 통화내역, 과금정보, 위치정보 등을 타인에게 제공하는 경우가 대표적이다.

또한 사업자의 관리 소홀 또는 시스템·서비스 오류로 인해 타인의 개인정보를 열람·이용할 수 있거나, 개인정보가 저장된 파일이 구글, 네이버 등의 검색엔진에 의해 검색되어 해당 인터넷에 노출되는 경우가 있다.

❹ 이용 및 제공, 폐기단계에서의 개인정보 흐름 분석

사업자의 내부사용자, 제3자는 고객 응대 또는 업무를 위해 필요한 개인정보를 이용하고 있다. 이때 사업자는 내부사용자, 제3자가 요구하는 개인정보를 개인정보 제공자가 사전 동의한 사용 목적 등을 고려하여 제공 여부를 결정한 후에 개인정보를 제공한다.

내부사용자, 제3자에게 제공된 개인정보는 그 사실을 개인정보 제공자에게 통보하여야 하며, 내부사용자, 제3자에 의한 개인정보 이용은 사업자에게 통보되고 사업자는 감사 기능을 수행하여 개인정보의 정확한 사용 여부를 기록 및 보관하여야 한다. 그러나 이러한 일련의 과정이 준수되지 않을 경우 개인정보 침해요인이 발생하게 된다.

저장된 개인정보는 다수의 내부사용자 및 제3자를 통해 지속적인 조회, 관리가 이루어지고 있기 때문에 개인정보 생명주기 단계에서 가장 많은 침해요인이 존재하고 있다. 이러한 이용 및 제공단계에서 발생할 수 있는 개인정보 침해요인으로는 다음과 같은 경우가 있다.

- 개인정보 보호정책 등에 명시된 범위를 벗어나거나 사전·사후 승인의 형태로 명시되었으나 정상적인 절차를 거치지 않고 개인정보 제공자의 개인정보를 이용·분석하는 경우
- 개인정보 제공자에게 광고성 스팸, SMS, 전화 등을 통한 동의 없는 마케팅 활동을 하는 경우

- 개인정보 보호정책 등에 명시되지 않은 위탁사업자나 제3자에게 개인정보를 제공하는 경우
- 개인정보 보호정책 등에 위탁사업자나 제3자가 명시되었으나 명시된 개인정보항목 외의 개인정보를 제공하는 경우
- 개인정보를 제3자에게 양도하는 등의 불법적인 거래를 하는 경우

이용 및 제공단계에서의 개인정보 침해유형으로 온라인 환경을 주로 이용하는 사업자는 웹 서비스 등을 통해 다수 개인의 정보가 요구되고 전송되기 때문에 서비스 제공 이전 단계에서 철저한 관리 및 대비가 필요하다. 이러한 조치가 미흡할 경우 다양한 형태의 침해유형이 발생하게 된다.

개인정보는 서비스 필요성에 의해 분석이 필요한 경우도 있으나, 마케팅이나 기타 다른 목적으로 분석이 이루어지는 경우도 있다. 그러나 모든 경우의 분석에 대해서도 개인정보 제공자의 동의가 필요하며, 개인정보 침해를 목적으로 하지 않아도 분석한 결과가 개인정보 침해의위험이 있는 형태로의 가공은 부적절한 분석으로 간주되고 있다.

특히, 개인정보 제공자의 동의 없이 개인정보를 분석하는 경우로 수집 시점 또는 분석 이전에 개인정보의 분석에 대한 동의를 받지 않거나 동의를 받았더라도 사전에 명시한 분석 목적 이외로 사용 또는 분석을 위한 개인정보 항목 이외의 다른 개인정보를 분석에 포함시킨 경우가 모두 포함된다.

수집된 개인정보의 부적절한 분석의 경우 분석결과를 이용하여 마케팅 목적으로 스팸메일 또는 스팸 단문 문자메시지를 발송하는 계기가 되는 분석이거나, 분석 결과가 다양한 유형의 개인에 대한 사항이 아닌 특정인에 대한 분석 결과여서 항목에 해당하는 자가 특정인으로 정의할 수 있어 이를 공표할 경우 심각한 개인정보 침해요소를 담고 있는 경우에 해당된다.

사업자가 보유한 개인정보를 바탕으로 서비스 이용자에게 이메일, 휴대전화 단문 문자메시지, 핸드전화 등으로 사전 동의를 거치지 않고 상품광고나 광고성 정보를 제공하는 경우 이는 원하지 않는 영업 행위로써 개인정보 침해유형이 된다. 또한 이 침해유형에는 제3자가 국내 통신사업자를 거쳐 개인정보 제공자에게 상품광고나 광고성 정보를 제공하는 경우도 포함된다. 부적절한 개인정보 제공의 문제는 다양한 형태의 개인정보를 수집하는 사업자가 가장 중요하고 민감하게 고려하여야 할 개인정보 침해유형이다. 이는 사업자는 매

우 많은 수의 개인정보를 보유하고 있고 다양한 서비스를 관리하여 제공하기 때문에 다수 서비스 제공자 간 또는 기타 서비스 사업자와 국내 통신사업자 사이에 다양한 개인정보 제공 문제가 발생한다. 이 경우 발생 가능한 개인정보 침해유형은 크게 세 가지로 분류할 수 있다.

첫째, 개인정보 보호정책에 명시되지 않은 위탁사업자나 제3자에게 개인정보를 제공하는 경우로 개인정보 보호정책 또는 약관 등은 서비스를 제공받는 모든 개인정보 제공자가 자신의 개인정보의 수집, 저장, 이용 및 제공에 대한 사항을 세부적으로 확인할 수 있는 장치이다. 그러므로 개인정보 보호정책 등에는 사업자가 관리하는 모든 기타 서비스 제공자 및 제3자, 그리고 제공하는 개인정보 항목, 목적, 기간 등이 반드시 포함되어야 한다. 개인정보는 개인정보 보호정책 등을 준수하여 외부로 제공되어야 한다.

둘째, 개인정보 보호정책 등에 명시되지 않은 개인정보 항목을 제공하는 경우로 개인정보 보호정책 등에 명시된 기타 서비스사업자 또는 제3자라 하더라도 모든 개인정보 항목을 제공하여서는 안 되며, 반드시 제공항목에 해당하는 개인정보만을 제공하여야 한다.

셋째, 온라인 또는 오프라인으로 개인정보를 제3자에게 양도하는 등의 불법적 거래의 경우를 들 수 있다. 사업자가 수집, 보유하고 있는 개인정보 항목은 개인정보 제공자의 중요한 개인정보를 포함하고 있기 때문에 저장된 개인정보의 이용 및 제공은 반드시 접근 권한을 가진 사전 인가자에 의해서 합법적으로 수행되어야 한다.

사업자는 직접적으로 서비스를 제공하고 있는 개인정보 제공자의 개인정보에 대해 개인정보수집 및 목적을 달성하거나, 개인정보 제공자에게 동의를 얻은 개인정보의 보유·이용기간이경과하거나 폐업을 하는 경우 저장하고 있던 개인정보를 모두 폐기하여야 한다. 이러한 폐기단계에서 발생할 수 있는 개인정보 침해요인으로는 다음과 같은 경우가 있다.

- 개인정보 보호정책 등에 명시된 보유기간이 경과된 개인정보를 폐기하지 않고 데이터베이스 등에 저장하는 경우
- 파일이나 출력물 형태의 개인정보 중 폐기해야 할 개인정보를 폐기하지 않고 보관하는 경우·관리 실수 등으로 보유기간이 경과하지 않은 개인정보를 파기하는 경우

폐기단계에서의 개인정보 침해유형으로 국내 통신사업자에서 보유중인 개인정보는 개인정보보호정책 등에서 정한 보유기간을 경과하면 반드시 파기되어야 하는데, 정상적으로 파기되지 않은 개인정보가 타인에 의해 이용되는 경우 심각한 개인정보 침해가 발생할 수 있다.

개인정보 유출의 단계에 따른 기술적 대책

개인정보의 보호를 위한 기술적 조치를 이해하기 위해서는 먼저 정보가 어떠한 경로로 어떻게 이동하여 유출되는지에 대해 생각해 볼 필요가 있다. 여기서는 개인정보의 유출이 이루어지기까지의 단계를 살펴보고, 각 단계에서 필요한 보안기술에 대해 정리해보도록 한다.

보통의 기업이나 기관과 같은 조직 환경에서 개인정보를 포함한 정보를 유출하려면, 정보에 접근을 해야 하고, 정보를 저장해야 하며, 정보를 외부로 전송해야 한다. 각각의 단계는 정당한 업무상의 행위이거나 유출의도가 없는 선의에 의한 것일 수도 있고, 해킹과 절도와 같은 불법적인 것일 수도 있다.

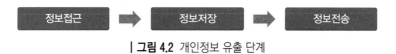

| **그림 4.2** 개인정보 유출 단계

1. 정보의 접근

정보는 자신이 혼자의 힘으로 생성할 수도 있지만(1차 정보), 보통은 다른 정보처로부터 수집했거나 수집된 정보를 재가공하는 경우(2차 정보)가 대부분이다.

정보를 수집하는 대표적인 방법은 이메일, 메신저 등을 통해 타인으로부터 받는 경우, 그룹웨어 등의 업무시스템을 통해 다운로드하는 경우, 또는 데이터베이스(이하 DB)에 접속하여 조회하는 경우가 있을 수 있다. DB관리자나 개발자 등 소수만이 DB에 직접 접속해서 정보를 조회할 수 있기 때문에 이 경우는 일반적이지 않다. 그러나 대량의 정보를 체계적으로 수집할 수 있기 때문에 매우 중요하게 다뤄야 한다.

2. 정보의 저장

전자적인 정보는 특수한 상황을 제외하고 PC나 서버의 하드디스크 상에 파일 형태로 저장된다. 저장된 정보는 일반적인 문서파일 그대로의 형태일 수도 있고, 압축파일이나 메일 클라이언트 내의 메일 메시지 형태가 될 수도 있다.

3. 정보의 전송

대표적인 정보의 전송 방법은 네트워크를 통하는 방법과 USB와 같은 이동저장매체를 이용하는 방법이 있다. 드물게는 카메라나 캠코더를 이용한 모니터 화면 촬영, 출력물을 팩스로 전송, 구술하여 녹음, 종이에 받아 적는 방법 등도 가능하지만, IT보안기술 범위 밖에 있으므로 기술적 조치 내용에서는 다루지 않는다. 또 다른 정보저장 방법은 프린터를 이용하여 출력하는 것으로, 이 경우는 물리적 보안대책에 해당한다.

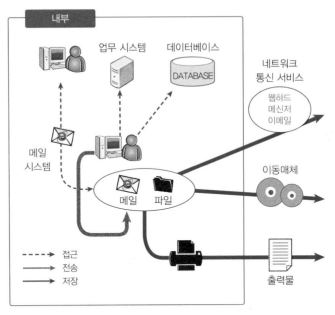

| **그림 4.3** 실제 사례로 보는 정보 유출 단계

모든 공격에 대한 방어는 단계적일수록 좋은 것처럼, 효과적으로 정보유출을 방지하기 위해서는 위의 정보의 접근, 저장, 전송 단계별로 보안대책이 필요하다. 단계별로 취해야 할 보안대책과 기술에 대해서는 [표 4.1]에 정리하였다.

| 표 4.1 정보의 유출 흐름의 각 단계에서 필요한 보안대책과 보호기술

유출 단계	보안 대책	관련 보호기술/제품
접근	• 중요 정보의 접근 내역을 기록하고 감사 • 권한이 있는 사람만 정보에 접근할 수 있도록 통제 • 해킹을 통한 정보 획득을 차단	• DB보안 기술(DB암호화, DB방화벽) • 네트워크 DLP(이메일/메신저 보안 기술) • IPS/IDS • 방화벽/웹 방화벽 .PC보안/서버보안 기술 • 홈페이지 유출방지 기술
저장	• PC와 서버상에 저장되어 있는 중요 정보를 식별하고 (조직 상황에 따라) 중앙집중적 관리 • 업무상 필요한 정보는 암호화하여 보관 • 업무상 필요 없거나, 필요기간이 지나면 삭제	• 엔드포인트 DLP(개인정보 검색/관리 기술) • 문서 암호화 기술 • 파일 완전삭제 기술
전송	• 외부로 전송되는 정보 내역을 기록하고 감사 • 정당하지 않은 중요 정보의 외부전송 차단	• 이메일/메신저 보안 기술 • 엔드포인트 DLP(이동매체 보안 기술) • 출력물 보안 기술 • 보안서버 • VPN 기능

법 규정을 준수하기 위한 기술적 대책

이번에는 "정보통신망법"에서 규정하고 있는 개인정보 보호에 대해 알아본다. 2015년 5월 19일에 방송통신위원회에서 고시한 제2015-3호 '개인정보의 기술적·관리적 보호조치 기준'에서는 "정보통신망법"상의 기술적·관리적 의무사항에 대해서 상세하게 설명하고 있다.

옥션의 경우, '개인정보의 기술적·관리적 보호조치 기준'을 정확하게 지켰다는 것에 의해서 1심에 원고 패소 판결이 났는데, '개인정보의 기술적·관리적 보호조치 기준'을 준수하는 것이 매우 중요하다는 것을 알려주고 있다. 옥션의 판결 중에서 '개인정보의 기술적·관리적 보호조치 기준' 측면에서의 쟁점 사항을 정리하면 [표 4.2]와 같다.

| 표 4.2 개인정보의 기술적·관리적 보호조치 기준

조	(소)제 목	내 용	분 석	기술적 보호대책
2조	정의(개인정보 취급자 외)	"개인정보취급자"는 이용자의 개인정보를 수집, 보관, 처리, 이용, 제공, 관리 또는 파기 등의 업무를 하는 자	개인정보 취급자 최소화 원칙에 따라 취급자 이외의 사람이 개인정보에 접근하거나 PC에 보관하고 있으면 불법	–
3조	내부관리 계획의 수립, 시행	• 개인정보관리책임자, 취급자지정 • 개인정보 내부관리 계획의 수립, 승인 • 기술적, 관리적 보호 조치 이행 점검 • 연 2회 개인정보 보호 교육계획	• 대표이사의 승인을 받고 전사적으로 공유해야 함 • 전사적인 개인정보 보유 현황 파악 필요	전사적인 개인정보 보유 현황 파악을 위하여 개인정보 보유 통제 솔루션 도입 고려
4조	접근통제	(개인정보처리시스템에) • 취급자만이 접근가능 • 접근권한관리 및 5년 간 기록보관 • 외부에서 접속할 경우 인증필수	• 개인정보취급자 최소화 원칙에 부합해야 함 • IP, ID, 시간대, Table/Column 별 접속 차단 기능 제공 • DB 운영자와 개인정보 취급자 사이의 직무분리 적용 • Query tool 통제기능	• DB 방화벽 • 방화벽 • IPS • UTM

조	(소)제 목	내 용	분 석	기술적 보호대책
4조	접근통제 및 유출탐지 솔루션 적용	개인정보처리시스템에 대한 인가받지 않은 접속 제한 및 불법유출 탐지	• IP/ID/시간대별 DB 접속 차단 • 이상쿼리(Query 응답 값에 개인정보가 다량 포함시) 경보 및 차단	• DB 방화벽 • 방화벽 • IPS • UTM
	비밀번호	비밀번호 작성규칙 수립, 이행 및 반기별 1회 변경	숫자, 알파벳, 특수문자의 조합으로 비밀번호 작성 및 주기적인 변경	–
	인터넷을 통한 유출방지	인터넷 홈페이지, P2P, 공유설정 등을 통하여 개인정보가 공개, 유출 되지 않도록 함	인터넷은 가장 대표적인 유출통로임	• DLP솔루션 • 웹필터링솔루션 • PC보안솔루션
5조	접속기록의 위변조방지	개인정보처리 시스템에 대한 접속기록을 월1회 이상 확인, 6개월 이상 보존(기간통신사업자는 2년)	• 접속기록은 유출사고 발생시 형사소송의 중요 증거 • 접속 시 SQL query와 응답 값에 대한 저장 • 애플리케이션 서버를 경유하여 DB에 접속 시 애플리케이션 서버 로그 관리 필요	• DB 방화벽 로그보관 • DBMS의 로그보관 • 애플리케이션 서버의 로그 보관
		접속기록이 위/변조되지 않도록 별도의 저장장치에 보관	–	• CD-ROM/DVD에 로그 백업 • 전용 WORM Device 도입
6조	개인정보의 암호화	비밀번호, 바이오 정보는 일방향 암호화	일방향 암호 해쉬함수 사용	검증된 암호함수 사용 (암호검증모듈 등)
		주민등록번호, 신용카드 번호, 은행계좌번호는 안전한 암호 알고리즘으로 암호화	DB, 파일서버, 스토리지, PC, 백업미디어 저장 시에 암호화	DB 암호화(애플리케이션 방식, Proxy 방식, DBMS 방식) 프로젝트 수행
		개인정보 및 인증정보를 정보통신망을 통해 송수신 할 때 암호화	보안서버 구축(웹서버) 개인정보전송시 VPN 등 안전한 채널 확보	• 보안서버(SSL 방식, 애플리케이션 방식) 구축 • DB-VPN 기능 • VPN 적용
7조	악성프로그램 방지	개인정보를 PC에 저장할 때 암호화	• 개인정보취급자가 아니면 PC에 개인정보를 저장해선 안 됨 • 개인정보취급자도 PC에 보관 시 반드시 암호화	• 파일 암호화 • 개인정보 보유통제솔루션 • DRM 솔루션

조	(소)제 목	내 용	분 석	기술적 보호대책
7조	악성프로그램 방지	백신 S/W를 월 1회 이상 주기적으로 갱신/점검	• 백신S/W 설치 • 패치관리적용	백신S/W 패치관리시스템
8조	출력복사 시 보호조치	개인정보의 출력 최소화	• 화면출력항목 최소화 • DB 접속 후 취득한 개인정보 출력 및 인쇄 방지기능 • 인쇄항목최소화	• 출력물 보안솔루션 • Query tool 통제기능
		인쇄/저장매체복사 시 내역기록 및 사전승인	인쇄 및 저장매체 복사 시 로그저장, 사전승인(결재)	• 출력물 보안솔루션 • USB 등 미디어통제솔루션
9조	개인정보 표시 제한조치	업무처리 목적으로 조회/ 출력시	권고사항	• 애플리케이션 개발 시 마스킹 규정적용 • 전문마스킹 솔루션 적용

2015년 7월 24일부터 전면 시행되는 『개인정보 보호법』 규정에 따라서 아래와 같은 기술적 보호조치가 필요하다.

특히 개인정보 유출통지 규정을 준수하기 위해서 개인정보가 어디로 복사, 전송, 다운로드, 조회되었는지, 개인정보 흐름을 추적하는 인프라 구축이 추가적으로 필요하다는 것이 개인정보 보호의 기술적 보호조치 측면에서 큰 시사점이다. 아래 [표 4.3]은 『개인정보 보호법』의 조항과 기술적 보호조치 내역의 예이다.

┃표 4.3 『개인정보 보호법』과 기술적 보호조치의 내역

조 항	내 용	기술적 대책
제21조 개인정보의 파기	• 제1항 개인정보처리자는 보유기간의 경과, 개인정보의 처리 목적 달성 등 그 개인 정보가 불필요하게 되었을 때에는 지체 없이 그 개인정보를 파기하여야 한다. 다만, 다른 법령에 따라 보존하여야 하는 경우에는 그러하지 아니하다. • 제2항 개인정보처리자가 제1항에 따라 개인 정보를 파기할 때에는 복구 또는 재생되지 아니하도록 조치하여야 한다.	1. 개인정보 추이 분석 　– 장기간 미 사용 중인 개인정보 추출 　– 개인정보 변동 내역 관리 : 생성, 　 변경, 삭제 등 2. 개인정보 완전 삭제 기능

조항	내용	기술적 대책

제24조
고유식별정보의
처리 제한
	• 제3항
	개인정보처리자가(제1항 각호에 따라)
	고유식별정보를 처리하는 경우에는 그
	고유식별정보가 분실 · 도난 · 유출 ·
	위조 · 변조 또는 훼손되지 아니하도록
	대통령령으로 정하는 바에 따라 암호화
	등 안전성 확보에 필요한 조치를 하여야
	한다.
		1. 고유식별정보 : 주민번호, 여권번호,
		  운전면허번호, 외국인 등록번호
		2. 고유식별정보 암호화 또는 부분암호화
		3. 고유식별정보가 포함된 개인정보파일
		  암호화프로그램 사용 등의 보호조치
		4. 고유식별정보가 포함된 개인정보
		  파일을 이동식저장매체, 자기디스크,
		  그 밖에 이와 유사한 전자적 정보저장
		  매체에 저장하는 경우 파일암호화
		  등의 보호조치

제29조
안전조치 의무
	개인정보처리자는 개인정보가 분실 ·
	도난 · 유출 · 위조 · 변조 또는 훼손되지
	아니하도록 내부 관리계획 수립, 접속
	기록 보관 등 대통령령으로 정하는 바에
	따라 안전성 확보에 필요한 기술적 ·
	관리적 및 물리적 조치를 하여야 한다.
		1. 개인정보처리자의 선정 및 교육, 접근
		  통제, 암호화 보관, 접속기록 보관 및
		  위변조 방지, 바이러스 및 악성코드
		  방지 등의 조치

제34조
개인정보유출 통지
	• 제1항
	개인정보처리자는 개인정보가 유출
	되었음을 알게 되었을 때에는 지체 없이
	해당 정보주체에게 다음 각 호의 사실을
	알려야 한다.
	1. 유출된 개인정보의 항목
	2. 유출된 시점과 그 경위
	3. 유출로 인하여 발생할 수 있는 피해를
	  최소화하기 위하여 정보주체가 할 수
	  있는 방법 등에 관한 정보
	4. 개인정보처리자의 대응조치 및 피해
	  구제절차
	5. 정보주체에게 피해가 발생한 경우
	  신고 등을 접수할 수 있는 담당부서
	  및 연락처
		1. 개인정보 보유 현황 관리
		2. USB 등 이동매체를 통한 개인정보
		  전송 시, 전송내역 저장 : 사용자정보,
		  전송시간, 개인정보 항목, 전송 수단
		  등
		3. 네트워크(메일, 메신저, 웹하드 등)을
		  통한 개인정보 전송 시, 전송내역 저장
		  : 사용자정보, 전송시간, 개인정보
		  항목, 전송 수단 등

향후에는 마지막 칼럼에 있는 기술적 보호조치를 충족해야만 사업자의 면책판결을 받을 수 있을 것으로 기대된다. 지금부터는 법 규정을 준수하기 위해 기술적으로 대처할 수 있는 부분에 대해 관련 기술과 필요한 기능에 대해서 정리한다.

1. 개인정보 보호책임자 및 취급자의 자세

1) 세세한 예보다는 "왜 이 규정이 생겨났는가?" 하는 법 규정의 목적성을 파악한다

법 규정에서 이야기하는 보안제품이나 보안방법은 각 기업 고유의 환경을 고려하지 않기 때문에 실제로 적용하기 어려울 수 있다. 법이 명확하게 제시해줄 수 있는 것은 목적성으로, 각 기업은 목적성을 이해하고, 그 목적을 달성할 수 있는 수단을 응용하여 결정해야 한다.

2) 정의와 목적성에 기반을 두어 광의로 해석한다

법 규정은 가능한 광의로 해석하는 것이 좋다. 예를 들면 개인정보처리시스템으로 데이터베이스관리시스템(DBMS)과 파일서버 등이 있다. 그러나 실제로 개인정보 보관 및 처리라는 개인정보처리시스템의 목적성에 부합한다면 PC 등의 다른 시스템도 개인정보처리시스템 규정에 준하여 보안하는 것이 좋다.

3) 기업규모가 크면 사회적 기대수준도 올라간다

대기업과 SOHO 사무실에 기대하는 수준은 다를 수밖에 없다. 또한 기업규모가 클수록 고급정보를 많이 보유할 가능성이 높으며 이 개인정보들은 금전을 노린 해커나 내부직원의 유출행위 타깃이 되게 된다. 특히, 만약 개인정보 유출사고가 발생하여 기업이 재판을 받게 되는 상황이 오면 '기업규모에 맞는 최선의 노력을 다하였느냐?'가 가장 중요한 판결기준이 된다. 따라서 기업규모가 클수록 법 규정을 목적성 측면에서 광의로 해석하고 최선의 노력을 다하는 것이 필요하다.

4) 시스템이 아니라 개인정보 자체 즉 데이터 중심으로 패러다임을 전환한다

이제까지 IT보안이 특정 데이터베이스를 지키거나 특정구역을 지키는 것 중심이었다면 앞으로는 '개인정보' 그 자체에 초점을 맞춰야 한다. 따라서 특정시스템을 벗어나 개인정보의 생명주기에 집중해야 한다. 이를 위해서는 개인정보 생명주기 전체에 걸쳐 책임을 지는 최고정보보호책임자(CPO, Chief Privacy Officer)의 역량이 중요하다. 또한, 보안을 생각할 때 개인정보가 어디서 시작되어서 어디서 끝나는지 흐름 중심의 큰 그림을 고려해야 헛된 투자와 시간낭비가 없을 것이다.

5) 최소화의 원칙을 잊지 않는다

개인정보 보호규정을 관통하는 키워드는 '최소화'이다. 최소화는 개인정보 보호규정의 주요 목적성이기도 한다. 개인정보는 생성, 접근, 활용, 전송, 파기에 걸쳐 단계별로 최소화의 원칙을 잊지 말아야 한다. 이는, 헛된 투자 및 시간낭비를 없애기 위해서도 꼭 필요하다. 최소화는 아래 단계로 달성할 수 있다.

① 1단계 : 기존 개인정보의 최소화

기업 내 DB, 파일서버, PC(메일 포함)에 저장된 개인정보를 모두 검출하여 불필요한 개인정보를 파기한다.

② 2단계 : 개인정보 접근의 최소화

시스템 및 업무 프로세스를 개선하여 개인정보 접근권한이 있는 개인정보 취급자를 최소화한다.

③ 3단계 : 개인정보 저장 및 파일화의 최소화

DB에 있는 개인정보에 접근한 후, 파일화하여 저장하는 것을 통제하여 개인정보가 복제되는 것을 최소화한다.

④ 4단계 : 개인정보 사용의 최소화

DB의 개인정보는 암호화 및 접근권한 통제로 사용을 최소화하고, PC 내 개인정보는 권한자의 경우는 암호화하여 저장하고 비권한자의 경우는 파기한다.

⑤ 5단계 : 개인정보 전송의 최소화

최종 유출경로 보안은 매우 중요하다. 개인정보의 최종 유출경로는 네트워크, 이동식 저장장치, 출력물의 3종류이다. 외부와 연결되는 네트워크 통로는 최소화하고, 네트워크전송, 출력 및 이동식저장장치로의 복사는 기록, 승인, 차단 등으로 최소화해야 한다.

6) 문서화한다

개인정보 보호에 있어 첫 단계는 회사 내 개인정보의 보유 및 관리 상황이 어떤지를 파악하는 것이다. 전사적인 개인정보는 양 자체가 방대하고 흐름이 복잡하여 파악이 쉽지 않기 때문에 전사적인 개인정보파악을 위해서는 개인정보 내부관리 계획을 비롯한 모든 조치 및 상황을 문서화해야 한다. 이러한 문서화 노력은 만일의 경우, 형사처분 상황에 처해도 기업에게 유리한증거가 될 수 있다.

2. 법의 대응 조치로써의 관련 보호기술

지금부터 개인정보의 기술적 보호대책을 법 조항(개인정보의 기술적·관리적 보호조치 기준)에 대한 항목 설명과 항목별 필요기능, 대응되는 보안기술로 나누어 살펴보기로 한다.

제4조(접근통제)

① 정보통신서비스 제공자등은 개인정보처리시스템에 대한 접근권한을 서비스 제공을 위하여 필요한 개인정보관리책임자(징보통신망법은 개인정보 보호 책임자로 용어 변경되었으므로 본 고시도 개정되어야 함) 또는 개인정보취급자에게만 부여한다.

② 정보통신서비스 제공자등은 전보 또는 퇴직 등 인사이동이 발생하여 개인정보취급자가 변경되었을 경우 지체 없이 개인정보처리시스템의 접근권한을 변경 또는 말소한다.

③ 정보통신서비스 제공자 등은 제1항 및 제2항에 의한 권한 부여, 변경 또는 말소에 대한 내역을 기록하고, 그 기록을 최소 5년간 보관한다.

---

① 항목설명과 필요기능

- 개인정보 취급자 외에는 개인정보를 접근하거나 보유해서는 안 된다.
- 관련 보안솔루션(DB보안)은 시스템 또는 정보에 대한 접근자를 식별 또는 인증할 수 있어야 하고, 권한에 따라 접근을 통제할 수 있어야 한다.
- 관련 보안솔루션의 사용자 관리기능은 조직의 인사정보와 연동이 가능해야 하고, 그 변경을 바로 접근정책에 반영하고 기록할 수 있어야 한다.

② 관련 보호기술

- DB 방화벽 솔루션
- 엔드포인트 DLP(개인정보 검색/관리 솔루션)

③ 관련 사례

고객 데이터베이스에 접근할 권한이 없는 AOL의 직원이 다른 직원들의 아이디를 사용해 데이터베이스에 접근하여 9,200만 명에 이르는 고객 개인정보를 빼낸 사건(2004년 6월)과 고객 마케팅을 대행하는 자회사의 네트워크 관리직원이 회사 업무용 컴퓨터를 통해 1,100만여 명의 고객 개인정보를 빼낸 사건(2008년 9월)이 있다.

④ 해석

위의 두 가지 관련 사례는 고객정보처리시스템(데이터베이스, 업무용컴퓨터) 접근권한 관리에 소홀했을 경우, 대량의 개인정보 유출이 가능함을 보여주는 사례라고 할 수 있다.

제4조(접근통제)

④ 정보통신서비스 제공자등은 개인정보취급자가 정보통신망을 통해 외부에서 개인정보처리시스템에 접속이 필요한 경우에는 안전한 인증 수단을 적용하여야 한다.

---

① 항목설명과 필요기능

- 내부 개인정보 처리 작업을 수행하는 DBMS, 컴퓨터로 외부에서 접근 시에는 인증서, 생체인증, OTP 등의 강력한 인증을 해야 한다.

② 관련 보호기술

- VPN

제4조(접근통제)

⑤ 정보통신서비스 제공자등은 정보통신망을 통한 불법적인 접근 및 침해사고 방지를 위해 다음 각 호의 기능을 포함한 시스템을 설치 · 운영하여야 한다.
1. 개인정보처리시스템에 대한 접속 권한을 IP주소 등으로 제한하여 인가받지 않은 접근을 제한
2. 개인정보처리시스템에 접속한 IP주소 등을 재분석하여 불법적인 개인정보 유출 시도를 탐지

---

① 항목설명과 필요기능

- 네트워크와 DB에 접근 통제, 불법적인 침입에 대한 차단이 가능해야 한다.
- 네트워크와 DB에 대한 접근내역에 대한 기록 및 분석 기능을 제공해야 한다.

② 관련 보호기술

- 방화벽/웹방화벽
- IPS/IDS
- DB보안 기술

제4조(접근통제)

⑨ 정보통신서비스 제공자등은 취급중인 개인정보가 인터넷 홈페이지, P2P, 공유설정 등을 통하여 열람권한이 없는 자에게 공개되거나 외부에 유출되지 않도록 개인정보처리시스템 및 개인정보취급자의컴퓨터와 모바일 기기에 조치를 취하여야 한다.

---

① 항목설명과 필요기능

- 홈페이지 서버의 보안설정이 미비하거나 고의/실수로 정보를 게시하여 개인정보가 노출되지 않도록 해야 한다.
- P2P, 공유설정은 물론 이메일, 웹메일, 웹하드 등 네트워크를 통한 파일전송에 대해 통제 및 기록 관리를 하여야 한다.

② 관련 보호기술

- 홈페이지 유출 방지기술
- 네트워크 DLP(이메일/메신저 보안기술)

③ 관련 사례

최근 이메일, 메신저, 블로그, 소셜네트워킹서비스(SNS) 등을 통한 정보 유출 건수가 갈수록 늘어나고 있으며, 이메일이 기업의 기밀정보를 외부로 유출하는 최대 경로로 악용되는 것으로 나타나고 있다(전자신문, 2009년 8월 20일). 이와 관련하여 이메일, 메신저, 블로그, 소셜네트워킹서비스 등을 이용할 경우 개인정보 취급자의 부주의 등으로 개인정보가 유출되지 않도록 교육 등이 필요하다.

④ 해석

암호화 등의 보안조치는 비권한자의 접근을 막기에는 효과적이지만 복호화 권한을 지닌 인가자에 의한 유출에 대한 대비책으로는 적절하지 않다. 개인정보 DB가 유출되는 최종적인 경로는 이메일이나 메신저, 블로그 등의 네트워크가 대표적이다. 네트워크를 통한 유출 보안은 유출이냐 비유출이냐를 가르는 최종경계선이기 때문에 매우 중요하다.

제5조(접속기록의 위·변조 방지)

① 정보통신서비스 제공자 등은 개인정보취급자가 개인정보처리시스템에 접속한 기록을 월 1회 이상 정기적으로 확인·감독하여야 하며, 시스템 이상 유무의 확인 등을 위해 최소 6개월 이상 접속기록을 보존·관리하여야 한다.

② 단, 제1항의 규정에도 불구하고 「전기통신사업법」 제5조의 규정에 따른 기간통신사업자의 경우에는 보존·관리해야 할 최소 기간을 2년으로 한다.

③ 정보통신서비스 제공자 등은 개인정보취급자의 접속기록이 위·변조되지 않도록 별도의 물리적인 저장 장치에 보관하여야 하며 정기적인 백업을 수행하여야 한다.

---

① 항목설명과 필요기능

- 개인정보를 저장하고 있는 DBMS, 컴퓨터(파일형태)에 대한 접속기록을 남겨야 하고, 조회/검색 및 통계를 낼 수 있는 감사기능을 제공해야 한다.
- 접속기록은 삭제나 수정과 같은 위·변조가 되지 않도록 해야 한다.

② 관련 보호기술

- DB 방화벽 솔루션의 로그 위변조 방지기법
- WORM(Write Only Read Many) 저장기술

③ 관련 사례

감사 로그(Audit log)는 정보시스템 사용에 대한 증거로 활용하기 위하여 시간 순으로 기록, 저장한 데이터를 말하는 것으로, DB방화벽, 서버 또는 DB관리시스템의 로깅 기능을 사용해서 자동으로 기록할 수 있다. 접속기록 항목으로는 정보주체 식별정보, 개인정보 취

급자 식별정보, 접속일시, 접속지 정보, 부여된 권한 유형에 따른 수행업무 등을 포함하여야 한다.

④ 해석

접속기록은 개인정보 유출 사고 발생 시 가장 중요한 증거이며 책임 여부의 판단근거가 된다. 따라서 사전에 정책을 설정한 후, 정책에 위반하여 대량의 개인정보가 유출, 권한 위반, 접속 허용 시간대를 어겨서 접근하는 등의 정책위반행위를 주기적으로 탐지하여 즉각 보고할 것을 권장한다.

| 표 4.4 접속기록 항목(DB방화벽)

개인정보 취급자 식별정보	접근 DB 식별정보	접속시간	접근개인 정보 양	접근수단	수행업무	유출징후탐지
PC IP 및 사용자 ID	DB IP	접속시작 시간 및 아웃시간	파일크기 및 개수	접근프로토콜	사용자 쿼리 및 응답 값 저장	차단 및 경고, 정책 위반 행위로그 및 리포트, 통계

| 표 4.5 접속기록 항목(예시)

정보주체 식별정보	취급자 식별정보	접속 일시	접속지	수행업무
123456789	홍길동(HGD)	2009.06.03. 15:00:00	172.168.168.11	조회(고객응대)

제6조(개인정보의 암호화)

② 정보통신서비스 제공자등은 다음 각 호의 정보에 대해서는 안전한 암호알고리듬으로 암호화하여 저장한다.

1. 주민등록번호
2. 여권번호
3. 운전면허번호
4. 외국인등록번호
5. 신용카드번호
6. 계좌번호
7. 바이오정보

---

① 항목설명과 필요기능

DB상의 개인정보는 암호화하여 저장해야 한다.

② 관련 보호기술

DB 암호화 솔루션(플러그인 방식, 프락시 방식, 에이전트 방식)

| 표 4.6 보안강도에 따른 대칭키 암호 알고리즘 분류

보안강도	NIST(미국)	CRYPTREC (일본)	ECRYPT (유럽)	국내	안전성 유지기간 (년도)
80비트 이상	AES- 128/192/256 2TDEA(*) 3TDEA(*)	AES-128/192/256 3TDEA Camellia-128/192/256 MISTY1	AES- 128/192/256 2TDEA 3TDEA KASUMI Blowfish(**)	SEED ARIA- 128/192/256	2010년까지
112비트 이상	AES- 128/192/256 3TDEA	AES-128/192/256 3TDEA Camellia-128/192/256 MISTY1	AES- 128/192/256 Blowfis KASUMI 3TDEA	SEED ARIA- 128/192/256	2011년부터 2030년까지 (최대 20년)
128비트 이상	AES- 128/192/256	AES-128/192/256 Camellia-128/192/256 MISTY1	AES- 128/192/256 KASUMI Blowfish	SEED ARIA- 128/192/256	2030년 이후 (최대 30년)
192비트 이상	AES-192/256	AES-192/256 Camellia-192/256	AES-192/256 Blowfish	ARIA-192/256	
256비트 이상	AES-256	AES-256 Camellia-256	AES-256 Blowfish	ARIA-256	

※ 본 표에서는 국외 암호연구기관에서 권고하는 암호 알고리즘 중에서 국가적으로 다수 사용되지 않는 암호 알고리즘은 제외하였음.

* 2TDEA(3TEDA) : 두 개의 키가 다른(세 개의 키가 다른) TDEA(Triple Data Encryption Algorithm)

** Blowfish : 32~448비트의 가변적인 키 길이를 제공하므로 각 보안강도 이상의 비트를 가질 경우 안전함.

제6조(개인정보의 암호화)

　④ 정보통신서비스 제공자등은 이용자의 개인정보를 컴퓨터, 모바일 기기 및 보조저장매체 등에 저장할 때에는 이를 암호화해야 한다.

① 항목설명과 필요기능

- 개인정보 취급자 이외에는 개인정보를 PC에 보유해서는 안 된다.
- 개인정보 취급자라 하더라도 PC에 저장할 때는 암호화하여야 한다.

② 관련 보호기술

- 엔드포인트 DLP(개인정보 검색/관리 기술)
- 문서 암호화 기술

제7조(악성프로그램 방지)

정보통신서비스 제공자 등은 악성 프로그램 등을 방지 · 치료할 수 있는 백신 소프트웨어 등의 보안 프로그램을 설치 · 운영하여야 하며, 다음 각 호의 사항을 준수하여야 한다.

1. 보안 프로그램의 자동 업데이트 기능을 사용하거나, 또는 일 1회 이상 업데이트를 실시하여 최신의 상태로 유지
2. 악성프로그램관련 경보가 발령된 경우 또는 사용 중인 응용 프로그램이나 운영체제 소프트웨어의 제작업체에서 보안 업데이트 공지가 있는 경우, 즉시 이에 따른 업데이트를 실시

---

① 관련 보호기술

- 바이러스 백신 기술

② 관련 사례

- 웜 바이러스의 급속한 전파로 인해 유·무선 인터넷 접속이 전국적으로 한꺼번에 마비되는 사상 초유의 인터넷 대란이 발생했다(2003년 1월).
- 국내 대기업과 대학, 관공서 등 15개 인터넷 사이트에 접속해 홈페이지 보안 상태를 점검할 수 있는 관리자용 프로그램을 내려 받은 뒤 해당 사이트에 회원으로 가입돼 있는 66만 명의개인신상정보를 해킹하였다(2003년 6월).
- 원자력연구소, 국방연구원, 해양수산부 등 국가 주요 연구소와 기관 6곳이 백도어 해킹 프로그램(트로이목마) 핍(Peep) 변종에 감염되었다(2004년 6월).

③ 해석

스파이웨어를 통한 개인정보 유출을 막는 방법 중 하나는 스파이웨어 대응 소프트웨어를

설치하는 방법이다. 그러나 그보다 먼저, PC내 개인정보를 검출하여 불필요한 개인정보는 파기하고, 필요한 개인정보는 암호화하는 작업이 선행되어야 한다. 개인정보 보호에 있어서는 최소화의 원칙이 중요하다.

제9조(출력 · 복사 시 보호조치)

① 정보통신서비스 제공자등은 개인정보처리시스템에서 개인정보의 출력 시(인쇄, 화면표시, 파일생성 등) 용도를 특정하여야 하며, 용도에 따라 출력 항목을 최소화한다.

② 정보통신서비스 제공자등은 개인정보가 포함된 종이 인쇄물, 개인정보가 복사된 외부 저장매체 등 개인정보의 출력 · 복사물을 안전하게 관리하기 위해 출력 · 복사 기록 등 필요한 보호조치를 갖추어야 한다.

---

① 항목설명과 필요기능

- DB나 PC에서 개인정보를 프린터로 출력하거나 출력문서를 복사할 때에는 그 사실을 기록하고, 체계적으로 관리해야 한다.
- USB, CD와 같은 이동매체로 복사할 때, 개인정보가 있는지 확인할 수 있어야 한다. 그리고 개인정보가 포함되어 있다면 정당한 절차를 거쳐 복사되어야 하며, 그 복사사실을 기록하고 체계적으로 관리해야 한다.

② 관련 보호기술

- 엔드포인트 DLP
- DRM 솔루션
- PC보안 솔루션
- 출력물 보안전문 솔루션
- 보안 USB 솔루션

③ 해석 1

- 접근통제의 의의 : 개인정보 접근자를 최소화하고 권한 없는 자의 접근을 차단한다. 권한 있는 자에 의한 개인정보 유출 징후를 탐지한다. 개인정보 유출 사고 발생 시에는 최대의 증거를 생성한다.
- 암호화의 의의 : 정보 자체를 암호화하여 저장함으로써, 개인정보가 어떤 경로를 통하여 전송되든지 간에 안전성을 확보할 수 있다. 그러나 복호화 권한자가 유출시킬 경우

보안대책이 없으며, 웹서버를 통한 SQL 인젝션 공격 시 평문이 노출된다.

- 최종 전송 경로보안 : 최종 전송의 3대 경로는 인터넷, USB 미디어, 그리고 출력물이다. 그중 가장 빈번한 정보 유출 통로는 인터넷이다.

  ※ 출력 · 복사된 개인정보는 사용 목적 달성 후 지체 없이 파기되어야 하지만 보호 중요성에 대한 인식저조로 방치되어 유출되는 사례가 빈번하게 발생하고 있다.

④ 해석 2

인터넷, 출력물, 이동식 저장장치라는 최종 전송통로 세 가지를 '최소화 원칙'에 따라 보안한다. 여기서 개인정보의 전송을 최소화하는 것이 가장 중요하다. 두 번째가 승인이라는 절차를 통하여 기록을 남기는 것이다. 업무상 효율성 문제를 고려할 때, 내부관리계획에 명시한 후 사후 승인을 받을 수 있다.

제10조(개인정보 표시 제한 보호조치)

정보통신서비스 제공자등은 개인정보 업무처리를 목적으로 개인정보의 조회, 출력 등의 업무를 수행하는 과정에서 개인정보 보호를 위하여 개인정보를 마스킹하여 표시제한 조치를 취할 수 있다.

---

① 항목설명과 필요기능

- 마스킹(Masking)이란 정보의 일부분을 은닉하는 것을 말한다.
  예 : 주민번호의 경우 751113 - *******

② 관련 보호기술

- DB보안 기술

1. 개인정보 암호화 근거법률

개인정보법은 개인정보의 수집·유출·오용·남용으로부터 사생활의 비밀 등을 보호하기 위하여 개인정보처리에 관한 사항을 규정하고 있다. 업무를 목적으로 개인정보를 처리하는 공공기관, 법인, 단체 및 개인 등을 적용 대상으로 한다.

1) 개인정보 보호법

개인정보 보호법에서는 고유식별정보 등 개인정보가 분실·도난·유출·위조·변조 또는 훼손되지 아니하도록 대통령령으로 정하는 바에 따라 암호화 등 안전성 확보에 필요한 조치를 규정하고 있다.

개인정보 보호법

- **제23조(민감정보의 처리 제한)**
  ② 개인정보처리자가 제2항 각 호에 따라 민감정보를 처리하는 경우에는 그 민감정보가 분실 · 도난 · 유출 · 위조 · 변조 또는 훼손되지 아니하도록 제29조에 따른 안전성 확보에 필요한 조치를 하여야 한다.
- **제24조(고유식별정보의 처리 제한)**
  ③ 개인정보처리자가 제1항 가 호에 따라 고유식별정보를 처리하는 경우에는 그 고유식별정보가 분실 · 도난 · 유출 · 위조 · 변조 또는 훼손되지 아니하도록 대통령령으로 정하는 바에 따라 암호화 등 안전성 확보에 필요한 조치를 하여야 한다.
- **제24조의2(주민등록번호 처리의 제한)**
  ② 개인정보처리자는 제24조제3항에도 불구하고 주민등록번호가 분실 · 도난 · 유출 · 위조 · 변조 또는 훼손되지 아니하도록 암호화 조치를 통하여 보관하여야 한다. 이 경우 암호화 적용 대상 및 대상별 적용시기 등에 관하여 필요한 사항은 개인정보의 처리규모와 유출 시 영향 등을 고려하여 대통령령으로 정한다.
- **제29조(안전조치의무)**
  개인정보처리자는 개인정보가 분실 · 도난 · 유출 · 위조 · 변조 또는 훼손되지 아니하도록 내부 관리계획 수립, 접속기록 보관 등 대통령령으로 정하는 바에 따라 안전성 확보에 필요한 기술적 · 관리적 및 물리적 조치를 하여야 한다.

---

2) 개인정보 보호법 시행령

- 개인정보 보호법

시행령에서는 개인정보를 안전하게 저장·전송할 수 있는 암호화 기술의 적용 또는 이에 상응하는 조치를 적용하도록 하고 있으며, 암호화 등 안전성 확보 조치에 관한 세부기준은 「개인정보의 안전성 확보 조치기준」에서 정함을 명시하고 있다.

개인정보 보호법 시행령

- **제21조(고유식별정보의 안전성 확보 조치)**
  법 제24조제3항에 따른 고유식별정보의 안전성 확보 조치에 관하여는 제30조를 준용한다. 이 경우 "법 제29조"는 "법 제24조제3항"으로, "개인정보"는 "고유식별정보"로 본다.
- **제21조의2(주민등록번호 암호화 적용 대상 등)**
  ① 법 제24조의2제2항에 따라 암호화 조치를 하여야 하는 암호화 적용 대상은 주민등록번호를 전자적인 방법으로 보관하는 개인정보처리자로 한다.
  ② 제1항의 개인정보처리자에 대한 암호화 적용시기는 다음 각 호와 같다.
      1. 100만명 미만의 정보주체에 관한 주민등록번호를 보관하는 개인정보처리자: 2017년 1월 1일
      2. 100만명 이상의 정보주체에 관한 주민등록번호를 보관하는 개인정보처리자: 2018년 1월 1일
  ③ 행정자치부장관은 기술적·경제적 타당성 등을 고려하여 제1항에 따른 암호화 조치의 세부적인 사항을 정하여 고시할 수 있다.
- **제30조(개인정보의 안정성 확보 조치)**
  ① 개인정보처리자는 법 제29조에 따라 다음 각 호의 안전성 확보 조치를 하여야 한다.
      3. 개인정보를 안전하게 저장·전송할 수 있는 암호화 기술의 적용 또는 이에 상용하는 조치
  ③ 제1항에 따른 안전성 확보 조치에 관한 세부 기준은 행정자치부장관이 정하여 고시한다.

3) 행정자치부 고시

행정자치부 고시인 개인정보의 안전성 확보 조치기준에서는 고유식별정보, 비밀번호 및 바이오정보 등 암호화의 적용여부 및 적용범위 등을 규정하고 있다. 이 기준에서는 정보통신망을 통해 송신하거나 저장하는 경우 암호화 등의 안전성 확보 조치에 대한 세부기준을 제시하고 있다.

"고유식별정보"는 개인을 고유하게 구별하기 위하여 부여된 식별정보를 말하며 주민등록번호, 여권번호, 운전면허번호, 외국인 등록번호가 여기에 해당한다.

- "고유식별정보"는 개인을 고유하게 구별하기 위하여 부여된 식별정보를 말하며 주민등

록번호, 여권번호, 운전면허번호, 외국인 등록번호가 여기에 해당한다.

- "비밀번호"란 정보주체 또는 개인정보취급자 등이 개인정보처리시스템, 업무용 컴퓨터 또는 정보통신망 등에 접속할 때 식별자와 함께 입력하여 정당한 접속권한을 가진 자라는 것을 식별할 수 있도록 시스템에 전달해야 하는 고유의 문자열로써 타인에게 공개되지 않는 정보를 말한다.

- "바이오정보"란 지문, 얼굴, 홍채, 정맥, 음성, 필적 등 개인을 식별할 수 있는 신체적 또는 행동적 특징에 관한 정보로써 그로부터 가공되거나 생성된 정보를 포함한다.

 개인정보의 안전성 확보조치 기준(행정자치부 고시, 제2016-35호)

- **제7조(개인정보의 암호화)**
  ① 개인정보처리자는 고유식별정보, 비밀번호, 바이오정보를 정보통신망을 통하여 송신하거나 보조저장매체 등을 통하여 전달하는 경우에는 이를 암호화하여야 한다.
  ② 개인정보처리자는 비밀번호 및 바이오정보는 암호화하여 저장하여야 한다. 다만, 비밀번호를 저장하는 경우에는 복호화되지 아니하도록 일방향 암호화하여 저장하여야 한다.
  ③ 개인정보처리자는 인터넷구간 및 인터넷 구간과 내부망의 중간지점(DMZ: DemilitarizedZone)에 고유식별정보를 저장하는 경우에는 이를 암호화하여야 한다.
  ④ 개인정보처리자가 내부망에 고유식별정보를 저장하는 경우에는 다음 각 호의 기준에 따라 암호화의 적용 여부 및 적용범위를 정하여 시행할 수 있다.
    1. 법 제33조에 따른 개인정보 영향평가의 대상이 되는 공공기관의 경우에는 해당 개인정보 영향평가의 결과
    2. 암호화 미적용시 위험도 분석에 따른 결과
  ⑤ 개인정보처리자는 제1항, 제2항, 제3항 또는 제4항에 따라 개인정보를 암호화하는 경우 안전한 암호알고리즘으로 암호화하여 저장하여야 한다.
  ⑥ 개인정보처리자는 암호화된 개인정보를 안전하게 보관하기 위하여 안전한 암호 키 생성, 이용, 보관, 배포 및 파기 등에 관한 절차를 수립 · 시행하여야 한다.
  ⑦ 개인정보처리자는 업무용 컴퓨터 또는 모바일 기기에 고유식별정보를 저장하여 관리하는 경우 상용 암호화 소프트웨어 또는 안전한 암호화 알고리즘을 사용하여 암호화한 후 저장하여야 한다.
  ⑧ [별표]의 유형1 및 유형2에 해당하는 개인정보처리자는 제6항을 아니할 수 있다.

  부칙〈제2016-35호, 2016. 9. 1〉

- **제2조(적용례)**
  영 제21조의제2항에 따른 주민등록번호의 암호화 적용시기 이후에는 고유식별정보 중 주민등록 번호는 제7조 제4항을 적용하지 아니한다.

암호화 적용기준 요약표

구분			암호화 기준
정보통신망, 보조저장매체를 통한 송신 시	비밀번호, 바이오정보, 고유식별정보		암호화 송신
개인정보처리 시스템에 저장 시	비밀번호		일방향(해쉬 함수) 암호화 저장
	바이오 정보		암호화 저장
	고유식별정보	주민등록번호	암호화 저장 ※ 2017.12.31까지 암호화 저장: 100만명 이상 정보주체 ※ 2016.12.31까지 암호화 저장: 100만명 미만 정보주체
		여권번호, 외국인 등록번호, 운전면허번호	인터넷 구간, 인터넷 구간과 내부망의 중장 지점 (DMZ)
			암호화 저장
		내부망에 저장	암호화 저장 또는 다음 항목에 따라 암호화 적용여부 · 적용범위를 정하여 시행 ① 개인정보 영향평가 대상이 되는 공공기관의 경우, 그 개인정보 영향평가의 결과 ② 암호화 미적용시 위험도 분석에 따른 결과
업무용 컴퓨터에 모바일 기기에 저장시	비밀번호, 바이오정보, 고유식별정보		암호화 저장 ※ 비밀번호는 일방향 암호화 저장

2. 암호화 구현 및 키 관리

1) 전송시 암호화

① 웹서버와 클라이언트 간 암호화

웹브라우저에 기본적으로 내장된 SSL/TLS 프로토콜로 접속하는 SSL 방식과 웹브라우저에 보안 프로그램을 설치하여 접속하는 응용 프로그램 방식으로 구분할 수 있다. SSL 방식은 웹페이지 전체를 암호화(웹페이지내 이미지 포함)하며 응용 프로그램 방식은 특정 데이터만을 선택적으로 암호화 할 수 있지만, 웹브라우저 등에 부가적인 프로그램을 설치해야 한다. 공공기관에서는 국가정보원이 안전성을 확인한 암호모듈 또는 제품을 적용해야 한다.

방식	데이터 부분암호화	개발비용
SSL 방식	지원하지 않음	낮음
응용프로그램방식	지원함	높음

- SSL 방식은 전송계층(Transport Layer)을 기반으로 한 응용계층(Application Layer)에서 암호화를 수행한다. 암호키 교환은 비대칭키 암호알고리즘을 이용하고, 기밀성을 위한 암호화는 대칭키 암호 알고리즘을 이용하며 메시지의 무결성은 메시지 인증코드(해시함수)를 이용하여 보장한다. 인터넷 쇼핑이나 인터넷 뱅킹시 계좌정보, 주민등록번호 등과 같은 중요한 정보를 입력할 때, 거래당사자의 신원 및 거래내용의 위·변조여부를 확인하고 중요 정보가 제3자에게 유출되는 것을 막기 위해 SSL/TLS와 같은 통신암호기술을 이용할 수 있다.
- 응용 프로그램방식은 별도의 모듈을 서버와 클라이언트에 설치해야 하며 필요한 데이터만 암호화하여 전달할 수 있다. 이를 위해 웹서버프로그램에 대한 수정작업이 필요하며, 응용 프로그램방식을 제공하는 솔루션에 따라 수정작업의 범위가 달라질 수 있다. 사용자가 해당 웹서버에 접속하면 사용자 컴퓨터에 자동으로 SSL을 구현한 보안 응용 프로그램이 설치되고 이를 통해 개인정보를 암호화하여 통신이 이루어진다. 웹브라우저의 확장기능인 플러그인 형태로 구현되며 웹사이트 접속시 초기화면이나 로그인 후 윈도우 화면 오른쪽하단 작업표시줄 알림영역을 확인하여 프로그램이 실행되고 있음을 알 수 있다.
  * SSL : Secure Sockets Layer, SSH : Secure Shell(터널링기법을 사용하여 보안구현)

② 개인정보처리시스템간 암호화

개인정보처리시스템간에 개인정보를 전송할 때 암호화를 지원하기 위하여 공중망을 이용한 가상사설망(VPN : Virtual Private Network)을 구축할 수 있다.

VPN은 기반이 되는 보안 프로토콜의 종류에 따라 IPsec VPN 방식, SSL VPN 방식, SSH VPN 방식 등으로 구분할 수 있으며, 개인정보처리 시스템 간의 통신에서 사용할 수 있는 VPN 전송 방식의 특징을 간단히 비교하면 아래 표와 같다.

방식	VPN 서버부하	NAT 통과
IPsec VPN	낮음	어려움
SSL VPN	다소 높음	쉬움
SSH VPN	다소 높음	쉬움

※IPsec(IP Security Protocol) : 인터넷 프로토콜(IP) 통신 보안을 위해 패킷에 암호화 기술이 적용된 프로토콜 집합
※NAT(Network Address Transtation) : 사설 IP 주소를 공인 IP 주소로 바꿔주는데 사용하는 통신망의 주소변환기

- IPsec VPN 방식은 응용 프로그램을 수정할 필요가 없으나 IPsec 패킷의 IP 주소를 변경 해야 하는 NAT와 같이 사용하기 어려운 점이 있다. 사용자 인증이 필요 없으므로 VPN 장비 간 서로 인증이 된 경우, 사용자는 다른 인증절차를 거치지 않아도 된다. IPsec VPN 방식의 구조는 게이트웨이 대 게이트웨이, 호스트 대 게이트웨이, 호스트 대 호스트로 구분할 수 있다. 게이트웨이 대 게이트웨이는 네트워크간의 암호화 통신, 호스트 대 게이트웨이는 개인정보처리시스템과 네트워크간의 암호화통신, 호스트 대 호스트는 개인정보처리시스템간의 암호화통신을 설정할 수 있는 방식이다.
- SSL VPN 방식은 응용 프로그램 수준에서 SSL/TLS을 구현하는 것이 일반적이며 NAT를 사용할 수 있다. SSL/TLS는 메모리 소비가 많으므로 동시 접속이 많은 대용량 처리에서 성능저하가 발생할 수 있다. 하지만 개별 사용자인증이 필요한 경우 SSL VPN 방식이 좋은 선택이 될 수 있다.
- SSH VPN 방식은 응용계층의 VPN 기술로써 원격단말기에서 접속하는 경우에 주로 이용되며 SSH를 이용한 파일전송 및 파일복사 프로토콜(예: SFTP, SCP)을 이용할 수 있다. 오픈소스 SSH의 일종인 OpenSSH의 경우 프락시방식의 VPN 서버로 구성할 수도 있다.

③ 개인정보취급자간 암호화

개인정보취급자간에 개인정보를 전송할 때 주로 이메일을 이용하게 된다. 이메일은 네트워크를 통해 전송되는 과정에서 공격자에 의해 유출되거나 위조될 가능성이 있다. 이러한 위협으로부터 이메일로 전송되는 메시지를 보호하기 위해서 PGP 또는 S/MIME을 이용하는

이메일 암호화 방식과 암호화된 파일을 이메일에 첨부하여 전송하는 이메일 첨부 문서 암호화 방식이 있다.

방식		공인인증서 필요 여부	표준형식
이메일 암호화	PGP	필요하지 않음	PGP 자체정의
	S/MIME	필요함	X509.PKCS#7
이메일 첨부문서 암호화		필요하지 않음	없음

(개인정보 취급자간에 이메일을 전송할 때 사용되는 암호화 방식의 특징)

PGP(Pretty Good Privacy)

S/MIME(Security Services for MIME, Security Services for Multipurpose Internet Mail Extension)

- 이메일 암호화 방식은 송·수신되는 이메일의 내용을 암호화 함으로써 메일에 포함된 중요 개인정보의 유출을 방지하는 것이며, 대표적인 이메일 보안 프로토콜로 PGP와S/MIME이있다.
- 이메일 첨부 문서 암호화 방식은 업무용 컴퓨터에서 주로 사용하는 문서 도구(예: 한글, MS 워드 등)의 자체 암호화 방식, 암호 유틸리티를 이용한 암호화 방식 등을 통해 암호화한 파일을 이메일의 첨부 문서로 송·수신할 수 있다. 이메일을 송·수신할 개인정보 취급자 간에는 미리 공유된 암호키(또는 비밀번호)를 사용하여 복호화 하며, 이 암호키는 안전하게 공유하여야 한다.

2) 저장시 암호화

① 개인정보처리시스템 암호화 방식

개인정보를 처리하고 관리하는 개인정보처리시스템은 DB에 저장된 개인정보를 암호화하여 저장함으로써 개인정보의 유출, 위·변조, 훼손 등을 방지해야 한다. 개인정보처리시스템의 DB를 암호화할 수 있는 방식은 암·복호화 모듈의 위치와 암·복호화 모듈의 요청 위치의 조합에 따라 다음과 같이 구분할 수 있다.

암호화 방식	암·복호화 모듈위치	암·복호화 요청위치	설명
응용 프로그램 자체암호화	어플리케이션 서버	응용 프로그램	– 암·복호화 모듈이 API라이브러리 형태로 각 애플리케이션 서버에 설치되고, 응용프로그램에서 해당 암·복호화 모듈을 호출하는 방식 – DB 서버에 영향을 주지 안아 DB 서버의 성능 저하가 적은 편이지만 구축시 응용프로그램 전체 또는 일부 수정 필요 – 기존 API 방식과 유사
DB 서버 암호화	DB 서버	응용 프로그램	– 암·복호화모듈이 DB서버에 설치되고 DB서버에서 암·복호화모듈을 호출하는 방식 – 구축 시 응용프로그램의 수정을 최소화할 수 있으나 DB 서버에 부하가 발생하며 DB 스키마의 추가 필요 – 기존 Plug-In 방식과 유사
DBMS 자체 암호화	DB 서버	DB 서버	– DB 서버의 DBMS 커널이 자체적으로 암·복호화 기능을 수행하는 방식 – 구축 시 응용프로그램 수정이 거의 없으나, DBMS에서 DB 스키마의 지정 필요 – 기존 커널 방식(TDE)과 유사
DBMS 암호화 기능 호출	DB 서버	응용 프로그램	– 응용프로그램에서 DB 서버의 DBMS 커널이 제공하는 암·복호화 API 를 호출하는 방식 – 구축시 암·복호화 API를 사용하는 응용프로그램의 수정이 필요 – 기존 커널 방식(DBMS 함수 호출)과 유사

● **모듈 위치별 암호화 방식**

각 방식의 단점을 보완하기 위하여 두 가지 이상의 방식을 혼합하여 구현하기도 한다. 이 경우 구축 시 많은 비용이 소요되지만 어플리케이션 서버 및 DB 서버의 성능과 보안성을 높일 수 있다. 개인정보처리시스템 암호화 방식마다 성능에 미치는 영향이 다르므로 구축 환경에 따라 암호화 방식의 특성, 장단점 및 제약사항 등을 고려하여 DB 암호화 방식을 선택해야 한다. 아래 표는 개인정보처리시스템 암호화 방식의 선택시 고려해야 할 사항이다.

분류	고려사항
일반적 고려사항	구현 용이성, 구축비용, 기술지원 및 유지보수 여부
	암호화 성능 및 안전성
	공공기관의 경우, 국가 정보원 인증 또는 검증 여부
기술적 고려사항	암·복호화 위치(어플리케이션 서버, DB 서버, 파일서버 등)
	색인검색 가능 유무, 배치처리 가능 여부

- 성능이 매우 중요한 요소가 되는 환경에서 DB 서버 암호화 방식을 고려하는 경우에는 반드시 벤치마킹테스트(BMT) 등을 수행하여, 최적의 솔루션을 선택하는 것이 바람직하다.
- 공공기관에서는 국가정보원이 안전성을 확인한 암호모듈 또는 제품을 적용해야 한다.
- 현재 운영중 이거나 향후 개발 예정인 개인정보처리시스템의 목적 및 환경에 맞게 쉽게 구현이 가능한 암호화 방식을 선택해야 한다. 응용 프로그램 및 DB 스키마 수정등을 최소화하고 개발 환경에 맞게 성능을 최대화 할 수 있도록 해야 한다.
- DB 암호화의 안전성을 확보하기 위해서는 안전한 암호키의 관리가 필요하다. 암호화 된 개인정보가 유출되더라도 복호화 할 수 없도록 암호키에 대한 추가적인 보안과 제한 된 관리자만 허용하도록 하는 기술을 적용해야 한다.

② 업무용 컴퓨터, 보조저장매체 암호화 방식

업무용 컴퓨터에서는 하드디스크, 이동식디스크 또는 보조저장매체(USB 등)에 저장된 개인 정보의 보호를 위해 개별문서 파일단위 암호화, 디렉터리단위 암호화, 디스크 암호화 등의 방법을 사용할 수 있다.

파일암호화는 업무용 컴퓨터의 하드디스크, 이동식디스크, 보조저장매체에 저장된 개인정 보에 대한 보호뿐만 아니라 개인정보취급자 간에 네트워크상으로 파일을 안전하게 전송하 기 위한 방식으로도 사용할 수 있다.

분류	특성
문서도구 자체 암호화	• 업무용 컴퓨터에서 사용하는 문서도 구역자체 암호화 기능을 통하여 개인정보 파일암호화
암호 유틸리티를 이용한 암호화	• 업무용 컴퓨터의 OS에서 제공하는 피일 암호 유틸리티 또는 파일 암호 전용 유틸리티를 이용한 개인정보 파일. 디렉토리의 암호화
DRM (Digital Ritht Management)	• DRM을 이용하여 다양한 종류의 파일 및 개인정보 파일의 암호화 • 암호화 파일의 안전한 외부 전송이 가능함
디스크 암호화	• 디스크에 데이터를 기록할 때 자동으로 암호화하고, 읽을 때 자동으로 복호화하는 기능을 제공함 • 디스크 전체 또는 일부 디렉터리를 인가되지 않은 사용자에게 보이지 않게 설정하여 암호화 여부와 관계없이 특정 디렉터리 보호 기능

3) 암호키 관리

암호키 관리시의 상태와 기능에 따라 키수명 주기는 아래와 같이 나눌 수 있다.

- 준비단계 : 암호키가 사용되기 이전의 단계이다(미생성 또는 준비상태).
- 운영단계 : 암호키가 암호알고리즘 및 연산에 사용되는 단계이다(운영상태).
- 정지단계 : 암호키가 더 이상 사용되지 않지만, 암호키에 대한 접근은 가능한 단계이다 (정지 또는 위험상태).
- 폐기단계 : 암호키가 더 이상 사용될 수 없는 단계이다(폐기 또는 사고 상태).

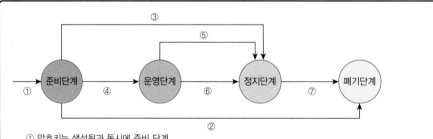

① 암호키는 생성됨과 동시에 준비 단계
② 암호키가 생성되고 한 번도 사용되지 않은 경우, 폐기 가능
③ 준비단계의 암호키가 손상시, 해당 암호키를 정지 단계로 전환
④ 준비 단계의 암호키가 사용될 준비가 되면 키 관리자는 해당 암호키를 적절한 때에 운영 단계로 전환
⑤ 운영 단계의 암호키가 손상되면 키 관리자는 암호키를 정지 단계로 전환
⑥ 암호키의 유효기간이 만료되는 등으로 더 이상 사용되지 않지만 암호키에 대한 접근이 필요한 경우, 키 관리자는 해당 암호키를 운영 단계에서 정지 단계로 전환
⑦ 정지 단계에 있는 암호 키가 더 이상 필요하지 않은 경우, 해당 암호키를 폐기단계로 전환하고 폐기

암호키 유효기간은 사용자 또는 관리자가 암호키를 사용할 수 있는 기간 또는 특정 시스템에 주어진 암호키의 유효성이 유지되는 기간이다. 키유형은 암호키를 사용하는 환경이나 정보만큼 암호키의 유효기간에 영향을 준다.

키유형	키유효기간		키유형	키유효기간	
	발신자	수신자		발신자	수신자
개인 서명키	1~3년		공개키 전송키	1~2년	
공개 서명 검증키	키 크기에 따라 다름		대칭키 합의키		
개인 인증키	1~2년		개인 고정키 합의키		
공개 인증키			공개 교정키 합의키		
대칭 인증키	2년 이하	(발신자기간 +3년) 이하	개인 임시키 합의키	하나의 키 합의 트랜잭션	
대칭 암호키			공개 임시키 합의키		
대칭키 암호키			대칭 인가키	2년 이하	
대칭공개 RNG키	리시딩에 따라 다름		개인 인가키		
대칭 마스터키	약 1년		공개 인가키		
개인키 전송키	2년 이하				

출처 : 개인정보의 암호화 조치 안내서(2017년 1월 한국인터넷진흥원)

개인정보 보호를 위한 기술적 조치 대상 기술과 제품

앞에서 살펴본 바와 같이, 정보의 유출흐름상 필요한 기술적 조치와 법 규정에 대응할 수 있는 기술적 조치는 각각 여러 가지가 있지만, 대부분의 보호기술이 양측에 같이 해당된다는 것을 알 수 있다. 그중에서 이미 널리 사용되고 있는 방화벽, IPS/IDS, 백신 등은 설명을 생략하고, 최근에 이슈가 되고 있고 이해가 필요한 DB보안, 메일/메신저 보안, 개인정보 검색관리, 이동매체 보안, 문서암호화, 출력물 보안, 홈페이지 유출방지 기술에 대해서 살펴보도록 한다.

1. 데이터베이스(DB) 보안 기술

데이터베이스(DB)는 대표적인 개인정보를 포함한 주요정보의 저장소이다. "정보통신망법" 상의 '개인정보처리 시스템'도 통상 DB를 지칭하며, 특히 문제가 되는 대량의 정보유출 사고에서도 정보는 1차적으로 DB에서 조회되었을 가능성이 높으므로 가장 중요한 보호대상 시스템이라고 할 수 있다.

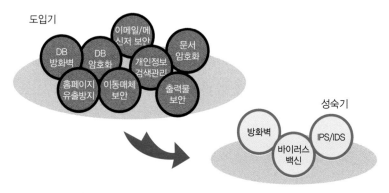

| **그림 4.4** 개인정보 보호를 위한 기술적 조치 제품군

현실적으로 현재 대상이 되는 데이터베이스는 관계형 데이터베이스뿐이며, 데이터베이스는 데이터베이스관리시스템(DBMS)이라는 소프트웨어 솔루션에 의해 관리된다. 대표적으로

많이 사용되는 DBMS로는 Oracle, MS-SQL, DB2, Informix, Sybase, MySQL, Tibero 등이 있으며, DB보안 솔루션 역시 이들 DBMS들을 우선적으로 지원한다.

데이터베이스 보안 솔루션은 데이터베이스 내에 저장된 데이터(정보)를 보호하기 위한 제품으로서 데이터 보호를 위해 제공하는 기능과 기술방식에 따라 크게 DB 방화벽(데이터베이스 접근제어 방식)과 데이터베이스 암호화 방식으로 나뉜다. 은행에 보관된 귀중품을 보호하는 방법에 비유하자면, DB 방화벽(데이터베이스 접근제어 방식)은 귀중품 실에 CCTV를 설치하여 출입 장면을 녹화하고, 경비원을 두어 출입자를 통제하는 것이며, 데이터베이스 암호화 방식은 귀중품을 금고에 넣고 주인에게만 열쇠를 제공하는 방식이라고 할 수 있다.

| **그림 4.5** 데이터베이스 보안 기술의 예시

개인정보 보호를 의무화한 "정보통신망법"과 시행령, 시행규칙을 보면 개인정보처리시스템에 대해 권한에 따라 접근을 제어해야 하고 그 내역을 기록해야 한다는 내용과 개인정보를 암호화하여 보관해야 한다는 내용을 통해 두 솔루션의 필요성을 동시에 설명하고 있다.

데이터베이스 보안 기술은 데이터베이스 암호화 방식과 DB 방화벽(데이터베이스 접근제어 방식)으로 나눌 수 있다.

| 그림 4.6 데이터베이스 암호화 방식 예시

첫째, 데이터베이스 암호화 방식은 데이터베이스 상의 중요정보를 암호화해서 저장하고, 조회시 자동으로 복호화해주는 기능을 제공한다. 즉, 정상적으로 조회되기 전까지는 정보가 알아볼 수 없는 형태로 저장되도록 해준다.

그러면 "조회 시 자동으로 복호화해 준다면 어떤 위협에 대해 보안하는가?" DBMS가 관리하는 데이터베이스는 컴퓨터 하드디스크상의 파일 형태로 존재하기 때문에, 쿼리툴을 이용하여 접속하지 않더라도, 데이터베이스 파일 자체를 획득한다면 그 파일을 분석하여 내용을 어느 정도 유추할 수 있다. 따라서 정보를 암호화 한다면, 해커나 내부자가 데이터베이스 서버상의데이터베이스 파일을 직접 훔쳐가는 경우를 대비할 수 있다.

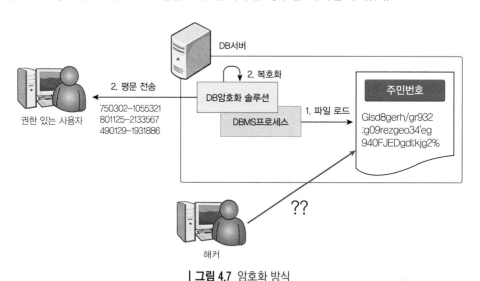

| 그림 4.7 암호화 방식

암호화 방식은 기타 접근내역의 기록이나 접근제어/권한제어 기능들도 일부 제공하긴 하지만, 이 기능들은 데이터베이스 접근제어 방식이 강한 기능의 영역이고, 현실적으로 암호화

방식 관련 제품들이 제공하는 기능도 미흡하다.

| **그림 4.8** 데이터베이스 접근제어 솔루션의 접근내역 기록 기능

둘째, DB 방화벽(데이터베이스 접근제어 방식)은 데이터베이스 접근내역에 대한 기록과 감사 기능, 접근통제 기능, 권한제어 기능을 주 기능으로 제공한다. 그러나 암호화 제품에 비해 오랜기간 동안 사용되면서 진화하여 그 결과 접근 제어에 관한 다양한 부가 기능들을 지원하고 있다.

DB 방화벽 솔루션은 데이터베이스 사용자가 수행한 쿼리 작업의 내용을 체계적으로 기록한다. [그림 4.8]은 접근 내역 기록 기능이 동작하는 기본 방식이다.

접근 내역에 해당하는 주요 세부항목은 [표 4.7]과 같다. 대부분의 항목은 뒤에서 설명하는 권한제어를 위한 정책조건에도 사용된다.

| **표 4.7** 데이터베이스 접근 내역 항목

항목	설명	비고(예)
접근시각	DB접근 시의 시각	"2009년 10월 21일 09시 36분 44초"
사용시간	DB에 로그인해서 로그아웃할 때까지 걸린 시간	5분 32초
사용자 IP	DB 접근 시, 사용자의 IP로, 사용자의 네트워크상 위치 또는 사용자 신원에 대한 단서 제공	• 192.168.3.51 → 경영지원본부 인사팀의 IP 범위 • 192.168.4.100 → VPN서버의 IP로 사용자가 외부에서 VPN을 거쳐 접속했음 • 192.168.5.101 → 사내 IP 관리 정보를 이용하면 상품개발팀/홍길동이라고 유추 가능
DBMS IP	접근대상이 되는 DBMS의 IP	접근대상이 되는 DBMS의 IP
DBMS 계정	사용자가 DB에 로그인할 때 사용한 ID	sa → 해당 DBMS가 MS-SQL이라면 admin 권한으로 로그인했음을 알 수 있음

항목	설명	비고(예)
사용자 ID	DB접근제어 솔루션에서 부여한 ID	kdhong → 영업부 기업영업팀 홍길동 과장
사용자 이름	조직 내 인사정보를 연동하여 매칭	사용자 ID가 kdhong이므로, 사용자 이름은 '홍길동'이라고 기록
쿼리	사용자가 데이터 조작을 위해 수행한 쿼리	select * from customer_table;
DB 이름	사용자가 조작한 DB	Customer → 고객정보 DB
테이블 이름	사용자가 조작한 테이블	customer_table → 고객정보 테이블
조회 데이터	사용자가 조회한 데이터로, 개인정보 보호 관점에서 "사용자가 조회(획득)한 정보가 무엇인가?"는 유출에 대한 감사 및 추적에서 매우 유용한 정보	김태희 800505-2011775 02-818-2295 홍길동 680502-1243191 02-6357-2881 이순신 740209-1544872 051-408-1121
개인정보 포함여부 및 건수	위 조회 데이터 중, 개인정보에 해당하는 패턴이 발견되었는지, 그렇다면 몇 건인지를 나타냄	주민등록번호 5건
응답행수	데이터 조작에 영향을 받은 행(row)수	Select문의 응답행수가 100이라면, 100건이 조회되었다는 뜻이고, Delete문의 응답행수가 100이라, 100건이 삭제되었다는 뜻
쿼리툴	쿼리툴	SQL Plus / Toad / Orange / MS SQL Enterprise Manager 등

기록할 수 있는 항목은 상용제품별로 큰 차이가 있지는 없지만, '조회 데이터', '개인정보 포함여부 및 건수'와 같은 항목은 제품의 사용 목적상, 품질 및 유용성을 결정하는 고급 기술항목이라고 할 수 있다.

접근 내역의 감사기능은 기록된 내역을 조회·검색·추적하고 통계를 제공하는 기능이다. 접근내역을 아무리 잘 기록한다고 하더라도 감사기능이 적절치 않다면, 정보유출의 징후 발견이나 유출사고의 빠른 증거확보 등이 어렵게 될 수 있기 때문에, 솔루션 도입·운영의 취지가 무색해질 수 있다.

조회 및 검색 기능은 다양한 조건에 의해 해당 접근내역을 찾을 수 있는 기능이다. [표 4.7]의 항목 중 접근 내역의 기록항목들에 찾고자 하는 조건을 입력하면 그 결과를 보여주는 그래픽기반 사용자 인터페이스 화면이 제공된다. 얼마나 다양한 항목으로, 얼마나 유연한 논리연산식(or/and/not)으로, 얼마나 빨리 찾을 수 있는지 등이 기능의 품질을 결정한다.

| **그림 4.9** 접근내역 감사의 예

통계 기능은 접근 내역에 대한 전반적인 추이 및 이상상황을 개략적으로 보여주는 기능이다.

접근내역은 관리자가 일일이 확인하기 어렵기 때문에, 통상 통계를 통해 이상여부를 감지한 뒤 세부접근 내역을 검색하는 것이 용이할 것이다.

통계 기능은 제품별로 다양한 통계항목을 제공하므로 단순비교는 어렵지만, 중요한 것은 원하는 기준을 유동적으로 선정하여 통계를 산출할 수 있는지 여부이다. 이는 솔루션을 도입, 운영하는 조직에 따라 또는 사안에 따라 다른 형태의 통계가 필요하므로, 고정적인 형태의 통계형식 만으로는 충분치 않기 때문이다.

접근 통제 기능은 허가 받지 않은 데이터베이스 사용자가 특정 데이터베이스에 접근하는 것을 원천적으로 차단하는 기능을 의미한다. 예를 들어, 정보통신망법상의 개인정보 취급자가 아니라면 개인정보가 저장된 데이터베이스에 로그인을 허용할 필요가 없다.

접근통제를 위한 정책은 접근내역의 기록 항목들에 해당하는 조건들을 입력하여 사용하게 된다. 예를 들어, "고객정보DBMS(192.168.5.101)에는 개인정보 취급자(홍길동[kdhong], 이순신[sslee])만이 지정된 IP(192.168.3.10~13)에서 평일 근무시간(9AM~6PM)에만 접근 가능하다"라는 정책을 세워 데이터베이스 접근제어 솔루션에서 수행하도록 한다.

데이터베이스 접근통제 방식의 기능 중 하나는 권한제어 기능이다. 데이터베이스에 접근을 허용한 데이터베이스 사용자(예 : 개인정보 취급자)라 하더라도, 데이터베이스 사용자의 권한에 따라 조회 및 조작할 수 있는 정보의 범위나 작업내용이 다르기 마련이다. 예를 들어,

마케팅 담당자는 모든 고객의 정보를 조회할 수는 있지만 고객정보를 수정하거나 삭제는 불가능하고, 영업사원은 활동영역 별로 조회할 수 있는 고객이 제한되는 반면 그 고객에 대해서는 추가·변경·삭제가 가능할 수 있다.

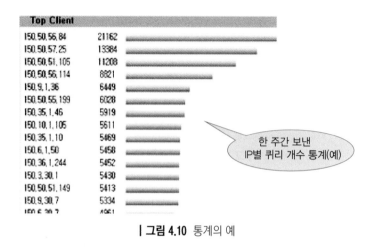

| 그림 4.10 통계의 예

이외 여러 가지 기능이 있다. 접근 제어 제품은 기술의 초창기 시절과 달리 최근에는 부가적인 기능들이 도입선정의 중요 잣대가 되고 있다. 법적 규제가 강화되고, 대상이 되는 DBMS가 복잡한 시스템인 만큼 많은 도입의 실효성을 위한 많은 요구사항이 대두되고 있기 때문이다. 그 중에서도 대표적으로 언급되는 기능들은 다음과 같다.

Telnet/SSH/Rcommand/rlogin/Rsh 등의 원격 터미널 접속 서비스에 대한 지원기능이 있다. 데이터베이스 사용은 원격에서 전용 소프트웨어(쿼리툴)를 이용하여 접근하는 것이 보통이다. 그러나 Telnet 등과 같은 원격 터미널 접속 서비스를 통해 해당 DB서버로 접속한 후, 로컬 환경에서 쿼리툴을 실행시켜도 데이터에 접근이 가능하다. 특히 Unix/Linux 계열의 서버에서는 Telnet 등을 이용한 관리 작업이 일반적이므로 중요한 정보유출의 통로이기 때문에, 감사 및 접근제어의 중요 대상이 된다.

그 중 SSH는 암호화된 원격 터미널 접속 서비스로 스니핑 공격 등에 대비한 안전한 통신 서비스이다. 다만 암호화되었기 때문에 작업내용을 조회할 수 없다는 문제가 발생한다. 하지만 최근의 DB접근제어 솔루션은 프록시(Proxy)를 통한 기법을 사용하여 SSH의 작업내용도 기록할 수 있는 기능을 제공한다.

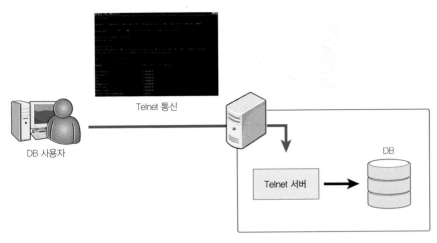

| 그림 4.11 Telnet 접근 제어

그 다음으로는 FTP 서비스에 대한 지원기능을 들 수 있다. DBMS가 제공하는 여러 기능들 중에는 데이터 조작 및 처리 결과를 파일로 저장하는 기능이 있다. 예를 들어, 배치작업을 통해 처리 된 개인정보를 데이터베이스 서버의 디스크에 파일로 저장한 후, FTP를 통해 다른 PC로 전송되는 시나리오를 가정할 수 있다. 따라서 데이터베이스 서버에서 FTP를 통해 전송되는 파일 또한 정보보호 관점에서 중요한 기록 및 접근제어 대상이 된다. 이때 FTP로 전송된 파일 자체를 기록할 수 있는 기능은 데이터베이스 접근제어 솔루션 선정의 중요한 선정 요인 중에 하나이다.

최근 눈에 띄는 기능으로 주요 정보 접근에 대한 결재 기능을 들 수 있다. 고객의 개인정보와 같은 핵심정보에 대해서는 강력한 접근 및 권한 통제를 하기 마련이지만, 업무상 필요하다면 접근이 가능해야 한다. 결재기능은 단순한 정책으로 설정하기는 애매하고, 매번 접근내역에 대해 승인이 필요할 때마다 사용하는 기능이다. 일반적인 전자결재와 같이 선결재, 후 결재 등의 여러 방식을 지원할 수 있다.

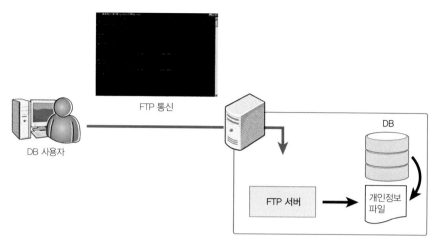

┃ 그림 4.12 FTP 접근 제어작업자

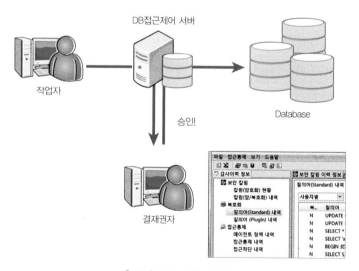

┃ 그림 4.13 결재 흐름도

주요 정보를 변경 또는 삭제했을 경우에 대비하여 정보를 남기는 사전, 사후 정보의 비교 기능도 이슈 기능으로 들 수 있다. 데이터베이스 사용자가 정보조회 명령(SQL의 Select문)을 데이터베이스에 전송했을 때, 데이터베이스는 명령에 대한 응답으로 해당 정보를 전송해준 다. 기록되는 접근내역 중에 조회데이터가 바로 그것이다. 따라서 조회에 대한 통제 및 감 사는 기본 기능을 통해 가능하다. 하지만 정보의 조작에 해당하는 경우 정보변경을 위한

Update문이나 정보 삭제를 위한 Delete문에는 기본 접근내역 기록을 통해 어떤 데이터가 변경 또는 삭제되었는지 정확히 알 수 없다. 따라서 정보 조작을 세밀하게 추적하기 위해서 제공되는 기능이 사전, 사후 비교기능이다. 이 기능은 정보조작 전에 테이블 내용과 조작 후의 테이블 내용을 비교할 수 있게 해준다.

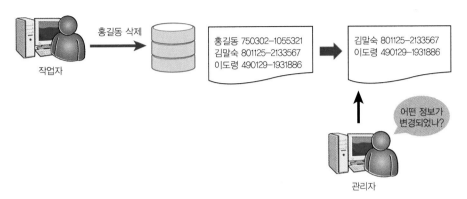

| 그림 4.14 정보조작 방지를 위한 사전, 사후 기능 흐름도

방송통신위원회 고시에서 의무화하고 있는 접근 기록의 위변조 방지 기능은 다음과 같다. 방송통신위원회 고시의 제5조에서는 '접속기록의 위·변조방지'에 대해서 명확한 언급을 하고 있다. 접근 내역은 사후에 추적 및 감사 자료로 사용되고, 때에 따라서는 정보유출 사고의 증거가 되기 때문에 위변조가 불가능해야 한다. 이를 위해서는 데이터의 변경과 삭제가 불가능한 물리적 매체(CD-ROM 디스크 등)나, 그러한 기능을 수행하는 시스템(WORM 솔루션)을 사용해야 한다. 많은 데이터베이스 접근제어 솔루션은 그러한 역할을 수행하는 별도 솔루션과 연동하거나 자체적으로 기능을 제공하고 있다.

앞에서 언급한 기능 중 주요 정보에 대한 마스킹 기능은 다음과 같다. 방송통신위원회 고시제10조 개인정보 표시 제한 보호조치에서는 마스킹 규칙을 설명하고 있다. 마스킹이란 정보의 일부분을 알 수 없게 하여, 설사 정보가 유출된다 하더라도 큰 위험은 없도록 하는 것을 말한다. 이 조항에서 정한 마스킹 규칙에 대해서 알아본다.

- 성명 중 이름의 첫 번째 글자 이상 예 : 홍길동 → 홍*동
- 생년월일 예 : 1975년 8월 15일 → ****년*월*일
- 전화번호 또는 휴대 전화 번호의 국번 예 : 02-6213-2439 → 02-****-2439
- 주소의 읍/면/동 예 : 서울시 영등포구 여의도동 192번지 → 서울시 영등포구 **동 192번지

- 인터넷주소는 버전 4의 경우 17~24비트 영역, 버전 6의 경우 113~128비트 영역

  예 : 192.168.36.53 → 192.168.*.53

업무나 영업상 정보원본이 필요할 때가 있으므로, 이 조항은 의무사항은 아니다. 하지만, 가능하면 정보를 마스킹하여 표시하고, 그 마스킹 방식이 일관성을 갖도록 만든 지침이라고 할 수 있다. 대부분의 데이터베이스 접근제어 제품들은 정보 마스킹 기능을 제공하고 있다.

| **그림 4.15** 마스킹 적용 예

최근에는 쿼리툴에서 조회한 정보를 복사 또는 파일로 저장하는 것을 차단하는 기능(EPS, Endpoint Security)도 일부 업체에서 제공하고 있다. 최근에 정보유출 경향은 접근 권한이 있는 내부자에 의해 발생하는 비율이 매우 높다는 점에서 매우 심각하다. 모 리서치 자료에서는 해킹에 의한 것보다 내부자에 의한 유출이 5배 이상 높다고 보고하고 있다. 따라서 개인정보 취급자가 업무상 개인정보를 조회했을 때에도 업무상 필요하지 않다면, PC에 그 내용을 저장해서는 안 된다. 설사 고의로 유출하지 않더라도, 쓸데없이 PC에 저장된 개인 정보는 해킹이나 실수에 의해서 유출될 수도 있기 때문이다. 일부 데이터베이스 접근제어 제품들은 DB에서 조회한 정보들을 파일로 저장하거나, 화면을 복사하는 것을 차단하는 기능을 제공한다.

| **그림 4.16** 쿼리툴 통제기능 : COPY 차단

데이터베이스 접근제어 기술의 동작모드에는 미러링(Mirroring) 인라인(In-line) 프록시
(Proxy) 서버에이전트(Server Agent) 등이 있는데, 각각 다음과 같은 장단점이 있다.

① 미러링 모드

데이터베이스 사용자와 데이터베이스 사이에 통신을 할 때 발생하는 네트워크 패킷(Packet)
을 복사해서 분석하는 방식으로, 네트워크 스위치(Switch)의 미러 기능을 이용하거나, 탭
(Tap)이라는 네트워크 디바이스를 이용하는 것이 보통이다. 실제 통신에는 영향을 주지 않
기 때문에, 적용이 간편하고 서비스에 영향을 주지 않는 대신, 권한제어 기능이 일부 미흡
하다.

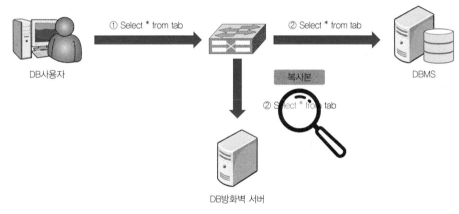

| **그림 4.17** 미러링 모드

② 인라인 모드

데이터베이스 사용자와 데이터베이스 사이에 통신선을 막은 뒤, 통신 내용을 검사한 후에
정상적이라고 판단하면 통신을 허용하는 방식이다. 이 방식을 사용할 때는, 데이터베이스
접근제어 솔루션에 문제가 생기면 통신이 끊겨 데이터베이스 접속을 할 수 없다는 문제가
있다.

따라서 FOD(Fail-Over Device)라는 네트워크 장치를 이용하여 장애 시 분석 없이 통과되
도록 구성하는 것이 일반적이다. 확실한 권한제어가 가능한 반면, 최악의 경우 데이터베이
스 별로 데이터베이스 접근제어 장비를 설치해야 하므로(구성이 복잡해지고, 많은 비용 발생)
데이터베이스 수가 많은 곳에는 적용이 어렵다.

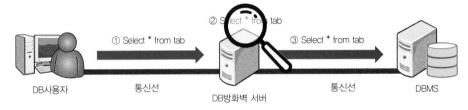

| **그림 4.18** 인라인 모드

③ 프록시 모드

이 모드는 데이터베이스 사용자의 데이터베이스 연결 설정을 변경하여, DB접근제어 시스템으로 연결하게 한 다음에 다시 데이터베이스 접근제어 시스템이 데이터베이스로 통신을 중계하는 방식이다. 연결 설정을 변경하는 방법은 사용자의 PC에서 하는 방법과 네트워크 상의 장비에서 하는 방법이 있을 수 있다. 이 방식은 강력한 접근통제는 물론이고, 인라인 모드의 단점인 '구성이 복잡하고 비용이 많이 든다'는 문제도 없다. 또한 사용자 PC에 설치되는 에이전트를 이용하여, 사용자 PC 단말에서의 보안기능도 사용할 수 있다. 다만, 연결 설정을 변경하기 위해 사용자 PC에 에이전트 프로그램을 설치해야 하는 불편함이 있을 수 있다.

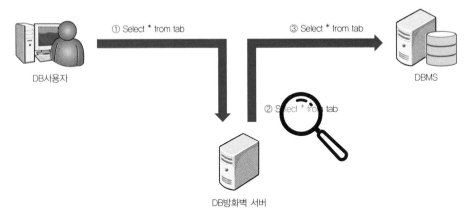

| **그림 4.19** 프록시 모드

| 표 4.8 데이터베이스 접근 모드별 항목

경 우	적절한 모드	설 명
정보시스템(WAS)이 DB에 접속하는 경우의 DB보안	미러링	WAS와 같은 시스템은 응용프로그램 개발 시에 보안을 고려하여 개발하게 되므로, 강력한 접근제어보다는 감사위주의 보안이 적절하다. 또한 보안성 이상으로 가용성이 중요하므로 성능에 영향을 미치는 인라인, 프록시 모드보다는 영향이 전혀 없는 미러링 방식이 적절하다고 할 수 있음
성능이 중요하지 않은 소량의 데이터베이스	인라인	소수이므로 설치 및 구성이 덜 복잡하고 강력한 접근제어 기능 사용 가능
DBA, 개발자 등 사람이 직접 데이터베이스에 접속하는 경우	프록시	강력한 접근제어 기능이 사용가능하고, 사용자 PC에 설치되는 에이전트를 이용하여 결재기능. EPS 기능 적용 가능

④ 서버 에이전트 모드

이 모드는 데이터베이스 서버에 접근제어를 수행하는 에이전트를 설치하는 방법이다. 이 모드는 지원하는 데이터베이스 종류가 제한적이고, 데이터베이스 서버가 장애를 일으킬 수 있는 가능성이 있다. 그리고 설치하기 번거롭기 때문에 널리 사용되지는 않는다.

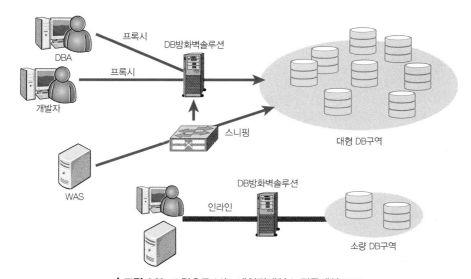

| 그림 4.20 그림으로 보는 데이터베이스 접근제어 모드

이 네 가지 접근제어 모드를 이해하면 실제 도입, 적용 시 적절한 구성방안을 생각할 수 있다.

[그림 4.20]은 데이터베이스 접근제어 모드를 한눈에 알기 쉽게 그림으로 정리한 것이다.

| 표 4.9 DB 암호화 기술과 접근제어 기술의 장단점 비교

DB보안 기술	장 점	단 점
암호화	DB파일에 대한 해킹, 절도에 대해 원천적인 보호	• 솔루션 적용 시, 기존 DB관련 애플리케이션의 대대적인 수정 필요 • 솔루션 장애 시, DB의 가용성 문제 발생 • 기술적인 한계로 인해, 적용 가능한 DB 종류가 제한적(Oracle 위주) • DB 작업 속도가 느려지고 접속내역 기록 및 조회 기능이 미약하여, 권한있는 내부 사용자의 유출에 무방비
접근제어	• 솔루션 적용 시, 기존 DB관련 애플리케이션의 대대적인 수정 필요 • 솔루션 장애 시, DB의 가용성 문제 발생 • 기술적인 한계로 인해, 적용 가능한 DB 종류가 제한적(Oracle 위주) • DB 작업 속도가 느려지고 접속내역 기록 및 조회 기능이 미약하여, 권한 있는 내부 사용자의 유출에 무방비	DB파일 자체에 대한 해킹/절도의 대책 없음

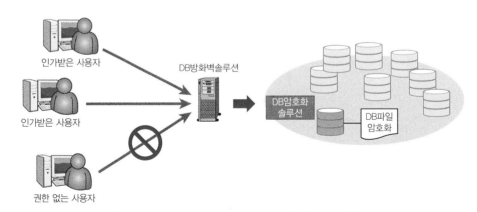

| 그림 4.21 DB 접근제어와 암호화 방식을 함께 구성한 예

개인정보 유출사고가 빈번해지고, 그에 따라 법률과 규제가 늘어남에 따라 DB보안 기술 (암호화와 접근제어)의 적용 필요성이 높아지고 있다. "정보통신망법" 등의 법률에서 규정하기 전에는 약 90(접근제어) 대 10(암호화)의 비율로 DB접근제어 기술의 적용사례가 압도적

으로 많았다. 그러나 최근 "정보통신망법" 관련 고시 등에서 접근제어와 함께 암호화에 대한 규정이 명시됨에 따라 암호화 솔루션에 대한 고려도 높아지고 있다. 하지만, 두 기술은 근본적으로 차이가 있으므로, 서로 장단점이 존재한다. 따라서 올바른 이해와 적절한 적용이 요구된다.

가능하다면 두 기술을 같이 고려하되 다음 절차에 따라 두 가지 기술을 혼용하여 적절히 사용할 것을 권장한다. 우선 고객의 주민번호와 같은 매우 중요한 정보는 여러 데이터베이스에 중복·분산되지 않도록 분석·정리하여 한곳에서 저장·관리한다. 그렇게 집중된 일부 중요 데이터베이스에 대해서만 암호화 기술을 적용하고 전체 데이터베이스에 대해서는 접근제어 기술을 적용한다.

② 네트워크 DLP 솔루션(이메일/메신저 보안 기술)

과거에 정보이동의 주요 수단은 플로피디스크였다. 그러나 인터넷의 발달과 초고속 접속 인프라의 확대로 지금은 대부분의 정보 전송은 네트워크를 이용하고 있다. 클릭 몇 번으로 대용량파일을 눈 깜짝할 사이에 간편하게 원격지로 보낼 수 있게 되었다. 그러나 네트워크를 통한정보유출 사고가 매우 빈번히 일어나고 있으며, 특히 고의에 의한 정보유출 등으로 인하여 무엇보다 강력한 보안이 필요하게 되었다.

최근 네트워크 DLP 솔루션(이메일/메신저 보안 기술)을 가트너(Gartner)나 IDC와 같은 글로벌 리서치기관에서는 DLP(Data Leakage Prevention) 기술 중에 하나로 일컬으며, 가장 중요한 유출방지 기술이라고 정의하였다.

| 표 4.10 파일전송이 가능한 인터넷 서비스

분 류	대표 서비스	분 류	대표 서비스
이메일	SMTP, IMAP, MS Exchange 등	인스턴트 메신저	네이트온, MSN, Yahoo 메신저, 파일구리, 버디버디, 미쓰리, Google Talk, AOL 메신저 등
웹메일	네이버메일, 한메일, Yahoo메일, Hot Mail, Paran 메일, GMail, DreamWiz 메일 등	P2P	eDonkey, GNUTella, BitTorrent, FastTrack 등
웹 스토리지 (웹하드)	LG 웹하드, KT Hard, Paran 아이디스크, Pop Folder, 네이버 N 드라이브 등	기타	FTP, 웹게시판/블로그/SNS의 파일 업로드 기능 등

이렇게 인터넷 통신서비스를 이용하여 유출되는 정보를 기록하고, 접근을 제어하는 제품을 네트워크 DLP 솔루션이라고 한다. "방화벽에서 통신을 제한할 수 있는데, 왜 별도의 솔루션이필요한가?"라고 의문을 제기할 수 있지만, 최근의 인터넷 통신 서비스는 방화벽에서 차단할 수 없도록 고정적인 TCP 포트를 사용하는 대신, 무작위로 포트를 사용하여 진화하고 있으므로 방화벽만으로는 충분치 않다. 또한, 보안을 위해서 관련된 통신서비스를 아예 사용하지 못하도록 하는 것도 적용에 무리가 있으므로 더더욱 관련 기술과 제품의 필요성이 요구되고 있다. 일례로, 금융감독원에서는 금융기관이 지켜야 할 의무 중에 이메일과 메신저로 전송한 정보의 내역을 기록하고 보관해야 한다는 규정을 두고 있다.

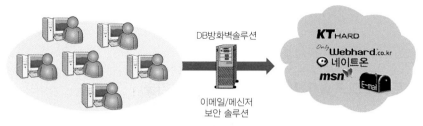

| 그림 4.22 미러링 방식의 이메일/인스턴트 메신저 보안 구성 방식

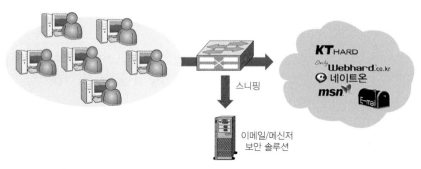

| 그림 4.23 인라인 방식의 이메일/인스턴트 메신저 보안 구성 방식

IPS/IDS가 외부에서 조직내부로 들어오는 악성코드를 감시하고 차단한다면, 이메일/메신저보안은 내부에서 외부로 나가는 정보를 기록하고 제어한다는 점에서 유사하다. 하지만, IPS/IDS가 통신 내용상에 악성코드라고 판단되는 패턴을 찾아 차단하는 비교적 쉬운 기술을 사용하는 반면에, 이메일/메신저 보안은 인터넷 통신 프로그램이 어떻게 파일이나 글을 전송하는지 분석하여 네트워크 패킷을 재조합해야 하는 더 복잡하고, 방대한 기술들을

요구한다. 이 기술도 IPS/IDS나 DB접근제어 제품처럼 스니핑 또는 인라인 모드로 동작한다. 비슷한 이유로 스니핑 모드는 네트워크에 영향이 없으나 강력한 통제기능이 미흡하여 전송내역의 기록위주인 반면, 인라인 모드는 강력한 접근통제가 가능하나 설치 및 적용이 복잡하고 전체 네트워크에 장애를 일으킬 가능성이 있어서 널리 사용되지는 않는다.

네트워크 DLP 솔루션도 접근제어 솔루션인 만큼, 전송내역의 기록과 조회/검색 기능, 통계기능, 접근통제 및 권한제어 기능을 제공한다. 따라서 네트워크 DLP 솔루션을 선정할 때는 각 솔루션이 보유하고 있는 기능성과 기술의 완결성을 고려해야 한다. 또 한 가지 중요한 제품의 선정요소는 "널리 쓰이는 인터넷 통신서비스를 얼마나 많이 지원하는가?"이다. 셀 수 없을 만큼 인터넷 통신서비스가 존재하므로, 현실적으로 그 모든 것들을 분석하기는 어렵다. 그러므로 상대적으로 중요한 서비스에 대한 지원은 많이 할수록 보안성이 높아지기 때문이다.

3. 엔드포인트 DLP 솔루션(개인정보 검색/관리 기술)

데이터베이스는 중요 정보를 대량으로 저장/보관한다는 점에서 핵심 보안 대상임은 분명하다. 그러나 IT기술로 기록된 정보는 별다른 비용과 노력 없이 무한히 복사될 수 있으며 원본과 품질에 차이가 없다는 특성을 가지고 있다.

지속되는 업무와 비즈니스를 수행하다 보면 개인정보는 여러 사람에 의해서 여러 장소에 보관되기 마련이다. 같은 정보 또는 약간 수정된 정보, 혹은 여러 정보의 취합본이 개인의 PC나 서버에 방치되는 일은 매우 흔한 일이다. 정보를 계속 보유하고 있는 것은 정보를 복사/기록한 당시에는 업무 때문이었다 하더라도, 시간이 지나면서 보유한 정보의 존재 자체를 잊어버리거나, 향후 업무에 필요할지도 모른다는 생각 때문이다. 직원의 입/퇴사나 소속부서 변경 등으로 업무 인수인계를 할 때에는 어떤 내용인지도 모른 채 정보를 전달받기도 한다. 또한 그 범위가 같은 부서, 조직내부를 벗어나 외부의 관련조직(협력사, 대리점, 콜센터 등)에 까지 넓어질 수도 있다.

| 표 4.11 엔드포인트 DLP 솔루션(개인정보 검색/관리 기술)

주요 기능	설 명
개인정보 검색	• 파일상의 주민번호, 계좌번호, 신용카드번호, 전화번호, IP주소, 이메일 주소 등의 개인정보 패턴 검색 • 얼마나 많은 개인정보 패턴을 검색할 수 있는지 확인 필요 • 얼마나 다양한 문서포맷을 지원하는지 확인 필요 – 예 : MS Office, 아래아 한글, PDF, 일반 텍스트, HTML, RTF, CSV, MDB 등 • 필요시 패턴을 정의하여 추가할 수 있는지 확인 필요
완전 삭제	일반 삭제는 파일복구 프로그램을 통해 복원이 가능하므로, 복구 불가능하도록 하드디스크상의 파일 내용 위치를 쓰레기 값으로 채우는 작업
암호화	국가에서 정한 안전한 알고리즘으로 파일을 암호화

개인의 PC나 서버에 방치된 정보는 해킹이나 절도에 의해 분실, 실수로 인해 유출될 수 있고, 금전적 유혹이나 조직에 대한 복수심에 고의로 유출될 수 있다. 따라서 개인정보 취급자 이외에는 개인정보를 PC에 저장하지 말아야 하며, 업무상 필요하더라도 암호화해야 하고, 업무에 필요가 없어졌을 때에는 반드시 삭제해야 한다.

PC상의 개인정보를 보호할 때의 가장 큰 문제는 의외로 '자신의 PC 내에 어디에 어떤 정보가 있는지 모른다'는 것이다. 일단, 파일의 내용을 알고 있어야 조치를 취하는데, 업무를 몇 년, 몇십 년씩 하다 보면 자신이 보유하는 파일이 계속 늘어나고, 시간이 지나면서 그 내용이 무엇이었는지 다 기억하지 못하게 된다. 설령 PC를 바꾸더라도, 문서 파일 등은 백업을 하여 계속 누적하게 되므로, 적게는 몇백 MB부터 많게는 몇십 GB까지 되어 그 내용을 일일이 다 열어서 확인하기가 불가능하게 된다. 이때의 정보는 대부분 문서파일이나 메일형태가 되는데 때때로 압축하여 보관하기도 한다.

중요한 개인정보는 대부분 패턴형식(주민번호는 숫자 6자리−숫자 7자리 또는 숫자 13자리)이고 응용프로그램마다 각기 다른 파일포맷으로 저장하므로, 일반적인 파일내용 검색으로는 찾을 수 없다. 그러나 엔드포인트 DLP 솔루션(개인정보 검색/관리 기술)은 컴퓨터내의 개인정보를 자동으로 검색하여 완전삭제, 암호화의 조치를 취할 수 있도록 해준다.

엔드포인트 DLP 솔루션(개인정보 검색/관리 기술)들은 적용방식에 따라 여러 가지 부가기능들을 제공한다. 제품 적용방식은 크게 두 가지로 나뉜다. 첫째는 직원들 스스로의 검사 및 조치 방식이다. 이것은 개인정보의 보호를 직원 자율에 맡길 때 사용한다. PC에서 실행되는 에이전트 프로그램들은 강제적인 기능을 수행하지 않으며, 다만 직원 스스로의 보호활

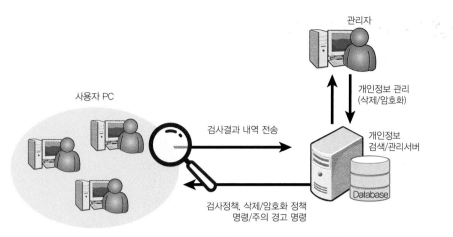

관리자

개인정보 관리
(삭제/암호화)

사용자 PC

검사결과 내역 전송

개인정보
검색/관리서버

Database

검사정책, 삭제/암호화 정책
명령/주의 경고 명령

| **그림 4.24** 엔드포인트 DLP 솔루션(개인정보 검색/관리 기술) 흐름도

동에 필요한 편의기능을 제공한다. 둘째로는 중앙집중적인 감사와 통제방식이다. 이것은 개인정보의 보호를 직원에게만 맡기는 것이 아니라, 중앙집중적으로 조직 내 전체 개인정보의 보유 상황을 파악하고 개인 및 부서 단위로 검사/삭제/암호화 정책을 수립하여 관리할 수 있게 한다. [표 4.12]에서 엔드포인트 DLP 솔루션(개인정보 검색/관리 기술)의 공통기능, 자율기능, 강제기능을 정리하였다.

| **표 4.12** 엔드포인트 DLP 솔루션(개인정보 검색/관리 기술)의 공통기능, 자율기능, 강제기능

부가 기능	설 명
메일내의 개인정보 검색	Outlook과 같은 메일클라이언트 사용 시 다수의 정보가 메일상에 존재하므로, 메일 검색 기능은 필수
압축 파일 지원	Zip 등으로 압축되었을 때에도, 심지어 여러 번 압축되었을 때에도 검색 가능
CPU 부하 최소화	PC의 유휴시간에 검색을 수행하여, 사용자의 불편을 최소화하는 기능
통계기능	PC내 전체적인 개인정보 상황에 대한 통계/리포트 생성 기능
확장자가 다를 때 검사기능	원래의 파일포맷에 따른 확장자가 아닌 경우에도, 검사 가능 (예 : 고객정보. hwp를 고객정보.txt로 바꿨을 때)
개인정보 관리대장기능	개인정보가 포함된 파일/메일의 목록에 대해서, 보유하는 사유, 보유기간 등을 입력하여 자체적인 관리를 돕고, 조직내외 실사에 대응할 수 있는 기능
개인정보의 이동매체 이동제한/결재기능	중앙집중적인 관리를 하고자 할 때 제공 개인정보가 포함된 파일을 이동매체 (USB, CD, 외장HDD 등)으로 복사하려 할 때, 결재를 통해서 승인을 받아야만 하도록 하는 기능
Linux 등 서버지원	Windows 기반 PC뿐이라, 서버급 장비에 대해서도 지원 기능

4. 홈페이지 유출방지 기술

인터넷을 통한 경제활동이 날로 증가하면서 대부분의 기업이나 기관에서는 영업/마케팅, 고객지원, 인사업무 활동 등을 인터넷을 통해 실행하는 것을 당연시하고 있다. 그 과정에서 인터넷 홈페이지 상에 많은 정보가 축적되고, 많은 사람들이 정보에 접근하게 되면서 홈페이지를 통한 정보의 유출도 개인정보 보호의 관심사로 떠오르고 있다.

홈페이지를 통한 유출은 다음과 같은 경우를 생각할 수 있다.

- 홈페이지 관리자가 실수 또는 고의로 개인정보를 게시하는 경우
- 웹 사용자가 게시물을 작성할 때 실수 또는 고의로 개인정보를 업로드 하는 경우
- 웹서버 설정 미비 또는 홈페이지 개발 시 보안을 잘못 고려하여 노출되지 말아야 할 페이지가 노출된 경우

홈페이지를 통한 개인정보 유출방지(이하 홈페이지 유출방지) 기술은 기본적으로 홈페이지와 웹사용자 사이의 통신내용 중에 개인정보가 포함되었는지를 검사하고, 정책에 따라 정보 조회나 업로드를 차단하는 기술을 말한다. 때로는 관리자가 홈페이지에 게시하는 정보를, 결재를 거쳐 승인받도록 하는 콘텐츠 관리 기능을 포함하기도 한다. 세부적인 기술로는 웹서버API 사용방법, 데이터베이스 접근제어 기술과 비슷한 스니핑/인라인/프록시 구성으로 통신내용을 검사하는 방법이 있을 수 있다.

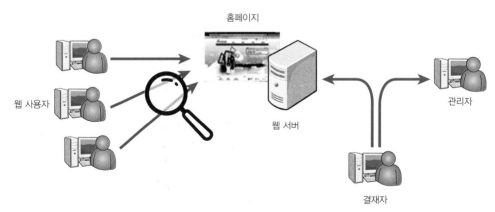

| 그림 4.25 홈페이지의 개인정보 유출 방지 기술 흐름도

5. 문서 암호화 기술

PC상의 파일을 암호화하는 기술이다. 암호화한 파일은 권한 있는 사용자가 아니면 복호화하여 조회할 수 없다. 그러므로 해킹이나 분실, 실수로 인해 파일이 외부로 유출된다 하더라도 그 내용을 알 수 없으므로 개인정보를 보호할 수 있다.

대부분의 문서 암호화 솔루션은 문서의 작성이나 변경 시, 파일이 자동으로 암호화되는 기능을 제공한다. PC에 문서암호화 에이전트가 설치되어 문서작성 프로그램에 플러그인 형태로 동작하는 방법을 주로 사용하며, 간혹 운영체제의 파일시스템을 후킹(Hooking, 가로챔)하여 암호화하는 방법을 쓰기도 한다. 전자의 경우 지원되는 문서작성 프로그램이 제한적이므로 제품도입 시 지원목록을 확인할 필요가 있다. 문서를 암호화할 때와 암호화된 문서를 조회할 때에는 그 내역을 기록하며, 정책에 따라 조회 권한을 설정할 수 있다. 따라서 '부서원이 작성한 파일을 부서장은 조회 가능하다'와 같은 정책을 적용 시킬 수 있다.

문서 암호화 기술은 정보 자체를 암호화하는 근본적인 보안기능을 제공한다. 하지만, 데이터베이스 암호화 기술과 마찬가지로 권한 있는 사용자에 의한 유출에는 별다른 대책이 없다는 단점을 가지고 있다. 또한 파일의 내용에 기반한 선별적인 암호화가 아니라, 무조건 암호화한다는 점에서 도입·적용 시 업무에 불편함을 초래한다.

예를 들어, 비즈니스상 정당하게 외부인에게 문서파일을 이메일로 보낼 때나 단기간 외부 인력과의 협업이나 업무 아웃소싱을 할 때에도 상대방은 암복호화 프로그램을 설치해야 한다.

그 결과 문서 암호화 제품을 도입해놓고 실제로는 운영하지 않는 폐해가 많다고 보고되고 있으므로, 도입결정 시 조직의 보안목적에 부합하는지 검토가 필요하다.

| **그림 4.26** 문서 암호화(DRM) 적용

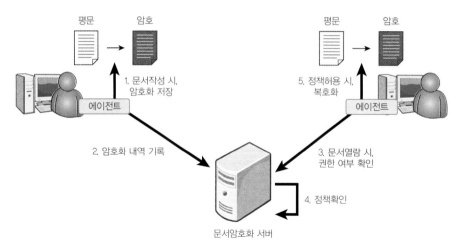

| 그림 4.27 문서 암호화(DRM) 기술 흐름도

사례로 이해하는 개인정보 보호의 기술적 내용

사례 1. 개인정보 생명주기 전체에 걸친 개인정보 종합 관리기술

개인정보 보호 관련 기술들은 각기 자신만의 보호 기술과 영역을 갖고 있다. 따라서 조직에서는 이러한 솔루션을 종합적으로 관리하여 개인정보 전체 상황을 파악할 필요가 있다. 이렇게 개인정보의 전체 상황을 파악하는 것을 EPM(Enterprise Privacy Management)이라고 하는데, EPM은 기존 보안솔루션들을 통합한 솔루션인 ESM(Enterprise Security Management)과 같은 개념이라 할 수 있다. EPM은 ESM과 같이 암호화 관련 솔루션보다는 접근제어와 내역 로깅을 하는 제품들을 주로 연동한다. 개인정보 종합 관리기술은 단지 관리적인 목적 이외에도 『개인정보 보호법』상의 조항을 통해 그 필요성을 알 수 있다.

제34조(개인정보 유출 통지 등)

① 개인정보처리자는 개인정보가 유출되었음을 알게 되었을 때에는 지체 없이 해당 정보주체에게 다음 각 호의 사실을 알려야 한다.

    1. 유출된 개인정보의 항목

    2. 유출된 시점과 그 경위

    3. 유출로 인하여 발생할 수 있는 피해를 최소화하기 위하여 정보주체가 할 수 있는 방법 등에 관한 정보

    4. 개인정보처리자의 대응조치 및 피해 구제절차

    5. 정보주체에게 피해가 발생한 경우 신고 등을 접수할 수 있는 담당부서 및 연락처

② 개인정보처리자는 개인정보가 유출된 경우 그 피해를 최소화하기 위한 대책을 마련하고 필요한 조치를 하여야 한다.

③ 개인정보처리자는 대통령령으로 정한 규모 이상[1]의 개인정보가 유출된 경우에는 제1항에 따른 통지및 제2항에 따른 조치 결과를 지체 없이 행정자치부장관 또는 대통령령으로 정하는 전문기관[2]에 신고하여야 한다. 이 경우 행정자치부장관 또는 대통령령으로 정하는 전문기관은 피해 확산방지, 피해 복구 등을 위한 기술을 지원할 수 있다.

④ 제1항에 따른 통지의 시기, 방법 및 절차 등에 관하여 필요한 사항은 대통령령으로 정한다.

---

1) 대통령령으로 정한 규모 이상 : 1만명 이상(시행령 제39조)
2) 대통령령으로 정하는 전문기관 : 한국인터넷진흥원(시행령 제39조)

위 조항을 만족시키기 위해서는 개인정보를 누가 보유하고 있고, 누가 접근했으며, 누가 외부로 전송하였는지 종합적으로 파악할 수 있고, 유출사고 발생 시 추적할 수 있는 인프라를 구축해야 한다. 개인정보 종합관리 기술은 이 필요성을 만족시킨다.

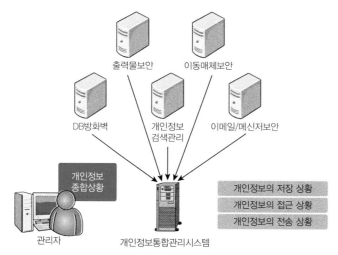

| 그림 4.28 개인정보 종합관리 기술

사례 2. 개인정보취급자를 최소화하기 위한 직무분리 프로세스 개선안

고객정보 데이터베이스 접근자에는 두 부류가 있다. DBMS에는 직접 접근하지만, 데이터베이스 내 정보의 내용 자체에는 관심이 없는(또는 있어서는 안 되는) 부류와 DBMS에 대해서는 잘 모르지만 저장된 정보의 내용 자체에 대해서 관심이 있는 부류이다.

첫 번째 부류는 단순히 DBMS의 원활한 운영이나 정보자체의 무결성, 정보시스템 개발 등을 위해서 정보를 다루는 데이터베이스 관리자, 개발자와 같은 사람이 대표적이다. 두 번째 부류는 마케팅, CRM, 영업활동을 위해 정보의 내용을 활용하는 마케팅직원, 영업사원과 같은 사람이 대표적이다. 이 사람들은 기술자가 아니기 때문에 대부분 DB에 접근하는 방법을 모르거나 직접 접근할 수 있는 권한도 없다.

| 표 4.13 고객 데이터베이스 접근자의 권한 및 접근 기술 능력

	DB관리자, 개발자	마케터, 영업사원
DB 스키마 이해도	O	X
정보 조회권한	△	O
쿼리 작성능력	O	X
개인정보취급자여부	△	O

두 번째 부류는 정보시스템을 사용하여 데이터베이스 내의 정보를 얻는 것이 보통이지만, 때로는 다음과 같은 시나리오를 이용하기도 한다.

① 한국전자에서 마케팅 업무를 담당하는 홍길동 씨는 고객의 상품취향을 분석하기 위해, 데이터베이스 관리자 이순신 씨에게 최근 TV를 구입한 고객의 정보를 요청한다.
② 이순신 씨는 DB에 SQL 쿼리를 실행하여 해당 고객의 거주지, 나이, 성별 등을 조회한 뒤, 파일로 저장한다.
③ 이순신 씨는 그 파일을 전자메일이나 USB에 담아서 홍길동 씨에게 전달한다.

이 과정에서 DB관리자는 고객의 개인정보에 대한 조회권한이 없음에도 불구하고, 개인정보를 조회하게 되며, 그 정보를 자신의 PC에 잠시라도 저장할 수밖에 없다. 이런 식으로 DB관리자가 중간경로에서 개인정보를 취급하게 되면, 견제할 수 있는 수단이 별로 없다. 기존에는 첫번째 부류의 사람이 작업도중 정보를 조회/저장하는 것에 대해서 별다른 신경을 쓰지 않았지만, 최근에 문제가 되는 개인정보 유출사고 등을 방지하기 위해서는 첫 번째 부류의 사람들이정보의 내용을 획득하는 것을 최소화할 필요가 있다.

데이터베이스에 특화된 쿼리 대리 실행기반의 직무분리 기능은 데이터베이스에 직접 접근하는 관리자나 개발자에게 작업은 가능하게 하지만, 정보를 대량으로 조회할 수 없도록 하여, 개인정보의 유출사고를 미연에 방지하도록 도와준다.

[그림 4.29]는 데이터베이스 관리자가 정보요청에 따른 SQL 쿼리만 작성하고, 그 실행은 데이터베이스 방화벽 시스템이 대신하여 데이터베이스 관리자가 정보를 조회할 수 없도록 하는 것을 보여준다. 이 직무분리 기능은 현재 금융권에서 널리 사용되고 있다.

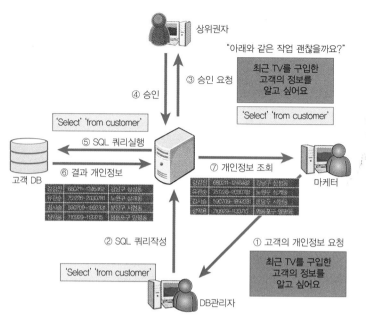

| 그림 4.29 개인정보 종합관리 기술로 구현한 EPM 예

사례 3. 개인정보 유출 탐지기술

불법적인 개인정보 유출 시도를 탐지하기 위하여서는 데이터베이스에 대한 질의어 분석보다는 응답 값 분석에 더 중점을 둬야 한다. 데이터베이스에 대한 접근통제를 담당하는 기존의 데이터베이스 보안 솔루션에서는 클라이언트가 데이터베이스에 전달한 질의어의 내용만을 저장하고, 이에 대한 응답 값은 저장하지 않았다.

예를 들어, "select name, jumin from employe_table"만 저장하고, 응답 값인 "홍길동, 850416-1542174, 박문수, 670505-1275411" 등을 저장하지 않았다. 응답 값을 정확하게 분석하는 것은 기술적으로 매우 난이도가 높은 작업이었기에 개발을 보류했던 것과 또한 응답 값을 모두 저장하는 경우, 저장 공간이 큰 저장매체가 필요해서 비용적인 측면에서 부담이 되었기 때문이다. 그러나 클라이언트로부터 데이터베이스로 전달되는 질의어만의 분석을 통해 개인정보의 유출에 대한 이상 징후를 분석하는 것은 다음과 같은 문제점이 있다.

첫째, 질의어는 가독성(readability)이 낮다. 예를 들면, 다음과 같은 질의어의 결과 값으로 개인정보가 포함되는지를 예측하기 어렵다.

```
"select alias1, alias2, alias3, alias4 from(select 고객id as alias1, 유효연
월 as alias2, 대표카드번호 as alias3, 대표카드유효연월일 as alias4, from cm01.
개인회원기본 where 고객번호 in(1000000000001, 100000002, 1000000010))"
```

DB 전문가인 DBA(데이터베이스 관리자)조차도 위의 질의어가 쿼리에 사용된 카드번호와 같은 개인정보가 다른 테이블과의 조인을 위해서 사용되는 것인지 아니면 카드번호자체를 조회하려고 하는 쿼리인지 식별하기가 어렵다. 특히 질의어에 네스티드(nested)문, 인라인(inline)문, 템프테이블(temp table)문, 파이프(pipe)문, 유니온(union)문, 서브–스트링(sub-string) 함수 등이 사용되면 더욱더 예측하기가 어려워진다.

둘째, 개인정보의 유출통제라는 목적 측면에서 보았을 때는 클라이언트가 데이터베이스에 요청한 값이 무엇인지가 중요한 것이 아니라 데이터베이스의 관리 범위를 벗어난 자료가 무엇인지가 주요한 관리대상이 되어야 한다. 즉, 쿼리 결과 값이 중심이 되고, SQL 쿼리 자체는 부가적인 정보에 해당한다고 할 것이다. 또한 DB를 구성하는 자료들이 지속적으로 갱신되는 경우, 사후 동일한 질의어를 전달하더라도 그 해당 내용이 동일하게 재현되지 않을 수도 있기 때문에 결과 값을 반드시 저장해야 한다.

셋째, 개인정보가 포함되어 있는 테이블과 칼럼의 정보를 사전에 정확하게 획득하는 것은 실질적으로 불가능하다. 개인정보 유출방지를 위해서는 개인정보가 포함되어 있는 테이블과 뷰의 칼럼을 정확하게 파악하여 쿼리 내용에 해당 필드나 칼럼이 포함되어 있을 경우에 차단하거나, 경보, 혹은 쿼리 내용을 기록해서 보관하면 된다. 문제는 규모가 큰 조직에 구축된 데이터베이스는 기본적으로 수년에서 수십 년 동안 운영되며, 그 수 또한 몇 십대에서 몇 백대까지 매우 많다. 그러므로 그 동안 수많은 테이블이 생성되고, 갱신되고, 삭제되기 때문에 무수히 많은 또한 변경되는 테이블과 뷰에 대해서 하나씩 개인정보 포함 여부를 확인하는 작업이현실적으로 불가능하다. 따라서 개인정보의 유출방지를 위해서는 데이터베이스에 대한 질의어 보다는 응답 값의 내용을 관리하고 통제할 수 있어야 한다. 모든 응답 값을 저장하지 않고, 최초 몇 건(예컨대, 10건) 정도만을 저장하는 옵션을 제공한다면, 저장 공간의 제한성은 극복될 수 있다.

사례 4. WAS 로깅기능

WAS(Web Application Server)로 대표되는 정보시스템이 데이터베이스에서 정보를 조회할 때에는 데이터베이스 방화벽 시스템이 저장하는 로그 상에서 WAS가 사용자가 되며, 실제 그 정보를 누가 조회했는지 알 수 없다. 하지만, 법 규정은 그 행위자가 누구인지를 정확하게 식별하는 것이 주요 목표 중에 하나이므로 문제가 된다. 이러한 문제점을 해결하기 위해 많은 해결방식이 시도되었는데 WAS의 애플리케이션이 쿼리를 전송할 때, 주석으로 실제 사용자의 IP를 삽입하고 그것을 DB방화벽 시스템이 해석하는 것이 대표적이라고 할 수 있다.

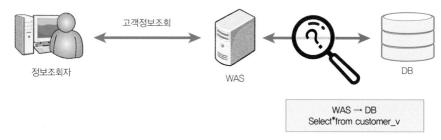

| 그림 4.30 WAS

```
Select * from customer → select * from customer /* userip = 192.168.2.56 */
```

하지만 위와 같은 방식은 애플리케이션을 모두 수정해야 하고, 애플리케이션의 구조상 수정이 불가능할 때도 많아 실제 적용은 잘 되지 않았다.

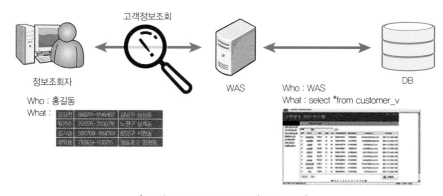

| 그림 4.31 접속기록 화면(WAS 로깅)

WAS 화면 로깅 기능은 사용자-WAS 구간을 캡처하여 누가 어떤 정보를 조회했는지를 분석하는 기능을 말한다. 데이터베이스 보안의 목표가 SQL문을 로깅하는 것이 아니라 누가 어떤 정보를 조회했는지를 알기 위해서 WAS 구간의 화면 캡처를 로깅하기 때문에 굳이 WAS와 데이터베이스 구간을 모니터링할 필요가 없다.

사례 5. 로그 위변조 방지와 기업효율성을 충족시키는 스토리지

기존에 데이터 백업방식인 '로그를 데이터베이스에 저장하고, 이를 테이프 드라이브에 저장'하는 방식은 백업 전후에 관리자가 로그를 임의적으로 위변조할 수 있는 문제가 있었다. 이 문제를 없애기 위해서 로그를 DVD에 저장하는 방식이 사용되기도 하지만, 이 방식은 DVD를 교체하는 것에 대한 번거로움과 로그를 로딩하는 데 시간이 많이 걸리는 한계가 있다.

로그 위변조가 불가능하도록 한 스토리지를 웜(WORM, Write Once Read Many Times) 디바이스라고한다. 웜 디바이스는 쓰기는 오직 한 번만 허용하고 그 정보를 읽는 것은 자유로운 장치이다. 데이터베이스 관리자나, 백업 테이프 관리자, 시스템 관리자 등이 그 안에 들어가 있는 내용을 위변조하거나 삭제하는 것은 원천적으로 불가능하다.

최근에는 HDD의 일부 영역을 웜 영역으로(통상적으로 가상 CD라고 불림) 설정하여 운영하는 기술이 개발되었다. HDD를 사용하면 로그에 대한 쓰기 읽기 속도가 CD/DVD, TAPE에 비해서 10~30배 이상 빠르다는 장점이 있다. 또한 일반 HDD 자체는 HOT SWAP 혹은 COLD SWAP 형태로 탈착식으로 구성하는 것이 가능하다. 그래서 HDD 그 자체를 백업미디어로 사용할 수도 있다. 별도의 테이프 드라이브를 사용할 때의 백업과 리스토어 과정을 거치지 않는다는 편리함도 있다. 요즘 범용 HDD 용량이 지속적으로 증가하여 HDD의 백업미디어 사용이 확산되고 있다.

사례 6. 데이터베이스 암호화 방식의 장단점

데이터베이스에 저장되는 정보를 암호화하는 방식은 DBMS 자체에서 암호화, 프록시에서 암호화, 데이터베이스 접속 애플리케이션에서 암호화하는 세 가지가 있다. 각각의 장단점은 [표 4.14]와 같다.

| 표 4.14 암호화 방식의 장단점

항목	DBMS 암호화	Proxy 암호화	애플리케이션 암호화
암호화와 복호화가 이뤄지는 위치	DBMS	proxy	애플리케이션 프로그램
DB 스키마 변경 여부	필요	필요	필요
애플리케이션 변경	최소화	최소화	가장 많음
키 관리부담	최소화	최소화	가장 높음
데이터 마이그레이션	필요	필요	필요
DB 성능저하	가장 높음	낮음	낮음
통신구간 스니핑 공격 취약성	여전히 존재	여전히 존재	없음

[표 4.14]에서 보는 바와 같이 어떤 암호화 방식이라도 기존의 데이터베이스 스키마가 변경되어야 하고 데이터를 마이그레이션 해야 하는 부담이 존재한다. 따라서 데이터베이스 보안을 위해서는 데이터베이스 방화벽 기술과 암호화 기술을 적절히 혼용해야 높은 수준의 보안이 가능하다고 할 수 있다.

1) 전송 시 암호화의 예 – DB VPN 기능

스니핑 공격(Sniffing Attack)은 통신을 도청하여 정보를 훔치는 것을 말한다. 현재 인터넷과 IT통신 인프라인 TCP/IP 네트워크는 통신의 암호화에 대한 고려가 없기 때문에 스니핑 공격에 매우 취약하다. 따라서 중요한 데이터를 네트워크상에서 주고받을 때는, 통신구간을 암호화해야 스니핑 공격을 방지할 수 있다. 그러나 정보를 암호화하여 저장한다 하더라도, 통신상에서 복호화 되어 평문으로 전송한다면 보안의 중요한 허점이 된다. 특히 통신구간이 길거나 공중망을 거치면 평문 통신은 보안상 매우 취약해진다. VPN, HTTPS, SSL, SSH 등은 그러한 보안상 요구로 인해 개발된 통신 암호화 기술이다.

데이터베이스 VPN(Virtual Private Network) 기능은 VPN, HTTPS, SSL, SSH와 같이 데이터베이스 사용자의 PC와 데이터베이스 방화벽 시스템 간에 암호화된 통신채널을 제공함으로써 안전한 통신을 도와준다.

| 그림 4.32 DB VPN 적용 전 개인정보

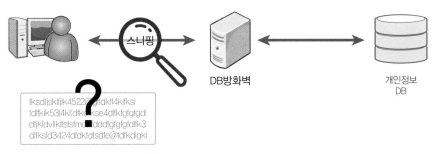

| 그림 4.33 DB VPN 적용사례

사례 7. 셰도우 마스킹(Shadow Masking) 기능

마스킹이란 정보의 일부분을 알아볼 수 없도록 다른 값으로 바꾸는 것을 말한다. 업무나
비즈니스를 위해 개인정보를 다룰 때에 정보 전체가 필요로 하지 않는다면, 정보의 일부분
을 마스킹 하여 노출/유출을 최소화할 수 있다.

예 710929-1123429 → 710929-1******, 홍길동 → 홍*동

이름	주민번호	주소
강감찬	680211-1246462	강남구 삼성동
유관순	751226-2030781	노원구 상계동
김시습	590709-1892331	분당구 서현동
정약용	710929-1133715	영등포구 양평동

customer 테이블

이름	주민번호	주소
강*찬	680211-1******	강남구 삼성동
유*순	751226-2******	노원구 상계동
김*습	590709-1******	분당구 서현동
정*용	710929-1******	영등포구 양평동

customer_v 뷰

| 그림 4.34 셰도우 마스킹 적용 예

특정 테이블의 특정 칼럼(예 : 고객정보 테이블의 주민번호 칼럼)을 마스킹처리 하고 싶을 때 사용하는 기능이 셰도우 마스킹이다. 셰도우 마스킹은 대상 테이블에 동일한 내용의 뷰(view)를 만들되, 해당 칼럼만은 마스킹한 값으로 채워 넣는 방식을 사용한다.

이러한 뷰를 만든 이후에는 데이터베이스 사용자가 해당 테이블을 조회하려고 할 때, 만들어둔 뷰를 참조하도록 쿼리 일부를 치환해야 한다. 그 작업은 데이터베이스 방화벽이 수행한다.

셰도우 마스킹 기능은 원천 테이블을 뷰로 바꿔치기 하므로, 네트워크상에서 마스킹하는 것에 비해 복잡한 쿼리나 함수사용 등에 대해서도 항상 마스킹 된다는 장점이 있다.

CHAPTER
05

개인정보 보호시스템 구축

개인정보 보호시스템 구축을 들어가면서

개인정보 보호를 위한 기술적 보호조치는 여러 가지 솔루션의 도입과 관리적 보호조치의 운영으로 달성될 수 있다. 그 중 기술적 보호조치는 방화벽, 침입탐지, 취약점 점검, 패치, DRM. DLP 솔루션 등 범용적인 보안솔루션과 개인정보에 특화된 전문적인 솔루션 도입을 통해서 이루어질 수 있다. 본 장에서는 그 중 개인정보에 특화된 전문적인 기술적 솔루션 중의 보안서버, DB방화벽, 개인정보 전송시스템을 소개하고 운영에서의 관리적 보호조치 기준으로 개인정보 영향평가 시스템 등에 대해서 살펴본다.

개인정보 유출방지시스템

개인정보 유출방지시스템은 본서에서 제시하는 시스템으로 효과적인 개인정보 유출방지를 위해 개인정보 생명주기의 흐름별 모니터링을 수행하며, 이를 위해 다양한 보안솔루션에서 전송된 보안로그들을 기반으로 개인정보 유출 위험에 대해 심도 있는 위험분석을 수행하도록 설계되었다. 또한 개인정보 유출 위험분석을 위해 개인정보 유출방지시스템에서는 5개의 핵심 모듈을 구성한다. 각각의 구성을 살펴보면,

첫째, 정보 수집 모듈은 개인정보와 관련된 보안위반 행위 및 네트워크 관련 정보를 수집하는 모듈로써 PC·네트워크·애플리케이션·시스템에 설치된 보안솔루션에서 발생하는 다양한 로그들을 보안로그 수집 모듈로 전송하는 역할을 담당한다.

둘째, 보안로그 수집 모듈에서는 다양한 보안솔루션에서 전송된 보안로그들을 효율적으로 통합 관리하여 불필요한 로그 필터링과 수집된 로그들에 대한 정규화 및 이벤트 축약을 실시하며 필요 시 사후 감사 추적을 위한 별도의 원시 로그 통합 수집 데이터베이스를 가진다.

셋째, 위험분석 모듈은 보안로그 수집 모듈에 의해 일차 가공된 보안로그들에 대한 위험분석을 수행하는 모듈로 보안로그를 기반으로 유출 탐지된 개인정보에 대한 중요도와 유출 유형에 대한 패턴 분석 및 이에 대한 위험 시나리오를 연계하여 개인정보 유출 시 실제 발생 가능한 유출 위험에 대한 위험등급을 산정한다.

넷째, 통합모니터링 모듈에서는 위험 등급별 이벤트들을 실시간으로 개인정보 생명주기별, 위험 수준별 모니터링이 가능하도록 모니터링 창에 화면 분류표시하며, 필요시 관리자에게 실시간 문자 메시지나 전자우편 등을 발송하는 역할을 수행한다. 또한 위험분석 모듈 내의 개인정보 유출현황 데이터베이스와 연계하여 사후 감사 등을 위한 리포팅을 수행한다.

마지막으로는 실시간 경보 모듈에서는 개인정보 보호관리자나 운영자가 실시간으로 본인에게 알람메시지를 통보해주는 기능으로 휴대전화를 이용한 단문메시지나 이메일 통지기능 시스템알람기능을 제공하여 위험상황을 제공하는 기능이다.

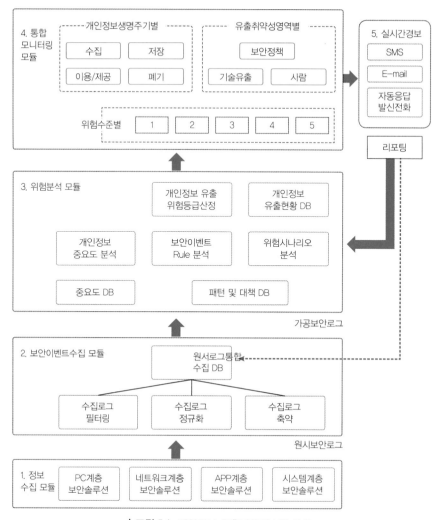

| 그림 5.1 개인정보 유출방지시스템 구조

개인정보 유출방지시스템의 위험분석과 관련된 주요 프로세스과정으로 정보 수집 모듈 상에 위치한 개별 보안솔루션에서 탐지된 보안로그들은 보안로그 수집모듈에서 개별 로그 메시지들에 대한 표준 포맷 변경 작업을 수행하여 효율적인 통합모니터링을 위한 기반을 마련한다. 표준 포맷 형태로 변경된 로그들은 보안이벤트 수집 모듈을 통해서 1차 개인정보 중요도에 대한 분석이 수행되며, 이차적으로 개인정보 생명주기별, 유출취약성 영역별 분류 수행 후 보안이벤트별 위협수준을 산정한다. 위협수준 산정결과 위협수준 1단계에 대행되는 보안이벤트는 위험 시나리오와 연계된 3차 분석의 과정을 거쳐 최종적으로 통합모니터링 모듈에서 분석 결과를 나타나게 된다.

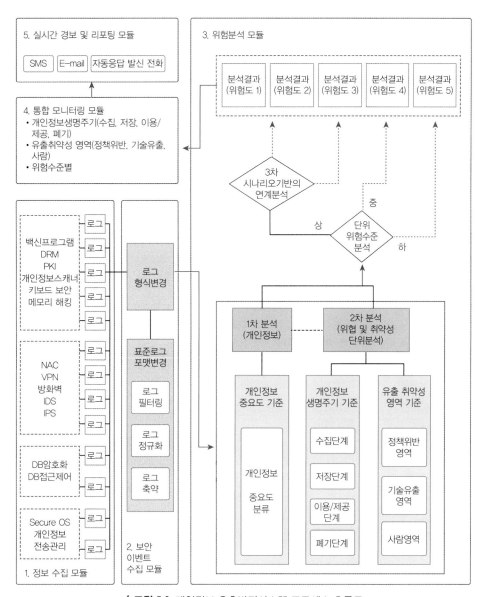

| 그림 5.2 개인정보 유출방지시스템 프로세스 흐름도

1. 개인정보 유출방지시스템 구성

1) 개인정보 수집모듈

개인정보 수집 모듈은 다양한 보안솔루션 중에서 개인정보 보호와 연관된 보안솔루션을 기준으로 개인정보 위반 행위들에 대한 보안로그를 일차 생성하는 역할을 수행한다.

이러한 보안솔루션들은 설치되는 위치 및 담당영역을 기준으로 PC·네트워크·애플리케이션·시스템 계층으로 구분할 수 있다. 현재 시장에 출시된 보안솔루션 중 보안통제 기능이 중복되어 있거나, 연계를 위해 선행되어야 할 기능 개선 및 환경적 제약 요건 등을 고려한 주요기능에 따른 분류는 다음 [표 5.1]과 같다.

| 표 5.1 보안솔루션별 주요 기능에 따른 분류

보안솔루션 명	주요 기능	적용 계층
PC방화벽	PC에 대한 원격접근, 프로세스 사용권한 통제	PC
백신프로그램	정보유출 관련 웜 및 바이러스, 악성코드 탐지 및 치료	
메모리해킹	메모리상에 존재하는 데이터 암호화 및 유출 방지	
키보드보안	키보드 입력 값에 대한 암호화	
화면캡쳐방지	모니터 화면 표시 내역에 대한 화면 캡처 방지	
피싱방지	피싱사이트에 대한 접근 차단	
개인정보스캐너	PC내 개인정보 보유 파일에 대한 검색	
SSL	웹 이용 시 전송데이터 암호화	
I-PIN	인터넷상에서 주민번호 대신 가상의 개인인증 번호 부여	
OTP	일회용 비밀번호 생성	
PKI	공인인증서를 이용한 사용자 인증	
DRM	파일 암호화 및 접근통제, 파일 취급 내역 로깅	
보조저장매체통제	USB, 외장형 HDD에 대한 사용권한 통제 및 내역 로깅	
워터마크	출력물에 대한 인쇄자, 인쇄시간 등을 자동 삽입	
데이터영구삭제	데이터 삭제 시 데이터 복구가 불가능하도록 영구 삭제	
방화벽	네트워크단에서 인가되지 않은 원격접근 통제	네트워크
IDS	해킹 패턴탐지 및 차단	
IPS	해킹 패턴탐지 및 대응	

보안솔루션 명	주요 기능	적용 계층
웹방화벽	웹서비스에 대한 해킹 패턴 탐지 및 대응	네트워크
NAC	NW사용자 인증 및 필수 보안솔루션 적용유도, 정책기반의 NW사용차단	
TMS	다양한 보안솔루션에서 발생되는 보안이벤트 통합 모니터링	
웹모니터링	웹사이트 차단 및 웹사이트 접근이력 로깅	
메신저모니터링	메신저를 이용한 데이터 전송 통제	
이메일모니터링	이메일을 이용한 송수신 전송 통제	
개인정보 게시물차단	웹게시판 등에 개인정보를 등록할 경우 이에 대한 통제	
VPN	암호화된 통신 채널을 이용해 원격 접속 시 평문데이터 보호	
DB암호화	DB에 저장된 데이터에 대한 암호화 수행	APP
DB접근통제	DBMS에 접근 및 이용하는 쿼리문 등에 대한 통제 및 내역 로깅	
개인정보영향평가	개인정보취급시스템 보유정보 및 현황관리	시스템
개인정보전송관리	개인정보에 대한 업·다운로드 및 전송 이력관리	
SecureOS	원격접근 및 프로세스 사용권한 통제	
천공	저장매체에 대한 물리적 폐기 수행	
자기소거	저장매체 내에 저장된 데이터에 대한 폐기 수행	
디지털포렌식	로그분석을 통한 침입·유출 흔적분석	

이렇게 다양한 보안솔루션을 개인정보 생명주기의 관점에서 정리하면 아래와 같다.

개인정보 수집 모듈에서 신뢰성 있고 효율적인 개인정보 유출 분석을 위해서는 보안솔루션별 고유 기능에 대한 사전 분석 및 수집되는 로그에 대한 사전 정의가 필요하며, 보안솔루션의보안통제 기능 및 성격을 고려하여 개인정보 유출방지를 위해 수집되어야 할 주요 로그 및 데이터를 선정한다.

또한 다양한 보안솔루션에서 개별적으로 발생하는 보안로그들을 보안로그 수집 모듈에 전송하기 위해서는 사전 협의된 연동방식을 구현하여야 한다. 일반적으로 이러한 연동을 위해서 Syslog 또는 로그 전송을 위한 에이전트를 로그전송 API(Application Program Interface)를 이용하여 수집, 전송할 수 있다.

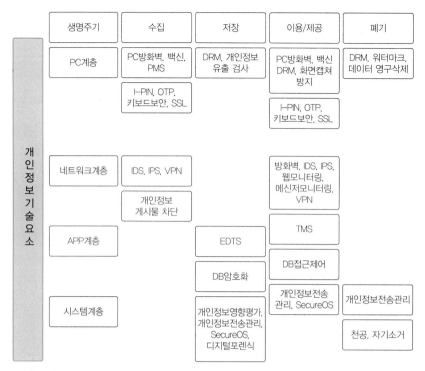

| 그림 5.3 생명주기별 개인정보 보호관련 솔루션 현황이벤트 발생 Syslog daemon

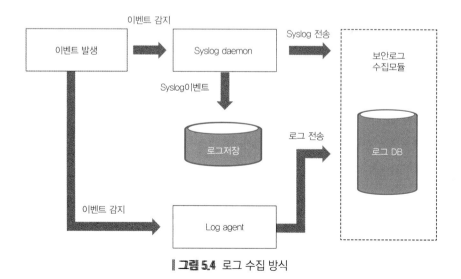

| 그림 5.4 로그 수집 방식

2) 보안이벤트 수집모듈

보안이벤트 수집 모듈은 다양한 형태의 보안솔루션들에서 전송된 보안로그들을 효율적인 통합모니터링을 위해 규격화 형태의 메시지로 변환하는 역할을 수행한다.

규격화 과정으로 중복 또는 불필요한 메시지 필터링, 다양한 형태의 보안로그를 통일된 형태로 변환하는 수집로그 정규화, 다양한 길이의 메시지를 일정 길이로 변환하는 수집로그 축약기능의 3단계 기능을 순서대로 수행한다. 추가로 보안솔루션 수량이 많아 대단위의 보안이벤트가 발생하는 경우 또는 물리적으로 다양한 위치에 산재하여 있는 경우 여러 대의 개인정보수집 모듈을 위한 서버를 개별적으로 구축할 수 있다.

1단계 과정인 보안이벤트 필터링 기능은 보안솔루션별 제공하는 보안로그 중에서 개인정보보호와 관련 없는 보안로그들을 걸러내는 역할을 수행한다. 이를 위해 사전에 해당 보안솔루션에서 제공하는 로그들에 대한 유형을 파악하며, 이를 이용하여 불필요한 로그 또는 비슷한 유형의 중복된 로그 등을 필터링한다.

2단계 과정인 이벤트 로그 정규화 기능은 보안솔루션별 보안로그 중 메시지타입 및 필드별 순서 등을 일정 규칙에 따라 재 정렬하는 역할을 수행한다. 이를 위해 사전에 해당 보안솔루션에서 제공하는 보안로그들의 메시지 타입 또는 필드별 생성내역 등을 파악하며, 이를 이용하여 동일한 형태의 메시지가 되도록 필드별 재정렬을 수행한다.

3단계 과정인 이벤트 로그 축약 기능은 통합모니터링을 효과적으로 수행하기 위해 보안솔

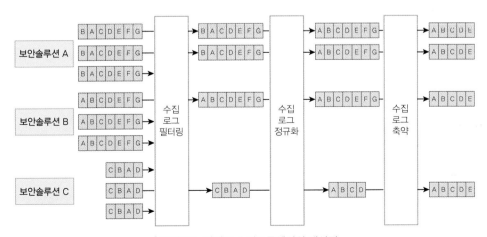

| 그림 5.5 이벤트 수집모듈에서의 메시지

루션별 보안로그들 중 불필요한 필드들을 삭제하는 역할을 수행한다. 이를 위해 공통으로 이용 가능한 공통필드 및 기타 확장성을 고려한 확장필드를 생성하여 최종적으로 보안솔루션에서 생성된 다양한 보안로그들을 하나의 통일된 메시지형태인 보안이벤트로 최종 완성한다.

이벤트 ID	시간	보안솔루션 타입	보안솔루션 호스트명	탐지내역 (보안로그)	개인정보 중요도	생명 주기	유출 영역	위협 수준	위험 분석	기타확장 필드

| 그림 5.6 보안이벤트 표준 메시지 필드 예제

또한 추가로 원시로그 통합 수집 데이터베이스는 원시 로그를 보관한 필요성이 존재할 경우를 대비하여 이를 별도 데이터베이스로 생성 및 보관하게 된다. 이러한 원시로그 통합 수집 데이터베이스는 최종적으로 개인정보 유출 현황 데이터베이스에 위험 분석을 모두 완료한 모든 개인정보관련 보안로그들을 저장하여, 원시 로그에 대한 추가 분석이 필요할 경우 활용한다.

3) 위험분석모듈

개인정보 유출방지시스템의 핵심모듈인 위험분석 모듈은 이벤트 수집 모듈에서 정규화 및 축약과정을 거친 보안이벤트를 이용하여 개인정보가 유출될 가능성 등에 대한 실제 분석 역할을 수행한다. 이를 위하여 위험분석 모듈에서는 유출 대상이 되는 개인정보에 대한 중요도를 분석 및 평가하는 개인정보 중요도 분석과정, 보안솔루션에서 발생한 보안로그 자체에 대한 정해진 규칙단위 탐지내역 분석을 위한 보안이벤트 규칙 분석과정, 개인정보 유출위험이 있는 보안이벤트 규칙을 시나리오형태 등으로 추가 분석하는 위험시나리오 분석의 3단계 과정을 수행한다. 이러한 과정 간의 연계 분석을 거쳐 최종적으로 보안솔루션에서 발생한 보안이벤트에 대해 개인정보 유출 위험 등급 산정을 통한 위험분석을 수행한다.

1단계 과정으로 1차 위험분석을 수행하는 개인정보 중요도 분석과정에서는 유출 가능성이 존재하는 각 세부 개인정보에 대해 보호해야 하는 대상인지를 선정하고 그에 따라 개인정보별 중요도를 선정한다. 이는 개인정보에 대해 누가, 어떤 세부 개인정보를 사용하거나 조회했는지에 따라 유출 위협수준이 달라질 수 있기 때문이다. 이러한 개인정보 중요도 분석을 위해서 A사에서 보유하고 있는 개인정보의 종류에 대한 분석이 선행되어야 하며, 분석의 효율성을 향상하기 위해 별도의 중요도 데이터베이스로 분석된 데이터들이 보관된다.

2단계 과정으로 2차 위험분석 단계를 수행하는 보안이벤트 규칙분석과정은 통합모니터링 시해당 보안이벤트의 위험종류 등에 대한 직관적인 파악을 위해 보안이벤트에 별도의 태그를 부여하는 단계이다. 즉 개인정보 중요도 분류가 완료된 보안이벤트에 대하여 개인정보 생명주기별 분류, 영역별 분류를 수행 후 해당되는 태그를 부여한다.

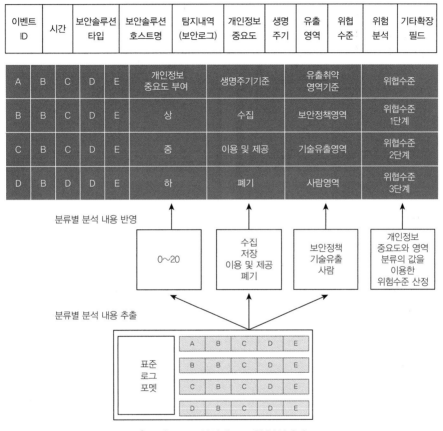

이벤트 ID	시간	보안솔루션 타입	보안솔루션 호스트명	탐지내역 (보안로그)	개인정보 중요도	생명 주기	유출 영역	위협 수준	위험 분석	기타확장 필드
A	B	C	D	E	개인정보 중요도 부여	생명주기기준		유출취약 영역기준		위협수준
B	B	C	D	E	상	수집		보안정책영역		위협수준 1단계
C	B	C	D	E	중	이용 및 제공		기술유출영역		위협수준 2단계
D	B	D	D	E	하	폐기		사람영역		위협수준 3단계

분류별 분석 내용 반영

| 0~20 | 수집 저장 이용 및 제공 폐기 | 보안정책 기술유출 사람 | 개인정보 중요도와 영역 분류의 값을 이용한 위험수준 산정 |

분류별 분석 내용 추출

표준 로그 포멧	A	B	C	D	E
	B	B	C	D	E
	C	B	C	D	E
	D	B	C	D	E

| **그림 5.7** 보안이벤트 규칙 분석과정

첫째, 개인정보 생명주기 분류에서는 해당 보안이벤트가 개인정보 생명주기 단계에 대한 태그를 부여한다. 둘째, 영역별 분류에서는 해당 보안이벤트의 유출 취약성이 보안정책, 기술유출, 사람영역 중 어떠한 영역에 해당하는지를 표시한다. 위의 처리 과정을 거쳐 태그가 부여된 보안이벤트들은 개인정보 중요도 및 영역별 분류의 취약성 값을 이용하여 위협 수준을 최종적으로 평가한다. 추가로 보안이벤트 규칙 분석을 위하여 사전에 개별 보안솔루션에서 발생하는 보안로그에 대한 종류 및 내역 등을 분석하여 생명주기별, 유출영역별로 정의된 패턴 및 대책 데이터베이스를 별도 생성한다.

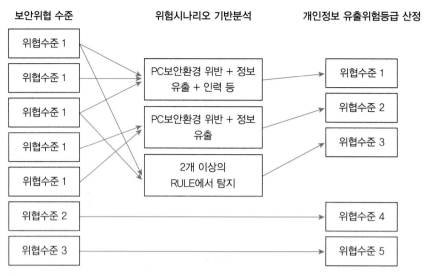

| 그림 5.8 위험 시나리오 분석과정

3단계 과정으로 3차 위험분석 단계인 위험 시나리오 분석 과정에서는 보안이벤트 규칙 분석 후 위협수준에 따라 보안이벤트가 실제로 어떠한 개인정보 유출 유형과 연관되어 어떤 수준의위험이 있는가에 대해 분석하는 최종 단계이다. 이를 위해 개인정보 유출 위험 시나리오와 연계된 이벤트 간 상관분석을 수행하며, 최종적으로 개인정보 유출 위험에 대한 등급 산정을 수행한다. 이를 위해 위협수준이 낮은 보안 이벤트는 별도 위험 시나리오 분석과정을 거치지 않으며, 위협수준이 높은 보안이벤트에 대해 중복점검형태로 위험 시나리오 분석과정을 거친다.

즉 단일 보안이벤트에 대해 이와 연관된 다른 보안이벤트인 타 보안솔루션에서 탐지되거나 기존에 중복 모니터링 된 경우와 같은 연계 단위분석과 사전 정의된 위험 시나리오에 해당하는지 분석 후 최종적인 개인정보 유출 위험 등급을 산정한다.

4) 통합 모니터링모듈

통합 모니터링 모듈은 위험분석 모듈에 의해 개인정보 유출 위험분석이 완료된 보안이벤트들을 모니터링이 가능하도록 화면 표시하는 역할을 수행한다. 이를 위해 통합 모니터링 모듈에서는 보안솔류션별 보안이벤트 자체에 대한 모니터링을 하는 보안이벤트영역인 개인정보 생명주기별 유출영역과 보안이벤트별 위험분석을 수행한 결과에 대한 모니터링을 수행하는 위험분석영역으로 모니터링 화면을 구분할 수가 있다. 이때, 표시되는 보안이벤트는 기본적으로 임계치 등을 이용하여 다수 동일 이벤트가 발생할 경우 하나만을 화면 표시하며, 해당 보안이벤트 선택 시 상세 내역이 도출되는 형태로 구성된다.

| 그림 5.9 통합 모니터링의 모니터링창 내역

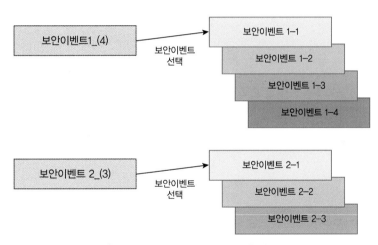

| 그림 5.10 개별 보안이벤트 표현방식

보안이벤트 영역은 개인정보 생명주기별, 유출 취약성 영역별 세부 모니터링 화면으로 구성된다.

첫째, 개인정보 생명주기별 모니터링 화면에서는 개인정보수집 모듈에 있는 개별 보안솔루션에서 전송된 보안이벤트들을 개인정보 생명주기별로 정렬하여 해당 보안이벤트가 개인정보생명주기의 어떤 단계에서 수집·저장·이용 및 제공·폐기에 해당하는지를 표시한다. 이때, 표시되는 보안이벤트는 보안로그 수집모듈에서 표준 로그 포맷으로 변경된 보안이벤트를 화면 표시한다.

둘째, 영역별 모니터링 화면에서는 정보수집 모듈에 있는 개별 보안솔루션에서 전송된 보안이벤트들을 유출 취약성 영역별로 정렬하여 해당 보안이벤트가 취약성의 어떤 영역에 보안정책, 기술유출, 사람 등이 해당하는지를 화면 표시한다. 이때 표시되는 보안이벤트는 보안로그 수집모듈에서 표준 로그 포맷으로 변경된 보안이벤트를 화면 표시한다. 추가적으로, 유출 취약성 영역 정의 시 개별 유출 취약성 자체에 대한 위협등급별 다른 색상을 붉은색, 파란색, 녹색등을 이용하여 화면 표시한다.

통합 모니터링의 위험분석 영역인 위험 수준별 모니터링 화면에서는 보안이벤트별 위협수준에 따른 위험 시나리오와의 연계과정을 거쳐 개인정보 유출 위험 등급 기준으로 화면 표시한다. 즉 보안이벤트영역의 화면표시들은 개별 보안이벤트만을 보여주게 되지만, 위험 수준별화면 표시는 보안이벤트와 위험 시나리오 간의 연계분석을 통해 실제 발생 가능한 위험 수준별로 화면 표시한다.

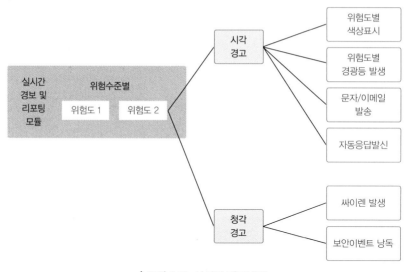

| **그림 5.11** 실시간 경고내역

5) 실시간 경보 및 리포팅모듈

실시간 경보 및 리포팅 모듈은 통합 모니터링 모듈에서 화면 표시되는 보안이벤트들의 위험도에 따라 운영자 및 관리자에게 실시간으로 경고 발생을 하는 역할을 수행하며 다수 보안이벤트에 대한 효율적 모니터링을 위해 위험 수준별 모니터링창의 위험도 1·2등급을 우선 적용한다. 이를 위해 시각과 청각부분으로 실시간 경보체계를 구현한다.

첫째, 시각부분은 위험도가 높은 보안이벤트가 발생할 경우 보안이벤트별 색상구분·경광등을 이용할 수 있다. 추가로, 원격지 관리자 및 근무자를 위하여 문자메시지와 이메일 발송 등을 함께 이용할 수 있다. 최근 스마트폰의 급속한 보급에 따른 보안이벤트를 스마트폰에서도 제공될 수 있도록 앞으로 연구가 필요하다.

둘째, 청각부분은 특정 보안이벤트 발생 시 음성을 통한 경고멘트 발생 및 사이렌 발생 등이 있다.

또한 실시간 경보 및 리포팅 모듈은 사후 감사 증적을 위해 기본 보안이벤트에 대한 검색을 수행한다. 이를 위해 개인정보 유출 위험방지 시스템에는 위험분석 모듈에 의해 분석된 보안이벤트들을 저장하는 개인정보 유출현황 데이터베이스가 존재하며, 리포팅 모듈과 연동하여 보안이벤트 검색이 이루어진다. 또한 필요 시 보안로그 수집 모듈 내에 원시로그통합수집 데이터베이스를 구성하여 보안솔루션에서 발생된 원본 보안로그에 대한 검색을 함께 수행한다.

일반적으로 리포팅 시 일정 기간별, 특정호스트별, 개인정보별, 사용자별 등의 다양한 조건을 이용한 검색이 이루어지며, 마이크로소프트 사의 워드나 엑셀파일 등의 호환 가능한 문서로 문서 생성이 이루어진다.

1. 개인정보 영향평가 시스템의 필요성

개인정보 영향평가 시스템(PIAS, Privacy Impact Assessment System)이란 정보시스템을 개발, 운영할 때 개인정보가 사업에 미칠 영향을 사전에 측정하고 분석함으로써 개인정보 보호 대책을 미리 수립하여 프라이버시에 미치는 영향을 평가하는 체계적인 절차를 의미한다. 이를 위해서 국내관련 법 제도 요구사항을 준수하도록 프로세스를 구축하고 수집, 저장, 관리되는 고객의 개인정보에 대하여 현황 분석 및 위험 분석을 통하여 위험 수준을 도출 한다. 그리고 고객의 개인정보를 활용할 때 발생 가능한 프라이버시 문제에 대하여 보호대 책을 수립 적용해야 하며, 고객의 개인정보 보호를 위한 조직과 역할 및 책임분담 등을 정 의해야 한다.

이는 다음과 같은 성립 배경을 갖는다. 21세기는 개인정보 관련법과 제도의 변화/강화에 따른 보완조치 비용의 증대로 인해 대규모 시스템 또는 신규 IT서비스 등을 통한 개인정 보의 수집, 축적, 활용이 증가하게 되었다. 이것은 개인정보 활용이 수반되는 사업이나 관 련 시스템의 구축이 완료된 후에, 개인정보 침해가 발생할 경우 기업 이미지 추락 및 경제 적 손실을 초래할 가능성이 높아짐을 의미한다. 따라서 PIAS는 고객의 편의 및 정보 이용 의 효율성 제고를 위해 정보시스템의 기능을 추가할 경우나 정보시스템의 개선 부분이 사 전 검토의 부족 때문에 중대한 프라이버시 위험을 초래할 경우를 대비하기 위해서, 개인정 보를 침해할 수 요인을 사전에 검토하여 방지하거나 현재 시스템에서의 침해가능성을 검토 하여 개선할 수 있는 제도적 장치를 의미한다.

PIAS는 고객정보영향평가시스템의 구축을 통해 고객정보 취급 시스템을 개발 또는 변경 하거나 고객정보를 이용하는 업무를 수행하기에 앞서 시행된다. 취급 시스템이나 관련 업 무가 회사나 고객정보에 미치는 영향을 미리 예측/평가하고 그 영향을 줄이는 방안을 강 구하여 관련업무가 회사에 미치는 부정적인 영향을 최소화시키고, 추후 발생 가능 비용을 절감함으로써 회사의 경영을 극대화할 수 있기 때문이다.

PIAS를 도입할 경우, 그 도입 효과는 다음과 같다.

첫째, 개인정보 영향평가 수행 업무 시스템이 개선될 수 있다. PIAS는 업무 효율성 및 처리신속성, 사용자 편의성, 관리 용이성(이행점검, 이력관리) 제고를 위해 체계적인 평가를 수행함으로써 평가 업무를 개선하여 사용자의 편의성을 높이고 전체 업무 절차상의 효율성을 추구한다.

둘째, 개인정보 보호를 통한 대외 신인도 향상을 꾀할 수 있다. 개인정보 영향평가 수행은 사전예방 조치이기 때문에 이를 통해 불필요한 비용투자를 방지할 수 있을 뿐만 아니라 고객정보흐름 중심의 침해요인 분석과 대처 방안을 마련하여 고객정보침해를 사전에 예방함으로써 개인정보 보호를 실현하고 대외적인 신뢰성을 확보할 수 있도록 한다.

2. 개인정보 영향평가 시스템의 구성

이번에는 개인정보 영향평가 시스템(PIAS)을 국내 A통신사의 구축 사례를 중심으로 살펴보도록 한다. A통신사는 개인정보 업무처리 프로세스 표준화 및 시스템화를 통하여 고객의 개인정보업무를 수행할 때 발생할 수 있는 여러 가지 관리적, 제도적, 법적 이슈를 사전에 차단할 수 있는 사용자 중심의 Workplace Portal인 PIAS를 구축·운용하고 있다.

A통신사의 PIAS 사용자는 내부직원, 외부 협력사, 관리자로 구분된다. 내부직원과 관리자용시스템은 사내에서 발생하는 개인정보 관련 프로젝트의 신규 및 변경사항을 관리한다. 외부협력사용 시스템은 외부 협력사와 시스템 구축/운영 등을 통해 시스템 신규설치나 변경사항이 있을 때 상대적으로 열악한 외부업체의 PIAS의 프로세스 및 시스템을 지원함으로 개인정보 보호 관련법에 대한 외부 협력사의 책임에 대한 대비를 한다.

A통신사의 PIAS는 ERP, 그룹웨어, 프로젝트 관리시스템과 유기적으로 연동되어 개인정보 침해위험을 효과적으로 제어하고 있는 것을 특징으로 꼽을 수 있다. 사업초기에 사전적으로 다른 시스템과 연동되어 있어서 프로젝트 관리 초기부터 프로젝트 관리시스템을 통하여 고객정보 영향평가를 시행한 경우이다.

다음은 필수 연동시스템인 프로젝트 관리시스템과 ERP 및 구매정보시스템의 상호 연동

방안에 대해서 설명하도록 하겠다.

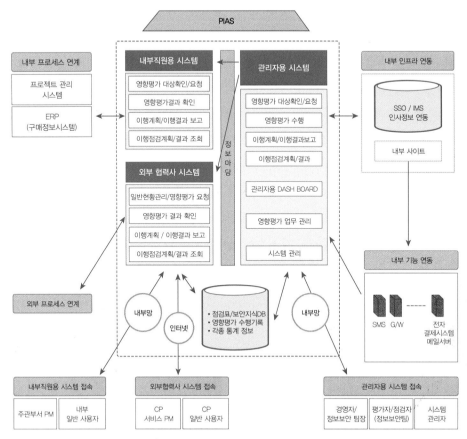

| **그림 5.12** A통신사의 PIAS 구성도

프로젝트 관리시스템에서 신규 프로젝트의 구축이나 변경사항이 진행될 때 개인정보 영향평가(이하 PIA)와의 연계를 통해 시스템 오픈 직전에 개인정보 영향평가를 받게 하여 사전 침해요소를 제거한다. 이 프로젝트 관리시스템은 프로젝트 생성부터 종료에 이르는 전 과정을 관리하는 시스템으로 프로젝트의 효율성 증대와 관리의 투명성을 목적으로 한다.

[그림 5.13]은 시스템 간의 순서도를 나타낸 것으로 프로젝트 관리시스템에서는 개인정보 영향평가 수행여부를 판단하여 프로젝트 완료 직전에 개인정보영향평가 완료 여부에 따라 프로젝트를 완료할 수 있게 함으로써 사전에 개인정보 침해요소를 줄일 수 있는 효과를 가진다.

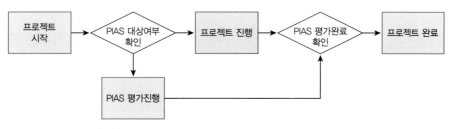

| 그림 5.13 프로젝트 관리시스템에서의 PIAS 적용 순서도

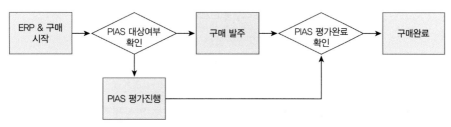

| 그림 5.14 ERP 및 구매정보 시스템에서의 PIAS 적용 순서도

ERP 및 구매정보 시스템의 경우, 시행 또는 변경하고자 하는 프로젝트에서 실질적인 시스템의 구입 또는 비용이 발생할 때 사내 구매시스템과의 연계를 통하여 강제적으로 개인정보 영향평가 시스템에 대상에 등록하게 하여 개인정보 영향평가를 받게 한다. ERP 및 구매정보시스템은 기업의 모든 경영자원을 효율적으로 계획하고 관리하는 시스템을 의미한다.

3. 개인정보 영향평가 시스템의 기능

개인정보 영향평가를 수행하기 위한 전체 프로세스 흐름도부터 살펴보기로 한다. A통신사의 PIAS는 개인정보영향평가의 수행절차를 내부용과 외부용 프로세스로 구분하고 있다.

1) 내외부용 프로세스

[그림 5.15]의 내부용 프로세스 흐름도는 PIA 수행에서 평가 대상 여부의 확인, 영향평가 요청, 이행점검 계획 수립과 결과 보고의 세 단계로 구성되어 있다.

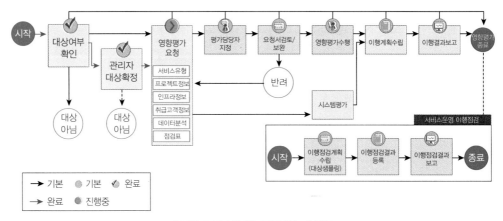

| 그림 5.15 내부용 프로세스 흐름도

첫째 단계인 평가 대상 여부의 확인에서는 구축하려는 시스템의 개인정보가 회사에서 정한 개인정보 종류에 포함되는지를 확인한다. 예를 들어 정보시스템을 구축할 경우 주민등록번호 수집이 필요하면 이는 PIA의 대상이 되며, 개인정보 영향평가를 수행하게 된다. 반면, 단순 하드웨어 증설을 목적으로 하는 경우에는 PIA의 대상이 되지 않는다. 사내 구성원의 인력정보나 인사정보 역시 PIA의 대상이 아니다.

PIA 대상이 된 프로젝트의 경우 다음 단계로 영향평가 요청을 수행하게 된다. 이 단계에서는 시스템의 기본정보와 구축 시스템의 이벤트 및 유형(신규구축, 변경개발)을 등록한다. 프로젝트 정보로는 시스템의 위탁유무, 개요 및 목적, 구축기간 등을 명시하여 시스템의 현황을 알 수 있도록 해야 한다. 인프라 정보로는 시스템의 인프라 환경 및 구성도를 등록하여 물리적인 환경을 파악할 수 있도록 한다. 또한 개인정보 취급현황 및 PIA 점검표 작성을 수행한다. 시스템에서 취급하는 개인정보를 선택하여 얼마나 많은 개인정보를 활용하는지 파악할 수 있도록 한다. 데이터 분석 단계에서는 시스템에서 사용하는 고객정보가 생명주기에 따라(수집·저장·이용 및 제공·파기) 실질적으로 어떻게 사용되는지 파악될 수 있도록 한다. 그리고 한국인터넷진흥원의 '개인정보영향평가 가이드라인'을 참고하여 회사에 맞는 점검표를 만든다. 점검표를 토대로 구축하려는 시스템의 점검항목에 따라 사용자가 적용 여부를 선택하면 이를 바탕으로 위험도가 계산된다. 평가 수행단계에서 여러 단계까지 현업사용자의 의해 작성된 설문지는 사내보안담당자의 검토를 거친다. 그리고 해당 시스템의 권고 및 취약성에 대한 부분을 권고 및 조치할 수 있도록 가이드라인을 제시하는 근거로 사용된다.

마지막 단계로 이행점검 계획 수립 및 결과 보고의 단계가 있다. 이 단계에서 현업사용자는 사내 보안담당자로부터 권고 받은 항목 및 점검사항을 바탕으로 이행할 담당자와 일정 계획을 수립한다. 또한 이행점검 계획을 토대로 적용일, 적용항목을 구체화시킴으로써 PIA 프로세스를 완료하고, 이후에 사내 보안조직이 시스템 점검을 할 수 있는 기초 자료를 작성하게 된다.

한편 외부 서비스 제공자의 경우 변동이 없는 일반정보(회사 일반현황, 인프라정보, 조직현황, 물리적 환경, 보안관리체계 등)는 최초평가 때에만 수행하도록 하여 업무 부담을 줄인다.

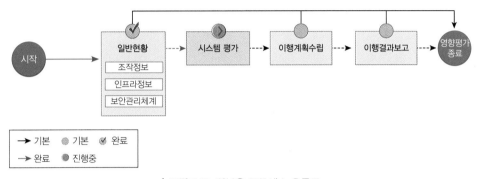

| **그림 5.16** 외부용 프로세스 흐름도

[그림 5.16]에서 보는 것처럼 A통신사에서는 대내외 신뢰도를 높이고자 외부 협력사에게도 PIA 기능을 제공한다. 보안체계 및 정책 설정에 부족한 협력사에 이러한 방법론을 제공함으로써 시스템 전체의 신뢰도를 제고하는 효과를 꾀한다. 외부 협력사의 경우, 대부분 변동사항이 없는 일반정보(조직정보, 인프라 정보, 보안관리체계 등)는 직접 입력하고 시스템과 연동하도록 설계하여 내부 직원의 업무 부하를 줄이도록 하였다.

A통신사의 PIAS는 개인정보 영향평가의 모든 프로세스에 대한 진행현황을 실시간으로 파악하기 위한 대시보드를 구성하고 통합 모니터링 및 통계기능, 감사대상 선정 기능 등을 구현하였다.

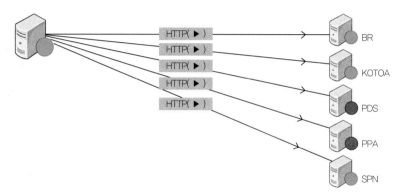

| **그림 5.17** 구축 시스템의 흐름 분석을 통한 모니터링 기능

[그림 5.17]은 기 구축된 시스템의 흐름분석을 보여준다. 통합 모니터링 및 통계기능으로는 사용자가 작성한 설문지의 내용을 통계를 산출하여 각 항목에 따라 모니터링할 수 있는 기능을 제공한다.

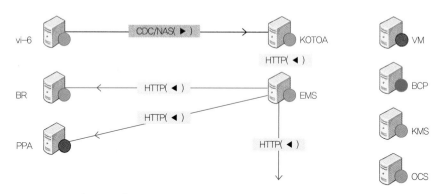

| **그림 5.18** 개인정보 보유 시스템 간의 관계

[그림 5.18]은 개인정보를 보유하고 있는 시스템이 각각의 시스템과 어떤 관계에 있는지 보여 준다. PIAS에서의 개인정보 보호활동 수준이 미흡한 경우나 시스템 내부적으로 정의한 보호수준이 낮을 경우 등 일정한 기준으로 감사대상을 선정하여 주기적인 감사 및 통제를 할 수 있는 기능을 수행한다.

PIAS에서 사용하고 있는 개인정보의 위험도 및 보호수준은 한국인터넷진흥원의 '기업의 개인정보 영향평가 수행을 위한 가이드'에서 제시한 식으로 수치화된다.

위의 위험도 산출식을 현실에 적용하기에는 식이 단순한 반면 기업의 환경이 너무 복잡하다. 그러나 개인정보 자산의 민감도를 사용자 혹은 관리자의 판단에 맡길 수도 없고 정보보안 담당자가 모두 사전에 대한 민감도를 평가할 수도 없다. 그러므로 개인정보 위험수준 수치 계량화를 용이하게 하기 위해 A통신사처럼 각 기업의 특성에 맞도록 보완해서 사용해야 한다.

개인정보 영향평가의 프로세스를 시스템으로 구현하여 프로세스를 진행하게 하면 다음과 같은 정성적인 기대효과를 기대할 수 있다.

첫째, 개인정보 보호현황에 대한 체계적인 관리가 가능해지며, 법적 요구사항에 대한 자동 점검을 통해 사업연속성이 구현될 수 있다. 둘째, 개인정보영향평가 업무시간 단축으로 인한 사용자 및 보안 담당자의 업무 효율성 증대가 기대되며, 개인정보 보호 마인드 제고로 인한 개인정보 보호에 대한 인식이 증대된다. 셋째, 개인정보 보호와 관련된 위험도와 보호수준의 수치화로 경영층에 개인정보 보호의 필요성 및 효과에 대한 근거자료 제시가 가능해진다. 그리고 이로 인한 개인정보 보호업무에 대한 업무성과 측정 기준의 자료 제공이 가능해진다.

데이터베이스 방화벽

1. 데이터베이스 방화벽의 필요성

최근 미국의 사베인즈옥슬리 법안(이하 SOX)이 통과되어 시행되고 한국의 정보통신망법이 개정되어 시행되고 있으며, 개인정보 보호법에 관련한 공청회가 열리는 등 개인정보 보호와 사내정보관리의 필요성이 대두되고 있다. 따라서 주민등록번호, 신용카드번호, 계좌번호와 같은 민감한 고객정보를 담고 있는 데이터베이스의 보안이 중요해지고 있다. 기존 보안솔루션은 외부 해킹의 방지에만 중점을 둠으로써 보다 큰 비중을 차지하고 있는 개인정보의 내부유출에 대한 보안공백을 가지고 있다. 이 때문에 DB방화벽 시스템은 이 보안공백에 대처하고자 데이터베이스를 이용한 개인정보 유출 여부를 판단하여 개인정보 보호수준을 제고하는 목적을 갖는다.

데이터베이스 방화벽의 핵심적인 기능은 다음과 같다.

- 네트워크를 통과하는 모든 데이터베이스의 SQL Query 문의 사본 유지
- 사용자가 직접 입력한 키워드에 따라서 데이터베이스의 분류, 검색, 리포팅 기능 제공

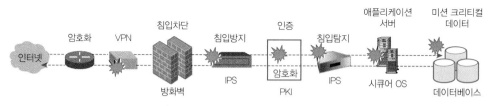

| 그림 5.19 정보보안의 단계별 적용

일반적으로 모든 기업은 [그림 5.19]에서 보는 바와 같이 인터넷 구간에서부터 데이터베이스까지 모든 구간에 걸쳐서 다양한 보안 솔루션을 이용하고 있다.

보안 솔루션 중 데이터베이스 보안 솔루션은 다음과 같이 분류할 수 있다. 이 중 데이터베이스 방화벽은 사전접근제어와 사후 감사기록에 초점을 맞춘 솔루션이다.

- 암호화 : 일반적으로 보관되는 중요 정보를 데이터베이스의 특정 필드에 암호화하여 적용
- 사전 접근 제어 : 사용자의 접근을 제어해 해킹 및 허가 받지 않은 내부자에 의한 불법적인정보유출 방지
- 사후 관리를 위한 감사기록 : 데이터베이스에 접근하는 각종 기록을 남겨 실시간으로 호(Alerting) 하거나 로그를 남겨 사후 감사 목적으로 사용

[그림 5.20]은 기업에 설치된 보안 솔루션에서 데이터베이스 보안의 적용 범위를 나타낸 것이다.

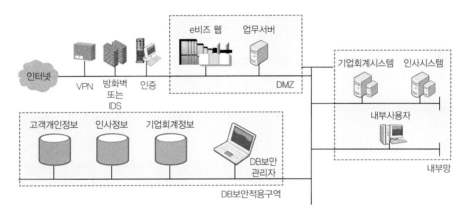

| 그림 5.20 DB 보안의 적용범위

미국의 경우, 나스닥 상장 기업은 SOX에 의거하여 자체 보안 감사를 위하여 데이터베이스 거래, 조회 내역에 대한 감사 리포트를 제공하고, 법률적 규제를 준수하기 위해 감사 자료를 제공해야 한다. 최근, 국내 기업 중 미국 나스닥에 상장된 기업도 이 대상이 되기 때문에 데이터베이스 방화벽 시스템을 도입하여 컴플라이언스를 준수하고 있다.

국내의 경우 "정보통신망법", 『전자금융거래법』, 전자금융감독 규정과 시행 세칙 등에 의한 법률적 보호 대책 준수를 위해 작업 사전, 사후 비교 자료 형태의 감사 자료를 확보해야 한다.

일반적으로 개인정보는 기업의 데이터베이스에 저장되어 있기 때문에, 저장되어 있는 개인정보에 대한 이상 조회 및 유출을 방지하기 위한 감사 자료 확보 및 추적 기반을 갖춰야 한다.

이를 위해 강력한 감시 및 분류 기능을 가진 데이터베이스 방화벽 시스템을 구축함으로써 다음과 같은 효과를 가질 수 있다.

- 데이터베이스를 통한 개인정보의 무단 유출을 실시간 감지
- 감사 및 추적을 역할을 제공함으로써 관리자가 무단 유출에 신속히 대응

2. 데이터베이스 방화벽 시스템의 구성 및 기능

데이터베이스 방화벽 시스템을 구성하는 방식에는 미러링(Mirroring) 방식과 게이트웨이 (Gateway) 방식, 서버 에이전트(Sever Agent) 방식이 있다. 그리고 이를 혼용하여 사용하는 하이브리드(Hybrid) 방식이 있다. 각 방식에 따라 구성 장비와 기능의 장단점이 있으므로 네트워크 환경 및 보안 정책에 따라 선택적으로 구성해야 한다. 참고로 게이트웨이 방식에는 인라인, 프록시(In-Line, Proxy) 방식이 있다.

1) 미러링 방식

미러링 방식은 DB사용자와 DB 사이에 통신할 때 발생하는 네트워크 패킷을 복사해서 분석하는 방식이다. [그림 5.21]에서 보는 것처럼 미러링 방식은 대용량 처리에 적합하고 기존의 다른 서비스에 전혀 영향을 주지 않는 장점을 가진다.

| **표 5.2** 미러링 방식

장 점	• 데이터베이스에 접근한 모든 내역을 모니터링 할 수 있음 • 애플리케이션 서버를 통한 내역까지 모니터링 할 수 있음 • 서비스에 전혀 영향을 주지 않음 • 대용량 처리에 적합함
제약 사항	• 사전 접근제어에 제약적임
적용 분야	• 애플리케이션 서버를 통한 내역까지 모니터링 필요할 경우 • 전자금융거래법과 같이 모든 거래 내역 로깅에 적합함
구성 방법	• 스위치 미러링 또는 탭을 이용하여 데이터베이스 구역으로 들어가는 모든 패킷을 복사하여 관련 정책에 따라 로그를 저장하는 방식임

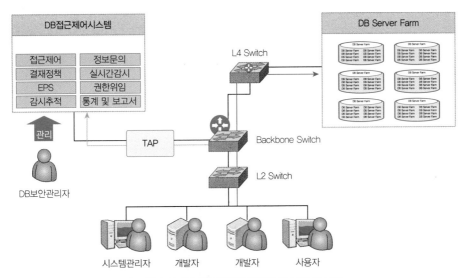

| 그림 5.21 TAP를 이용한 미러링 방식의 구성도

2) 인라인 방식

인라인 방식은 DB사용자와 DB 사이에 통신선을 막은 뒤, 통신 내용을 검사하여 정상적이라고 판단하면 통신을 허용하는 방식이다.

[그림 5.22]에서 보는 것처럼 인라인 방식의 게이트웨이(일명 인라인) 방식은 사전접근제어에는 효과가 있으나, 대용량 처리 시 응답 시간이 지연되는 단점이 있다.

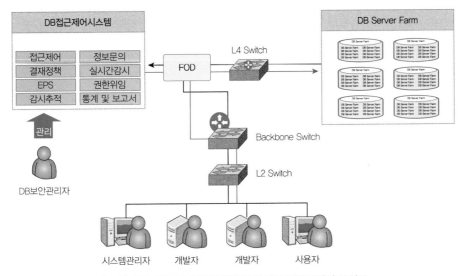

| 그림 5.22 FOD를 이용한 인라인 방식의 게이트웨이 구성도

| 표 5.3 인라인 방식의 게이트웨이

장 점	사전 접근 통제 강화
제약 사항	• 애플리케이션 서버를 통한 로그 저장 불가 • DB접속 성능 저하 • FOD(Fail over device)장비 구성 필요 • 각 DBMS Line 마다 FOD 장비 추가 구성 필요 • 증설시 추가적인 비용이 많이 발생함
적용 분야	• 내부자에 대한 강력한 통제를 요구할 경우 • 네트워크 트래픽은 많지 않지만 중요 데이터를 취급하는 경우로 사전 결재 등 강력한 접근 통제를 요구할 경우
구성 방법	• DBMS 각 Line 사이에 FOD 장비를 두어 게이트웨이(Gateway, 관문) 역할을 통하여 각내용을 정책과 비교하여 판단한 뒤 수행되게 하며 이들 로그를 저장하는 방식임

3) 프록시 방식의 게이트웨이

프록시 방식은 DB사용자의 DB 연결설정을 변경하여 DB 접근제어시스템으로 DB사용자를 연결한 후, 다시 DB 접근제어시스템이 DB와의 통신을 중계하는 방식이다.

[그림 5.23]에서처럼 프록시 방식의 게이트웨이는 사전 접근통제가 용이하며, 여러 가지 보안기능 구성을 할 수 있는 장점을 갖는다.

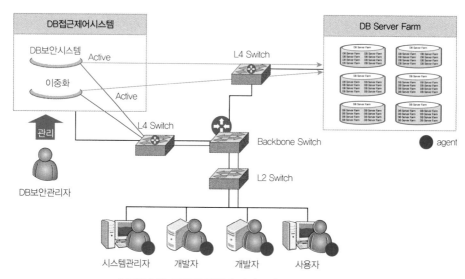

| 그림 5.23 프록시 방식의 게이트웨이 이중화 구성도

| 표 5.4 프록시 방식의 게이트웨이

장 점	• 사전 접근 통제 강화 • 지역적(물리적)으로 분산된 DBMS 서버들을 통합 관리하기에 용이함 • 결재 기능 및 EPS 기능과 같은 다양한 기능 제공
제약 사항	• 애플리케이션 서버를 통한 로그 저장 불가 • 데이터베이스 접속 성능 저하 • 데이터베이스 클라이언트 사용자에 에이전트 설치 필요
적용 분야	• 내부자에 대한 강력한 통제를 요구할 경우 • 지역적(물리적)으로 분산된 환경이며 접속 트래픽이 많지 않을 경우
구성 방법	• 데이터베이스 보안 프록시 서버를 구성하여 모든 데이터베이스 클라이언트 사용자는 프록시 서버를 경유하여 DBMS에 접속할 수 있도록 구성하여 로그를 저장하는 방식임

4) 서버 에이전트 방식

서버 에이전트 방식은 DB서버에 접근제어를 수행하는 에이전트를 설치하여 DB접근제어를 수행하는 방식이다.

[그림 5.24]에서 보는 것처럼 서버 에이전트 방식은 데이터베이스 내에 에이전트를 설치하기 때문에 사전접근통제는 용이하지만, 데이터베이스 자체의 성능을 떨어뜨리고 시스템을 다운시킬 수 있는 위험을 가지고 있다.

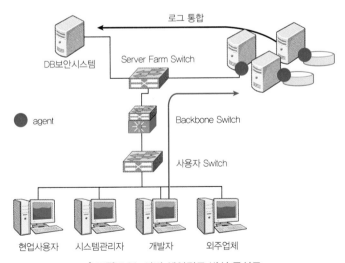

| 그림 5.24 서버 에이전트 방식 구성도

| 표 5.5 서버 에이전트 방식

장 점	• 사전 접근 통제 강화
제약 사항	• 애플리케이션 서버를 통한 로그 저장 불가 • 서비스 중인 DBMS에 에이전트 설치 필요 • 에이전트 이상시 서비스 중인 DBMS에 영향을 줄 수 있음 • DBMS 업그레이드 시 마다 에이전트 재설치 및 개발 변경이 필요함 • 보안 기능에 다소 제약 적임(결재, EPS 제공하지 않음)
적용 분야	• 콘솔 상에서 작업하는 내역에 대한 모니터링이 필요할 경우
구성 방법	• DBMS에 직접 에이전트를 설치하여 모니터링 하는 방식임

사용자 만족도 측면에서 사용량 및 가용량, 처리 속도, 오류 발생 상황 등을 감시하는 작업이다. 데이터베이스 감사 모니터링은 데이터베이스에 대한 보안 정의를 통하여 접속한 형태의 분석 및 접근 제어에 대한 관리 등의 보안 기능과 튜닝의 두 가지를 중심으로 모니터링 하게 된다. 그리고 보안정책 관리와 데이터베이스 튜닝의 근거가 된다. 데이터베이스 모니터링은 시스템 사용 행태 모니터링, 데이터 사용 행태 모니터링, 사용자 만족도별 모니터링으로 나눌 수 있다.

| 표 5.6 데이터베이스 모니터링 요소

항목	세부 모니터링 요소
시스템 사용 행태 모니터링(서비스)	• 웹서비스 • Databases • 트랜잭션 서비스 • General Statistics • 데이터베이스 서비스 • Latches • Access Method • Locks • Backup Device • Memory Manager • Buffer Manager • Replication 관련 • Buffer Partition • SQL Statistics • Cache Manager
데이터 사용행태 모니터링(자원)	• Memory • Disk • Memory / Available Bytes • PhysicalDisk / %Disk Time and %Idle Time • Memory / Pages/sec

항목	세부 모니터링 요소
데이터 사용행태 모니터링(자원)	• PhysicalDisk / Disk Reads/sec 및 Disk Writes/sec • Process(process) / %Processor Time • PhysicalDisk / Avg. Disk Queue Length • LogicalDisk / %Free Space • Processor • Processor / Interrupts/sec • Processor / %Processor Time • System / Processor Queue Length • Network • Network Interface / Bytes Total/sec, Bytes Sent/sec 및 Bytes • Received/sec • Network Segment / %Network Utilization
사용자 만족도별 모니터링	사용자 만족도 조사

1. 데이터베이스 모니터링

1) 시스템 사용 행태 모니터링(서비스)

시스템 사용 행태 모니터링은 다시 프로세스, 파일 시스템, CPU, 메모리, 네트워크에 대한 모니터링으로 세분된다.

- 프로세스 모니터링 : 현재 시스템에서 수행되고 있는 프로세스의 속도 및 다중 프로세스의 경우 각각의 프로세스의 셰어링 상태 등을 감시한다. 운영체제(OS)에서 제공하는 성능 모니터링 툴이나 하드웨어 공급자가 제공하는 성능 모니터링 툴을 활용한다.
- 파일 시스템 모니터링 : 현재 파일 시스템의 사용용량과 가용용량 파악 및 디스크 컨트롤러의 숫자를 파악하고 각 프로세서와 어떻게 연결 운용되는지를 파악한다.
- CPU 모니터링 : CPU 사용량과 가용량, 각 프로세서별 적절한 CPU 사용 행태 등을 파악한다.
- 메모리 모니터링 : 각 프로세서 또는 프로세서의 집합들이 사용 가능한 전체 메모리 용량 및 메모리 페이징 상태를 파악한다.
- 네트워크 모니터링 : 어떤 네트워크 프로토콜을 사용하는가를 파악하고, 데이터 전송 속도 및 네트워크 부하 상태를 파악한다.

2) 데이터 사용 행태 모니터링(자원)

데이터 사용 행태 모니터링은 데이터베이스 용량, 동시처리, 매개변수, 인덱스, 사용자 응용프로그램별 모니터링으로 세분된다.

- 데이터베이스 용량 모니터링 : 데이터베이스 사용량과 가용량을 파악하고, 인덱스의 저장위치 및 사용량 등을 파악한다.
- 동시처리 모니터링 : 데이터 동시 처리 시 적절한 락(Page단위, Table단위, Record단위 등)을 사용하는지, 데드 락이 발생하는지를 파악한다.
- 매개변수 모니터링 : 각 시스템에서 사용하는 관계형 데이터베이스에서 제공하는 매개변수를 파악하고, 매개변수의 값이 적절하게 세팅되어 있는지 파악한다.
- 인덱스 모니터링 : 각 응용 프로그램에서 사용하는 쿼리 문에 적절하도록 인덱스가 구성되었는지, 처리 속도는 어떤 지를 파악한다.
- 사용자 응용 프로그램 모니터링 : 각 개별 응용 프로그램에서 수행하는 쿼리 문이 데이터를 추출하는데 적절히 구현되어 있는지 파악한다.

3) 사용자 만족도 모니터링

사용자 만족도 모니터링은 수시로 시스템에 대한 사용자 조사를 실시하여 사용자가 느끼는 처리 속도 및 만족도를 파악한다.

② 데이터베이스 보안/보호 모니터링을 위한 고려 사항

데이터베이스 보안/보호 모니터링을 위해서는 사용자 그룹 또는 시용자 별로 데이터에 대한접근 권한을 설정한다. 그리고 네트워크 및 서버 측면과 애플리케이션 계층별(사용자 인터페이스, 프로그램, 데이터베이스)로 보안관리 방안을 정의하고 관리하는 작업이 이루어져야한다.

사용자 그룹별 보안등급 정의는 보안 등급, 계정별 보안등급에 대한 정의로 세분된다. 보안등급 정의는 안정성 확보를 위한 보안등급 분류기준에 의거하여 보안등급을 정의한다(DB 보안모니터링 시스템의 보안 기준 : B1~B2).

| 표 5.7 보안점검 항목

분야	보안점검 대상	보안점검 항목
네트워크	외부로부터의 접근통제	• 외부접속자 root 로그인 허용여부 • 3회 이상 접속실패 시 접속차단여부 • 접근통제 도구 설치 및 운영여부
네트워크	네트워크 서비스 보안	• 보안이 취약한 서비스의 안전한 설치 및 불필요한 서비스 차단여부 • 해킹 시 이용될 수 있는 서비스의 제공 차단여부 서버 패스워드와 계정
서버	패스워드와 계정	• 불필요한 사용자 계정은 제거했는가? • 외부기관 사용자의 계정은 유효기간을 설정하였는가? • 패스워드 없는 계정, 특별 계정들은 없는가? • root와 같은 사용자 계정을 갖는 계정은 없는가? • FTP 계정을 막았는가?
	파일 시스템	• 파일접근권한 모드가 적정하게 설정되어 있는가? • 소유주가 없는 파일이 있는가?

출처 : 공공기관 전산보안정책 수립을 위한 지침서(안)

애플리케이션 계층별 보안 정의는 사용자 그룹별 데이터에 대한 접근을 통제하기 위하여 애플리케이션 계층별(사용자 인터페이스, 데이터베이스, 프로그램 등)로 접근 권한을 정의하는 작업이다. 이는 데이터베이스, 사용자 인터페이스, 프로그램에 대한 보안 정의로 세분된다. 데이터베이스에 대한 보안 정의는 사용자 그룹별 테이블 또는 칼럼 단위의 접근권한(생성, 수정, 삭제, 조회)을 정의함으로써 데이터에 대한 접근권한을 통제한다. 사용자 인터페이스에 대한 보안 정의는 사용자그룹별, 사용자 인터페이스별로 접근 가능한 화면상의 데이터 항목을 제한한다. 프로그램에 대한 보안 정의는 사용자 그룹별 프로시저(프로그램)에 대한 접근권한(생성, 수정, 삭제, 조회)을 정의한다.

개인정보 전송 관리시스템

1. 개인정보 전송 관리의 필요성

기업은 개인정보의 외부 침해 방지 및 증적 관리를 위해 개인정보 전송에 대한 통합적인 채널을 구축해야 하며, 추가적으로 전달되는 경로의 암호화 등 보안 조치가 필요하다. 모든 트랜잭션에 대한 증적을 확보하여 컴플라이언스 측면에서 대비해야 한다.

개인정보 전송 시스템 구축은 고객정보를 외부와 잦은 전송을 함으로써 내부 구성원의 무분별한 데이터 추출 및 도덕적 해이, 정보 추출 후 처리 방법에 대한 확인 미흡, 고객정보를 취급하는 사내구성원과 대외 구성원 등의 관리 인력 층의 다양화로 인한 유출, 정보 생존 주기 중전송 및 활용에 대한 관리방안과 인프라스트럭처 부족을 방지하기 위해서 필요하다.

개인정보 전송 시스템 구축에 따른 기대 효과로는 개인정보전송관리 단일화를 통한 유출을 사전 예방할 수 있고 내·외부 임직원의 개인정보 보호 인식제고 및 고객에 대한 신뢰 향상과 노출 위험 배제를 할 수 있다. 또한 법규·제도 준수를 통한 대내외 신뢰도 향상 및 경쟁력 강화할 수 있다.

2. 개인정보 전송 시 고려사항

개인정보를 외부나 내부로 전송할 때는 다음과 같은 개인정보 전송 고려사항을 준수해야 한다.

① 수신자의 고객정보를 필요로 하는지에 대한 사항과 개인정보를 수신하는 사용자는 사전에 승인 받은 자에 한한다. 이는 송신자의 전송 오류 및 부인 방지 및 법적 분쟁을 방지하기 위한 목적이 그 바탕에 있다. 여기서 사전 승인자라 함은 송신자가 사전에 수동

으로 등록한 자이거나 각 회사에 등록되어 있는 IMS(Identification Management System) 로부터 전달받은 검증된 사용자 정보여야 한다. 또한, 이는 주기적으로 점검되어 권한 관리되어야 한다.

② 수신자의 보안 등급에 관한 사항으로는 송신자 및 수신자의 역할에 따라 권한 세분화가 반드시 필요하다. 대부분의 기업이 아웃소싱 기법 등을 이용하여 데이터베이스를 외부에 위탁 운영하는 경우가 많다. 이러한 경우 데이터베이스에 접근이 가능한 사용자는 수탁사의관리자가 되며, 수탁사에서 개인정보를 추출하여 위탁사로 전달이 이루어지게 된다. 또한 개인정보 활용에 대한 검토 및 전송 등을 담당하는 담당자, 개인정보를 전달 받아 실제 업무를 수행하는 담당자가 있을 수 있다. 아들에게 수집, 이용, 전송, 폐기 등 생존주기에 따라 권한이 각각 부여되어야 한다.

③ 수신자에게 반드시 필요한 개인정보만 제한되어 발송되었는지에 대한 사항이다. 법률에는 개인정보 수집이나 이용 시 반드시 필요한 개인정보만을 이용하도록 규정화되어있다. 일부 기업에서는 업무 편의를 위해 이를 간과하고 데이터베이스로부터 추출하여 수신자에게 전달하는 경우가 있다. 이러한 경우를 방지하기 위해 전송된 정보의 암호화, 로그 관리 및 송신자에 대한 변화관리 등을 통해 송신자로 하여금 과다한 정보 추출을 방지할 수 있는 환경을 마련하는 것 또한 주요 고려사항이라 할 수 있다.

④ 수신자가 업무상 필요한 부분에 한해서만 국한해서 사용하는지에 대한 사항이다. 송신자의 개인정보 취급 시 필요한 정보는 최소화하여 취급해야 한다는 법률에 맞추어 수신자에게 전달되는 항목 또한 동일하다. 일반적으로 송신자의 의지에 따라 추출되어 전달되는 개인정보가 미리 지정되는 경우도 있지만, 수신자의 의지에 따라 정해지는 경우도 있다. 이러한 경우 수신자가 필요한 목적에 맞게 정보가 전달되는지에 대한 부분 또한 고려되어야 한다.

⑤ 수신자 활동 감사를 위한 로그 저장에 대한 사항이다. 수신자가 파일을 수신한 후 해당 파일에 대한 사용 이력 감시가 필요하다. 궁극적으로는 파일의 생성주기인 생성, 복사, 이용 파기에 대한 관리가 필요하며, 이러한 생성주기에 따른 파일 관리는 개인정보 전송 관리에서 반드시 구현되어야 할 부분 중의 하나이다. 그리고 전송되는 정보는 전송구간이 스타핑되거나 후킹되지 않도록 암호화된 통신경로를 이용하여 전달되는지에 대한 사항으로, 정보통신망 이용촉진 및 정보보호 등에 관한 법률에는 기술적·관리적 조치를 하여야 한다는 내용이 명시되어 있다. 또한 세부 내용은 기술적·관리적 보호조

치 기준에 명시되어 있다.

⑥ 전송되는 개인정보는 수신자만 알고 있는 비밀 키에 의해 암호화되어 전달되는지에 대한사항이다. 키를 이용하여 전달한다는 것은 암호화되어 전송된 파일이 복호화되어 이용되어야 한다는 것을 나타내는 것으로, 일반적으로 사용되는 기법이기도 하다. 기업의 측면에서 봤을 때 외부에 위치한 사용자에게 정보를 전달해야 할 경우, 인터넷 구간을 경유하여송신자가 외부 수신자에게 파일을 전달하는 것보다 권한이 있는 외부 수신자가 직접 파일을 가져가도록 하는 것이 안전하게 파일을 전달하는 방법 중의 하나라 할 수 있다. 그 사유는 송신자의 오류로 인해 수신자 지정이 잘못되어 전달될 가능성을 조금이라도 줄일 수 있기 때문이다. 물론 암호화되지 않은 형태로 외부로 전달되어서는 안 되며, 파일 암호화, 파일 패스워드 처리, 전송구간 암호화, 전용선 등을 이용하여 기밀성 및 무결성을 강화해야한다.

⑦ 수신되는 개인정보는 수신자가 인지할 필요 없이 직접적으로 개인정보를 필요로 하는 시스템에 입력될 수 있는지에 대한 사항이다. 개인정보의 유출은 의도적/비의도적인 사고에 의해 발생된다. 그 중심에 있는 요소는 '사람'이다. 일반적으로 업무 프로세스를 고려할 때 송신측에서 개인정보를 수신처의 담당자에게 보내면, 수신처의 담당자는 수신한 고객 정보를 확인하는 과정에서 의도적으로 정보 유출 또는 위·변조 행동을 취할 수 있게 된다.

또한 수신한 정보를 혼돈하여 비의도적으로 다른 곳으로 전송해 버리는 사례도 있다. 따라서 수신처의 담당자가 확인하는 과정을 생략하게 된다면 개인정보의 유출 가능성은 그만큼 축소된다. 이러한 관점에서 볼 때 수신처의 업무 처리 시스템에 개인정보가 직접적으로 입력되고 입력이 완료된 이후에 복구 불가능한 상태로 삭제된다면 가장 이상적인 개인정보 보호프로세스가 수립될 수 있다. 그러나 수신처에서 운영하는 시스템으로 개인정보를 가공 없이 직접 입력할 수 있는가? 라는 문제와 잘못된 개인정보가 입력되는 것을 방지할 수 있는가? 라는 문제에 대해서는 별도로 검증되어야 한다.

또한 수신자는 업무 목적으로 이용한 후 수신한 정보를 정책대로 처리하는지에 대한 사항도 고려되어야 하는데 개인정보를 수신하는 회사는 그 회사 고유의 개인정보 취급 정책을 보유하고 있을 것이다. 만약 그러한 개인정보 취급 정책을 보유하지 않고 있다면 송신자와 수신자의 업무 계약 관계에서 그러한 내용이 포함될 수 있도록 유도하여야 한다. 또한 송신자에서 수립한 보안 정책과 동일한 수준의 보안 정책이 수신자에도 적용되어 있는지 확인하여야 한다. 정보는 동일한 수준의 정책에 의해 보호되지 않는다면 의미가 상쇄되기 때문이다. 이러한 이유에서 송신자의 정책 또는 수신자의 보안 정책에 의거, 수신자는 업무목적으로 개인정보를 이용한 이후 적절한 절차에 의해 파기 또는 이관하고 있는지 주기적인 점검이 필요하다.

⑧ 송신자가 원하는 수신자에게 전송하였음을 보장할 수 있는 시스템적인 장치가 있는가 에 대한 사항이다. 개인정보는 사전에 협약된 수신자에게 정확하게 전달되어야 함을 보 장되어야 한다. 원하지 않는 수신자에게 정보가 전송되는 경우는 비의도적인 정보 유출 인 경우가 대부분이다. 따라서 개인정보를 전송하는 시스템에서 이러한 비의도적인 정 보유출 가능성을 최소화 시켜야 한다. 방법적인 측면에서 송신자가 수신자에게 개인정 보를 전송하기 이전 송신자가 의도한 수신자인지 재확인 하는 프로세스를 구현하는 부 분과 수신자가수신한 개인정보를 활용할 수 있는 인증되고 권한이 부여된 사람인지 확 인하는 프로세스를 들 수 있다.

⑨ 송수신자가 육하원칙에 의거하여 수신자에게 개인정보를 전송한 이력정보를 남길 수 있는가에 대한 사항이다. 개인정보의 전송에 따른 모든 행동들은 이력관리가 되어야 한 다. 이는 정보 유출 예방 측면과 사후조치 및 재발방지 대책을 수립하기 위해서 반드시 필요한 기능 요구사항이다.

⑩ 개인정보가 외부로 전송될 경우 개인정보관리책임자의 사전 승인을 얻고 관련 이력들이 로깅 되는지에 대한 사항이다. 개인정보 파일을 외부로 전송할 경우 개인정보관리책임 자의 사전 승인을 얻도록 하고, 승인내역을 이력으로 관리함으로써 개인정보 반출에 대 한 통제/관리 강화가 필요하다. 이때 개인정보관리책임자는 전송되는 개인정보의 일련 번호, 형태(PDF, Word, Image 등), 전송 일시, 전송 목적, 송신자의 소속 및 성명, 수신 자와 관련된 사항, 전송 데이터의 파기일자, 전송 데이터의 파기 책임자 등을 확인하여 야 한다. 그리고 시스템에서는 이와 관련된 정보를 일목요연하게 이력관리하고, 조회될 수 있도록 하여야 하며, 개인정보관리책임자는 개인정보를 취급하는 사용자들에 대한 보안등급을 적절하게 부여하고 그 등급에 맞는 보안 교육을 주기적으로 실시하고 있는 지에 대한 고려도 해야 한다.
정보 분류 및 사용자에 대한 접근 권한(보안등급) 부여는 개인정보에 대한 전반적인 책 임과 권한을 보유한 개인정보관리책임자에 의해 분류되고 지정되어야 하며, 지정된 사 용자는 해당 정보의 분류 등급에 준하는 보안교육을 주기적으로 수료함으로써 정보의 불필요한이동을 사전 예방할 수 있다.

⑪ 개인정보 송신자는 개인정보를 송신 후 송신자가 보유한 개인정보를 정책에 의거하여 처리하는지에 대한 사항이다. 개인정보를 전송함에 있어서 전송된 개인정보의 1차적인 소유자는 송신자라고 볼 수 있고, 수신자는 2차적인 소유자가 된다. 따라서 개인정보의 1차적인 소유자인 송신자는 수신자에게 복제·복사·전송된 개인정보에 대해 정책에 의거 처리되고 있는지 필히 확인하여야 한다. 이를 준수하지 않은 수신자에게는 그 권한을 회수하거나 적절한 절차에 의한 경고/처벌 등의 조치를 취하도록 하여 정책에 의하지 않은 개인정보 처리의 재발 방지를 위한 노력을 이행하여야 한다.

⑫ 개인정보 전송 후 저장된 파일에 대한 보안 사항이다. 개인정보의 복제/복사/전송에 의해 사본이 발생된 경우 사본도 원본에 준하는 보호 수준이 강구되고 적용되어야 한다. 이를 이행하지 않는 경우 정보의 유출은 필연적으로 발생되게 되고 이를 통한 보안 사고는 어렵지 않게 접할 수 있다. 따라서 원본 개인정보 자료가 암호화되어 저장되고 있다면 사본의 개인정보도 동일하게 암호화되어 저장되어야 한다.

3. 개인정보 전송 업무 프로세스

개인정보 전송업무 프로세스 구축을 위해서는 개인정보 전송시스템이 중심이 된다. 가장 먼저 전송업무 표준 흐름도를 작성한다. 그 다음 단계로는 개인정보 전송시스템과 연동할 대상시스템을 정의하고, 대외기관으로의 정보전송 프로세스를 단계별로 구축한다. 이외에도 개인정보서버 운영자와 업무 담당자 간의 업무 프로세스를 정의한 후, 외부 사용자와의 정보수신방법과 활용 방안을 세분화시킴으로써 개인정보 전송업무 프로세스를 구축할 수 있다.

1) 개인정보 전송 업무 표준 흐름도

전송업무 표준 흐름도는 [그림 5.25]에 나타낸 것과 같다. 이 흐름도를 살펴보도록 한다.

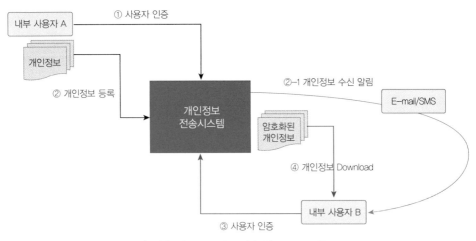

| 그림 5.25 개인정보 전송 업무 표준 흐름도

- 1단계 : [내부 사용자 A]는 사용자 인증을 통해 개인정보 전송시스템에 접근한다.
- 2단계 : 인증을 거친 후 [내부 사용자 A]는 개인정보파일을 개인정보 전송시스템에 등록한후 [내부 사용자 B]에게 전송한다는 액션을 취한다.
- 3단계 : 전송 요청을 받은 개인정보 전송시스템은 [내부사용자 B]에게 개인정보가 수신되었으므로 개인정보 전송시스템에 접속하여 데이터를 다운로드 하라는 통지 (Notification)를 한다.
  통지는 사용자가 직접 접속하도록 유도하여 암호화된 경로를 통해 안전하게 전송하기 위한 장치이다.
- 4단계 : [내부 사용자 B]는 사용자 인증을 통해 개인정보 전송시스템에 접근한다.
- 5단계 : 자신에게 전송된 개인정보를 암호화된 상태로 다운로드 받아 업무를 수행한다.

2) 연동 대상 시스템 및 준비사항

[그림 5.26]에서는 여러 가지의 연동 대상을 나타내고 있다. 일반적으로 회사에서 업무 처리를 위해 다양한 그룹웨어를 운영하고 있다. 이러한 그룹웨어와 연동하여 업무처리를 효율적으로 수행하는 것은 반드시 고려되어야 할 요소 중 하나이다.

연동대상시스템을 정의할 때 다음과 같은 사항에 유의하도록 한다. 첫째, 현재 사내에서 쓰고 있는 인사정보 및 SSO(Single Sign On)시스템을 통해 인사정보를 통합하여 사용할 것인지 아니면 독자적으로 개인정보 전송시스템에서 구축하여 사용할 것인지에 따라, 통합 사용을 한다면 인사정보 및 SSO시스템과 연동하도록 한다. 둘째, 개인정보에 대한 암·복호화 수행을 위해 문서보안 시스템과도 연동을 하여 권한 등에 대해 공유하도록 한다. 셋째, 개인정보 추출시스템등과 시스템끼리 연동하여 중간에 사용자의 개입을 막도록 한다. 넷째, 이메일, SMS, 사내 메신저등과 연계하여 사용자에게 전송에 대한 통지를 하도록 한다.

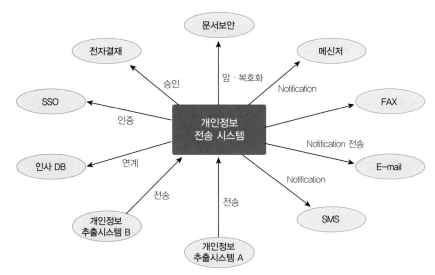

| 그림 5.26 연동 대상 시스템

3) 대외기관 전송 프로세스

대외기관 전송 프로세스를 자세히 살펴보면 [그림 5.27]처럼 다음과 같은 단계를 갖는다.

- 1단계 : 대외기관에서 공문이나 협조문 형태로 개인정보 제공을 요청한다.
- 2단계 : 사내 담당자는 개인정보 추출시스템을 통해 추출을 요청한다.
- 3단계 : 개인정보 추출시스템을 통해 추출된 개인정보는 개인정보 전송시스템으로 시스템간 전송이 수행된다.
- 4단계 : 추출 후 등록이 완료된 개인정보에 대해 사내 담당자에게 이메일/SMS 등으로 자료가 등록되었음을 사내 담당자에게 통보하여 준다.
- 5단계 : 사내 담당자는 대외기관으로 반출될 개인정보에 대해 정보추출책임자에게 전자결재나 결재 등을 통해 인가 받는다.
- 6단계 : 정보관리책임자는 이 개인정보가 대외기관에 전송되어도 된다는 승인 즉 책임을 지겠다는 통보를 하면 전자결재시스템은 개인정보 전송시스템으로 반출에 대해 승인이 이루어졌으며, 이를 통보한다.

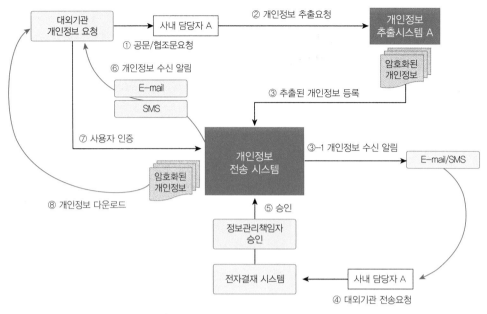

| **그림 5.27** 대외기관 전송 프로세스

- 7단계 : 개인정보 전송시스템은 대외기관 담당자에게 요청한 개인정보가 수신되었음을 통보하여 준다.
- 8단계 : 대외기관 담당자는 개인정보 전송시스템에 사용자 인증을 통해 시스템에 접근한다.
- 9단계 : 자신이 요청한 개인정보를 암호화된 상태로 전송 받아 업무에 활용한다.

4) 개인정보 서버 운영자와 업무 담당자 간 업무 프로세스

개인정보 서버 운영자와 업무 담당자 간 업무 프로세스를 세분하면 [그림 5.28]과 같은 단계를 거치게 된다.

- 1단계 : 내부사용자는 여러 시스템 중 특정한 개인정보를 취급하는 시스템의 업무 담당자에게 전자결재 또는 협조문을 통해 개인정보를 요청한다. 이때 정보추출책임자의 승인을 받아 이를 추출해도 좋다는 근거를 제공 받는다.
- 2단계 : 정보추출책임자로부터 승인 받은 건에 대해 해당 개인정보 추출시스템의 운영 담당자는 개인정보시스템에서 이를 추출하여 개인정보 전송시스템으로 암호화된 상태로 시스템끼리 전송한다.

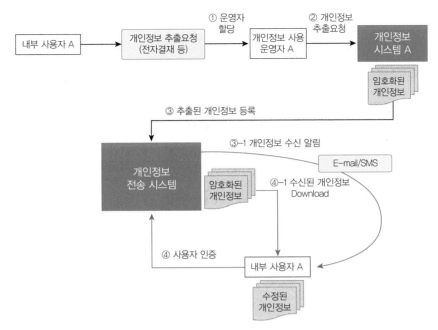

| 그림 5.28 개인정보 서버 운영자와 업무 담당자 간 업무 프로세스

- 3단계 : 개인정보를 등록한 개인정보 전송시스템은 이를 요청한 사용자에게 개인정보가 수신되었음을 통보한다.
- 4단계 : 개인정보가 수신되었음을 통보 받은 사용자는 사용자인증을 통해 개인정보 전송 시스템에 접근하여 암호화된 개인정보를 다운로드 받아 이를 업무에 활용한다.

5) 외부 사용자의 수신 방법 및 활용 방안 프로세스

외부 사용자의 수신 방법 및 활용 방안 프로세스를 세분화하면 [그림 5.29]와 같은 단계를 거친다.

- 1단계 : 내부사용자는 여러 시스템 중 특정한 개인정보를 취급하는 시스템의 업무 담당 자에게 전자결재 또는 협조문을 통해 개인정보요청을 한다. 이때 정보추출 책임자의 승 인을 받아 이를 추출해도 좋다는 근거를 제공 받는다.
- 2단계 : 정보추출책임자로부터 승인 받은 건에 대해 해당 개인정보 추출시스템의 운영 담당자는 개인정보시스템에서 이를 추출하여 개인정보 전송시스템으로 암호화된 상태 로 시스템끼리 전송한다.

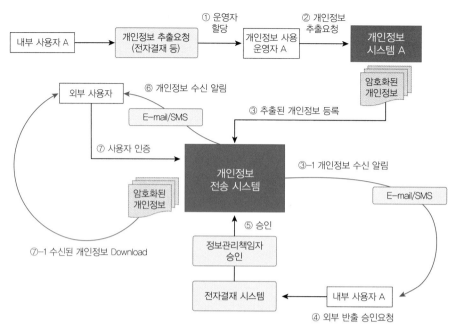

| 그림 5.29 외부 사용자의 수신 방법 및 활용 방안 프로세스

- 3단계 : 개인정보를 등록한 개인정보 전송시스템은 이를 요청한 사용자에게 개인정보가 수신되었음을 통보한다.
- 4단계 : 내부 사용자는 이를 외부로 반출에 대해 정보관리책임자에게 승인을 요청한다.
- 5단계 : 정보관리책임자가 개인정보에 대한 반출을 승인하면 개인정보 전송시스템은 외부사용자에게 개인정보가 수신되었음을 통보하여 준다.
- 6단계 : 통보를 받은 외부사용자는 사용자 인증을 거쳐 개인정보 전송시스템으로 접속을 하여 자신에게 수신된 개인정보를 암호화된 형태로 다운로드 받아 이를 업무에 활용한다.

보안서버

1. 보안서버의 필요성

보안서버란 인터넷상에서 사용자 웹브라우저와 서버 사이에 송수신되는 개인정보를 암호화하여 전송하는 웹서버를 의미한다. 또한 보안서버는 해당 전자거래업체의 실존을 증명하여 고객과 웹 서버간의 신뢰를 형성하고, 웹 브라우저와 웹 서버 간에 전송되는 데이터의 암/복호화를 통하여 보안 채널을 형성하므로 안전한 전자거래를 보장한다. 개인정보를 송/수신 하는 대표적인 예로는 회원 가입 시 주민번호 입력, 로그인 할 때 ID/패스워드 입력, 인터넷뱅킹 이용시 계좌 번호/계좌 비밀번호 입력 등이 해당된다. 인터넷상에서 암호화되지 않은 개인정보는 가로채기 등의 해킹을 통해 해커에게 쉽게 노출될 수 있으므로, 웹 서버에 보안서버 솔루션을 설치하면 해커가 중간에 데이터를 가로채도 암호화되어 있어 개인정보가 노출되지 않는다.

2. 보안서버의 구축 방식

보안서비는 구축 방식에 띠리 그게 SSL 방식과 응용프로그램 방식 두 가지로 구분할 수 있다.

1) SSL 방식

SSL(Secure Socket Layer)은 Connection-oriented network layer protocol(e.g. TCP/IP)와 Application protocol layer(e.g. HTTP) 사이에 위치하는 프로토콜 레이어 상에서 상호 인증, 무결성을 위한 전자 서명의 사용, 프라이버시를 위한 암호화 등을 이용하여 클라이언트와 서버간의 안전한 통신을 제공한다. TCP/IP 프로토콜 자체는 제3자의 도청에 거의 무방비로 대책이 없으며 현재 대부분의 쇼핑몰에서 지불 처리 시 신용카드 번호와 유효기간

만을 받아서 처리하기 때문에 제3자에 의한 도청이 이루어질 경우 심각한 문제를 일으킬 수 있다. 또한 클라이언트 역시 자신이 신용카드 번호를 입력하고 있는 웹 서버가 정말로 자신이 정보를 알려주고자 하는 서버인지 확신할 수 없다. 이와 같은 문제를 해결하기 위한 웹상에서의 솔루션이 SSL이며, 이는 넷스케이프 사에 의하여 제안되었으며, 실질적으로 웹상에서의 보안 솔루션의 표준으로 인식되고 있다. SSL 인증서를 이용한 보안서버는 사용자 컴퓨터에 별도 보안 프로그램 설치가 필요 없다. 그리고 웹 서버에 설치된 SSL 인증서를 통해 개인정보를 암호화하여 전송한다. 보안서버 구축에 소요되는 비용이 상대적으로 저렴하지만 주기적으로 인증서 갱신을 위한 비용이 소요된다. 보안서버 구축 확인 방법은 로그인 페이지 등 보안이 필요한 웹 페이지에 접속한 상태에서 [그림 5.31]처럼 브라우저 하단 상태 표시줄에 자물쇠 모양의 마크로 확인할 수 있다. 그러나 웹사이트의 구성 방법에 따라서는 자물쇠 모양의 마크가 보이지 않을 수 있다.

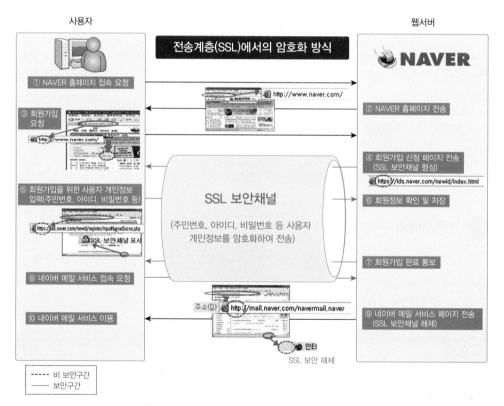

| **그림 5.30** 전송계층(SSL)에서의 암호화 방식

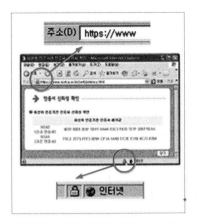

| 그림 5.31 SSL 방식의 보안서버 실행 확인

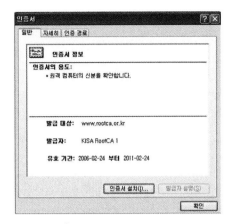

| 그림 5.32 인증서 보기

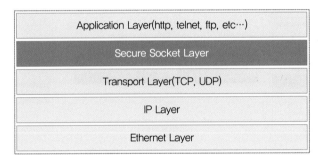

| 그림 5.33 TCP/IP 4계층 모델과 SSL

SSL 보안이 적용된 웹 사이트에 접속하면 브라우저(IE의 예)의 오른쪽 하단에 평소에는 보이지 않던 닫힌 열쇠 모양이 보이게 된다. 이 열쇠를 더블클릭하면 현재 이 웹사이트가 가지고 있는 보안 인증서 내용을 볼 수 있다.

[그림 5.31]에서 보는 것처럼 브라우저 오른쪽 하단(Explorer의 경우)에 보이는 열쇠 아이콘을 더블 클릭하면 [그림 5.32]와 같은 인증서 내용을 확인해 볼 수 있는 창이 나타난다. 여기서 발급 대상은 보통 현재 브라우저로 보고 있는 페이지의 웹 사이트 주소가 되며 발급자는 이 웹사이트의 보안 인증서를 발급해준 인증기관의 이름을 보여준다.

2) 응용 프로그램 계층에서의 암호화 방식

암호화 응용 프로그램을 이용한 보안서버는 웹 서버에 접속하면 사용자 컴퓨터에 자동으로 보안 프로그램이 설치되고 이를 통해 개인정보를 암호화하여 전송한다. 웹사이트 접속시 초기화면이나 로그인 후 윈도우 화면 오른쪽 하단 작업표시줄 알림영역에 [그림 5.35]와 같은 암호화 프로그램 실행여부를 확인할 수 있다. 그러나 응용프로그램에 따라 모양은 다르게 나타날 수 있다.

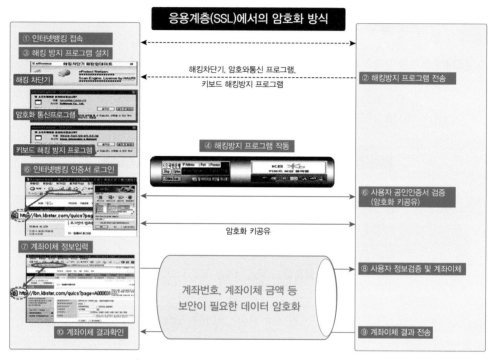

| 그림 5.34 응용프로그램 계층에서의 암호화 방식

| 그림 5.35 응용프로그램 방식의 보안서버 실행 확인

3) 보안서버 구축 절차

보안서버 구축은 유형별로 다음과 같은 결정 방식을 통해 이루어진다. 우선 단독 서버운영 방식을 채택할 것인지, 웹 호스팅서비스를 이용할 것인지를 결정한다. 자체 서버 운영방식을 채택한다면 이후에 SSL방식을 채택할 것인지 응용프로그램방식을 채택할 것인지 결정한다. 웹호스팅 방식을 채택할 경우에는 대부분 웹호스팅 업체에서 권고하는 방식을 채택하게 된다.

이를 요약하면 [그림 5.36]과 같다.

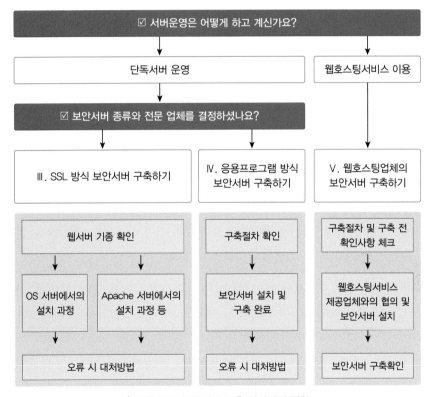

| **그림 5.36** 보안서버 구축 의사결정 절차

1. 개인정보 운영센터의 필요성

개인정보 운영센터(POC, Privacy Operation Center)란 기업의 주요 정보를 취급하거나, 고객들의 개인정보를 취급하는 시스템에 접근할 수 있는 관리적, 기술적, 물리적 접근 경로를 일원화하여 체계적으로 통제/관리하는 형태를 말한다. POC는 IT분야에서의 정보 및 개인정보유출 가능성을 원천적으로 차단하여, IT운영 업무의 투명성 및 신뢰성을 확보하는 효과를 가진다.

국내 최근 3년간 보안 사고의 36% 이상이 외부인이 아닌 전, 현직 내부 직원에 의한 것으로(내부직원 13%, 관리자부주의 8%) 밝혀졌다. 내부정보 유출은 신뢰도 저하 및 상당한 피해를 초래할 수 있기 때문에 최근 기업들은 내부정보 유출방지 및 데이터 보안에 더욱 촉각을 곤두세우고 있다. 특히 최근에 발생하고 있는 여러 가지 사건으로 인해 고객 정보를 다루는 기업들은 개인정보 보호에 관심을 기울이고 있다.

예를 들어 최근 발생한 모 정유회사의 개인정보 유출사건의 경우, 정보 유출의 주범은 내부직원으로 정유회사 자회사 직원과 친구 등 3명으로 한 달간 고객 데이터베이스에 접근하여 개인정보를 복사하여 유출한 사건이었다. 이러한 각종 사고를 배경으로 기업 기밀과 기업 고객 정보를 포함한 기업의 내부 정보를 보호하기 위한 물리적, 기술적, 관리적 보안의 중요성은 더욱 대두되고 있다. 이에 대한 해결책으로 기업의 중요 정보시스템에 대한 접근을 관리하는 POC의 구축은 정보자산의 내부유출 및 외부 침해사고에 대응할 수 있는 하나의 방향이 되고 있다. POC를 도입할 경우, 정보의 기밀성·무결성을 보장하고 대외 신뢰도 향상을 도모하여 기업 정보의 보안수준을 향상시킬 수 있다. 또한 기업 경쟁력의 핵심인 중요정보의 대량유출 및 오남용 사전방지, 고객정보관련 업무를 수행하는 담당자들의 보안의식 고취 및 제고하는 효과가 있다.

2. 개인정보 운영센터의 구축

POC는 고객의 개인정보가 통합 관리되므로, 다른 어떤 조직보다 최상위 수준으로 물리적, 관리적, 기술적 보안조치가 이루어져야 한다. POC를 물리적으로 인터넷과 분리하여 운영함으로써 외부에 의한 해킹을 원천적으로 방지할 수 있는 것이 한 예이다. [그림 5.37]에서 보는 것처럼 POC 구축은 물리적, 관리적, 기술적 보안에 따라 구성할 수 있다. 그 각각에 대하여 살펴보도록 한다.

1) POC의 물리적 보안

POC의 물리적 보안은 인적 출입 통제, 미디어 반출입 통제, 출입 감시 등을 통한 물리적 보안통제를 구성할 수 있다.

| **그림 5.37** 물리적, 관리적, 기술적 보안에 따른 POC 구축 방법

| **표 5.8** 물리적 보안 통제 및 구성 내용

구 분	주요 내용
인적출입통제	• 비보호구역, 제한 · 통제구역은 물리적으로 분리 • 출입인증시스템 등 자동화된 출입인증시스템 적용 • 불필요한 출입문, 유리창 폐쇄 또는 시건장치 부착 • 24시간 365일 출입보안요원 상주
미디어 반출입 통제	• 문형 금속 탐지기, 핸드 스캐너를 통한 반출입 검색 • 보안 스티커를 통한 매체 봉인(반입이 인가된 휴대전화, 저장매체 등의 인터페이스) • 시건장치가 부착된 사물함을 통해 반입금지품목 보관
출입감시	• 내외부로부터 침입, 반출입 모니터링을 위해 주요 출입구, 유리창 CCTV 설치 • 주요 출입구, 유리창 사각영역 폐쇄 • 출입기록 검토를 위해 출입내용을 기록 관리하는 자동화된 출입관리시스템 설치 • 출입감시시스템 영상정보 접근통제 적용

2) 기술적 보안

개인정보 보호센터의 고객 개인정보를 효과적으로 보호하기 위해서는 PC/문서 보안 통제, 네트워크 접근 통제, 그 외의 측면에서 기술적 보호 대책을 적용해야 한다.

| 표 5.9 기술적 보안 통제 및 구성 내용

구 분	주요 내용
PC/문서 보안통제	• POC 내에서 사용되는 모든 PC는 POC PC 보안정책을 따라야 함 • PC봉인, 기타 보안솔루션 적용, PC 반출 시 포맷(재생 불가능한 포맷방법)
네트워크 접근통제	• POC 내에서는 승인된 시스템 및 영역으로의 접근만 허용 • 고정 IP 사용 및 IP 변경이 불가능하도록 보안솔루션 적용 • 외부망 접근 필요시 신청을 통해 보안성 검토 및 승인 후 접근 가능
기타	• 바이러스백신프로그램, NAC(Network Access Control) 등

3) 관리적 보안

관리적 보안 통제는 근무인력통제와 업무 운영 프로세스 통제로 구성된다.

| 표 5.10 관리적 보안 통제 및 구성 내용

구 분	주요 내용
근무인력 통제	고객정보와 관련된 업무를 파악, 관련 근무자중 최소한의 근무자만 POC에 출입하여 고객정보 유출을 원천적으로 차단함
업무운영 프로세스 통제	출입, 반출입, 근무신청, 내/외부망 접속 신청, 메신저 접속 신청, 보안통제 변경/적용신청 등 각종 업무프로세스를 통한 운영통제

③. POC 구축 사례

앞에서 언급한 POC의 구축을 위한 물리적, 기술적, 관리적인 보안 통제 중에서 PC보안, 네트워크 보안, 업무 보안정책을 POC에 적용한 구체적인 사례를 살펴본다.

1) POC의 PC 보안정책

POC의 PC 보안정책은 다음과 같이 구성된다.

- 문서보안, PC보안, CIAS, V3, NAC 등의 보안솔루션 설치를 하거나 적용한다.
- USB Disable, CMOS 패스워드 설정, PC를 봉인한다.
- 할당된 POC 전용 고정 IP를 사용한다.
- POC 전용 PC에서는 인가된 고객정보영역 외 외부 인터넷망 및 사내 인트라넷 등으로의 접근을 차단한다.
- 외부 인터넷망 및 사내 인트라넷으로의 접근 필요시 POC PC방을 이용하여 접근한다.
- POC 내에서 사용되는 PC의 관리책임은 사용자 본인에게 있다.
- PC에 설치 또는 부착된 하드웨어를 임의로 변경, 추가설치, 제거 등을 금지한다.
- 모뎀, 착탈식 디스크, USB 하드 및 메모리 스틱 등의 통신장비, 저장기기 및 매체를 임의로 설치하거나 이용을 금지한다(다만, 업무상 필요성이 있는 경우, 사전에 POC 보안관리자의 승인을 득하여 별도하드웨어를 설치하여 사용 가능).
- POC의 정보시스템을 침해하거나 우회할 수 있는 프로그램을 PC에 임의로 설치하는 행위를 금지한다.
- 모든 사용자는 인가된 업무상의 목적을 위해서만 PC 및 PC 내의 정보를 사용한다.
- POC에서 사용되는 PC는 타인이 추측하기 어려운 패스워드를 사용하여야 한다.

| 표 5.11 패스워드 관리정책

구 분	내 용
패스워드 관리정책	• 문자, 숫자를 조합하여 최소 8자리 이상으로 한다. • 동일한 문자 또는 숫자의 3자 이상 금지한다. • 사용자 ID와 동일한 패스워드 금지한다. • 생년월일, 전화번호, 이름 등과 동일한 패스워드 금지한다. • 주기성 문자를 포함한 패스워드 금지한다. • 패스워드는 최대 1개월 주기로 변경한다. • POC 내 모든 업무용 PC는 화면보호기(10분)를 설정하여 사용한다.

2) POC의 네트워크 보안정책

POC의 네트워크 보안정책은 다음과 같이 구성된다.

- 고객정보시스템으로의 접근은 POC 내에서만 허용하는 것을 원칙으로 한다.
- POC 영역은 외부 인터넷, 인트라넷 등의 접근이 차단된 POC 전용망을 사용해야 하며, 할당된 POC 전용 고정IP를 사용해야 한다.

- 외부 인터넷, 인트라넷 등으로의 접근이 필요한 경우 POC PC방을 이용하여 접근할 수 있다.
- 업무상 불가피하게 고객정보 외 외부망 접근이 필요할 경우 외부망 접근 신청서를 통해 해당 업무 부서장 및 POC 보안관리자의 승인을 얻어 접근할 수 있다.
- 적용된 접근정책은 미리 정해진 기간 동안 유효하며, 만료 이후에도 접근이 필요할 경우 만료 전에 외부망 접근 신청절차에 따라 접근정책 갱신을 요청해야 한다.
- POC 영역과 외부영역 간 데이터송수신이 필요할 경우 POC 운영관리시스템 및 인가된 송수신 방법을 이용해야 한다. 또한 POC 보안관리자는 해당 시스템을 통해 송수신된 데이터이상 유무를 정기적으로 감사하여 POC 보안책임자에게 보고해야 한다.
- 인가되지 않은 정보자산으로의 접근을 시도하거나, 보안정책을 우회해서는 안 된다.
- POC 출입, 근무자 및 유관 인력은 보안취약점 발견 시 이를 악용해서는 안 되며, 지체 없이 POC 보안관리자에게 해당 내역을 보고해야 한다.

3) POC 내의 업무 보안정책

POC 내의 업무 보안정책은 다음과 같이 구성된다.

- 고객정보의 출력은 최소한으로 이루어져야 하며, 출력 즉시 회수하고 불필요한 문서는 문서 세단기를 통해 파쇄해야 한다.
- 고객정보 관련 문서의 외부 유출은 금지되어 있으며, 업무상 불가피할 경우 반출승인절차에 따라 해당 업무 부서장 확인 및 POC 보안관리자의 승인을 얻고 현장 확인을 받아야 한다.
- 고객정보관련 서류 및 기타 자료를 근무자 책상에 방치해서는 안 되며, 보관이 필요할 경우, 시건장치가 부착된 공용 서류함에 보관해야 한다.
- POC 내 업무수행을 위해 할당 받은 전용 PC를 사용하여 업무를 수행함을 원칙으로 하며, 할당된 고정 IP를 임의 변경해서는 안 된다. POC 내 모든 PC는 POC PC 보안정책에 따라 PC 봉인, PC 보안, 문서보안 및 기타 보안솔루션을 적용, 유지해야 한다.
- POC 근무자에게 할당된 PC의 관리책임은 사용자 본인에게 있으며, PC보안정책 변경 사유발생 시 관련 절차에 따라 POC 보안관리자 승인 후 변경사항을 적용해야 한다.
- POC 근무자는 본인 PC에 화면보호기를 설정하고 윈도우, 문서보안, 사내 메신저 등의 각종 패스워드가 노출되지 않도록 관리해야 한다.
- POC 내에서 외부로 반출되는 PC는 해당 업무 부서장 및 POC 보안관리자의 사전 승

인 후 현장 확인을 받아야 한다. Final Eraser 등을 이용하여 데이터 삭제 및 포맷 후 반출함을 원칙으로 한다.

- 유지보수 및 기타 관련업무 수행을 위해 승인되지 않은 비정기 출입자 출입 필요시 사전에 출입신청 및 POC 보안관리자의 승인을 받아야 한다.
- 정기·비정기 출입자는 해당 업무담당자 통제 하에 POC에 출입 및 관련 업무를 수행해야한다. 또한 출입자 관할 업무 담당자는 해당 출입자 업무 종료 시까지 통제·관리할 책임이 있다.
- POC 근무자·출입자는 출입 시 휴대전화 봉인, 기타 반출입 금지품목 등의 신고 및 보안통제가 누락 또는 적절히 적용되지 않은 경우, 출입 보안요원에게 보안 스티커 부착 및 기타 보안통제 적용을 요청하여야 한다. 또한 휴대전화 봉인 및 반출입품 신고 누락 등의 보안통제가 정상적으로 적용되지 않은 사항은 보안통제 위반으로 간주된다.
- 할당 받은 POC 전용 사물함 관리책임은 본인에게 있으며, 임의로 할당 받지 않은 사물함을 오용해서는 안 된다.
- 방문자용 POC 전용 사물함은 매일 밤 자정(24:00)에 강제 개방하여, 임의로 사용되었거나 당일 방문자가 회수하지 않은 보관 물품은 폐기 처리된다.

④. 개인정보 침해사고 대응 및 위기 대응

POC의 핵심적인 활동은 침해사고의 사전 예방 및 발생 시 효과적인 대응체계를 구축하는 것에 있다. 이는 침해사고 예방, 침해 징후 파악 및 보고, 침입자 발견 시 조치방법, 침입 후 사후처리, 사후 분석 및 보고의 다섯 가지로 나눌 수 있다.

1) 침해 사고 예방

침해 사고 예방 부분에서 보안 담당자는 내부 및 불법침입자를 감지할 수 있는 대책을 마련하여야 한다. 시스템 운영 실무자는 보안사고 신고를 위한 보안 담당자의 이메일 주소나 전화번호 등을 목록으로 관리하여야 한다.

2) 침해 징후 파악 및 보고

침해 징후 파악 및 보고 부분에서 시스템 운영 실무자는 자신의 시스템에 [표 5.12]와 같은 비정상적인 활동이나 징후가 보이면 확인 및 점검 후 침입사고로 판단될 경우 보안 담당자에게 보고해야 한다.

| 표 5.12 침해 징후 파악 목록

구 분	내 용
침해 징후	• 한 사용자가 둘 이상 로그인 한 경우 • 일반사용자가 컴파일러, 디버거를 사용하고 있는 경우 • 네트워크에 과도한 부하를 발생시키는 프로그램을 실행한 경우 • 시스템 관리자가 아닌데 관리자 명령을 실행하는 경우 • 휴가기간 중이거나 정해진 근무시간외에 시스템을 사용하는 경우 • 일반 사용자의 홈 디렉터리에 시스템 파일이 존재하는 경우 • 일반적이지 않은 감추어진 파일(Hidden File) 또는 디렉터리가 존재할 경우 • ID 관련 시스템 파일(/etc/passwd, /etc/shadow 등)에 시스템 관리자가 설정하지 않은 값이 발견된 경우(중복 UID, ID 추가, 권한변경 등) • 침입탐지시스템 등 정보보호 시스템에서 경고가 발생한 경우 • 기타 침해의 징후로 의심이 되는 경우

3) 침입자 발견 시 조치방법

시스템 운영 실무자는 자신의 시스템에 비정상적인 활동이나 징후가 보이면 확인 및 점검 후 침입사고로 판단될 경우 보안 담당자에게 보고해야 한다. 보안 담당자 및 시스템 운영 실무자는 침입자가 현재 시스템에 접속하여 침입자에 의한 주요 데이터 변경, 삭제 및 관리자 권한획득 등의 시스템의 보호에 심각한 문제가 발생하는 경우 즉시 접속을 차단한다. 그렇지 않은경우에는 다음과 같은 조치를 취한다.

- 1단계 : 접속을 추적한다.
- 2단계 : 침입자의 접속을 차단한다.
- 3단계 : 침입자 및 해당 시스템/사이트 관리자에게 메시지를 보낸다.

침입자의 이메일 주소가 파악된 경우 경고 메시지를 보내 침입 의지를 격감시킨다. 해당 시스템 관리자 또는 사이트 관리자에게 협조요청 메시지를 보내 필요 조치를 취할 수 있게 한다.

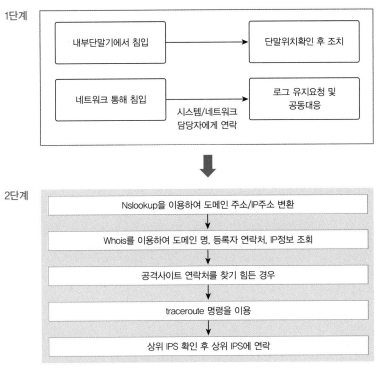

| **그림 5.38** 접속 추적 단계 및 방법

연락처가 틀릴 경우를 대비해서 관련 사용자에게 포워딩 해달라는 문구를 첨부한다. 외국에 보낼 때는 표준 시간대를 표시한다. 직접적인 신속한 대응이 필요할 경우에 전화를 사용한다.

공격이 진행 중일 경우 다음과 같은 조치를 취한다. 가장 먼저 내부 네트워크 사용자의 공격인지, 외부에서 네트워크를 통해 접근한 공격인지 파악한다. 내부 사용자에 의한 것이라면 인가된 사용자에 의한 공격인지, 아이디와 패스워드를 도용한 다른 사용자에 의한 공격인지의여부를 확인한다. 네트워크가 끊어져도 큰 문제가 없다면 우선 네트워크 연결을 중지한다. 네트워크 연결을 중단시킬 수 없다면, 침입자의 사이트에서 들어오는 모든 사용자의 접속을 중단한다. 침입자의 사이트에서 들어오는 사용자들의 접속을 중단시킬 수 없다면, 사용자들의 계정을 폐쇄한다.

공격을 당한 경우라면, 침입자가 어떠한 방법으로 네트워크 및 시스템에 접근한 것인지 확인 후 공격 루트를 차단한다.

4) 침입 후 사후처리

침입 후 사후처리 단계에서 침입을 차단했거나 침입한 흔적이 발견된 경우 보안진단 도구 등을 이용하여 다음과 같은 여러 가지 사항을 점검해야 한다.

- 새로운 계정 존재 여부
- Password 파일의 변경, 접근권한 변경 여부
- 외부에서 허가 없이 접속 가능한 파일들(rhost)의 변경 유무
- 특정 파일의 접근모드 변경 여부
- 시스템 유틸리티의 변경 및 수정 여부
- 기타 해킹 스크립터를 이용한 경우 변경될 수 있는 부분

5) 사후 분석 및 보고

사후 분석 및 보고 단계에서 침입이 중대한 침해 사고로 판단된 경우 반드시 보안담당자에 의한 철저한 조사가 이루어져야 한다. 법이나 규정상 보안 사고를 외부기관에 보고해야 할 경우 전산분임 보안담당관의 인가를 받는다. 해당 보안사고의 재발 방지 및 효과적인 보안대책 수립을 위한 조치가 취해져야 한다. 보안 담당자는 보안사고 목록에 해당 보안사고 내용을 기입한 후 보안사고 분석 보고서를 작성해 보안팀장에게 보고하여야 한다. 보안사고 기록은 비밀로 분류하여 3년간 보존한다. 보안팀장은 침해사고 대응현황을 정기적으로 전산분임 보안담당관에게 보고한다.

개인정보 보호를 위한 변화관리

1. 변화관리 개요

변화관리(Change Management)란 개인이나 조직을 현재의 상태에서 목적하는 보다 나은 상태로 옮겨가도록 관리하는 구조적, 체계적 접근 방법이다.

조직이나 개인이 어느 하나의 상태에 도달하게 되면 그 상태에서 다른 상태로 변화시키는 것은 그것이 좋은 방향이든 나쁜 방향이든 많은 노력이 필요하게 된다. 변화를 일으키기 위해서는 우선 기존에 수립된 체계를 바꾸어야 한다. 그로 인한 시행착오, 바뀐 체계에 적응하기 전까지의 업무 효율 저하, 구성원의 의욕저하 등으로 인해 조직은 비용을 치르게 되고, 이러한 비용 자체가 변화에 저항이라는 요소로 작용한다. 또한 구성원들은 일반적으로 변화에 순응하기보다는 기존의 상태를 유지하려 하므로 이러한 구성원의 반발 또한 저항 요소로 작용한다.

변화관리는 변화에 수반되는 저항을 극복하고 변화를 당초 의도한 방향대로 이끌어 주는 역할을 한다.

최근 개인정보에 대한 인식이 많이 달라져서 개인정보 보호가 중요하다는 점에 대해서 이의를 제기하는 사람은 거의 없을 것이다. 그러나 이것이 개인정보 보호를 위해 조직 구성원의 공감대를 형성하지 않아도 된다는 것을 의미하는 것은 아니다. 우선 대부분의 구성원은 개인정보 보호를 위해 무엇을 어떻게 해야 하는 지에 대해 잘 알지 못한다. 필자의 경험상 개인정보 보호담당자가 교육이나 지침 등을 통해 구성원들이 어떻게 개인정보 보호를 해야 하는가를 알리더라도 본인의 업무 목표 달성에 지장을 주거나 불편함을 줄 경우 해당 지침을 잘 따르지 않는 경우가 많다.

개인정보 보호를 위한 변화관리의 주요 목적은 구성원들이 무엇을 해야 하는 지를 알리는 것과 왜 해야 하는 지를 알리는 것이다. 구성원들 개개인이 정말로 개인정보 보호를 위해

약간의 불편함 정도는 기꺼이 감수할 자세를 갖추지 않고서는 개인정보 보호는 달성되기 어렵다.

그만큼 개인정보를 둘러싸고 있는 이해당사자들의 변화관리는 개인정보 보호에 있어서 필수항목으로 생각된다.

② 변화관리 대상

개인정보 보호를 위한 변화관리의 핵심 요소는 개인의 신상정보와 환경정보에 대한 구성원들의 인식 제고에 있다. 개인정보 보호를 위한 변화관리의 주요 관점은 구성원 인식의 변화, 업무와 프로세스의 변화, 정책과 지침의 변화 등 세 가지로 구분된다.

1) 구성원 인식의 변화

대부분의 구성원들은 개인정보가 무엇인지 잘 모르고, 개인정보를 왜 보호해야 하는지 잘 모르고, 개인정보 보호가 자신과 어떻게 연관되어 있는지 잘 모른다. 변화관리 담당자는 현재자신이 속한 조직이 개인정보 보호에 있어서 어떤 수준에 있는지를 확인해 보고 만일 구성원이 개인정보 보호에 대해서 명확히 알고 있으며 개인정보 보호의 필요성까지 인식하고 있다면 인식 개선 프로그램은 별도로 시행하지 않아도 된다. 그러나 대부분의 경우 구성원의 인식수준을 파악하는 비용과 시간이 적지 않기 때문에 인식 개선 프로그램을 먼저 시작하게 된다.

인식 개선 프로그램을 통해 구성원의 인식이 일정수준 이상 향상된 이후에 교육 등 이후의 프로그램을 진행해야 한다.

어느 정도 개인정보 보호 인식 개선 프로그램을 진행하고 나면 설문조사나 심층면접 등을 통해 구성원들의 인식 수준을 판단해 봐야 하는데, 여기서 꼭 확인해 봐야 할 것이 개인정보 보호에 대한 상대적인 평가이다. 인식개선 프로그램을 정상적으로 진행하였다면 대부분의 구성원들은 개인정보가 무엇인지, 그리고 왜 지켜야 하는지 정도는 다 알고 있을 것이다. 만일 다음 질문과 같은 단순한 설문으로 구성원의 인식 수준을 평가한다면 곤란하다.

예를 들어

a. 개인정보의 의미를 알고 있다. (그렇다)
b. 개인정보 보호란 꼭 필요한 것이라고 생각한다. (그렇다)
c. 개인정보 보호를 위해서는 업무의 효율성이 좀 저하되더라도 이해할 수 있다. (아니다)

위와 같은 형태의 결과가 나올 수 있는 것이다. 개인정보 보호를 위한 변화가 업무 효율을 향상시키는 방향으로 이루어지기는 매우 어렵다. 즉, 이런 구성원이라면 인식은 하고 있지만 실제로 개인정보 보호를 위한 실천은 전혀 하지 않을 가능성이 큰 것이다.

인식단계를 달성하고 난 뒤에는 실제로 무엇을 해야 하는 지에 대한 교육이 필요하다. 만일이 변화가 프로세스나 정책, 지침의 변화를 수반한다면 반드시 교육을 실시한 뒤에 변화를 시도해야 한다.

2) 업무와 프로세스의 변화

개인정보 보호를 위해서 아무리 구성원의 인식 수준을 개선하고 행동강령을 제공한다고 하더라도 실제 업무가 이를 따라 이루어지지 않으면 안 된다. 예를 들어 '개인정보가 포함된 이메일을 발송할 경우 반드시 문서를 암호화해야 한다'는 규정이 있다고 하자. 모든 구성원이 개인정보 보호의 필요성을 인식하고 있고 이 규정의 존재도 알고 있으며 지킬 의지도 가지고 있다고 가정하자. 그러면 과연 이 조직에서 발송되는 모든 고객정보가 포함된 문서는 암호화 되어 발송될 것인가? 대답은 '아니오'이다. 내부 구성원에 의해 발생하는 보안 사고의 대부분은 실수에 의한 것이다. 아무리 구성원들이 보안 규정을 지키고자 하는 의지가 있다고 하더라도 프로세스가 상으로 이를 뒷받침해 주지 않는다면 오류가 생길 수밖에 없다. 위의 예에서 파일을 첨부할 때 첨부 파일의 패턴을 검색해서 개인정보로 의심되는 패턴이 있을 경우 경고 문구를 띄워주는 시스템이 갖추어진다면 이러한 누락의 상당 부분은 방지할 수 있을 것이다. 이러한 프로세스 개선에 있어서는 반드시 인식개선이 선행되어야 한다. 위에서 정책을 만들면 밑에서는 대책을 만든다는 말이 있다. 구성원이 자발적으로 이를 수행하고자 하는 의지가 없다면 프로세스를 갖추더라도 이를 회피하여 원래의 방식대로 업무를 수행하려고 할 것이다. 즉 프로세스 개선을 위해서는 인식개선을 위한 변화관리와 프로세스 자체를 알리기 위한 변화관리가 필요하다. 인식개선이 이루어진 뒤에는 변경된 프로세스에 대한 교육을 통해 원하는 목적을 달성할 수 있다.

3) 개인정보 보호를 위한 정책, 지침의 변화

개인정보 보호를 위해서는 정책적 뒷받침이 있어야 한다. 어떠한 변화도 초기에는 직원들의 사기저하 및 업무 효율 저하를 수반하기 쉽다. 이때 개인정보 보호와 동시에 과도한 매출 신장 목표를 내걸고 영업에 드라이브를 건다면 사람들은 개인정보 보호와 상충되는 회사의 정책에 혼란을 느끼게 되고 변화관리가 성공하기 어렵게 된다. 변화관리를 할 때 기본적으로 구성원들은 조직으로부터 일관된 메시지를 받아야 한다. 그러기 위해서는 변화관리 초기에서부터상호 협조가 필수적이며 전 조직적 관점에서 최고경영진의 전폭적인 지원이 필요한 것은 이 때문이다.

개인정보 보호를 강화하기 위해서는 기존의 정책 중에 충돌하는 부분을 개정하고 개인정보 보호를 위한 정책을 추가로 신설하여 구성원들에게 알려야 한다. 이 때 정책의 개정이 단지 형식적인 것이 아니라 최고 경영진의 강력의 의사표시임을 전달해야 한다. 인터넷 유머 게시판에 가끔 올라오는 황당한 법률들이 있다. 국가의 가장 강력한 규정인 법규조차 지속적인 관리가 없이 현실과 동떨어지게 되면 사문화 되어 법이 있음에도 아무도 이를 신경 쓰지 않는 상태가 된다. 조직의 규정이나 지침은 자체적인 강제력이 법보다 훨씬 약하므로 일관성 유지 및 관리의 필요성이 더욱 절실하다.

CHAPTER

06

개인정보 비식별 조치

비식별 조치 제도(유럽연합, 미국, 일본, 한국)

1. 비식별화 의미

빅데이터 산업이 활성화 될수록 개인정보의 활용 방안은 이슈로 부각되기 마련이다. 이에 주요국들은 개인정보 보호와 개인정보 활용을 통한 산업 진흥의 균형을 위해 개인정보 보호법 제를 개편하였거나 개편하는 중이다. 주요국들과 우리나라는 개인정보 보호법 제도를 구성할 때, 빅데이터를 분석하기 위해 정보를 활용할 수 있도록 하는 입법방법을 반영하고 있는데, 그 중 하나는 '개인정보를 최초 수집 시의 목적이 아닌 추가 목적에 따라 목적 외 처리가 가능하도록 허용하는' 방법이고, 다른 하나는 '개인정보를 비식별 처리하여 해당 정보가 더 이상 해당 법의 적용을 받지 않게 하는' 방법이다.

아래에서는 주요국가 중 최근에 비식별조치 관련 법제가 구체적으로 확정된 EU의 개인정보보호법제 및 일본의 개정 개인정보 보호법과 국내 비식별 조치 가이드라인의 비교분석을 통해 비식별 조치의 동향을 파악하고자 한다.

2 세계 주요 국가 비식별화 법제화 동향

1) EU의 법제화 동향

EU는 EU 회원국간 통일된 법체계를 구축을 위하여 개인정보 보호 법제를 Directive에서 Regulation으로 개편하고 있다. Directive는 Regulation과 달리 "달성될 결과에 대해서만" 구속력이 있으며, "형식과 방법의 선택"은 회원국 국내법 입법에 맡겨져 있다. 따라서 지침에 따른 각 회원국의 국내 법들은 그 입법목적 및 달성될 결과에 있어서는 동일하지만 회원국 별로 그 세부사항은 다를 수 있다. 현재 EU 개인정보 보호 법제의 중심인 Directive 95/46/EC가 해당된다. Regulation은 일반적용성(general application)이 있으며, 모든 회원국내에 직접 적용되는데 2016년 채택되고 2018년 시행되는 GPDR이 해당된다.

① Directive 95/46/EC – 개인정보 보호지침

Directive 95/46/EC는 2018년 5월 25일 GDPR의 시행과 동시에 폐지되므로 GDPR이 시행되기 전까지 EU 개인정보 보호 법제의 기준이 된다. 개인정보 보호지침 전문 제26조에 따르면 정보주체를 알아 볼 수 없도록 익명처리(rendered anonymous)된 정보는 개인정보 보호 원칙이 적용되지 않는다. 이는 빅데이터 분석에 개인정보 활용을 위한 두 번째 입법 방법이다. 한편, 개인정보의 목적 외 활용에 관하여는 전문 제29조에서 역사적, 통계적, 과학적 연구 목적의 경우 적절한 안전장치를 갖춘 경우 추가적 처리가 가능하다고 하고 있다.

② Article 29 Working Party Opinion 05/2014 on Anonymisation Techniques(2014.10.10)

익명처리 기법에 대한 의견서는 주요 익명처리 기법을 소개하고 익명처리 기법의 원칙, 강점과 약점 및 각 기법의 사용과 관련한 견해를 제시하고 있다. 의견서에서는 주요 익명화 기술로 일반화(Generalizatoin)[1), 무작위화(Randomization)[2)] 처리를 제시하고 있다. 작업반 의견은 익명화 기술들의 효과와 한계에 대한 의견을 제시하고 효과적인 익명처리의 기준에 따라 각 기술들의 특징을 비교한다. 이러한 비교분석을 근거로 모범적인 익명처리 관행이란 개별 사례별로 익명처리 기법을 결정하고, 신규위험 및 잔존위험을 정기적으로 평가하는 경우라고 권고하고 있다. 즉, 익명처리는 어떠한 한 가지 방법으로 특정되는 것이 아니라 상황에 따라 적절하게 조합되어야 한다고 제시한다.

③ General Data Protection Regulation(일반 개인정보 보호규정)

EU는 보다 통일된 개인정보 보호 법체계를 구현하기 위해 2016년 4월 27일 일반개인정보 보호규정(General Data Protection Regulation)을 채택하였다. GDPR은 전문 제26조에서 정보주체를 알아볼 수 없도록 익명처리(rendered anonymous)된 정보에는 지침에 따른 개인정보 보호 원칙이 적용되지 않는다고 규정한다.

EU는 개인정보 보호 법제를 Directive에서 Regulation으로 전환하면서 통일된 개인정보보

---

1) 일반화처리(Generalization): *k*-익명성, *l*-다양성, *t*-근접성
2) 무작위화(Randomization): 잡음추가, 치환, 차등정보보호

호 법제를 적용할 수 있게 되었다. 특히, GDPR은 최초 수집 목적과 양립 가능하며 해당 정보가 가명처리 또는 암호화되어 안정장치(safeguards)만 확보한다면 목적 외 처리가 가능하여 정보 활용성이 매우 강조된다고 할 수 있다. 동시에 가명처리 정보를 GDPR 적용 대상으로 규정함으로써 정보처리자에게 목적 외 활용시 개인정보 보호 의무를 다 할 수 있도록 하여 개인정보 보호와 활용의 두 가지 목적을 충족시키려는 것으로 보인다.

2) 미국의 법제화 동향

① 미국의 개인정보 보호 법제

미국에서 개인정보 보호 법제는 개별 분야나 사안에 따라 적용된다. 이런 맥락에서 비식별화 관련 규제나 지침 역시 분야별로 다뤄진다. 개인정보의 개념과 관련해서는 개인과의 연결 가능성이 있으면 보호대상인 '개인적으로 식별 가능한 정보(Personally Identifiable Information, PII)로 간주된다.

미국에서 개인정보 비식별화 원칙은 현재 입법 추진 중인 '소비자 프라이버시 권리장전(Consumer Privacy Bill of Rights, CPBR)'을 통해 명확하게 정의될 전망이다. CPBR은 온라인 개인정보 취급과 관련한 정보주체의 권리를 확립하기 위한 것으로서, 2012년 오바마 행정부가 CPBR을 제안한 후[3] 백악관이 2014년 이를 속히 통과시키도록 촉구하는 등 적극적인 태도를 보여왔다. CPBR이 통과되면 정보주체는 자신의 데이터가 무분별하게 수집되는 것을 거부할 수 있는 권한(거부권)을 행사할 수 있다.

비식별화 관련 지침으로는 미 FTC가 2012년 3월 발표한 "Protecting Consumer Privacy in an Era of Rapid Change〈개인정보의 비식별화 가이드라인〉"이 있다. 이 가이드라인은 특정한 소비자, 컴퓨터 및 기타 개인을 식별할 수 있는 장치들과 연관될 수 있는 것(Reasonable linkability)은 어떤 정보라도 보호의 대상이 되어야 한다고 규정하고 있다. 예컨대 비식별화 해야 하는 데이터의 범위와 관련, 개인정보 뿐 아니라 개인이 사용하는 각종 디바이스에 대해서도 식별 가능성을 최소화하도록 관련 업계의 자율적인 대책을 촉구하고 재식별 가능성에 대해서도 각별히 주의를 기울일 것을 권고하고 있다.

---

3) The White House, Consumer Data Privacy in a Networked World: A Framework for Protecting Privacy and Promoting Innovation in the Global Digital Economy, 23 Fed. 2012. (출처:: http://www.whitehouse.gov/sites/default/files/privacy-final.pdf)

이 가이드라인에서 FTC가 제시하는 비식별화 관련 3가지 요구사항은 다음과 같다. 첫째, 개인, 컴퓨터 및 디바이스에 대한 정보를 추론(식별)할 수 있는 데이터의 삭제, 수정, 노이즈 추가, 통계적으로 샘플링, 총계처리 등의 적절한 방법을 자율적으로 판단하여 반드시 비식별 조치를 취한다.[4] 둘째, 데이터를 공개할 경우 해당 데이터를 비식별화하여 이용한다는 점과 향후 비식별화 상태를 유지할 것이라는 것과 재식별하지 않을 것을 개인정보주체에게 공개적으로 약속한다. 셋째, 데이터를 제3자에 제공할 때는 해당 데이터를 제공받은 어떠한 이용자도 재식별하지 않도록 계약조건으로 반드시 요구해야 한다. FTC는 업계가 이상의 3가지 조건을 이행하는 경우 특정 데이터가 식별가능하지(Reasonable linkable) 않은 것으로 판단한다.

② 미국의 의료정보 비식별화 방식

미국에서 의료정보의 비식별화 방식은 HIPAA(Health Insurance Portability and Accountability Act)에 연계된 HIPAA 프라이버시 규칙 (HIPAA Privacy Rule)을 통해 제시된다. 이 규칙에 따르면 익명화를 위한 비식별화 방식은 ① 법령으로 규정된 18개의 속성을 삭제하거나 (일명 HIPAA safe harbor 비식별화 방식) ② 통계분석 전문가들의 평가를 통해 개인이 특정될 위험을 파악하고 그럴 가능성이 충분히 낮다는 것을 인증한 분석의 과정 및 결과를 문서화해 익명화를 인정받는 것 (일명 HIPPA expert determination rule 비식별화 방식) 중 한 가지를 선택할 수 있다.

첫 번째 방식의 경우 속성을 삭제한 후 남은 데이터들을 다른 정보와 결합해 개인을 특정할 가능성이 없다면 HIPAA의 제한 없이 수집과 이용이 가능하다. 두 번째 방식은 재식별 리스크를 완전히 벗어났다고 자신하기 어려운 한계가 있다.[5]

HIPAA 프라이버시 규칙에서는 제한적인 데이터세트(Limited Data Set, LDS)도 규정하고 있다. 제한적인 요건 하에서 정보주체의 동의나 허가 없이도 데이터를 이용하거나 제공할 수

---

4) 비식별화가 필요한 개인식별자는 이름, 주소, 날짜정보(생일, 자격취득일 등), 전화번호, 팩스번호, 이메일주소, 사회보장번호, 의료기록번호, 건강보험번호, IP주소, 생체정보, 얼굴 사진 등이며, 의료관련 민감한 개인정보는 별도의 가이드라인에서 비식별화를 요구하고 있다.

5) 미국의 표준기구인 NIST가 2015년 발표한 보고서("De-identification of Personally Identifiable Information")는 다양한 비식별화 방식들을 제시하며 재식별화 가능성이 있음을 경고해 비식별화의 한계를 지적했다. 이 보고서는 외부 데이터세트와의 연결을 통해 재식별을 가능하게 하는 준식별자(quasi-identifier)의 제거 및 보안 관리 필요성을 지적했다(출처: https://www.huntonprivacyblog.com/2015/10/29/nist-releases-final-report-on-de-identification-of-personal-information).

있는 LDS는 18개 식별자 중 직접적 식별자에 해당하는 16가지 식별자를 제거하거나[6] 데이터를 제공받는 자와 데이터이용계약(Data use agreement)를 체결하면 인정받을 수 있다.

미국 ONC(The Office of the National Coordinator for Health Information Technology)는 전자화된 보건의료정보를 이용해 의료 서비스 공급자와 소비자, 보건의료 행정가 및 정책입안자 등 다양한 이해관계자의 의사결정을 지원하며, 이 과정에서 식별화 혹은 비식별화된 개인정보의 활용 및 보호 이슈가 발생한다. 환자 개인의 프라이버시 침해가 가능한 건강정보 공유는 법적으로 금지되어 있다. 그러나 ONC에서는 기본적인 개인정보를 관리하고 있는 다른 정부기관 등을 통해 환자의 동의를 조건으로 건강분야의 개인식별정보(unique health identifier) 개발을 위한 협조를 요청하고 있다. 의료비 청구 자료 등 환자의 개인정보와 임상 데이터를 연계하는 사항에 대해서는 개인건강정보 보호법이 법제화된 이후 더 깊은 논의가 가능할 것으로 예상된다. 메디케어/메디케어 프로그램에 대한 데이터를 적시에 제공하기 위해 세워진 가상연구데이터센터(Virtual Research Data Center, VRDC)는 연구자들이 방대한 보건의료데이터에 접근하고 분석하는 과정에서 개인정보 보호를 위해 엄격한 기준을 적용하고 있다. 가입자 개인정보의 보호를 위해 연구 목적으로 식별가능한 데이터(Research Identifiable Files, RIF)를 요청하는 연구자들은 데이터이용합의서(Data Use Aggrement, DUA)를 제출하고, 이를 개인정보 보호 이사회(Privacy Board)에서 심사하는 규정을 두고 있다. 단 직접적인 개인식별정보가 포함되지 않은 LDS(Limited Data Sets)에 대해서는 이사회의 심사 절차가 필요하지 않다.

3) 일본의 법제화 동향

① 일본의 개인정보 보호 법제

일본은 개인정보 보호법이 제정되기 이전에는 개인정보 보호와 관련한 법제를 공공부문과 민간부문으로 구분하여 법제를 구성하고 있었는데, 특히 민간 부문은 산업분야 별로 개별 법령에서 개인정보 보호 관련 조항을 정하고 있었다. 이렇게 민간·공공 분야별 개별법에서 관리하던 개인정보 보호 법제를 통합하여 2003년 개인정보 보호에 관한 법률을 채택하였다. 2016년 익명가공정보, 익명가공정보 취급사업자 개념을 포함하는 개정을 통해 IoT, 빅데이터 산업 등 새로운 산업 활성화에 대비하고 있는 것으로 보인다.

---

6) 나머지 간접적 식별자는 생년월일, 치료나 처방일자, 일부 지리적 정보

┃표 6.1 개인정보 보호에 관한 법률 제정 이전 일본 개인정보 보호 법제

구분	공공부문	민간부문
개인정보 보호법제	(국가) • 행정기관이 보유하는 전자계산기 처리에 　관한 개인정보에 관한 법률(지방공공단체) • 개인정보 보호에 관한 조례 • 개인정보 보호에 관한 규칙, 규정 등	(구직자 등의 개인정보의 보호) • 취업안정법, • 할부판매법, 대금법의 규제 등에 관한 법률 • 의료법, 의료방사선기사법 등

② 2015년 개정 개인정보 보호에 관한 법률(익명가공정보)

일본정부는 IoT, 빅데이터 산업 등 개인정보 활용을 통해 신산업을 창출하기 위해 개인정보 보호에 관한 법률 개정안을 2015년 9월 9일 공포하였다. 개정안의 주요 골자는 개인정보 활용을 위한 익명가공정보 관련 조항 신설과 개인정보 취급 감시 감독 권한을 가진 개인정보보호위원회의 신설이다. 이로써 개정 법률은 개인정보 활용과 개인정보 보호의 두 가지 목적달성을 동시에 강화하고 있다고 평가되고 있다.

● 익명가공정보

일본 개인정보 보호에 관한 법률 제2조는 익명가공정보는 "특정 개인을 식별할 수 없도록 개인정보를 가공해 얻을 수 있는 개인에 관한 정보로써 당해 개인정보를 복원할 수 없도록 한 것"으로 정의하고 있다. 구체적으로는 해당 개인정보에 포함된 기술 등의 일부를 제거한 것, 해당 개인정보에 포함된 개인 식별 부호의 전부를 제거한 것이라고 정의한다.

● 익명가공정보의 적절한 가공법

익명가공정보를 취급하는 경우 '익명가공정보 취급사업자'로 여겨지고 개인정보 보호위원회 규칙 제19조에서 정하는 기준에 따라 당해 개인정보를 가공해야 한다.

- 개인정보에 포함된 개인을 식별할 수 있는 기술 등의 전부 또는 일부를 제거
- 개인정보에 포함된 개인식별부호의 전부를 제거
- 개인정보와 해당 개인정보를 가공하여 얻은 정보의 연결부호를 제거
- 특이한 기술 등의 제거
- 각 호의 조치 외에, 개인정보에 포함된 기술 및 해당 개인정보를 포함한 개인정보 데이터베이스를 구성하는 기술 등의 차이, 기타 개인정보 데이터 베이스의 특성 등을 감안하여 그 결과를 토대로 적절한 조치를 강구할 것

● **식별행위 금지**

일본 개인정보 보호에 관한 법률은 제36조 제5항 및 제38조에서 개인정보취급사업자와 익명가공정보 취급사업자에 대해 익명가공정보를 다른 정보와 대조하는 행위를 금지하는 규정을 둠으로써 안전성을 확보하고 있다.

● **익명가공 처리 공포 의무**

일본 개인정보 보호에 관한 법률 제36조 제3항은 개인정보취급사업자가 익명가공정보를 작성한 경우에는 당해 익명가공정보에 포함되는 개인에 관한 정보의 항목을 공표하도록 의무화하고 있다. 이는 익명가공정보를 활용할 수 있게 하여 정보의 활용 가능성을 높이면서도 개인의 개인정보 자기 결정권도 함께 보장하기 위한 것이다.

③ 개인정보 보호에 관한 법률에 대한 가이드라인(익명가공정보편)

법에서 규정하고 있지 않은 비식별 기법을 상세하게 권고하고 있는 EU의 29조 작업반 의견서와 우리나라 『개인정보 비식별 조치 가이드라인』과 달리 일본의 가이드라인은 익명가공정보에 관해 정하고 있는 법령의 해설서에 가깝다고 볼 수 있다. 일본은 비식별 조치 관련 사항을 개인정보 보호에 관한 법률에 직접 규정하고 있다. 이러한 일본의 법제는 법률에 직접적 근거를 두고 있기 때문에 기업의 책임소재가 명확한 상태에서 정보가 활용된다는 장점이 있다.

4) 한국의 법제화 동향

① 개인정보 보호법 제18조 제2항 제4호

개인정보 보호법 제18조에 의하면 비영리 목적의 통계작성 또는 학술연구 목적으로 개인을 알아볼 수 없게 처리하여 제3자에게 제공할 수 있다. 이는 GDPR 제5조 제1항과[7] 유사한 규정이라고 할 수 있다. 그러나 우리나라 개인정보 보호 법제는 제18조 외에 개인정보를 비식별 조치하여 제3자 제공 또는 이용할 수 있도록 하는 조항을 명확하게 운영하고 있지는 않다.

---

7) GDPR Article 5 1. (b) collected for specified, explicit and legitimate purposes and not further processed in a manner that is incompatible with those purposes; further processing for archiving purposes in the public interest, scientific or historical research purposes or statistical purposes shall, in accordance with Article 89(1), not be considered to be incompatible with the initial purposes

② 『개인정보 비식별 조치 가이드라인』

현행 개인정보 보호법만으로는 빅데이터 분석을 위하여 개인정보를 활용하는 것이 매우 제한적이다. 이에 행정자치부를 포함한 6개 관계부처는 개인정보 보호 법체계 안에서 개인정보를 비식별 조치 한 후 빅데이터 분석에 안전하게 활용될 수 있도록 하는 목적에서 2016년 6월 『개인정보 비식별 조치 가이드라인』(이하 '가이드라인')을 공표하였다. 가이드라인에 따르면 개인정보처리자가 개인정보를 비식별 조치하고 적정성 평가단으로부터 적정 평가를 받은 경우, 해당 정보는 개인정보가 아닌 것으로 추정되어 이를 활용할 수 있다. 또한 개인정보를 비식별 조치하여 빅데이터 분석 등에 이용 또는 제공하려는 사업자 등이 준수해야 할 조치 기준을 제시하고 있다.

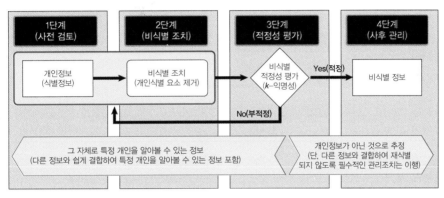

출처 : 개인정보 비식별 조치 가이드라인(행정자치부 등)

| 그림 6.1 개인정보 비식별 조치 절차

● **비식별 조치**

비식별 조치란 '정보집합물에서 개인을 식별할 수 있는 요소를 전부 또는 일부 삭제하거나 대체하는 등의 방법을 활용하여 개인을 알아볼 수 없도록 하는 조치'를 의미한다. 가이드라인은 비식별 조치하여 개인정보를 활용하기 위해 사전검토, 비식별 조치, 적정성 평가, 사후관리 단계를 정하고 있다. 사전검토 단계에서는 정보집합물이 개인정보에 해당하는지 여부를 검토 한다. 사전검토 단계에서 해당 정보집합물이 개인정보에 해당한다고 판단되는 경우 비식별 조치하여 정보활용이 가능하다. 가이드라인은 비식별조치의 예시로 17개 세부기술로 구성되는 5개 기법을 제시하고 있으며 이들 기술을 복합적으로 활용할 것을 권고한다.

| 표 6.2 『개인정보 비식별 가이드라인』 – 비식별 조치 방법(예시)

처리기법	예시	세부기술
가명처리 (Pseudonymization)	• 홍길동, 35세, 서울 거주, 한국대 재학 　→임꺽정, 30대, 서울 거주, 국제대 재학	① 휴리스틱 가명화 ② 암호화 ③ 교환 방법
총계처리 (Aggregation)	• 임180cm, 홍170cm, 이160cm, 150cm 　→총계 660cm 평균 165cm	④ 총계처리 ⑤ 부분총계 ⑥ 라운딩 ⑦ 재배열
데이터 삭제 (Data Reduction)	• 주민등록번호 901206-1234567→90년대 생, 남자 • 개인 관련 날짜정보는 연단위로 처리	⑧ 식별자 삭제 ⑨ 식별자 부분삭제 ⑩ 레코드 삭제 ⑪ 식별요소 전부삭제
데이터 범주화 (Data Suppression)	• 홍길동, 35세→홍씨, 30~40세	⑫ 감추기 ⑬ 랜덤 라운딩 ⑭ 범위 방법 ⑮ 제어 라운딩
데이터 마스킹 (Data Masking)	• 홍길동, 35세, 서울 거주, 한국대 재학 　→홍○○, 35세, 서울 거주, ○○대학 재학	⑯ 임의 잡음 추가 ⑰ 공백과 대체

● **적정성 평가**

비식별 조치가 충분하지 않은 경우 공개 정보 등 다른 정보와의 결합, 다양한 추론 기법 등을 통해 개인이 식별될 우려가 있으므로 가이드라인은 적정성 평가를 정하여 적정성 평가 결과 적정 판정을 받은 경우에 한해 비식별 정보로 활용 가능하도록 정하고 있는데 이는 해외 어느 법제에도 없는 강력한 안전 조치에 해당한다.

따라서 개인정보를 비식별 조치하여 활용하고자 하는 개인정보처리자는 개인정보 보호책임자 책임 하에 법률 및 비식별 기법 전문가로 구성된 '비식별 조치 적정성 평가단'을 구성하여 비식별 조치에 대한 엄격한 평가를 받아야만 한다. 가이드라인은 평가 기준으로 EU 29조 작업반 의견서에서도 권고하는 k-익명성, l-다양성, t-근접성 모델을 제시하고 있다.

● **지원 및 관리 체계**

가이드라인은 개인정보 보호 전담 기관인 한국인터넷진흥원(KISA)에 '개인정보 비식별 조치 지원센터'를 설치하여 비식별 조치 관련 정책·기술 동향 등을 조사하고 비식별 조치 관련 정책 전반을 조율할 수 있도록 하고 있다. 또한, 산업별 수요에 맞추어 다양한 비식별 조치를 지원할 수 있도록 각 소관 부처 책임 하에 분야별 전문기관을 지정하여 활용하고자 하는 기관에 적정성 평가단 지원 등 비식별 조치 지원을 할 수 있도록 정하고 있다. 이러한 공적 지원체계는 외국 사례에서는 찾아 볼 수 없는 한국 비식별 조치 제도의 특징이다.

③. 비식별 조치 가이드라인 비교

우리나라 개인정보 비식별 조치 가이드라인에 의하면 비식별 정보란 '정보집합물에서 개인을 식별할 수 있는 요소를 전부 또는 일부 삭제하거나 대체하는 등의 방법을 활용하여 개인을 알아볼 수 없도록 하고, 다른 정보와 쉽게 결합하여 개인을 식별할 수 없도록 적정성 평가를 통해 전문 평가단에게 적정 평가를 받은 정보'를 의미한다. '비식별 정보'와 EU의 '익명처리정보(Anonymized Data)', 일본의 '익명가공정보'는 모두 개인정보가 아니라는 점에서 동일하지만, '비식별 정보'는 적정성 평가를 받은 정보를 의미하기 때문에 EU의 '익명처리정보[8]'와 일본의 '익명가공정보[9]'와 차이가 있다.

한편, EU는 가명처리된 정보를 개인정보로 취급하고 있으나, 공익을 위한 유지보전의 목적, 과학이나 역사적 연구의 목적 또는 통계목적으로 제한적 활용이 가능하다. 가명처리란 추가 정보의 사용 없이 더 이상 특정 정보주체를 식별할 수 없는 방식으로 개인정보를 처리하는 것을 말한다(EU GDPR 4조).

| 표 6.3 국가별 비식별 정보(익명정보) 및 가명정보 개념 비교

국가	비식별 정보(≒익명정보, 익명가공정보)	가명정보
EU	식별될 수 있는 개인과 관련되지 않는 정보 또는 그런 방식으로 익명 처리되어 더 이상 식별될 수 없는 정보	추가 정보의 사용 없이 더 이상 특정 정보주체를 식별할 수 없는 정보
일본	특정 개인을 식별할 수 없도록 가공한 정보로써 복원할 수 없도록 한 정보	별도 규정 없음
한국	다른 정보와 쉽게 결합하여 개인을 식별할 수 없도록 비식별 조치 후 적정성 평가 결과 적정 판정 정보	별도 규정 없음

---

8) 식별되었거나 또는 식별될 수 있는 개인과 관련되지 않는 정보 또는 그런 방식으로 익명 처리되어 더 이상 식별될 수 없는 정보를 익명처리 정보로 본다(EU GDPR 전문 제26조).
9) 익명가공정보란 특정 개인을 식별할 수 없도록 가공한 정보로써 복원할 수 없도록 한 것을 의미한다(일본 개인정보 보호에 관한 법률 제2조).

우리나라는 비식별 조치 방법으로 가명처리, 총계처리, 데이터 삭제, 데이터 범주화, 데이터 마스킹 등 총 5가지의 방법을 제시하고 있으며, 그 기법으로 k-익명성, l-다양성, t-근접성 등의 적용을 규정하고 있다. 이와 유사하게 EU 29조 작업반 의견서 역시 '잡음추가, 치환, 차등 정보보호, 총계처리, k-익명성, l-다양성, t-근접성 기법'들을 무작위화(randomization), 일반화(generalization)로 구분하여 제시하고 있다. 일본도 가이드라인에 '항목/레코드/셀 삭제, 일반화, 탑(다운)코딩, 마이크로 집합, 데이터교환(스와핑), 노이즈(오차/잡음)의 부여, 유사 데이터의 생성 기법'을 규정하고 있다. 이를 통해, 각국의 비식별 조치 기법 또는 익명처리 기법이 상당히 유사함을 알 수 있다. 또한, 각국은 이러한 기법들을 상황에 맞게 조합하여 사용할 것을 권장하는 모습을 보이고 있다. 다만, 우리나라는 k-익명성 프라이버시 모델을 의무적으로 적용하고 있다는 점에서 기술적 요구사항이 더 강한 것을 알 수 있다.

④ 결론 및 시사점

주요 국가들은 빅데이터 산업, IoT 등의 새로운 정보산업의 활성화에 대비하여 각국의 개인정보보호법제를 개편하고 있다. EU는 GDPR을 공포함으로써 보다 통일된 개인정보 보호법제를 구축할 수 있게 되었다. 특히, 가명처리된 개인정보의 광범위한 목적 외 활용 가능성을 열어 두어 개인정보의 활용이라는 측면을 강조하고 있음을 알 수 있다. 또한, 익명처리 기법에 관한 작업반 의견을 공포하여 익명처리에 의한 활용 여지도 마련하였다. 이는 빅데이터 정보 활용 위한 입법 기술 두 가지를 적절하게 조화한 것으로 볼 수 있을 것이다.

일본은 EU와는 달리 익명가공정보라는 개념을 법률로 정함으로써 다양한 개인정보의 활용의 활성화를 도모하고 있다. 이는 빅데이터 정보 활용을 위한 두 가지 입법 기술의 혼용이라고 평가할 수 있다. 즉, 익명처리에 관한 사항을 법률로 정하고 익명가공정보에 대해 법의 적용을 배제시키는 것이 아니라 익명가공정보 관련 의무 및 권리 역시 법률로써 관리하는 방식이다.

EU와 일본은 각기 다른 입법기술을 통해 개인정보 활용을 위한 법체계를 구축하고 있지만 개인정보를 비식별 조치 후 활용하는 것을 활성화하고 있다는 점에서는 비슷한 동향을 보이고 있다. 우리나라 역시 개인정보 보호법 제18조 제2항 제4호에서 통계작성 및 학술연구의 목적의 경우 특정 개인을 알아볼 수 없는 형태로 목적 외 활용을 규정하고 있다. 이는 가명처리된 개인정보에 대한 근거 규정은 없지만, 첫 번째 입법기술과 유사하다고 볼 수 있다. 다만, 우리나라 개인정보 보호법은 목적 외 활용을 통계작성 및 학술연구 목적으로 엄격하게 제한하고 있다. 따라서 위 조항을 근거로 빅데이터를 활용하는 것은 제한적이라 볼 수 있다. 이러한 제약을 보완하기 위한 것이 정부에서 공포한 개인정보 비식별 조치 가이드라인이라고 평가할 수 있다. 가이드라인은 비식별 처리된 정보는 개인정보가 아닌 것으로 추정되어 활용 가능성을 열어 주는 것으로 두 번째 입법 방법에 해당한다.

두 가지 입법방법을 모두 적용하고 있다는 점에서 우리나라와 유럽의 법제는 매우 유사하나 우리의 법제가 EU의 GDPR에 비해 개인정보의 목적 외 처리를 매우 제한적으로 허용하고 있으며, 개인정보 비식별 조치 가이드라인이 EU 29조 작업반 의견서에 비해 비식별 조치에 대해 보다 명시적인 요건들을 요구한다는 점에서 개인정보의 활용의 측면보다 개인정보보호에 보다 더 강점이 있다고 평가 할 수 있다. 개인정보의 목적 외 처리를 엄격하게 제한하는 현행 법제를 유지하며, 일본의 법제처럼 비식별 처리 역시 법체계 안으로 들여온다면 가이드라인의 법적 지위에 대한 우려를 해소하고 개인정보 보호와 활용의 두 가지 가치를 보다 조화롭게 구현할 수 있을 것으로 보인다.

2016년 6월 행정자치부 등 관계부처가 제정한 "개인정보 비식별 조치 가이드라인"에 의하면 개인정보 비식별 조치하는 기술에는 일반적 기법과 재식별 가능성을 검토하는 프라이버시 보호모델(k-익명성, l-다양성, t-근접성)이 있다. 이에 대해서 기술하고자 한다.

1. 개요

| 표 6.4 일반적 기법 : 개인 식별요소 삭제 방법

처리기법	세부기술	주요내용 및 처리 예시
가명처리 (Pseudonymization)	① 휴리스틱 가명화 ② 암호화 ③ 교환 방법	개인정보 중 주요 식별요소를 다른 값으로 대체하여 개인 식별을 곤란하게 함 (예) 홍길동, 35세, 서울 거주, 한국대 재학 → 임꺽정, 30대, 서울 거주, 국제대 재학
총계처리 (Aggregation)	④ 총계처리 ⑤ 부분총계 ⑥ 라운딩 ⑦ 재배열	데이터의 총합 값을 보임으로써 개별 데이터의 값을 보지 않도록 함 (예) 임꺽정 180cm, 홍길동 170cm, 이콩쥐 160cm, 김팥쥐 150cm → 물리학과 학생 키 합 : 660cm, 평균키 165cm
데이터 삭제 (Data Reduction)	⑧ 식별자 삭제 ⑨ 식별자 부분삭제 ⑩ 레코드 삭제 ⑪ 식별요소 전부삭제	데이터 공유ㆍ개방목적에 따라 데이터셋에 구성된 값 중에서 필요 없는 값 또는 개인식별에 중요한 값을 삭제 (예) 주민등록번호 901206-1234567 → 90년대생, 남자 (예) 개인과 관련된 날짜정보(합격일 등)는 단위로 처리
데이터 범주화 (Data Suppression)	⑫ 감추기 ⑬ 랜덤 라운딩 ⑭ 범위 방법 ⑮ 제어 라운딩	데이터의 값을 범주의 값으로 변환하여 명확한 값을 감춤 (예) 홍길동, 35세 → 홍씨, 30~40세
데이터 마스킹 (Data Masking)	⑯ 임의 잡음 추가 ⑰ 공백과 대체	공개된 정보 등과 결합하여 개인을 식별하는 데 기여할 확률이 높은 주요 개인 식별자가 보이지 않도록 처리하여 개인을 식별하지 못하도록 함 ○ 홍길동, 35세, 서울 거주, 한국대 재학 → 홍○○, 35세, 서울 거주, ○○대학 재학

| 표 6.5 프라이버시 보호 모델 : 재식별 가능성 검토 기법

기법	의미	적용례
k-익명성	○ 특정인임을 추론할 수 있는지 여부를 검토, 일정 확률수준 이상 비식별 되도록 함	○ 동일한 값을 가진 레코드를 *k*개 이상으로 함. 이 경우 특정 개인을 식별할 확률은 1/*k*임
l-다양성	○ 특정인 추론이 안된다고 해도 민감한 정보의 다양성을 높여 추론 가능성을 낮추는 기법	○ 각 레코드는 최소 *l*개 이상의 다양성을 가지도록 하여 동질성 또는 배경지식 등에 의한 추론 방지
t-근접성	○ *l*-다양성뿐만 아니라, 민감한 정보의 분포를 낮추어 추론 가능성을 더욱 낮추는 기법	○ 전체 데이터 집합의 정보 분포와 특정 정보의 분포 차이를 v이하로 하여 추론 방지

❷ 일반적 기법

1) 가명처리(Pseudonymization)

- (개념) 개인 식별이 가능한 데이터를 직접적으로 식별할 수 없는 다른 값으로 대체하는 기법
- (대상) 성명, 기타 고유특징(출신학교, 근무처 등)
- (장점) 데이터의 변형 또는 변질 수준이 적음
- (단점) 대체 값 부여 시에도 식별 가능한 고유 속성이 계속 유지

[비식별 조치 실무적용 방법]

① **휴리스틱 가명화(Heuristic Pseudonymization)**
- 식별자에 해당하는 값들을 몇 가지 정해진 규칙으로 대체하거나 사람의 판단에 따라 가공하여 자세한 개인정보를 숨기는 방법
  (ex) 성명을 홍길동, 임꺽정 등 몇몇 일반화된 이름으로 대체하여 표기하거나 소속기관명을 화성, 금성 등으로 대체하는 등 사전에 규칙을 정하여 수행
- 식별자의 분포를 고려하거나 수집된 자료의 사전 분석을 하지 않고 모든 데이터를 동일한 방법으로 가공하기 때문에 사용자가 쉽게 이해하고 활용 가능
- 활용할 수 있는 대체 변수에 한계가 있으며, 다른 값으로 대체하는 일정한 규칙이 노출되는 취약점이 있음. 따라서 규칙 수립 시 개인을 쉽게 식별할 수 없도록 세심한 고려 필요

- 적용정보 : 성명, 사용자 ID, 소속(직장)명, 기관번호, 주소, 신용등급, 휴대전화번호, 우편
  번호, 이메일 주소 등

② 암호화(Encryption)
- 정보 가공시 일정한 규칙의 알고리즘을 적용하여 암호화함으로써 개인정보를 대체하는 방
  법, 통상적으로 다시 복호가 가능하도록 복호화 키(key)를 가지고 있어서 이에 대한 보안방
  안도 필요
- 일방향 암호화(one-way encryption 또는 hash)를 사용하는 경우는 이론상 복호화가 원천
  적으로 불가능
  ※ 일방향 암호화는 개인정보의 식별성을 완전히 제거하는 것으로, 양방향 암호화에 비해
     더욱 안전하고 효과적인 비식별 기술에 해당
- 적용정보 : 주민등록번호, 여권번호, 의료보험번호, 외국인등록번호, 사용자 ID, 신용카드
  번호, 생체정보 등

③ 교환 방법(Swapping)
- 기존의 데이터베이스의 레코드를 사전에 정해진 외부의 변수(항목)값과 연계하여 교환
- 적용정보 : 사용자 ID, 요양기관번호, 기관번호, 나이, 성별, 신체정보(신장, 혈액형 등), 소
  득, 휴대전화번호, 주소 등

2) 총계처리(Aggregation)

- (개념) 통계값(전체 혹은 부분)을 적용하여 특정 개인을 식별할 수 없도록 함
- (대상) 개인과 직접 관련된 날짜 정보(생일, 자격 취득일), 기타 고유 특징(신체정보, 진료기
  록, 병력정보, 특정소비기록 등 민감한 정보)
- (장점) 민감한 수치 정보에 대하여 비식별 조치가 가능하며, 통계분석용 데이터 셋 작성
  에 유리함
- (단점) 정밀 분석이 어려우며, 집계 수량이 적을 경우 추론에 의한 식별 가능성 있음

[비식별 조치 실무적용 방법]

④ **총계처리(Aggregation)**

– 데이터 전체 또는 부분을 집계(총합, 평균 등)

※ 단, 데이터 전체가 유사한 특징을 가진 개인으로 구성되어 있을 경우 그 데이터의 대푯값이 특정 개인의 정보를 그대로 노출시킬 수도 있으므로 주의

> (예시) 집단에 소속된 전체 인원의 평균 나이값을 구한 후 각 개인의 나이값을 평균 나이값(대푯값)으로 대체하거나 해당 집단 소득의 전체 평균값을 각 개인의 소득값으로 대체

– 적용정보 : 나이, 신장, 소득, 카드사용액, 유동인구, 사용자수, 제품 재고량, 판매량 등

⑤ **부분총계(Micro Aggregation)**

– 데이터 셋 내 일정부분 레코드만 총계 처리함. 즉, 다른 데이터 값에 비하여 오차 범위가 큰 항목을 통계값(평균 등)으로 변환

> (예시) 다양한 연령대의 소득 분포에 있어서 40대의 소득 분포 편차가 다른 연령대에 비하여 매우 크거나 특정 소득 구성원을 포함하고 있을 경우, 40대의 소득만 선별하여 평균값을 구한 후 40대에 해당하는 각 개인의 소득값을 해당 평균값으로 대체

– 적용정보 : 나이, 신장, 소득, 카드사용액 등

⑥ **라운딩(Rounding)**

– 집계 처리된 값에 대하여 라운딩(올림, 내림, 사사오입) 기준을 적용하여 최종 집계 처리하는 방법으로, 일반적으로 세세한 정보보다는 전체 통계정보가 필요한 경우 많이 사용

> (예시) 23세, 41세, 57세, 26세, 33세 등 각 나이값을 20대, 30대, 40대, 50대 등 각 대표 연령대로 표기하거나 3,576,000원, 4,210,000원 등의 소득값을 일부 절삭하여 3백만 원, 4백만 원 등으로 집계 처리하는 방식

– 적용정보 : 나이, 신장, 소득, 카드지출액, 유동인구, 사용자 수 등

⑦ 재배열(Rearrangement)

- 기존 정보값은 유지하면서 개인이 식별되지 않도록 데이터를 재배열하는 방법으로, 개인의 정보를 타인의 정보와 뒤섞어서 전체 정보에 대한 손상 없이 특정 정보가 해당 개인과 연결되지 않도록 하는 방법

(예시) 데이터 셋에 포함된 나이, 소득 등의 정보를 개인별로 서로 교환하여 재배치하게 되면 개인별 실제 나이와 소득과 다른 비식별 자료를 얻게 되지만, 전체적인 통계 분석에 있어서는 자료의 손실 없이 분석을 할 수 있는 장점이 있음

- 적용정보 : 나이, 신장, 소득, 질병, 신용등급, 학력 등

3) 데이터 삭제(Data Reduction)

- (개념) 개인 식별이 가능한 데이터 삭제 처리
- (대상) 개인을 식별 할 수 있는 정보(이름, 전화번호, 주소, 생년월일, 사진, 고유식별정보(주민등록번호, 운전면허번호 등), 생체정보(지문, 홍채, DNA 정보 등), 기타(등록번호, 계좌번호, 이메일주소 등))
- (장점) 개인 식별요소의 전부 및 일부 삭제 처리가 가능
- (단점) 분석의 다양성과 분석 결과의 유효성·신뢰성 저하

[비식별 조치 실무적용 방법]

⑧ 식별자 삭제

- 원본 데이터에서 식별자를 단순 삭제하는 방법

(예시) 성명, 생년월일(yy-mm-dd)이 나열되어 있는 경우 분석 목적에 따라 생년월일을 생년(yy)으로 대체 가능하다면 월일(mm-dd) 값은 삭제

※ 이때 남아 있는 정보 그 자체로도 분석의 유효성을 가져야 함과 동시에 개인을 식별할 수 없어야 하며, 인터넷 등에 공개되어 있는 정보 등과 결합하였을 경우에도 개인을 식별할 수 없어야 함

- 적용정보 : 성명, 전화번호, 계좌번호, 카드번호, 요양기관번호, 이메일 주소 등

⑨ 식별자 부분삭제
 – 식별자 전체를 삭제하는 방식이 아니라, 해당 식별자의 일부를 삭제하는 방법

> (예시) 상세 주소의 경우 부분 삭제를 통하여 대표지역으로 표현
>   (서울특별시 송파구 가락본동 78번지 → 서울시 송파구)

 – 수치 또는 텍스트 데이터 등에도 폭넓게 활용 가능('⑫ 감추기'는 주로 수치데이터에 적용)
 – 적용정보 : 주소, 위치정보(GPS), 전화번호, 계좌번호 등

⑩ 레코드 삭제(Reducing Records)
 – 다른 정보와 뚜렷하게 구별되는 레코드 전체를 삭제하는 방법

> (예시) 소득이 다른 사람에 비하여 뚜렷이 구별되는 값을 가진 정보는 해당 정보 전체를
>   삭제

 – 이 방법은 통계분석에 있어서 전체 평균에 비하여 오차범위를 벗어나는 자료를 제거할 때
   에도 사용 가능
 – 적용정보 : 키, 소득, 질병, 카드지출액 등

⑪ 식별요소 전부삭제
 – 식별자뿐만 아니라 잠재적으로 개인을 식별할 수 있는 속성자까지 전부 삭제하여 프라이
   버시 침해 위험을 줄이는 방법

> (예시) 연예인·정치인 등의 가족정보(관계정보), 판례 및 보도 등에 따라 공개되어 있는
>   사건과 관련되어 있음을 알 수 있는 정보 등 잠재적 식별자까지 사전에 삭제함으
>   로써 연관성 있는 정보의 식별 및 결합을 예방

 – 개인정보 유출 가능성을 최대한 줄일 수 있지만 데이터 활용에 필요한 정보까지 사전에 모
   두 없어지기 때문에 데이터의 유용성이 낮아지는 문제 발생
 – 적용정보 : 나이, 소득, 키, 몸무게 등 개별적으로는 단순한 정보이지만 분석 목적에 따라
   추후 개인 식별이 가능성이 있다고 판단되는 정보

4) 데이터 범주화(Data Suppression)

- (개념) 특정 정보를 해당 그룹의 대푯값으로 변환(범주화)하거나 구간값으로 변환(범주화)하여 개인 식별을 방지
- (대상) 개인을 식별할 수 있는 정보(주소, 생년월일, 고유식별정보(주민등록번호, 운전면허번호 등), 기관·단체 등의 이용자 계정(등록번호, 계좌번호) 등)
- (장점) 통계형 데이터 형식이므로 다양한 분석 및 가공 가능
- (단점) 정확한 분석결과 도출이 어려우며, 데이터 범위 구간이 좁혀질 경우 추론 가능성 있음

[비식별 조치 실무적용 방법]

⑫ 감추기
 - 명확한 값을 숨기기 위하여 데이터의 평균 또는 범주값으로 변환하는 방식
 - 단, 특수한 성질을 지닌 개인으로 구성된 단체 데이터의 평균이나 범주값은 그 집단에 속한 개인의 정보를 쉽게 추론할 수 있음

 (예시) 간염 환자 집단임을 공개하면서 특정인물 '갑'이 그 집단에 속함을 알 수 있도록 표시하는 것은 '갑'이 간염 환자임을 공개하는 것과 마찬가지임

⑬ 랜덤 라운딩(Random Rounding)
 - 수치 데이터를 임의의 수 기준으로 올림(round up) 또는 내림(round down)하는 기법
 - '⑥ 라운딩(rounding)과 달리 수치 데이터 이외의 경우에도 확장 적용 가능

 (예시) 나이, 우편번호 등과 같은 수치 정보로 주어진 식별자는 일의 자리, 십의 자리 등 뒷자리 수를 숨기고 앞자리 수만 나타내는 방법(나이 : 42세, 45세 → 40대로 표현)

 - 적용정보 : 나이, 소득, 카드지출액, 우편번호, 유동인구, 사용자 등

⑭ 범위 방법(Data Range)
 - 수치데이터를 임의의 수 기준의 범위(range)로 설정하는 기법으로, 해당 값의 범위(range) 또는 구간(interval)으로 표현

 (예시) 소득 3,300만 원을 소득 3,000만 원 ~ 4,000만 원으로 대체 표기

- 적용정보 : 서비스 이용 등급, 처방정보(횟수, 기간 등), 위치정보, 유동인구, 사용자 수, 분석 시간/기간 등

⑮ 제어 라운딩(Controlled Rounding)
 - '⑬랜덤 라운딩' 방법에서 어떠한 특정값을 변경할 경우 행과 열의 합이 일치하지 않는 단점 해결을 위해 행과 열이 맞지 않는 것을 제어하여 일치시키는 기법
 - 그러나 컴퓨터 프로그램으로 구현하기 어렵고 복잡한 통계표에는 적용하기 어려우며, 해결할 수 있는 방법이 존재하지 않을 수 있어 아직 현장에서는 잘 사용하지 않음
 - 적용정보 : 나이, 키, 소득, 카드지출액, 위치정보 등

5) 데이터 마스킹(Data Masking)

- (개념) 데이터의 전부 또는 일부분을 대체 값(공백, 노이즈 등)으로 변환
- (대상) 쉽게 개인을 식별할 수 있는 정보(이름, 전화번호, 주소, 생년월일, 사진, 고유식별정보(주민등록번호, 운전면허번호 등), 기관·단체 등의 이용자 계정(등록번호, 계좌번호, 이메일 주소 등) 등)
- (장점) 개인 식별 요소를 제거하는 것이 가능하며, 원 데이터 구조에 대한 변형이 적음
- (단점) 마스킹을 과도하게 적용할 경우 데이터 필요 목적에 활용하기 어려우며 마스킹 수준이 낮을 경우 특정한 값에 대한 추론 가능

[비식별 조치 실무적용 방법]
⑯ 임의 잡음 추가(Adding Random Noise)
 - 개인 식별이 가능한 정보에 임의의 숫자 등 잡음을 추가(더하기 또는 곱하기)하는 방법

 (예시) 실제 생년월일에 6개월의 잡음을 추가할 경우, 원래의 생년월일 데이터에 1일부터 최대 6개월의 날짜가 추가되어 기존의 자료와 오차가 날 수 있도록 적용

 - 지정된 평균과 분산의 범위 내에서 잡음이 추가되므로 원 자료의 유용성을 해치지 않으나, 잡음값은 데이터 값과는 무관하기 때문에, 유효한 데이터로 활용하기 곤란
 - 적용정보 : 사용자 ID, 성명, 생년월일, 키, 나이, 병명 코드, 전화번호, 주소 등

⑰ 공백(blank)과 대체(impute)

- 특정 항목의 일부 또는 전부를 공백 또는 대체문자(' * ', ' _ ' 등이나 전각 기호)로 바꾸는 기법

  (예시) 생년월일 '1999-09-09' ⇒ '19 - - ' 또는 '19**-**-**'

- 적용정보 : 성명, 생년월일, 전화번호, 주소, 사용자 ID 등

3. 프라이버시 보호 모델

1) k-익명성(k-anonymity) : 프라이버시 보호를 위한 기본 모델

공개된 데이터에 대한 연결공격(linkage attack) 등 취약점*을 방어하기 위해 제안된 프라이버시 보호 모델이다.

〈 *공개 데이터의 취약점 〉

○ 개인정보를 포함한 공개 데이터
- 일반적으로 활용하는 데이터에는 이름, 주민등록번호 등과 같이 개인을 직접 식별할 수 있는 데이터는 삭제(예: [표 6.6])
- 그러나 활용 정보의 일부가 다른 공개되어 있는 정보 등과 결합하여 개인을 식별하는 문제(연결공격)가 발생 가능(예: [표 6.7])

○ 연결공격(linkage attack)
- 예를 들어, [표 6.6]의 의료데이터가 [표 6.7]의 선거인명부와 지역 코드, 연령, 성별에 의해 결합되면, 개인의 민감한 정보인 병명이 드러날 수 있음
  (ex) 김민준 (13053, 28, 남자)→ 환자 레코드 1번→ 전립선염
- 미국 매사추세츠 주, '선거인명부'와 '공개 의료데이터'가 결합하여 개인의 병명 노출 사례

k -익명성은 주어진 데이터 집합에서 같은 값이 적어도 k 개 이상 존재하도록 하여 쉽게 다른 정보로 결합할 수 없도록 하는 것으로 데이터 집합의 일부를 수정하여 모든 레코드가 자기 자신과 동일한(구별되지 않는) k -1개 이상의 레코드를 가지도록 한다. 예를 들어, [표 6.6]의 의료 데이터가 비식별 조치된 [표 6.8]에서 1~4, 5~8, 9~12 레코드는 서로 구별

되지 않는다.

| 표 6.6 공개 의료데이터 사례

구분	지역 코드	연령	성별	질병
1	13053	28	남	전립선염
2	13068	21	남	전립선염
3	13068	29	여	고혈압
4	13053	23	남	고혈압
5	14853	50	여	위암
6	14853	47	남	전립선염
7	14850	55	여	고혈압
8	14850	49	남	고혈압
9	13053	31	남	위암
10	13053	37	여	위암
11	13068	36	남	위암
12	13068	35	여	위암

| 표 6.7 선거인명부 사례

구분	이름	지역 코드	연령	성별
1	김민준	13053	28	남
2	박지훈	13068	21	남
3	이지민	13068	29	여
4	최현우	13053	23	남
5	정서연	14853	50	여
6	송현준	14850	47	남
7	남예은	14853	55	여
8	성민재	14850	49	남
9	윤건우	13053	31	남
10	손윤서	13053	37	여
11	민우진	13068	36	남
12	허수빈	13068	35	여

| 표 6.8 k-익명성 모델에 의해 비식별된 의료데이터 사례

구분	지역 코드	연령	성별	질병	비고
1	130**	< 30	*	전립선염	
2	130**	< 30	*	전립선염	다양한 질병이 혼재
3	130**	< 30	*	고혈압	되어 안전
4	130**	< 30	*	고혈압	

구분	지역 코드	연령	성별	질병	비고
5	1485*	〉40	*	위암	다양한 질병이 혼재 되어 안전
6	1485*	〉40	*	전립선염	
7	1485*	〉40	*	고혈압	
8	1485*	〉40	*	고혈압	
9	130**	3*	*	위암	모두가 동일 질병 (위암)으로 취약
10	130**	3*	*	위암	
11	130**	3*	*	위암	
12	130**	3*	*	위암	

※ '*' 표시는 임의의 글자를 나타낸다. 가령, 지역코드 '130**'은 '13000~13099' 범위 안에 존재하는 하나의 지역코드 값을 의미한다.

따라서, 비식별된 데이터 집합에서는 공격자가 정확히 어떤 레코드가 공격 대상인지 알아낼 수 없다. 예로서 [표 6.7] 김민준 → [표 6.8] 레코드 1~4 → 전립선염 또는 고혈압으로 비식별 조치된다. 여기서, 같은 속성자 값들로 비식별된 레코드들의 모임을 '동일 속성자 값 집합(equivalent class, 이하 동질 집합)'이라고 한다(예: [표 6.8] 레코드 1~4, 5~8, 9~12).

[그림 6.2]는 *k*-익명성 프라이버시 보호를 위한 기본모델을 적용한 사례를 보여준다.

k-익명성(*k*-anonymity)

o 주어진 데이터 집합에서 준식별자 속성 값을 갖는 레코드가 적어도 *k* 개 이상 존재해야 함
  - 2개 이상의 데이터 집합에 대한 연결공격 등을 방어하기 위해 제안된 프라이버시 보호 모델

공개 의료데이터와 선거인명부의 연결공격을 통해 '김민준', '박지훈', '이지민'의 질병을 파악할 수 있음

준식별자인 '지역코드'와 '연령'에 k=4를 적용하여 비식별 조치함

(※ 상기 개인정보는 가상 데이터임)

출처 : 개인정보 비식별 조치 교육 교재(KISA)

| **그림 6.2** *k*-익명성 프라이버시 보호 모델을 적용한 사례

2) *l*-다양성(*l*-diversity) : *k*-익명성의 취약점*을 보완한 프라이버시 보호 모델

k-익명성에 대한 두 가지 공격, 즉 동질성 공격 및 배경지식에 의한 공격을 방어하기 위한 모델이다. 주어진 데이터 집합에서 함께 비식별되는 레코드들은 (동질 집합에서) 적어도 *l*개의 서로 다른 민감한 정보를 가져야 한다. 즉, 비식별 조치 과정에서 충분히 다양한(*l*개 이상) 서로 다른 민감한 정보를 갖도록 동질 집합을 구성한다. 정보가 충분한 다양성을 가지므로 다양성의 부족으로 인한 공격에 방어가 가능하고, 배경지식으로 인한 공격에도 일정 수준의 방어능력이 가능하다.

〈 **k*-익명성의 취약점 〉

○ **취약점 1. 동질성 공격(Homogeneity attack)**
 - *k*-익명성에 의해 레코드들이 범주화 되었더라도 일부 정보들이 모두 같은 값을 가질 수 있기 때문에 데이터 집합에서 동일한 정보를 이용하여 공격 대상의 정보를 알아내는 공격
 - [표 6.8]에서 범주화의 기초가 되는 정보(지역코드, 연령, 성별)에 대해서는 여러 다양한 값들이 혼재되어 있어서 연결 공격에 의한 식별이 어렵지만, 이 정보와 연결된 정보(질병)는 '*k*-익명성'의 기초가 아니기 때문에 발생할 수 있는 현상
 - 예를 들어, [표 6.8]에서 레코드 9~12의 질병정보는 모두 '위암'이므로 *k*-익명성 모델이 적용되었음에도 불구하고 그 질병정보가 직접적으로 노출됨

○ **취약점 2. 배경지식에 의한 공격(Background knowledge attack)**
 - 주어진 데이터 이외의 공격자의 배경 지식을 통해 공격 대상의 민감한 정보를 알아내는 공격
 - [표 6.7]과 [표 6.8]에서 공격자가 '이지민'의 질병을 알아내려고 하면 정보의 결합(13068, 29, 여)에 따라 '이지민'은 [표 6.8]의 1~4 레코드 중 하나이며 질병은 전립선염 또는 고혈압임을 알 수 있음
 - 이 때, '여자는 전립선염에 걸릴 수 없다'라는 배경 지식에 의해 공격 대상 '이지민'의 질병은 고혈압으로 쉽게 추론 가능함

○ ***k*-익명성의 취약점의 원인**
 - 다양성의 부족(lack of diversity)
 • 비식별 조치 할 때 정보의 다양성을 고려하지 않음
 • 동일한 정보를 가진 (다양하지 않은) 레코드가 비식별되어 하나의 '동질 집합'으로 구성될 경우 동질성 공격에 무방비
 - 강한 배경지식(strong background knowledge)
 • *k*-익명성은 '여자는 전립선염에 걸리지 않는다' 또는 '남자는 자궁암에 걸리지 않는다'와 같은 공격자의 배경지식을 고려하지 않아 이를 이용한 공격에 취약

예를 들어, [표 6.9]에서 모든 동질 집합은 3–다양성(l=3)을 통해 비식별되어 3개 이상의 서로 다른 정보를 가지게 되며, [표 6.8]과 같이 동일한 질병으로만 구성된 동질 집합이 존재하지 않는다. 공격자가 질병에 대한 배경지식(예: 여자는 전립선염에 걸리지 않음)이 있더라도 어느 정도의 방어력을 가지게 된다.(예: 여성 이지민이 속한 동질 집합 2, 3, 11, 12에서 전립선염을 제외하더라도 고혈압, 위암 중 어느 질병이 이지민의 것인지 여전히 알 수 없음)

| 표 6.9 l–다양성 모델에 의해 비식별된 의료데이터의 예

구분	지역 코드	연령	성별	질병	비고
<u>1</u>	<u>1305*</u>	<u>≤ 40</u>	<u>*</u>	<u>전립선염</u>	
<u>4</u>	<u>1305*</u>	<u>≤ 40</u>	<u>*</u>	<u>고혈압</u>	다양한 질병이
<u>9</u>	<u>1305*</u>	<u>≤ 40</u>	<u>*</u>	<u>위암</u>	혼재되어 안전
<u>10</u>	<u>1305*</u>	<u>≤ 40</u>	<u>*</u>	<u>위암</u>	
5	1485*	> 40	*	위암	
6	1485*	> 40	*	전립선염	다양한 질병이
7	1485*	> 40	*	고혈압	혼재되어 안전
8	1485*	> 40	*	고혈압	
2	1306*	≤ 40	*	전립선염	
3	1306*	≤ 40	*	고혈압	다양한 질병이
11	1306*	≤ 40	*	위암	혼재되어 안전
12	1306*	≤ 40	*	위암	

[그림 6.3]은 k–익명성의 취약점을 보완한 l–다양성 프라이버시 보호 모델을 적용한 사례이다.

l-다양성(*l*-diversity)

o 동질집합* 내 레코드들은 적어도 *l*개 이상의 서로 다른 민감정보를 포함해야 함
  – *k*-익명성에 대한 동질성 공격 및 배경지식에 의한 공격을 방어하기 위한 프라이버시 보호 모델
    * 동질집합 : 함께 비식별화 되는 컬럼들 중 같은 속성 값을 갖는 데이터 집합
  – (예시) *l*=3을 적용할 경우, 동질집합 내 민감정보가 적어도 3개 이상이 되어야 함
    * 동질집합 : *k*-익명성은 모든 준식별자에 적용되지만, *l*-다양성은 민감정보 별로 적용이 가능함(서로 다른 수치 적용이 가능)

〈표 1〉 *k*=4가 적용된 의료데이터

지역 코드	연령	성별	질병
130**	〈 30	남	전립선염
130**	〈 30	남	전립선염
130**	〈 30	여	고혈압
130**	〈 30	여	고혈압
148**	〉 40	여	위암
148**	〉 40	남	전립선염
148**	〉 40	여	고혈압
148**	〉 40	남	고혈압
130**	3*	남	위암
130**	3*	여	위암
130**	3*	남	위암
130**	3*	여	위암

(1) 동질성 공격: 130**지역에 사는 30대의 질병이 위암임을 추론 가능
(2) 배경지식에 의한 공격: 지역코드가 '130'으로 시작하는 지역에 사는 29세 남성이 전립선염을 앓고 있다는 사실을 추론 가능
➡ *l*-다양성 적용이 필요

k-익명성 + *l*-다양성 적용

(1) 동질성 공격 방어: *l*=3 적용 후, 동일 질병으로만 구성된 동질 집합이 존재하지 않음
(2) 배경지식에 의한 공격 방어: *l*-다양성을 적용하여 배경지식에 의한 공격을 방어
➡ 성별이 마스킹 처리되어, 29세 남성의 질병이 정확히 무엇인지 판단 불가능

〈표 2〉 *l*-다양성이 적용된 의료데이터

지역 코드	연령	성별	질병
1305*	≦ 40	*	전립선염
1305*	≦ 40	*	고혈압
1305*	≦ 40	*	위암
1305*	≦ 40	*	위암
1485*	〉 40	*	위암
1485*	〉 40	*	전립선염
1485*	〉 40	*	고혈압
1485*	〉 40	*	고혈압
1306*	≦ 40	*	전립선염
1306*	≦ 40	*	고혈압
1306*	≦ 40	*	위암
1306*	≦ 40	*	위암

동질집합① : 서로 다른 민감 정보 ➡ 3개
동질집합② : 서로 다른 민감 정보 ➡ 3개
동질집합③ : 서로 다른 민감 정보 ➡ 3개

(※ 상기 개인정보는 가상 데이터임)

출처 : 개인정보 비식별 조치 교육 교재(KISA)

| 그림 6.3 *l*-다양성 프라이버시 보호 모델을 적용한 사례

3) *t*-근접성(*t*-closeness) : 값의 의미를 고려하는 프라이버시 모델

l-다양성의 취약점*(쏠림 공격, 유사성 공격)을 보완하기 위해 모델이다.

〈 */l*-다양성의 취약점 〉

o **쏠림 공격(skewness attack)**
  – 정보가 특정한 값에 쏠려 있을 경우 *l*-다양성 모델이 프라이버시를 보호하지 못함
  〈 쏠림 공격의 예 〉
    • 임의의 '동질 집합'이 99개의 '위암 양성' 레코드와 1개의 '위암 음성' 레코드로 구성되어 있다고 가정
    • 공격자는 공격 대상이 99%의 확률로 '위암 양성'이라는 것을 알 수 있음

o **유사성 공격(similarity attack)**
  – 비식별 조치된 레코드의 정보가 서로 비슷하다면 *l*-다양성 모델을 통해 비식별 된다 할지라도 프라이버시가 노출될 수 있음
  〈 유사성 공격의 예 〉
    • [표 6.10]은 3-다양성(*l*=3) 모델을 통해 비식별 된 데이터
    • 레코드 1, 2, 3이 속한 동질 집합의 병명이 서로 다르지만 의미가 서로 유사함(위궤양, 급성 위염, 만성 위염)
    • 공격자는 공격 대상의 질병이 '위'에 관련된 것이라는 사실을 알아낼 수 있음
    • 또 다른 민감한 정보인 급여에 대해서도 공격 대상이 다른 사람에 비해 상대적으로 낮은 급여 값을 가짐을 쉽게 알아낼 수 있음(30~50백만 원)

동질 집합에서 특정 정보의 분포와 전체 데이터 집합에서 정보의 분포가 t 이하의 차이를 보여야 한다. 즉, 각 동질 집합에서 '특정 정보의 분포'가 전체 데이터집합의 분포와 비교하여 너무 특이하지 않도록 하여야 하며, [표 6.10]에서 보면 전체적인 급여 값의 분포는 30~110이나 레코드 1, 2, 3이 속한 동질 집합에서는 30~50으로 이는 전체 급여 값의 분포(30~110)와 비교할 때 상대적으로 유사한 수준이라 볼 수 있다. 따라서, 공격자는 근사적인 급여 값을 추론할 수 있다.

t-근접성 모델은 이러한 동질 집합과 전체 데이터 집합 사이의 분포의 과도한 차이를 l-다양성 모델의 취약점으로 규정하고 있다.

┃표 6.10 l-다양성 모델에 의해 비식별되었지만 유사성 공격에 취약한 사례

구분	속성자		민감한 정보		비고
	지역 코드	연령	급여(백만 원)	질병	
1	476**	2*	30	위궤양	모두가 '위'와 관련한 유사 질병으로 취약
2	476**	2*	40	급성 위염	
3	476**	2*	50	만성 위염	
4	4790*	≥ 40	60	급성 위염	다양한 질병이 혼재되어 안전
5	4790*	≥ 40	110	감기	
6	4790*	≥ 40	80	기관지염	
7	476**	3*	70	기관지염	다양한 질병이 혼재되어 안전
8	476**	3*	90	폐렴	
9	476**	3*	100	만성 위염	

'정보의 분포'를 조정하여 정보가 특정 값으로 쏠리거나 유사한 값들이 뭉치는 경우를 방지한다. [표 6.11]에서 t-근접성 모델에 따라 레코드 1, 3, 8은 하나의 동질 집합인데, 이 경우, 레코드 1, 3, 8의 급여의 분포는 (30~90)으로 전체적인 급여의 분포(30~110)와 큰 차이가 나지 않는다. 또한, 레코드 1, 3, 8의 질병 분포는 위궤양, 만성위염, 폐렴으로 병명이 서로 다르고 질병이 '위'와 관련된 것 이외에 '폐'와 관계된 것도 있어 특정 부위의 질병임을 유추하기 어렵다. 따라서 [표 6.10]의 경우와 비교하여 공격자가 공격 대상의 정보를 추론하기가 더욱 어려워지는 것이다.

| 표 6.11 *t*-근접성 모델에 의해 비식별 조치된 데이터 사례

구분	속성자		민감한 정보		비고
	지역 코드	연령	급여(백만 원)	질병	
<u>1</u>	<u>4767*</u>	≤ 40	<u>30</u>	<u>위궤양</u>	급여의 분포와
<u>3</u>	<u>4767*</u>	≤ 40	<u>50</u>	<u>만성 위염</u>	다양한 질병으로
<u>8</u>	<u>4767*</u>	≤ 40	<u>90</u>	<u>폐렴</u>	안전
4	4790*	≥ 40	60	급성 위염	급여의 분포와
5	4790*	≥ 40	110	감기	다양한 질병으로
6	4790*	≥ 40	80	기관지염	안전
2	4760*	3*	40	급성 위염	급여의 분포와
7	4760*	3*	70	기관지염	다양한 질병으로
9	4760*	3*	100	만성 위염	안전

t 수치가 0에 가까울수록 전체 데이터의 분포와 특정 데이터 구간의 분포 유사성이 강해지기 때문에 그 익명성의 방어가 더 강해지는 경향이 있으며, 익명성 강화를 위해 특정 데이터들을 재배치해도 전체 속성자들의 값 자체에는 변화가 없기 때문에 일반적인 경우에 정보 손실의 문제는 크지 않다.

[그림 6.4]는 값의 의미를 고려하는 *t*-근접성 프라이버시 보호 모델을 적용한 사례이다.

t-근접성(*t*-closeness)

o *l*-다양성의 취약점을 보완하기 위한 모델로, 민감 속성의 분포도를 조정하여 특정개인의 식별을 방지
 – *l*-다양성은 민감정보의 '의미'까지는 고려하지 않기 때문에 쏠림 공격과 유사성 공격에 취약함
   * *t*-근접성은 민감정보 별로 서로 다른 수치의 적용이 가능함(*l*-다양성과 동일)
 – *t*-근접성은 민감정보의 특성에 따라 다양한 통계·수학적 방법*을 통한 분포도의 조정이 가능

이름	홍길동
지역코드	47678
나이	27세

(1) 유사성 공격: '홍길동'이 위와 관련된 질병을 앓고 있음
(2) 쏠림 공격: '홍길동'은 저임금군에 속함

(1) 유사성 공격 방어: Variational distance 계산법 활용하여 전체 레코드(Q)와 동질집합(P) 내 속성 값 간 거리 차를 이용하는 방식으로, '홍길동'의 급여 유추 확률이 낮아짐
(2) 쏠림 공격 방어: 부모 노드를 '소화기질환'과 '호흡기질환'으로 설정하여 질병 분포를 조정함으로, '홍길동'의 질병 유추 확률을 감소시킴

'홍길동'이
속한 집합

〈표 1〉*l*-다양성이 적용된 데이터(*l*=3)

지역 코드	연령	급여(백만원)	질병
476**	2*	30	위궤양
476**	2*	40	급성 위염
476**	2*	50	만성 위염
4790*	≥ 40	60	급성 위염
4790*	≥ 40	110	감기
4790*	≥ 40	80	기관지염
476**	3*	70	기관지염
476**	3*	90	폐렴
476**	3*	100	만성 위염

k-익명성 + *l*-다양성 + *t*-근접성 적용

– 특정 개인의 소득 분위 추론 가능성 확률 : 1/3
– '위'와 관련된 병에 대한 추론 가능 확률 : 1/2

* t 수치가 작을수록 안정성 증가

〈표 2〉*t*-근접성이 적용된 데이터

지역 코드	연령	급여(백만원)	질병
4767*	≤ 40	30	위궤양
4767*	≤ 40	50	만성 위염
4767*	≤ 40	90	폐렴
4790*	≥ 40	60	급성 위염
4790*	≥ 40	110	감기
4790*	≥ 40	80	기관지염
4760*	3*	40	급성 위염
4760*	3*	70	기관지염
4760*	3*	100	만성 위염

동질집합①
동질집합② t=0.167 0.278
동질집합③

출처 : 개인정보 비식별 조치 교육 교재(KISA)

| 그림 6.4 *t*-근접성 프라이버시 보호 모델을 적용한 사례

1. 잊힐 권리의 의미

잊힐 권리는 '인터넷 상에서 잠재적으로 나타나 있는 자신과 관련된 정보를 포함하는 각 종 자료의 삭제를 요구하며 해당 자료로부터 자유로워질 수 있는 권리'를 뜻한다. 잊힐 권 리는 인터넷 상에서 자신 또는 타인에 의하여 창출된 지속적으로 검색되는 자신과 관련된 정보를 포함하는 자료에 대하여 각종 조치를 통하여 타인이 접근할 수 없도록 하는 권리이 자, 타인에 의하여 해당 자료가 삭제되어 이로부터 자유로울 수 있는 권리이다. 또한 이미 알려진 사실이 사정변경에 의하여 달라진 경우에는 사정변경의 내용을 타인이 다시금 알 리게 하여 변경 전의 사실이 완전히 잊힐 수 있도록 하는 권리이자, 이미 알려진 사실에 대 하여 자유로울 수 있는 권리이다. 2011년 EU에서의 데이터보호에 관한 포괄적 접근에서는 잊힐 권리란 '자신의 정보가 더 이상 적법한 목적 등을 위해 필요치 않을 때, 그것을 지우 고 더 이상 처리되지 않도록 할 개인들의 권리'라고 설명한다.

이러한 잊힐 권리에 관한 일반적인 내용은 사실 개인정보 자기결정권의 내용과 크게 다르 지 않다. 정보주체는 개인정보처리자에 대하여 보유하는 자기정보를 열람할 권리를 가지 며, 개인정보처리자는 자기정보열람청구를 받으면 열람을 허가하여야 한다(개인정보열람청구 권). 정보주체는 개인정보처리자에 대하여 보유하는 자기정보를 열람한 후 잘못된 내용에 대하여 정정을 청구할 권리를 가지는데, 개인정보처리자는 정정청구를 접수한 때로부터 상 당한 기간 내에 정확성·합목적성·완전성·현재성이 결여되었다는 정보주체의 주장이 정당 하다고 인정될 때에는 그 부분을 정정하여 사실을 통지하거나 정정청구에 대하여 이유가 없다고 인정한 때에는 거부이유와 거부처분에 대한 이의신청 방법을 통지하는 등의 조치 를 취하여야 한다(개인정보정정청구권). 본인으로부터 수집한다는 원칙에 위반하는 정보, 목 적을 벗어난 정보, 직무상 불필요하게 된 정보, 정보수집 후 오랜 기간이 경과한 과거의 정 보, 그 현재성을 결여한 정보 등에 대해서는 정보주체는 삭제청구권을 갖는다(개인정보삭제 청구권).

전 세계 최초로 잊힐 권리의 법제화 논의를 시작한 유럽연합(EU)은 1995년 개인정보 보호지침(Data Protection Directive 95)을 통해 '불완전하거나 부정확한' 정보에 대해서만 정정·삭제요구권을 인정하였으나(제12조(b)), 2012년 1월 제출된 개인정보 보호규정(General Data Protection Regulation, GDPR) 법안에서는 정보주체에게 자신의 개인정보에 대한 일반적인 파기 및 삭제요구권을 부여하도록 하여 이용자의 잊힐 권리를 강화하였다. 2015년 12월 15일 EU 회원국은 GDPR 채택에 합의하였으며, 2016년 4월 6일 유럽연합 이사회에서 GDPR 최종안이 마련됐고, 4월 14일 유럽의회에서 통과되어 5월 4일 공식적으로 공표되었다. 기존 EU 개인정보 보호지침을 대체하는 GDPR은 2년간의 유예기간을 거쳐 2018년 5월 26일부터 정식으로 시행되어 유럽 각국에 직접 적용될 예정이다. GDPR은 본인에 관한 개인정보의 삭제를 관리자(Controller)에게 요구할 수 있는 잊힐 권리를 명문화 하였으며, 개인정보처리자는 ① 해당 개인정보가 처리 목적상 더는 필요하지 않게 된 경우, ② 정보주체가 동의를 철회하고 해당 처리에 대한 기타 법적 사유가 없는 경우, ③ 정보주체가 처리에 반대하고 관련 처리에 대해 우선하는 정당한 사유가 없는 경우, ④ 개인정보가 불법적으로 처리되는 경우, ⑤ 개인정보처리자가 법적 의무를 준수하기 위해 삭제되어야 하는 경우, ⑥ 정보사회서비스 제공과 관련하여 아동의 개인정보가 수집된 경우는 지체 없이 개인정보를 삭제하게 하여(제17조제1항) 기존 개인정보 보호지침 보다 정보주체의 권리를 강화하였다. 또한, 개인정보를 공개하고 삭제할 의무가 있는 개인정보처리자는 가용한 기술과 시행 비용을 참작하여 정보주체가 해당 개인정보의 링크, 사본 또는 재현물의 삭제를 요구 하였다는 사실을 다른 개인정보처리자에게 알리기 위한 기술적 조치 등 합리적 조치를 취하도록 하였다(제17조제2항). 더불어, 잊힐 권리가 표현의 자유 등을 위축시킬 수 있다는 우려에 따라 ① 표현의 자유와 알권리 행사를 위해서, ② 법적 의무의 준수 및 공익상의 업무나 공적 권한의 행사를 위해서, ③ 공중보건과 관련된 공익상의 이유이거나, ④ 공익상의 기록보존(archiving), 과학적·역사적 연구 또는 통계 목적을 위한 경우로써 삭제가 불가능하거나 목적 달성을 심각하게 저해할 우려가 있는 경우, ⑤ 청구권의 입증이나 행사, 방어를 위한 경우에는 잊힐 권리의 예외를 인정하였다(제17조제3항).

2. 왜 잊힐 권리가 부각되는가?

2010년 스페인의 마리오 곤잘레스 변호사는 과거 신문기사에 났던 자신의 채무와 재산 강제매각 문제가 현재에는 완전히 해결되었음에도 불구하고 인터넷에 계속 검색되어 자신의 생활이 고통 받고 있다며 신문사와 구글에 신문기사 및 검색결과 삭제를 각각 요구하였다. 이에 대해 2014년 5월 유럽사법재판소(ECJ)는 해당 신문사에 대해서는 기사 삭제에 대한 책임을 인정하지 않았지만, 구글에 대해서는 개인정보처리자(Controller)로서의 책임이 있다고 판단하고 마리오 곤잘레스의 과거 채무 및 경매에 대한 신문기사를 구글 검색 결과에서 삭제하라고 최종 판결하였다. 단, 표현의 자유 및 언론의 자유 등 다른 기본권과의 균형을 유지하기 위해 정보가 부정확하거나, 부적절하거나, 과도한 경우 등에 한하여 잊힐 권리가 적용된다고 보았으며, 검색엔진 서비스 제공자가 각 개인의 삭제 요청을 평가하여 공익에 부합하는 경우에는 특정 검색결과를 계속 표시할 수 있도록 하였다.

해당 판결의 후속조치로 2014년 5월부터 구글은 유럽에서 잊힐 권리 적용을 위한 검토 팀을 운영하고 있으며, 2017년 5월 30일까지 총 728,509건의 삭제 요청을 받아 2,058,814개의 URL을 검토하여 공익에 부합하는 경우 등을 제외한 43.1%의 검색결과 URL을 삭제하였다.

이탈리아의 경우 북부 롬바르디(Lombardy) 지방에서 정치적 사건과 관련하여 1993년 부패 혐의로 체포된 사실이 있는 남자가 종국에는 무죄판결을 받았음에도, 이탈리아의 한 신문 매체인 'Corriere dellra Sera'의 온라인뉴스 아카이브에는 그가 체포되었다는 내용의 기사가 남아 검색결과로 여전히 나타나고 있었다. 이후 이 남자는 데이터보호 감독관(기구)에게 체포사실이 잔존하여 남아있는 것이 부당하다는 내용의 호소를 하고, 밀라노의 법원에 그와 관련된 데이터의 삭제 청구와 더불어 해당 사안에서 뉴스 아카이브에 본인에게 호의적인 내용(무죄판결 되었음)이 업데이트되지 않은 사실에 대하여 이의를 제기했다.

그는 체포기록의 업데이트가 부족하다는 이유로 체포기사의 삭제를 요청하였으며, 만일 삭제가 어려우면 대안으로써 체포 뉴스에 자신의 무죄판결에 대한 뉴스를 링크해 주거나, 검색결과로 나타나지 않도록 요청했다.

처음에 데이터보호 감독관(기구)과 지방법원은 이 요구를 받아들이지 않았지만, 이탈리아 대법원은 청구인의 손을 들어주었다. 이러한 시도는 표현의 자유라는 공공의 이익의 요청과 프라이버시 혹은 망각의 권리라는 개인적 이해관계의 균형을 맞추는 시도라고 할 수 있다. 법원은 아카이브에 보관된 기사가 정보주체와 관련된 업데이트가 되어야 한다고 판단하였다. 이러한 결정은 잊힐 권리가 개인의 인격권을 보호하는 것과 더불어 개인정보주체가 정확하고 완벽한 정보를 확인할 권리도 보장하는 것을 목표로 하고 있다는 것이다. 따라서 이탈리아 대법원의 판단은 언론의 자유 자체의 중요한 기본 원칙에 망각의 권리, 혹은 잊힐 권리라는 새로운 가치를 첨부한 것이다.

위의 두 가지 사례에서 보이는 바와 같이 기록이 자연스럽게 이루어지고 오랜 기간 남겨질 뿐만 아니라, 그 전파와 유통 또한 신속하고 광범위하게 이루어지면서 디지털과 온라인 중심 사회에서 기존의 삶의 방식과 다른 형태의 위험과 불안요소가 발생한다는 것을 확인할 수 있다. 정보의 보존과 보급의 용이성은 우리의 삶을 편리하게 개선하기도 했지만, 정확하지 않은 정보나 밝혀지지 않았으면 하는 개인의 정보까지 영속하고 제한 없이 전파되도록 하는 불안함을 조성하고 있는 것이다. 해당 정보의 제공자 혹은 주체 입장에서 부정확한 정보로 인한 개인의 명예훼손이라던가, 개인정보의 무한확장에 따른 프라이버시 침해 등을 염려하지 않을 수 없고, 이러한 부담을 해소하는 것 또한 보호받아야 할 영역이라고 주장하는 것이다. 이러한 의미에서 프라이버시 혹은 개인정보 보호 및 개인정보자기결정권과 관련하여 잊힐 권리를 인정할 필요가 있다는 움직임이 유럽을 중심으로 지속적으로 제기되고 있으며, 위의 두 사례에서는 그 필요성을 인정받았다고 볼 수 있다.

③. 잊힐 권리의 사회학적 의미

1) 디지털 사회 기술의 발전과 기록

오늘날 IT 기술의 발전 덕분에 문자뿐만 아니라 사진, 음성, 동영상 등 다양한 멀티미디어를 정확하고 신속하게 기록할 수 있게 되었다. 또 기록된 정보를 저장하고 공유하며 검색하는 기능을 더하여 생활을 더욱 편리하고 윤택하게 만들고 있다. 기록과 저장 및 유통 비용의 절감은 기록의 대상에서 제외되었던 개인의 사적 기록까지 포함하며 기록의 범위를 넓히고 있는 것이다. 즉 개인의 삶은 자의적 혹은 타의적으로 일생의 순간이 기록되고 있다. 이러한 기록을 생산하는 것은 어떤 이에게는 투쟁이며, 존재의 이유가 된다. 또 어떤 이의 기록은 비록 아주 개인적이고 주관적인 삶을 기록했을지라도 공식적인 기록이 담지 못하는 평범한 사람들의 진솔한 이야기가 담겨있다. 기록은 몇 만 년 전의 과거를 재현할 수 있게 하며, 그것을 바탕으로 더 나은 미래를 계획할 수 있게 한다. 10여 년 전, 이미 빌 게이츠는 '언젠가는 우리가 보고 듣는 모든 것을 기록'할 것이라 예견하였다. 그의 예언대로, 오늘의 IT 기술은 기록이 가지는 가치에 경제성과 신속성, 편리성 그리고 연결성을 불어 넣으면서 사회의 각 영역은 물론 개인의 삶에도 새로운 패러다임을 일으키고 있다.

특히 현대인의 생활 속에 모바일과 웹은 커뮤니케이션의 필수 요소일 뿐만 아니라 기록을 저장·공유하고 재현하는 중요한 기술이 되었다. 뿐만 아니라 1990년대 이후 디지털 커뮤니케이션 기술의 발달은 기존에 별개로 존재하던 정보 기술, 미디어 콘텐츠, 커뮤니케이션 네트워크가 상호 연결될 수 있게 되었다.

가히 전자기억혁명으로 불릴만한 변화의 물결 가운데 모바일 미디어는 미디어 역사상 가장 급속한 성장을 거듭하고 있다. 모바일 미디어는 단순히 음성 서비스 단계를 넘어 멀티미디어로 발전하고 있으며 카메라, MP3 플레이어, 인터넷 등 거의 모든 서비스를 제공하는 대표적인 컨버전스 미디어, 차세대 개인 단말기로 자리 잡고 있다. 오늘날의 모바일 미디어는 이동성이라는 특징 외에도 위와 같은 멀티미디어라는 방향성을 가지면서 인간의 다양한 욕구를 충족해주고 있다. 멀티미디어로써의 모바일 미디어는 개인 삶의 기록 장치로 풍부하게 작용할 수 있게 한다.

하지만 다른 한편에서는 모바일과 웹의 발달과 함께 프라이버시에 대한 문제점이 대두되고 있다. 인터넷에 로그인하는 행위는 기록을 남기며, 인터넷 상의 흔적들이 원하지 않는 제3자에게 노출되어 사생활을 침해하거나 데이터베이스를 통한 국가 감시체제의 위험성을 경고한다.

2) 기록의 의미

기록이란 어떤 조직이나 개인의 물리적 행위나 관념적 사고활동을 문자화 또는 기호화하여 체계적으로 정리하는 행동이나 그 결과물을 말하며 그 중에서도 'Records'는 활동의 증거성, 설명성에 초점을 맞추는 반면, 'Archives'는 특정한 보존가치와 선별활동에 초점을 맞추고 있다. 현재 한국의 공공기록물관리 분야에서는 처리와 업무수행 과정에서 생산해내는 모든 기록물을 Records로, 이들 중 보존기한이 준 영구 이상으로 지정된 기록물은 Archives로 대부분 통용하고 있다.

3) 기록의 동기

인간이 기록하는 동기는 무엇인가? 기록하고 보존할 만큼 중요한 정보는 어떤 종류인가? 그 과정에서 어떤 기록이 만들어지는가? 이처럼 기록과 관련하여 나타나는 다양하고 명백한 몇 가지 범주의 동기는 다음과 같이 정리할 수 있다.

첫째, 기록생산의 가장 친숙한 이유는 사적인 것이다. 개인기록은 사사로운 개인이나 가족에 속한 특정인과 관련되어 있다. 개인기록에는 탄생·결혼·죽음 등과 같은 삶에서의 중요 사건들이 담겨 있을 것이며 그 형태도 일기장부터 결혼식 비디오테이프, 구두상자에 가득한 가족의 휴가사진 등 다양하다. 이와 유사하게 스크랩북이나 평범한 책 모두 사적인 것으로써 개인의 특별한 관심이나 기질이 반영되어 있다. 개인사를 서술하는 일은 일기처럼 생활과 동시에 기록되든 회고록과 자서전처럼 나중에 쓰이든 상관없이 모두 사적인 형식으로 이루어지는 직접적 커뮤니케이션이다. 비록 전부는 아니지만 대체로 기록의 주인공과 관계없는 제3자가 손쉽게 기록을 공유하는 것은 개인적인 기록에서는 부차적인 목적에 불과하다. 사람들이 기록을 만들어 내는 것은 우선 개인적인 기억과 그것이 주는 감정의 의미를 풍부하게 하기 위해서이다.

둘째, 기록에는 사회적 특성을 지니는 것도 있다. 이런 기록에서의 개인은 홀로 있는 것이 아니라 집단 속에서 활동하는 존재이다. 사회조직은 직원명부·회의록·정책기록과 그 밖에 사회적인 활동 그 자체나 그러한 활동에 개인이 개별적으로 또는 집단적으로 참여한 내용을 담은 기록을 생산한다. 종교를 갖게 되면 정식 신자가 되었다는 증거나 성사·성례에 관한 기록이 만들어진다. 정치활동에 관한 기록에는 특정한 정치후보나 주의를 지지하는 정치 활동과 관련된 투표·기부·연설·캠페인 등을 담은 기록정보가 더해진다.

셋째, 경제적 동기에서 비롯된 기록이다. 개인이나 집단이나 돈을 벌고 관리하고 쓰는 과정에서 경제적 상황을 나타내는 많은 양의 유용한 기록이 만들어진다. 이런 기록은 우선 신용 관리나 자금회계 그리고 채용, 해고, 임금 지불, 근무 평가 등 고용인 및 피고용인 모두에게 중요하다. 사람들이 경제활동에 상당한 중요성을 부여하는 만큼 경제 관련 기록은 활용과정에서 상당한 중복 기록이 만들어진다. 예를 들어 은행은 고객 계좌의 차감 잔액에 관한 기록을 생산하고 유지하지만 그 고객 또한 그렇게 함으로써 같은 내용의 기록이 만들어진다. 이러한 사본을 이용하여 보다 폭넓은 상호점검이 가능하게 되고 정확도가 높아진다.

넷째, 법적 영역에서도 많은 양의 기록정보를 다룬다. 국가는 선의든 악의든 관계없이 체계적인 정보의 기록자이다. 기록은 헌법상의 국민의 알 권리를 보장하는 데 필요하기도 하지만 전체주의 독재국가의 비밀경찰의 파일처럼 반대로 시민을 해치는 데 사용될 수도 있다. 재산권, 다양한 종류의 계약, 시민으로서의 책임 이행 등과 같은 보다 넓은 영역에서도 당장에 그리고 오랫동안 사용될 수 있는 기록정보가 만들어진다. 부동산증서, 의무나 봉사에 관한 이행 각서, 국민 또는 시민임을 입증하는 서류, 선거유권자명부, 배심원명부, 병역기록 같은 공공서비스 부문의 기록은 법 체제라는 특정한 배경에서 비롯된 사회적 관계를 담은 도큐멘테이션이다. 마찬가지로 민사·형사·재산권 등 범주에 상관없이 재판과정에서 생산되거나 모아진 기록은 법적 문제를 다루는 기록정보의 중요 부분을 차지한다.

다섯째, 어떤 기록정보는 순전히 기능적이고 도구적인 성격을 지닌 것으로 특화된다. 모든 기록이 일정한 기능을 갖게 마련이지만, 특정 방식으로 사용되거나 단지 존재 그 자체가 특정 목적에 부응하는 경우가 많다. 예를 들어 건축도면과 청사진은 미적으로 외관을 표현하면서도 무너지지 않아야 한다는 분명한 필요를 충족하는 건물을 짓기 위해 실용적이며 도구적인 의도로 만들어진다. 이러한 기록이 이후 노후건축물 재건축이나 시기별 건축양식 연구, 도면 그 자체의 예술성 연구 등 또 다른 목적으로 사용된다고 하더라도 원래 도면이 생산된 목적은 도구적인 것이다. 다른 용도의 이용은 이렇게 생산된 기록이 본래 도구적인 목적 그 이외의 다른 일을 하는데 도움이 되는 것일 뿐이다. 도면과 항해·항공 기록은 안전하며 효율적으로 한 곳에서 다른 곳으로 이동해야 하는 여행 그리고 기존에 발견한 루트를 표시하는 실용적인 목적에 기여한다. 과학적이며 실용적인 데이터는 또 다른 실험, 판단과 예측을 이끌어 내는 분석을 가능하게 한다. 자물쇠의 비밀번호처럼 흔히 볼 수 있는 기록도 자물쇠를 열고자하는 한 계속 활용해야 하는 특성을 가진다.

마지막으로 거의 실용적이지 않으면서도 상징적 목적이 의도된 기록도 있다. 출생·사망·혼인에 관해서는 좀 더 신뢰할 수 있는 행정기관이나 종교기관에서 기록하지만 예를 들어 족보에 이름과 날짜를 적어두는 일이 중요한 것은 물리적·시기적·지리적 간격에도 불구하고 세대를 넘어 가족이나 가문을 상징적으로 재현하기 위한 방법이라는 데 있다. 성탄절 사진도 같은 맥락에 있다. 졸업과 함께 받은 졸업장은 바라던 목적에 도달했음을 미적인 표현을 통해 상징한다. 대단한 상이더라도 대부분의 모든 수상기록 그 자체는 실제적인 실용 기능은 없다. 그렇지만 그 기록은 여전히 무언가를 표상하고 있으며 어떤 일에 대한 기억을 간직하거나 불러내는 데 있어 여전히 중요하고 효과적인 수단이다. 단지 기록 자체가 도구적 목적보다는 상징적인 역할을 할 따름이다.

기록의 성격을 나타내는 사적·사회적·경제적·법적·도구적·상징적 특성 등 여섯 개 범주 모두는 각각 기록을 만드는 동기에 강조점을 둔 것이다. 각 범주는 장기적이든 단기적이든 기록을 만들어 사용하는 목적을 나타낸다. 누가 기록하였는가는 모든 경우에서 주목해야 할 사항이며 사례별로 다양하게 이해할 수 있다. 개인이 기록자라면 자신이나 다른 사람과의 관계에 관해 쓴 일기나 편지 같은 기록이 만들어질 것이다. 반면 기록자가 정부조직이나 단체 같은 집합적 단체라면 회의록이나 공문 등 집단의 특정한 상황과 업무관련 정보가 만들어 지거나 명부나 인사기록 같이 전체에 속한 개인관련 정보가 기록으로 남을 것이다. 기록하는 목적이 중첩될 수도 있다. 즉, 경제관련 기록은 동시에 법적 규명이 또 하나의 목적이 되는 경우가 있으며, 개인 기록 중 어떤 것은 상징적 의미가 있을 수도 있다. 대부분의 사례에서 알 수 있는 것은 인간 행동의 동기가 복잡한 만큼 기록 또한 그렇다는 사실이다.

④ 기록의 사회적 의미

정보는 언제나 일정한 목적을 가지고 기록되며 유용하게 사용하려는 의도가 늘 전제되어 있다. 따라서 기록이 만들어져 유지되는 한 거기에는 분명한 이점이 존재한다. 기록 생산지점에는 각각의 동기에 상응하여 생산기록을 일시적으로 보존해야 하는 이유가 존재한다고 할 수 있다. 그렇지만 원래 필요했던 용도가 사라진 후에 미리 정해놓지 않은 오랜 기간 동안 기록을 보존하고자 하는 충동이 나타나는 이유는 무엇인가?

항상 실용적인 이유로 기록이 만들어지는 것은 아니지만, 기록을 보존하는 일은 단연코 실용적 이유에서 비롯된다. 기록의 보존은 구체적인 시점이나 특정 용도를 정확하게 예견할 수는 없지만 기록 생산자나 관리자가 미래에 유용하게 사용할 수 있다고 판단했기 때문에 실행된다. 오늘날 기록된 정보는 언젠가 다시 필요할 것이며 시간이 지나서도 그러한 이용의 유효성이나 효력이 줄어들지 않을 수 있다. 특히 법적·경제적·도구적 목적에 생산된 기록은 실용적인 가치를 지닌 정보로써 계속해서 이용될 것이므로 당연히 세심하게 보호된다.

한편 기록을 보존하는 데에는 사적·사회적·상징적 이유 등 비실용적 측면도 있다. 기록이 개별적 또는 집단적 기억을 표현하는 하나의 형식이라는 점이 기록을 보존하는 이유가 되기도 한다. 무엇을, 왜, 어떻게 했으며 그렇게 한 동기와 의도는 무엇인가? 이러한 물음에 어떤 것은 기억나고 나머지는 잊어버려 답할 수 없을 수 있다. 이 경우 편지나 일기, 사진 등이 좀 더 세밀한 정보를 줄 수 있으므로 사람들은 예전에는 알고 있었지만 그 후 줄곧 잊어버리고 있었던 것을 좀 더 자세하게 기억하기 위해 기록을 유지하고 보호한다.

사람들은 과거의 즐거운 기억은 계속 남아있기를 원하며 비록 유쾌하지는 않았지만 객관적으로 교훈이 될 경험들은 매번 일깨워 다짐하는데, 그런 일에 도움을 받기 위해 기록을 유지하는 것이다. 개인적으로 연애편지를 간직하는 일은 행복한 기억을 다시 불러내기 위한 것이다. 또 사회적으로 결코 그렇게 해서는 안 될 과거 또한 상기시켜 준다. 유물·유적과 같은 물리적 대상처럼 기록 역시 지적인 의미가 있는 사물로 높게 평가할 수 있다. 사람들은 인물·사건·감정이라는 과거의 실재를 기억하고자 하는 바람에서 기록을 보존한다. 사람들이 학창시절 주고받은 편지를 다시 꺼내 읽거나 부모가 자녀의 어린 시절 그림들을 간직하는 것이 그 예이다. 이러한 감정들을 예측하는 것은 어렵지만 사적·사회적으로 과거의 기억을 되살리기 위해 인간이 기록을 보존하는 일은 일반화되어 있다.

5. IT의 발전과 라이프 로깅

생물학적 기억은 우리에게 쉽게 전달되지만, 선택적으로 기억에서 지워진다. 기억은 시간이 갈수록 희미해지기 때문에 우리는 모든 경험을 기억할 수 없다. 따라서 불완전한 기억에 대한 문제를 극복하기 위해 스토리텔링, 그림, 기록체계 등의 기록기술에 의존해왔다. 오늘날 IT 기술은 휴대할 수 있는 컴퓨터 장치와 자동으로 행위를 인식하고 저장하는 기술의 발달로 꿈꿔왔던 이상적인 기억의 재현을 가능하게 하고 있다. 이와 같은 맥락에서 라이프 로그(Life Log)란 디지털 장치를 활용하여 텍스트, 사진, 동영상과 음성 등으로 일상생활에서 경험하는 모든 정보를 기록·검색할 수 있는 기술과 그것을 통해 남겨진 기록을 말한다. 능동적 혹은 수동적으로 기록된 기술을 통해서 우리의 '어제'를 재현할 수 있게 되었다.

본 논의에서는 '보급된 컴퓨터 기술의 도움으로 창조된, 매일 일어나는 개인 일상의 모든 기록'이라는 의미로 라이프 로그라는 용어를 사용한다. 이러한 라이프 로그를 남기는 행위를 라이프 로깅(Life Logging)으로 명명한다. 또한 라이프 로깅을 남기는 행위를 가능케 하는 모바일과 웹의 모든 서비스를 라이프 로깅 서비스(Life Logging Service)로 지칭한다.

인터넷의 유래를 미 고등 연구 계획국(ARPA, Advanced Research Projects Agency)에서 찾을 수 있었던 것처럼, 라이프 로깅 역시 미 국방 고등 연구 기획청(DARPA, The Defense Advanced Research Projects Agency)의 라이프 로깅 프로젝트에서 찾을 수 있다. 2003년에 이루어진 이 프로젝트는 전 세계적인 테러에 맞서기 위한 것으로, '정보활동과 관련된 에이전트의 모든 행동을 기록하는 것'이었다. 이 프로젝트 자체는 개인의 프라이버시 침해를 우려한 시민단체의 항의로 중지 되었으나 그 개념과 용어는 현재까지도 다양한 연구기관에서 활용되고 있다.

앨런(Allen, 2008)은 라이프 로깅을 '컴퓨터 기술의 도움으로 만들어지는 매일 일어나는 일상의 모든 기록으로써 기존의 패러다임을 근간으로 기록 및 저장 수단의 확장과 더 나아가 검색과 활용이 확장된 형태'라고 말한다. 디지털 센서를 통해 다양한 모드로 인식되고 개인 멀티미디어 기록으로써 영구 저장된다. 이는 매일의 대화와 행위, 사용자의 경험들을 저장하고 기록할 수 있게할 뿐만 아니라 기억을 보호하고 미래도 회고할 수 있게 한다고 말한다. 이러한 일상의 기록을 가능하게 하는 라이프 로깅 서비스는 이메일을 비롯하여, 디지털 사진, 일기장과 일정표, GPS, 음악 다운로드, 청취 습관, 블로그, 웹 브라우저의 즐겨찾기, 방문한 사이트 기록 등 그 범위가 다양하다.

지금까지 살펴본 것처럼 라이프 로깅은 발전된 디지털 기기를 이용하여 문자, 사진, 음성, 영상 등 다양한 형태로 자신의 이야기를 기록하거나 자신도 모르는 사이에 기록되는 것을 의미한다는 데 이견이 없어 보인다. 또한 라이프 로깅 개념의 가장 큰 관심은 컴퓨터 장치를 통한 저장 기술의 발전으로 경제적으로 많은 정보를 저장할 수 있게 된 것과 기록된 정보들로부터 삶의 흔적을 불러오고 공유를 통해 활용할 수 있다는 것이다.

라이프 로깅을 보다 세부적으로 분류하면 자신의 이야기를 기록하는 행위를 로깅으로, 자신도 모르는 사이에 기록되는 것을 트래킹(Tracking)이라 정의한다. 일기장을 개인의 생활 기록을 대표하는 라이프 로그로 본다면 라이프 로깅 자체가 새로운 현상만은 아니다. 또한 일기장에 공유의 개념을 더한 교환일기도 포함될 수 있다. 다른 차원으로 기록하는 주체에 따라 구분할 수도 있다. 예를 들면 학교에서는 선생님(타인)이 학생들의 생활을 생활기록부에 기록하고, 이는 학생(개인)의 삶에 영향을 주기도 한다. 이처럼 라이프 로깅은 기록의 주체와 방법에 따라 그리고 공유의 여부에 따라 기록의 성격 및 유형이 달라질 수 있다.

6. 국내 잊힐 권리 제도

방송통신위원회에서는 2016년 6월 "인터넷 자기게시물 접근배제요청권 가이드라인(이하 "가이드라인"이라 함)"을 마련하여, 회원 탈퇴나 계정 정보 분실로 지울 수 없었던 인터넷상 게시물에 대해 타인의 접근 배제를 요청할 권리를 보장해 주고 있다.

2014년 유럽사법재판소(ECJ)가 이용자의 시효가 지난 채무 관련 기사에 대해 검색사업자의 검색목록 삭제 책임을 인정한 이후, 소위 '잊힐 권리'의 도입방안에 대해 활발한 국내외 논의가 이루어지고 있었으나, 세부내용에 있어서는 다양한 주장과 시각이 제기되고, 해당 권리가 적용된 EU에서도 프라이버시와 표현의 자유 등 권리 간의 균형과 조화 및 법제화 방안에 대한 논란이 지속되었다.

한국의 경우 EU와 달리 제3자 권리침해 게시물에 대하여 정보통신망법상 구제수단(제3자 권리침해 게시물)인 임시조치 등이 있으나, 자기게시물의 경우 회원 탈퇴 등으로 관리권을 상실한 경우 이용자의 명백한 의사에도 불구하고 구제가 곤란한 경우가 있었다. 이에 따라, 사각지대에 있는 자기게시물에 대한 관리권을 상실한 이용자를 효과적으로 구제하면서도 표현의 자유 침해 등 부작용을 최소화할 수 있도록 최소한의 필요 범위에서 가이드라인을 마련하였다.

방송통신위원회의 가이드라인은 헌법상의 개인정보 자기결정권, 행복추구권 및 사생활의 비밀과 자유, 그리고 정보통신망법 상의 정보통신서비스제공자의 책무 등에 근거하여 이용자 본인이 인터넷상 게시한 게시물에 대하여 타인의 접근 배제를 요청할 수 있는 권리(이하 "자기게시물 접근배제 요청권"이라 함)를 보장한다. 정보통신서비스 제공자는 이용자의 개인정보를 보호하고 건전하고 안전한 정보통신서비스를 제공하여 이용자 권익을 보호할 책무를 부담하므로, 이용자의 자기게시물 접근배제 요청의사를 존중하여 표현의 자유 및 알권리 등과 적절한 조화를 이루도록 노력한 것이다.

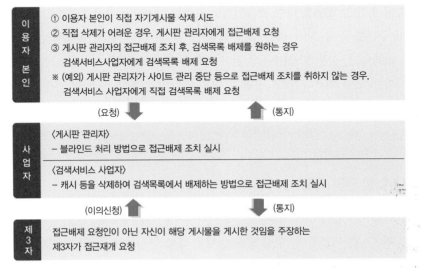

| 그림 6.5 인터넷 자기게시물 접근배제요청권 가이드라인 개요(방송통신위원회 가이드라인 참조)

부록

1. 개인정보 보호의 법 연혁

1) 한국의 개인정보 보호 법 연혁

정보통신망 이용촉진 및 정보보호 등에 관한 법률	1986.05 • [제정] 전산망 보급확장과 이용촉진에 관한 법률 1999.02 • [전부개정] 정보통신망 이용촉진등에 관한 법률 • 제4장 개인정보의 보호 – 개인정보의 수집 및 취급, 이용 및 제공의 제한, 이용자의 권리에 관한 조항 정립	2001.01 • [전부개정] 정보통신망 이용 촉진 및 정보보호 등에 관한 법률 • 제33조(개인정보분쟁조정위원회의 설치 및 구성) – 개인정보와 관련된 분쟁을 간편·신속하게 조정하기 위한 개인정보분쟁조정위원회 설립 근거를 마련 ※ (2011.03) '제6장 개인정보 분쟁조정위원회' 항목으로 개인정보 보호법으로 이전 2002.12 • [신설] 제56조(권한의 위임·위탁) 제3항 – 개인정보침해 및 불법 스팸메일 등 민원처리를 위해 한국정보보호진흥원(現 KISA)의 자료제출 요구 및 검사 등에 관한 업무를 수행 수 있는 위탁 근거 마련
개인정보 보호법	1994.01 • [제정] 공공기관의 개인정보 보호에 관한 법률 – 現 개인정보 보호법의 전신	2011.03 • [제정] 개인정보 보호법 ※ 공공기관의 개인정보 보호에 관한 법률 (1994. 01 제정) 폐지 • [제정] 제18조(개인정보의 이용·제공 제한) 제5항 – 개인정보를 목적 외의 용도로 제3자에게 제공하는 경우, 개인정보의 안전성 확보를 위하여 필요한 조치를 마련하도록 요청하여야 함

2008.05	2012.02	2016.03

• [고시] 개인정보의 기술적 · 관리적 보호조치 기준
  – 개인정보가 분실 · 도난 · 누출 · 변조 · 훼손 등이 되지 않도록 안전성을 확보하기 위하여 취하여야 하는 기술적 · 관리적 보호조치의 구체적인 기준을 명시
 	
2009.04
• [개정] 제52조(한국인터넷진흥원)
  – 정보통신망의 고도화와 안전한 이용 촉진 및 방송통신과 관련한 국제협력 · 국외진출 지원을 효율적으로 추진하기 위하여 한국인터넷진흥원을 설립
	• [신설] 제23조의2(주민등록번호의 사용 제한)
	  – 정보통신서비스 제공자의 주민등록번호 수집금지 및 대체수단 제공 기준 도입
	• [신설] 제47조의3(개인정보 보호 관리체계의 인증)
	  – 개인정보 보호 관리체계(PIMS) 인증 제도의 법제화
	
	2014.05
	• [개정] 제27조의3(개인정보 유출 등의 통지신고)
	  – 정보통신 제공자등은 개인정보의 분실 · 도난 · 유출 사실을 안 때에는 지체 없이 해당 사항을 방통위 또는 한국인터넷진흥원에 신고하여야 함
		• [신설] 제32조(손해배상) 제2항
		  – 징벌적 손해배상제를 도입해 정보통신 서비스 제공자의 책임성을 강화
		• [신설] 제32조의3(노출된 개인정보의 삭제 · 차단) 제2항
		  – 정보통신서비스 제공자 등은 방송통신위원회 또는 한국인터넷진흥원의 요청이 있는 경우 주민등록번호, 계좌정보, 신용카드 정보 등의 노출된 개인정보에 대한 삭제 · 차단 등 필요한 조치를 취해야 함

2013.08	2015.07	2016.03

• [신설] 제24조의2(주민등록번호 처리의 제한)
  – 정보통신서비스 제공자의 주민등록번호수집금지 및 대체수단 제공 기준 도입
	• [신설] 제32조의2(개인정보 보호 인증)
	  – 개인정보처리자의 개인정보 처리 및 보호와 관련한 일련의 조치가 이 법에 부합하는지 등에 관한 인증
	• [신설] 제39조(손해배상책임) 제3항
	  – 징벌적 손해배상제의 도입
		• [신설] 제24조(고유식별정보의 처리 제한)의 제4항 및 제5항
		  – 개인정보처리자가 고유식별정보를 처리하는 경우 안전성 확보에 필요한 조치를 하였는지에 관하여 정기적으로 조사하도록 함

위치정보의 보호 및 이용 등에 관한 법률	2005.01 • [제정] 위치정보의 이용 및 보호 등에 관한 법률	2008.02 • [개정]제16조(위치정보의 보호조치 등) 제3항 　– 위치정보사업자 등은 위치정보의 누출, 변조 등을 방지하기 위해 관리적·기술적 조치를 취해야 함을 명시 2008.05 • [고시] 위치정보의 보호 및 이용 등에 관한 법률 시행에 관한 방송통신위원회 규정 　– 위치기반서비스사업에 대한 허가, 신고, 폐지 등의 규정을 명시
개인정보 보호 관련 가이드라인	2011.01 • 정보통신서비스 제공자를 위한 개인정보 보호 가이드 (방송통신위원회) • 개인정보 영향평가에 관한 고시 및 해설서 (행정안전부) 2012.03 • 앱 개발자를 위한 개인정보 보호 안내서 (방송통신위원회) 2012.06 • 인터넷 사업자를 위한 주민번호 사용 제한 준비 안내서 (방송통신위원회)	2012.12 • 개인정보 기술적 보호조치 가이드라인 (행정안전부) 2014.01 • 주민등록번호 수집 금지 제도 가이드라인 (안전행정부) 2014.10 • 홈페이지 개인정보 노출방지 가이드라인 (행정자치부)
개인정보 사고 사례 (1000만 건 이상)	2008.02 • A사 (인터넷 쇼핑몰 사업자) 　1,863만 건 2008.09 • G사 (정유사 사업자) 　1,150만 건	2010.03 • S사 (종합쇼핑몰 사업자) 등 25개 社 2,000만 건

2009.03
• [삭제] 제5조(위치정보사업의 허가 등)
  제2항
  − 방송통신위원회는 위치정보사업에
  대한 허가를 하고자 하는 경우,
  정보통신정책심의위원회의 심의를
  거쳐야 한다는 내용을 삭제하여
  위치정보사업에 대한 규제 완화
	2012.05
	• [전문개정] 제29조(긴급구조를 위한
	  개인정보의 이용)
	  − 제2항 「경찰법」 제2조 에 따른
	  경찰청 · 지방경찰청 · 경찰서(이하
	  "경찰관서"라 한다)는 위치정보
	  사업자에게 구조가 필요한 사람,
	  실종 아동 등의 개인위치정보의
	  제공을 요청할 수 있음
		2016.12
		• [개정안 의결] 유관 법률과의 정합성
		  제고 및 글로벌 스탠더드에 맞게 개선
		  − 사물위치정보사업 허가제를 신고
		  제로 완화(안 제5조)
		  − 소규모 위치기반서비스사업 신고
		  간주제 도입(안 제 9조)
		  − 사물위치정보 사전동의 없이 처리
		  (안 제15조)
		  − 처리위탁 규정 및 국외이전 근거
		  신설(안 제16조의2, 안 제35조의2)

2014.11
• 온라인 개인정보취급 가이드라인
  (방송통신위원회)
2014.12
• 불법 스팸 방지를 위한 정보통신망법
  안내서 (방송통신위원회)
2015.01
• 영상정보 처리기기 설치 · 운영
  가이드라인 (행정자치부)
	2015.08
	• 스마트폰 앱 개인정보 보호
	  가이드라인(방송통신위원회)
	2016.04
	• 인터넷 자기게시물 접근배제요청권
	  가이드라인(방송통신위원회)
	2016.06
	• 개인정보 비식별 조치 가이드라인
	  (국무조정실, 행정자치부, 방송통신
	  위원회 금융위원회, 미래창조과학부,
	  보건복지부 합동)
		2016.07
		• 개인정보 수집제공 동의서 작성
		  가이드라인
		2016.08
		• 개인정보 유출 대응 매뉴얼
		  (방송통신위원회)
		2016.11
		• 개인정보 수집 최소화 가이드라인
		  (행정자치부)

2011.07
• S사 (인터넷 포털 사업자)
  3,500만 건
2011.11
• N사 (게임 제작 · 배급 사업자)
  1,322만 건
	2014.01
	• 카드 3 社 (K사, N사, L사)
	  8,868만 건
	2014.03
	• K사 (유무선 통신 사업자)
	  1,170만 건
	• H사 (대형유통 사업자)
	  1,694만 건
		2016.07
		• I사 (인터넷 종합쇼핑몰 사업자)
		  1,030만 건

2) 세계 주요국의 개인정보 보호의 법 연혁

EU	1981.01 • Convention for the Protection of Individuals with regard to Automatic Processing of Personal Data 　– 개인정보의 자동처리에 관계되는 개인의 보호	1995.10 • Directive 95/46/EC of The European Parliament and of The COUNCIL 　– Article 29 Working Party 　– 회원국 전체에 적용되는 최초 개인정보 보호 법제 　– 지침의 구체적 실현은 회원국 자체 입법	2000.07 • EU US Safe Harbor Privacy Principle 　– 유럽–미국 데이터 전송에 관한 협약 　– 2015년 폐기
UN, OECD	1980.09 • OECD Guidelines on the Protection of Privacy and Transborder Flows of Personal Data 　– 개인정보 보호 8원칙 제시	1990.12 • UN Guidelines Concerning Computerized Personal Data Files	2013.07 • OECD Guidelines on the Protection of Privacy and Transborder Flows of Personal Data 개정 　– 변화하는 기술, 시장과 이용자의 행태, 사이버 정체성의 중요성 증대 반영
미국	1974.12 • Privacy Act of 1974 • Family Education Rights Privacy Act	1986.12 • Electronic Communications Privacy Act	1996.08 • Health insurance Portability and Accountability Act(HIPAA) 　– Protected Health Information(PHI) 정의
일본	1988.12 • 행정기관이 보유하는 전자계산기 처리에 관련된 개인정보 보호에 관한 법률 • 민간부문에서 개인정보 보호를 위한 가이드라인	2005.04 • 개인정보의 보호에 관한 법률 제정 • 행정기관이 보유하는 개인정보 보호법 • 독립행정법인 등이 보유하는 개인정보 보호법	2015.09 • 개인정보 보호에 관한 법률 개정 　– 익명가공정보 정의
중국	2003 • 중화인민공화국 개인정보 보호법 전문가 건의안 　– 적법원칙, 권리보호원칙, 이익형평 원칙 등 규정	2010.02 • 형법 수정안(7) 　– 개인정보 불법 획득 처벌 조항 추가	2011.09 • 컴퓨터 형사사건에 대한법률 해석 　– 개인신분인증정보의 탈취 등 사이버범죄에 대한 '심각', '아주 심각'의 처벌 기준마련

2015.10	2016.02	2016.04	2016.04
• Article 29 Working PartyOpinion 05/2014 on Anonymisation Techniques	• EU–US Privacy Shield – 유럽–미국 데이터 전송에 관한 협약	• Regulation (EU) 2016/679 of The European Parliament and of The Council(General Data Protection Regulation) – 회원국 전체에 직접 적용되는 개인정보 보호 법제 – 2018년 5월 시행	• Directive 2016/680/EC of The European Parliament and of The COUNCIL – 경찰 등 수사영역 대상 개인정보 보호 법제
1998.10	1999.03	2015.10	2017.01
• Child Online Privacy Protection Act	• HIPAA Privacy Rule	• NISTIR 8053 De-Identification of Personal Information – 20여년간 미국의 개인정보 비식별조치를 정리한 보고서	• NISTIR 8062 An Introduction to Privacy Engineering and Risk Management in Federal Systems – 프라이버시 공학과 프라이버시 위험 관리 개념을 소개한 보고서
2016.11			
• 개인정보 보호에 관한 법률에 관한 가이드라인 (익명가공정보 편)			
2012.12	2016.11		
• 상무위원회 인터넷 정보보호 결정 – 전자 개인정보의 정의, 정보처리자 의무 및 처벌 등에 관한 내용	• 네트워크안전법 (2017년 6월 시행) – 사이버 공간에서의 프라이버시와 보안에 대해 포괄적으로 다룬 중국 최초의 법규		

2. 개인정보 보호법과 정보통신망법의 핵심요약 비교

1) 개인정보 관련 정보통신망법과 개인정보 보호법 비교

구분		정보통신망법(시행 '16. 9. 23.)	개인정보 보호법(시행 '16. 9. 30.)
수집 및 이용	개인정보 수집·이용 동의획득시 고지사항	(법 제22조①) ① 수집·이용 목적 ② 수집항목 ③ 보유·이용기간	(법 제15조②) ① 수집·이용 목적 ② 수집항목 ③ 보유·이용기간 ④ 동의 거부 권리 및 동의 거부시 불이익
	동의 없이 수집·이용 가능한 경우	(법 제22조②) • 계약 이행 위해 필요한 정보로서 동의획득이 곤란한 경우 • 법률에 특별한 규정이 있는 경우 • 요금정산을 위해 필요한 경우	(법 제15조①) • 계약 체결·이행 위해 불가피한 경우 • 법률에 특별한 규정 있거나 법령상 의무 준수하기 위하여 불가피한 경우 • 공공기관 소관업무 위해 불가피한 경우 • 정보주체의 의식불명, 주소불명 등으로 동의를 받을 수 없는 경우로서 명백히 정보주체 또는 제3자의 급박한 생명, 신체, 재산의 이익을 위하여 필요한 경우 • 개인정보처리자의 이익 달성 위한 경우로 정보주체 권리보다 명백히 우선하는 경우
	동의받는 방법	• 홍보 또는 판매를 권유하는 경우 : 이에 대한 별도의 규정 없음	(법 제22조①,③) • 홍보 또는 판매를 권유하는 경우 : 명확히 인지할 수 있도록 알리고 동의 필요
	민감정보 수집제한	(법 제23조①) • 민감정보 : 사상, 신념, 가족·친인척 관계, 학력, 병력, 기타 사회활동 경력 등 • 예외 : 별도 동의, 법률 허용	(법 제23조) • 민감정보 : 사상, 신념, 노동조합·정당가입 및 탈퇴, 정치적 견해, 건강, 성생활, 유전정보, 범죄경력자료 등 • 예외 : 별도 동의, 법령 허용
	고유식별정보 처리제한	• 규정 없음	(법 제24조) • 고유식별정보 : 주민번호, 여권번호, 운전면허번호, 외국인등록번호 • 예외 : 별도 동의, 법령 허용 • 안전성 확보조치 의무 ※ 주민번호는 별도의 동의를 받아도 처리할 수 없음 〈 5년 이하 징역, 5천만원 이하 벌금 〉 : 위반하여 고유식별정보를 처리한 자

구분		정보통신망법(시행 '16. 9. 23.)	개인정보 보호법(시행 '16. 9. 30.)
수집 및 이용	주민등록번호 사용제한	(법 제23조의2) • 주민번호 수집 · 이용금지 − 예외 : 법령, 본인확인기관, 방통위 고시 • 대체수단 도입 − 법령 또는 방통위 고시 경우에도 대체수단 제공 〈 3천만원 이하 과태료 〉 : 위반하여 주민번호 수집 · 이용	(법 제24조의2) • 법률 · 대통령령 · 국회규칙 · 대법원 규칙 · 헌법재판소규칙 · 중앙선거 관리위원회규칙 및 감사원규칙에서 구체적 근거 없는 주민번호 처리 금지 (2017. 3. 30. 시행) • 인터넷 회원가입시 대체수단 도입 〈 3천만원 이하 과태료 〉 : 위반하여 주민등록번호를 처리한 자 〈 3천만원 이하 과태료 〉 : 위반하여 정보주체가 주민등록번호를 사용하지 않을 수 있는 방법을 미제공 〈 5억원 이하 과징금〉 : 주민등록번호가 분실 · 도난 · 유출 · 변조 또는 훼손된 경우(안전성확보 조치를 다한 경우 예외)
본인확인기관의 지정		(법 제27조의3,4) • 방통위의 본인확인기관 지정 − 안전성확보 위한 물리적 · 기술적 · 관리적 조치계획 − 업무수행 위한 기술적 · 재정적 능력 − 설비규모의 적정성 ※ 본인확인업무 : 대체수단의 개발 · 제공 · 관리업무 • 전부 또는 일부 휴지시 − 휴지기간 정하여 휴지일 30일 전까지 이용자에게 통보 · 방통위에 신고 − 휴지기간 : 6개월 초과 불가 • 폐지 − 폐지일 60일 전까지 이용자에게 통보 · 방통위에 신고 • 정지 및 지정 취소 − 거짓/부정한 방법으로 지정 − 정지명령 위반 − 6개월 이내 미개시/6개월 이상 업무 휴지	• 규정 없음

구분		정보통신망법(시행 '16. 9. 23.)	개인정보 보호법(시행 '16. 9. 30.)
제3자 제공 제한	제3자제공 동의획득시 고지사항	(법 제24조의2①) ① 제공받는 자 ② 받는 자의 이용 목적 ③ 제공 항목 ④ 받는 자의 보유·이용 기간 ※ 동의획득 방법(법 24조의2③) – 다른 동의와 구분해 동의 획득 필요 – 동의하지 않는다는 이유로 서비스 제공 거부 금지	(법 제17조) ① 제공받는 자 ② 받는 자의 이용 목적 ③ 제공 항목 ④ 받는 자의 보유·이용 기간 ⑤ 동의 거부 권리 및 동의 거부시 불이익
개인정보 위탁	위탁시 동의여부	(법 제25조①, ⑦) • 동의 필요 • 동의시 고지사항 : 수탁자, 위탁업무내용 • 예외 : 계약이행 및 이용자 편의에 필요한 경우수탁자 및 위탁업무내용을 개인정보 처리방침에 공개하거나 전자우편·서면·모사전송·전화 또는 유사한 방법 중 하나로 이용자에게 알린 경우 • 위탁시 문서에 의하여야 함 (2016. 9. 23. 시행)	(법 제26조) • 동의 불필요 ⇒ 업무내용 및 수탁자 공개 필요 • 예외(마케팅 업무위탁시) : 업무내용 및 수탁자 고지 필요 • 홈페이지 공개(법 제26조②, 령 제28조) – 마케팅 목적 위탁은 이메일·문자 등으로 고지 필요 • 다음 내용 포함된 문서에 의하여야 함 1. 위탁업무의 목적 외 처리금지 2. 재위탁 제한 3. 개인정보 안전성 확보 조치 4. 개인정보의 관리 현황 점검 등 감독 5. 수탁자 의무위반시 손해배상 등 책임
	위탁자의 수탁자 감독의무	(법 제25조④) • 위탁자의 관리·감독 및 교육의 의무(교육의무는 2016. 9. 23. 시행)	(법 제26조④) • 위탁자의 수탁자 교육 등 감독의무
개인정보 국외이전	국외이전시 동의여부	(법 제63조②) • 국외에 제공, 처리위탁, 보관시 동의 필요 • 동의시 고지사항 ① 이전받는 자 ② 받는 자의 이용 목적 ③ 이전 항목 ④ 받는 자의 보유·이용 기간 ⑤ 이전 국가, 이전 일시 및 방법	(법 제17조③) ① 제공받는 자 ② 받는 자의 이용 목적 ③ 제공 항목 ④ 받는 자의 보유·이용 기간 ⑤ 동의 거부 권리 및 거부시 불이익

구분		정보통신망법(시행 '16. 9. 23.)	개인정보 보호법(시행 '16. 9. 30.)
개인정보 국외이전	국외이전시 동의여부	• 예외 : 계약이행 및 이용자 편의에 필요하여 처리위탁, 보관하는 경우 동의 고지사항을 개인정보 처리방침에 공개하거나 전자우편 · 서면 · 모사전송 · 전화 또는 유사한 방법 중 하나로 이용자에게 알린 경우(2016.9.23. 시행) • 다음 사항을 계약서에 반영 (령 제67조) – 기술적 · 관리적 조치 – 고충 및 분쟁 해결 방법	
개인정보 파기	파기의 예외사유	(법 제29조①) • 다른 법률에 따라 보존해야 하는 경우	(법 제21조①) • 다른 법령에 따라 보존해야하는 경우 ※ 다른 개인정보와 분리하여 저장 · 관리
	유효기간제 (현행 : 3년 ⇒ '15. 8. 18. 시행 : 1년)	(법 제29조②) • 1년동안 서비스 미이용자 개인정보는 즉시 파기 또는 분리하여 별도 저장 · 관리 – 예외 : 1. 타법의 별도 규정기간, 　　　　 2. 이용자 요청 기간 – 기간 만료 30일 전까지 파기, 분리 저장 · 관리되는 사실과 기간 만료일, 개인정보 항목을 이용자에게 알려야함	• 규정없음
이용자 권리보장		(법 제30조) • 이용자의 수집 · 이용 · 제공 등 동의철회 ※ 동의철회시 개인정보 파기 • 개인정보 열람 요구 • 오류 정정 요구 ※ 동의철회, 열람, 정정요구 방법을 수집방법보다 용이하게 조치	(법 세35소, 제36조, 제37조) • 개인정보 열람 요구 • 개인정보 정정 · 삭제 요구 • 개인정보 처리정지 요구

구분		정보통신망법(시행 '16. 9. 23.)	개인정보 보호법(시행 '16. 9. 30.)
개인정보 보호책임자 지정		• 명칭 : 개인정보 보호책임자 (법 제27조) • 자격요건(령 제13조) 　– 임원 또는 고충처리 담당부서의 장 　– 다음 경우 사업주가 겸임 　　• 상시 종업원 5명 미만 　　• 인터넷서비스업 : 상시 5명 미만이면서 전년도말 기준 직전 3개월 간 일일 평균이용자 1천명 이하 • 의무 및 권리(법 제27조④) 　– 법률 위반사실 발견시 개선 조치 및 필요시 대표자에게 개선 조치 보고(2016. 9. 23. 시행) 　– 예외: 대표자가 개인정보 보호 책임자인 경우	• 명칭 : 개인정보 보호책임자 (법 제31조) • 자격요건(령 제32조②2.) 　– 사업주 또는 대표자 　– 개인정보처리 부서장 또는 소양있는 자 • 의무 및 권리(법 제31조④,⑤) 　– 법률 위반사실 발견시 개선 조치 및 필요시 기관장에게 개선조치 보고 　– 업무수행에 있어 정당한 이유 없이 불이익 금지
기술적 조치	암호화	• 비밀번호 : 복호화 되지 않도록 일방향 암호화(령 제15조④1.) • 바이오정보, 주민등록번호, 여권번호, 운전면허번호, 외국인등록번호, 신용카드, 계좌번호 암호화 (령 제15조④2) • 송·수신시 모든 개인정보 및 인증정보 암호화, 컴퓨터, 모바일기기 및 보조저장매체 저장시 모든 개인정보 암호화(고시 제6조)	• 비밀번호 : 복호화 되지 않도록 일방향 암호화 • 고유식별정보 및 바이오정보 암호화 (고시 제6조) 　– 인터넷구간과 내부망의 중간지점 (DMZ)에 고유식별정보를 저장하는 경우 암호화 　– 내부망에 고유식별정보를 저장하는 경우 위험도 분석 결과(영향평가 대상이 되는 공공기관의 경우 영향평가)에 따라 암호화 적용여부 및 범위 결정 가능 ※ 주민번호 내부망 저장시 암호화
	기타	• 접근권한 관리(고시 제4조①~④) 　– 접근권한 부여기록 5년 보관 • 비밀번호 작성규칙 적용 (고시 제4조⑦) 　– 문자숫자 2종류 : 10자리 　– 문자숫자 3종류 : 8자리 　– 비밀번호 반기별 1회 이상 변경 • 시스템 접속로그 6개월 이상 보관, 월 1회이상 정기적 확인·감독 (기간통신사업자는 2년)(고시 제5조)	• 접근권한 관리(고시 제4조) 　– 접근권한 부여기록 3년 보관 • 비밀번호 작성규칙 적용(고시 제4조) 　– 세부내용 없음 ※ 개인정보취급자 및 이용자 대상 • 시스템 접속로그 6개월 이상 보관, 반기별 1회 이상 점검(고시 제7조) • 전산실 등 출입통제 절차 (고시 제9조)

구분		정보통신망법(시행 '16. 9. 23.)	개인정보 보호법(시행 '16. 9. 30.)
기술적 조치	기타	• 전산실 등 출입통제 절차 (고시 제8조) • 개인정보 출력·복사기록 (고시 제9조) • 성명, 생년월일, 전화번호 등 일부 표시제한(마스킹)(고시 제10조) • 모바일기기에 대한 보호조치: 개인 정보 저장시 암호화 등(고시 제4조 ⑨, 제6조④)	• 업무용 모바일 기기의 분실·도난 등으로 개인정보가 유출되지 않도록 비밀번호 설정 등 보호조치 (고시 제5조⑦)

유·노출 통지 및 신고		• 개인정보 유출통지(법 제27조의3)
		  – 개인정보 유출시 24시간 이내 해당 이용자에게 통지
		• 통지내용
		  – 누출항목, 누출시점, 이용자 조치 사항, 사업자 대응조치, 상담접수 부서 및 연락처
		• 통지방법
		  – 전자우편, 서면, 모사전송, 전화 등 으로 통지(이용자의 연락처를 알 수 없는 등 정당한 사유가 있는 경우 홈페이지 게시로 통지 갈음 가능)
		• 유출신고
		  – 유출규모와 상관없이 24시간 이내 방통위 또는 KISA에 신고
			• 개인정보 유출통지(법 제34조)
			  – 개인정보 유출시 정보 주체에게 통지
			  • 통지내용(법 제34조①)
			  – 유출항목, 유출시점, 경위, 정보주체 조치사항, 상담·신고 연락처, 개인 정보처리자 대응조치, 피해구제절차
			• 통지방법(령 제40조)
			  – 서면, 이메일, 팩스 등으로 통지 (홈페이지에 공개 가능)
			  – 1만명 이상 유출시 홈페이지 등에 7일 이상 게재
			• 유출신고(령 제39조)
			  – 유출규모가 1만명 이상인 경우 5일 이내에 행정자지부장관 또는 KISA에 신고

CCTV 설치·운영		• 정보통신망법은 CCTV에 관한 규정이 없어 개인정보 보호법의 적용 받음
		• 다음 경우 외에 공개된 장소에 CCTV 설치 금지(법 제25조①)
		  – 법령에서 허용
		  – 범죄 예방 및 수사
		  – 시설안전 및 화재 예방
		  – 교통단속
		  – 교통정보 수집·분석
		  ※ 공개된 장소
		    : 공원, 도로, 지하철, 상가 내부, 주차장 등 정보주체의 접근/통행에 제한 받지 않는 장소
		    (출입 통제되는 사무실 등의 경우 CCTV원칙이 아닌 개인정보원칙 적용)
		• CCTV 설치 전 공청회, 설명회 등 이해관계자의 의견을 수렴(법 제25조③)
		• CCTV 설치운영자는 다음 사항 기재한 안내판 설치(법 제25조④, 령 제24조) (군사시설, 국가중요시설, 국가보안시설 제외)
		  – 설치목적·장소, 촬영범위·시간, 관리책임자 성명·연락처, CCTV운영 수탁자 명칭·연락처
		• CCTV를 목적과 다르게 조작, 촬영, 녹음기능 사용 금지(법 제25조⑤)	

구분	정보통신망법(시행 '16. 9. 23.)	개인정보 보호법(시행 '16. 9. 30.)
기타	• PIMS 인증('13. 2월 시행) (법 제47조의3) • 개인정보이용내역 통지 (법 제30조의2) 　– 개인정보 이용내역을 주기적으로 이용자에게 통지 • 징벌적손해배상제(법 제32조②) 　– 고의/중과실로 개인정보가 분실 · 도난 · 유출 · 위조 · 변조 · 훼손된 경우 법원은 손해액의 3배까지 결정 가능 (2016. 7. 25. 시행) • 법정손해배상제(법 제32조의2) 　– 다음 모두에 해당하는 경우 이용자는 300만 원 이하 배상 청구 가능 　　1. 정보통신서비스제공자등이 고의/과실로 이 법의 개인정보 보호 규정 위반한 경우 　　2. 개인정보가 분실 · 도난 · 유출 · 위조 · 변조 · 훼손된 경우 　– 정보통신서비스제공자 등이 고의/과실 입증 　※ 법원은 위 청구범위에서 증거조사 등 고려하여 상당한 손해액 인정 • 노출된 개인정보 삭제(법 제32조의3) 　– 주민등록번호, 계좌정보, 신용카드 정보 등이 정보통신망을 통해 노출되지 않도록 하고, 방통위 또는 KISA 요청시 삭제(2016. 9. 23. 시행)	• PIMS 인증('16. 1월부터 기존 PIPL을 PIMS로 통합) (법 제32조의2) • 개인정보분쟁조정위원회 (법 제40조~제50조) (집단분쟁조정제도) • 징벌적손해배상제(법 제39조③) 　– 고의/중과실로 개인정보가 분실 · 도난 · 유출 · 위조 · 변조 · 훼손된 경우 법원은 손해액의 3배까지 결정 가능(2016. 7. 25. 시행) • 법정손해배상제(법 제39조의2) (2016. 7. 25. 시행) 　– 정보주체는 개인정보처리자의 고의/과실로 개인정보가 분실 · 도난 · 유출 · 위조 · 변조 · 훼손된 경우 300만 원 이하 배상 청구 가능 　– 개인정보처리자가 고의/과실 입증 　※ 법원은 위 청구범위에서 증거조사 등 고려하여 상당한 손해액 인정 • 단체소송 제도(법 제51조~제57조) • 개인정보 보호위원회(법 제7조~제8조) ▯ 공공기관 • 개인정보 영향평가 실시대상(법 33조) 　– 5만명 이상의 민감정보 또는 고유식별정보 　– 내외부와 개인정보 공유시, 50만명 이상의 개인정보 　– 100만명 이상의 개인정보 • 공공기관은 처리하는 개인정보파일 목록을 행자부에 등록(법 제32조)

□ 벌칙 비교

구분	정보통신망법	개인정보 보호법
동의 없이 개인정보 수집·이용	5년 이하 징역 또는 5천만원 이하 벌금 위반매출액 100분의 3이하(과징금)	5천만원 이하(과태료)
법정대리인의 동의 없이 아동 개인정보 수집·이용	5년 이하 징역 또는 5천만원 이하 벌금 (형사책임) 위반매출액 100분의 3이하(과징금)	5천만원 이하(과태료)
이용자 동의 없이 개인정보 제3자 제공	5년 이하 징역 또는 5천만원 이하 벌금 (형사책임) 위반매출액 100분의 3이하(과징금)	5년 이하 징역 또는 5천만원 이하 벌금(형사책임) 3천만원 이하(과태료)
이용자 동의 없이 개인정보 처리위탁	5년 이하 징역 또는 5천만원 이하 벌금 (형사책임) 위반매출액 100분의 3이하(과징금)	–
동의 받은 목적외 개인정보 이용	5년 이하 징역 또는 5천만원 이하 벌금 (형사책임) 위반매출액 100분의 3이하(과징금)	5년 이하 징역 또는 5천만원 이하 벌금(형사책임)
수탁자에 대한 관리·감독 및 교육을 소홀히 하여 수탁자가 개인정보 보호 규정을 위반한 경우	위반매출액 100분의 3이하(과징금)	–
이용자 동의 없이 개인정보 국외 제공	위반매출액 100분의 3이하(과징금)	–
정정요구에 대하여 필요한 조치를 취하지 않고 개인정보 제공·이용	5년 이하 징역 또는 5천만원 이하 벌금 (형사책임)	2년 이하 징역 또는 2천만원 이하 벌금(형사책임)
전·현직 개인정보취급자의 개인정보 누설	5년 이하 징역 또는 5천만원 이하 벌금 (형사책임)	5년 이하 징역 또는 5천만원 이하 벌금(형사책임)
법 위반하여 주민등록번호 수집·이용	3천만원 이하(과태료)	3천만원 이하(과태료)
법 위반하여 정보주체가 주민등록번호를 사용하지 않을 수 있는 방법 미제공	3천만원 이하(과태료)	3천만원 이하(과태료)
주민등록번호가 분실·도난·유출·변조 또는 훼손된 경우 (안전성확보조치 다한 경우 예외)	–	5억원 이하(과징금)

구분	정보통신망법	개인정보 보호법
개인정보의 기술적·관리적 보호조치 관련	2년 이하 징역 또는 2천만원 이하 벌금 (형사책임) 3천만원 이하(과태료) 위반매출액 100분의 3이하(과징금)	2년 이하 징역 또는 2천만원 이하 벌금(형사책임) 3천만원 이하(과태료)
개인정보 미파기	2년 이하 징역 또는 2천만원 이하 벌금 (형사책임)	3천만원 이하(과태료, 미파기) 1천만원 이하(과태료, 미분리)
법 위반하여 미이용자의 개인정보 보호를 위한 개인정보 파기 등 필요한 조치의무 위반	3천만원 이하(과태료)	—
법 위반하여 개인정보의 이용내역을 통지의무 위반	3천만원 이하(과태료)	—
개인정보 유출 등 발생 시 이용자 및 주무장관 또는 전문기관에 통지, 신고 의무 위반	3천만원 이하(과태료) (24시간 경과시 동일)	3천만원 이하(과태료)
개인정보 처리위탁 사항 공개 위반	2천만원 이하(과태료)	1천만원 이하(과태료) 3천만원 이하(과태료, 마케팅)
위탁자 동의 없이 개인정보 처리 재위탁	2천만원 이하(과태료)	—
개인정보 처리위탁시 문서에 의하지 않은 자	1천만원 이하(과태료)	1천만원 이하(과태료)
개인정보 처리위탁시 동의하지 아니한 이유로 서비스 제공 거부	3천만원 이하(과태료)	3천만원 이하(과태료)
개인정보 처리방침 공개 위반	2천만원 이하(과태료)	1천만원 이하(과태료)
처리방침에 미공개 또는 이용자에게 통지 없이 개인정보를 국외에 처리위탁·보관	2천만원 이하(과태료)	—
영업양도 등에 따른 개인정보 이전 통지 위반	2천만원 이하(과태료)	1천만원 이하(과태료)
개인정보 보호책임자 지정 위반	2천만원 이하(과태료)	1천만원 이하(과태료)

2) 개인정보 보호 관련 고시 상세 비교

구분	개인정보의 기술적·관리적 보호조치 기준 (2015. 5. 19.)	개인정보의 안전성 확보조치 기준 (2016. 9. 1.)
적용대상	정보통신서비스 제공자	공공기관, 법인, 단체 및 개인 등 개인정보처리자
고시근거	정보통신망 이용촉진 및 정보보호 등에 관한 법률 제28조(개인정보의 보호조치)	개인정보 보호법 제23조(민감정보의 처리 제한)제2항, 제24조(고유식별정보의 처리 제한)제3항, 제29조(안전조치의무)
	동법 시행령 제15조(개인정보의 보호조치)	동법 시행령 제21조(고유식별정보의 안전성 확보 조치), 제30조(개인정보의 안전성 확보 조치)
처벌규정	제64조의3(과징금의 부과 등) ① 방송통신위원회는 다음 각 호의 어느 하나에 해당하는 행위가 있는 경우에는 해당 정보통신서비스 제공자 등에게 위반행위와 관련한 매출액의 100분의 3 이하에 해당하는 금액을 과징금으로 부과할 수 있다. 　6. 이용자의 개인정보를 분실·도난·유출·위조·변조 또는 훼손한 경우로서 제28조제1항제2호부터 제5호까지(제67조에 따라 준용되는 경우를 포함한다)의 조치를 하지 아니한 경우	—
	제73조(벌칙) 다음 각 호의 어느 하나에 해당하는 자는 2년 이하의 징역 또는 2천만원 이하의 벌금에 처한다. 　1. 제28조제1항제2호부터 제5호까지(제67조에 따라 준용되는 경우를 포함한다)의 규정에 따른 기술적·관리적 조치를 하지 아니하여 이용자의 개인정보를 분실·도난·유출·위조·변조 또는 훼손한 자	제73조(벌칙) 다음 각 호의 어느 하나에 해당하는 자는 2년 이하의 징역 또는 2천만원 이하의 벌금에 처한다. 　1. 제23조제2항, 제24조제3항, 제25조제6항 또는 제29조를 위반하여 안전성 확보에 필요한 조치를 하지 아니하여 개인정보를 분실·도난·유출·위조·변조 또는 훼손당한 자
	제76조(과태료) ① 다음 각 호의 어느 하나에 해당하는 자와 제7호부터 제11호까지의 경우에 해당하는 행위를 하도록 한 자에게는 3천만원 이하의 과태료를 부과한다. 　3. 제28조제1항(제67조에 따라 준용되는 경우를 포함한다)에 따른 기술적·관리적 조치를 하지 아니한 자	제75조(과태료) ② 다음 각 호의 어느 하나에 해당하는 자에게는 3천만원 이하의 과태료를 부과한다. 　6. 제23조제2항, 제24조제3항, 제25조제6항 또는 제29조를 위반하여 안전성 확보에 필요한 조치를 하지 아니한 자

구분	개인정보의 기술적 · 관리적 보호조치 기준 (2015. 5. 19.)	개인정보의 안전성 확보조치 기준 (2016. 9. 1.)
목적	제1조(목적) ① 이 기준은 「정보통신망 이용촉진 및 정보보호 등에 관한 법률」(이하 "법"이라 한다) 제28조제1항 및 같은 법 시행령 제15조제6항에 따라 정보통신서비스 제공자등(법 제67조에 따라 준용되는 자를 포함한다. 이하 같다)이 이용자의 개인정보를 취급함에 있어서 개인정보가 분실 · 도난 · 누출 · 변조 · 훼손 등이 되지 아니하도록 안전성을 확보하기 위하여 취하여야 하는 기술적 · 관리적 보호조치의 최소한의 기준을 정하는 것을 목적으로 한다.	제1조(목적) 이 기준은 「개인정보 보호법」(이하 "법"이라 한다) 제23조제2항, 제24조제3항 및 제29조와 같은 법 시행령(이하 "영"이라 한다) 제21조 및 제30조에 따라 개인정보처리자가 개인정보를 처리함에 있어서 개인정보가 분실 · 도난 · 유출 · 위조 · 변조 또는 훼손되지 아니하도록 안전성 확보에 필요한 기술적 · 관리적 및 물리적 안전조치에 관한 최소한의 기준을 정하는 것을 목적으로 한다.
	② 정보통신서비스 제공자등은 사업규모, 개인정보 보유 수 등을 고려하여 스스로의 환경에 맞는 개인정보 보호조치 기준을 수립하여 시행하여야 한다.	제3조(안전조치 기준 적용) 개인정보처리자가 개인정보의 안전성 확보에 필요한 조치를 하는 경우에는 [별표] 개인정보처리자 유형 및 개인정보 보유량에 따른 안전조치 기준을 적용하여야 한다. 이 경우 개인정보처리자가 어느 유형에 해당하는지에 대한 입증책임은 당해 개인정보처리자가 부담한다.
정의	제2조(정의) 이 기준에서 사용하는 용어의 뜻은 다음과 같다.	제2조(정의) 이 기준에서 사용하는 용어의 뜻은 다음과 같다.
	–	3. "개인정보처리자"란 업무를 목적으로 개인정보파일을 운용하기 위하여 스스로 또는 다른 사람을 통하여 개인정보를 처리하는 공공기관, 법인, 단체 및 개인 등을 말한다.
	1. "개인정보관리책임자"란 이용자의 개인정보 보호 업무를 총괄하거나 업무처리를 최종 결정하는 임직원을 말한다.	8. "개인정보 보호책임자"란 개인정보처리자의 개인정보 처리에 관한 업무를 총괄해서 책임지는 자로서 영 제32조제2항에 해당하는 자를 말한다.
	2. "개인정보취급자"란 이용자의 개인정보를 수집, 보관, 처리, 이용, 제공, 관리 또는 파기 등의 업무를 하는 자를 말한다.	9. "개인정보취급자"란 개인정보처리자의 지휘 · 감독을 받아 개인정보를 처리하는 업무를 담당하는 자로서 임직원, 파견근로자, 시간제근로자 등을 말한다.
	3. "내부관리계획"이라 함은 정보통신서비스 제공자 등이 개인정보의 안전한 취급을 위하여 개인정보 보호 조직의 구성, 개인정보 취급자의 교육, 개인정보 보호조치 등을 규정한 계획을 말한다.	–
	4. "개인정보처리시스템"이라 함은 개인정보를 처리할 수 있도록 체계적으로 구성한 데이터베이스시스템을 말한다.	10. "개인정보처리시스템"이란 데이터베이스 시스템 등 개인정보를 처리할 수 있도록 체계적으로 구성한 시스템을 말한다.

구분	개인정보의 기술적·관리적 보호조치 기준 (2015. 5. 19.)	개인정보의 안전성 확보조치 기준 (2016. 9. 1.)
정의	5. "망분리"라 함은 외부 인터넷망을 통한 불법적인 접근과 내부정보 유출을 차단하기 위해 업무망과 외부 인터넷망을 분리하는 망 차단조치를 말한다.	–
	6. "비밀번호"라 함은 이용자 및 개인정보취급자 등이 시스템 또는 정보통신망에 접속할 때 식별자와 함께 입력하여 정당한 접속 권한을 가진 자라는 것을 식별할 수 있도록 시스템에 전달해야 하는 고유의 문자열로써 타인에게 공개되지 않는 정보를 말한다.	12. "비밀번호"란 정보주체 또는 개인정보취급자 등이 개인정보처리시스템, 업무용 컴퓨터 또는 정보통신망 등에 접속할 때 식별자와 함께 입력하여 정당한 접속 권한을 가진 자라는 것을 식별할 수 있도록 시스템에 전달해야 하는 고유의 문자열로써 타인에게 공개되지 않는 정보를 말한다.
	7. "접속기록"이라 함은 이용자 또는 개인정보취급자 등이 개인정보처리시스템에 접속하여 수행한 업무 내역에 대하여 식별자, 접속일시, 접속지를 알 수 있는 정보, 수행업무 등 접속한 사실을 전자적으로 기록한 것을 말한다.	19. "접속기록"이란 개인정보취급자 등이 개인정보처리시스템에 접속한 사실을 알 수 있는 계정, 접속일시, 접속자 정보, 수행업무 등을 전자적으로 기록한 것을 말한다. 이 경우 "접속"이란 개인정보처리시스템과 연결되어 데이터 송신 또는 수신이 가능한 상태를 말한다.
	8. "바이오정보"라 함은 지문, 얼굴, 홍채, 정맥, 음성, 필적 등 개인을 식별할 수 있는 신체적 또는 행동적 특징에 관한 정보로써 그로부터 가공되거나 생성된 정보를 포함한다.	16. "바이오정보"란 지문, 얼굴, 홍채, 정맥, 음성, 필적 등 개인을 식별할 수 있는 신체적 또는 행동적 특징에 관한 정보로써 그로부터 가공되거나 생성된 정보를 포함한다.
	9. "P2P(Peer to Peer)"라 함은 정보통신망을 통해 서버의 도움 없이 개인과 개인이 직접 연결되어 파일을 공유하는 것을 말한다.	–
	10. "공유설정"이라 함은 컴퓨터 소유자의 파일을 타인이 조회·변경·복사 등을 할 수 있도록 설정하는 것을 말한다.	–
	11. "보안서버"라 함은 정보통신망에서 송·수신하는 정보를 암호화하여 전송하는 웹 서버를 말한다.	–
	12. "인증정보"라 함은 개인정보처리시스템 또는 정보통신망을 관리하는 시스템 등이 요구한 식별자의 신원을 검증하는데 사용되는 정보를 말한다.	–
	13. "모바일 기기"란 스마트폰, 태블릿PC 등 무선망을 이용할 수 있는 휴대용 기기를 말한다.	15. "모바일 기기"란 무선망을 이용할 수 있는 PDA, 스마트폰, 태블릿PC 등 개인정보 처리에 이용되는 휴대용 기기를 말한다.

구분	개인정보의 기술적 · 관리적 보호조치 기준 (2015. 5. 19.)	개인정보의 안전성 확보조치 기준 (2016. 9. 1.)
	14. "보조저장매체"란 이동형 하드디스크(HDD), USB메모리, CD (Compact Disk) 등 자료를 저장할 수 있는 매체로써 개인정보처리 시스템 또는 개인용 컴퓨터 등과 쉽게 분리 · 접속할 수 있는 저장매체를 말한다.	17. "보조저장매체"란 이동형 하드디스크, USB 메모리, CD(Compact Disk), DVD(Digital Versatile Disk) 등 자료를 저장할 수 있는 매체로써 개인정보처리시스템 또는 개인용 컴퓨터 등과 용이하게 연결 · 분리할 수 있는 저장매체를 말한다.
정의	–	1. "정보주체"란 처리되는 정보에 의하여 알아볼 수 있는 사람으로서 그 정보의 주체가 되는 사람을 말한다. 2. "개인정보파일"이란 개인정보를 쉽게 검색할 수 있도록 일정한 규칙에 따라 체계적으로 배열하거나 구성한 개인정보의 집합물(集合物)을 말한다. 4. "대기업"이란 「독점규제 및 공정거래에 관한 법률」 제14조에 따라 공정거래위원회가 지정한 기업집단을 말한다. 5. "중견기업"이란 「중견기업 성장촉진 및 경쟁력 강화에 관한 특별법」 제2조에 해당하는 기업을 말한다. 6. "중소기업"이란 「중소기업기본법」 제2조 및 동법 시행령 제3조에 해당하는 기업을 말한다. 7. "소상공인"이란 「소상공인 보호 및 지원에 관한 법률」 제2조에 해당하는 자를 말한다. 11. "위험도 분석"이란 개인정보 유출에 영향을 미칠 수 있는 다양한 위험요소를 식별 · 평가하고 해당 위험요소를 적절하게 통제할 수 있는 방안 마련을 위한 종합적으로 분석하는 행위를 말한다. 13. "정보통신망"이란 「전기통신기본법」 제2조 제2호에 따른 전기통신설비를 이용하거나 전기통신설비와 컴퓨터 및 컴퓨터의 이용 기술을 활용하여 정보를 수집 · 가공 · 저장 · 검색 · 송신 또는 수신하는 정보통신체계를 말한다. 14. "공개된 무선망"이란 불특정 다수가 무선 접속장치(AP)를 통하여 인터넷을 이용할 수 있는 망을 말한다.

구분	개인정보의 기술적 · 관리적 보호조치 기준 (2015. 5. 19.)	개인정보의 안전성 확보조치 기준 (2016. 9. 1.)
정의	–	18. "내부망"이란 물리적 망분리, 접근 통제 시스템 등에 의해 인터넷 구간에서의 접근이 통제 또는 차단되는 구간을 말한다. 20. "관리용 단말기"란 개인정보처리시스템의 관리, 운영, 개발, 보안 등의 목적으로 개인정보처리시스템에 직접 접속하는 단말기를 말한다.
내부관리계획	제3조(내부관리계획의 수립 · 시행) ① 정보통신서비스 제공자등은 다음 각 호의 사항을 정하여 개인정보 보호 조직을 구성 · 운영하여야 한다.	제4조(내부 관리계획의 수립 · 시행) ① 개인정보처리자는 개인정보의 분실 · 도난 · 유출 · 위조 · 변조 또는 훼손되지 아니하도록 내부 의사결정 절차를 통하여 다음 각 호의 사항을 포함하는 내부 관리계획을 수립 · 시행하여야 한다.
	1. 개인정보관리책임자의 자격요건 및 지정에 관한 사항	1. 개인정보 보호책임자의 지정에 관한 사항
	2. 개인정보관리책임자와 개인정보취급자의 역할 및 책임에 관한 사항	2. 개인정보 보호책임자 및 개인정보취급자의 역할 및 책임에 관한 사항
	3. 개인정보 내부관리계획의 수립 및 승인에 관한 사항	–
	4. 개인정보의 기술적 · 관리적 보호조치 이행 여부의 내부 점검에 관한 사항	4. 접근 권한의 관리에 관한 사항 5. 접근 통제에 관한 사항 6. 개인정보의 암호화 조치에 관한 사항 7. 접속기록 보관 및 점검에 관한 사항 8. 악성프로그램 등 방지에 관한 사항 9. 물리적 안전조치에 관한 사항 10. 개인정보 보호조직에 관한 구성 및 운영에 관한 사항 12. 위험도 분석 및 대응방안 마련에 관한 사항 13. 재해 및 재난 대비 개인정보처리시스템의 물리적 안전조치에 관한 사항
	5. 개인정보 처리업무를 위탁하는 경우 수탁자에 대한 관리 및 감독에 관한 사항	14. 개인정보 처리업무를 위탁하는 경우 수탁자에 대한 관리 및 감독에 관한 사항
	6. 개인정보의 분실 · 도난 · 누출 · 변조 · 훼손 등이 발생한 경우의 대응절차 및 방법에 관한 사항	11. 개인정보 유출사고 대응 계획 수립 · 시행에 관한 사항
	7. 그 밖에 개인정보 보호를 위해 필요한 사항	15. 그 밖에 개인정보 보호를 위하여 필요한 사항

구분	개인정보의 기술적 · 관리적 보호조치 기준 (2015. 5. 19.)	개인정보의 안전성 확보조치 기준 (2016. 9. 1.)
내부관리 계획	② 정보통신서비스 제공자등은 다음 각 호의 사항을 정하여 개인정보관리책임자 및 개인정보 취급자를 대상으로 사업규모, 개인정보 보유 수 등을 고려하여 필요한 교육을 정기적으로 실시하여야 한다. 　1. 교육목적 및 대상 　2. 교육 내용 　3. 교육 일정 및 방법	3. 개인정보취급자에 대한 교육에 관한 사항
	③ 정보통신서비스 제공자등은 제1항 및 제2항에 대한 세부 계획, 제4조부터 제8조까지의 보호조치 이행을 위한 세부적인 추진방안을 포함한 내부 관리계획을 수립 · 시행하여야 한다.	제4조(내부 관리계획의 수립 · 시행) ① 개인정보처리자는 개인정보의 분실 · 도난 · 유출 · 위조 · 변조 또는 훼손되지 아니하도록 내부 의사결정 절차를 통하여 다음 각 호의 사항을 포함하는 내부 관리계획을 수립 · 시행하여야 한다 (이하 생략).
	―	② [별표]의 유형1에 해당하는 개인정보처리자는 제1항에 따른 내부 관리계획을 수립하지 아니할 수 있고, [별표]의 유형2에 해당하는 개인정보 처리자는 제1항제12호부터 제14호까지를 내부 관리계획에 포함하지 아니할 수 있다.
		③ 개인정보처리자는 제1항 각 호의 사항에 중요한 변경이 있는 경우에는 이를 즉시 반영하여 내부 관리계획을 수정하여 시행하고, 그 수정 이력을 관리하여야 한다.
		④ 개인정보 보호책임자는 연 1회 이상으로 내부 관리계획의 이행 실태를 점검 · 관리하여야 한다.
접근통제	제4조(접근통제) ① 정보통신서비스 제공자등은 개인정보처리시스템에 대한 접근권한을 서비스 제공을 위하여 필요한 개인정보관리책임자 또는 개인정보취급자에게만 부여한다.	제5조(접근 권한의 관리) ① 개인정보처리자는 개인정보처리시스템에 대한 접근 권한을 업무 수행에 필요한 최소한의 범위로 업무 담당자에 따라 차등 부여하여야 한다.
	② 정보통신서비스 제공자등은 전보 또는 퇴직 등 인사이동이 발생하여 개인정보취급자가 변경 되었을 경우 지체 없이 개인정보처리시스템의 접근권한을 변경 또는 말소한다.	제5조(접근 권한의 관리) ② 개인정보처리자는 전보 또는 퇴직 등 인사이동이 발생하여 개인정보 취급자가 변경되었을 경우 지체없이 개인정보처리시스템의 접근 권한을 변경 또는 말소하여야 한다.
	③ 정보통신서비스 제공자 등은 제1항 및 제2항에 의한 권한 부여, 변경 또는 말소에 대한 내역을 기록하고, 그 기록을 최소 5년간 보관한다.	제5조(접근 권한의 관리) ③ 개인정보처리자는 제1항 및 제2항에 의한 권한 부여, 변경 또는 말소에 대한 내역을 기록하고, 그 기록을 최소 3년간 보관하여야 한다.

구분	개인정보의 기술적 · 관리적 보호조치 기준 (2015. 5. 19.)	개인정보의 안전성 확보조치 기준 (2016. 9. 1.)
접근통제	④ 정보통신서비스 제공자등은 개인정보취급자가 정보통신망을 통해 외부에서 개인정보처리시스템에접속이 필요한 경우에는 안전한 인증수단을 적용하여야 한다.	제6조(접근통제) ② 개인정보처리자는 개인정보취급자가 정보통신망을 통해 외부에서 개인정보처리시스템에 접속하려는 경우 가상사설망(VPN : Virtual Private Network) 또는 전용선 등 안전한 접속수단을 적용하거나 안전한 인증수단을 적용하여야 한다.
	⑤ 정보통신서비스 제공자등은 정보통신망을 통한 불법적인 접근 및 침해사고 방지를 위해 다음 각 호의 기능을 포함한 시스템을 설치 · 운영하여야 한다.	제6조(접근통제) ① 개인정보처리자는 정보통신망을 통한 불법적인 접근 및 침해사고 방지를 위해 다음 각 호의 기능을 포함한 조치를 하여야 한다.
	1. 개인정보처리시스템에 대한 접속 권한을 IP 주소 등으로 제한하여 인가받지 않은 접근을 제한	1. 개인정보처리시스템에 대한 접속 권한을 IP(Internet Protocol)주소 등으로 제한하여 인가받지 않은 접근을 제한
	2. 개인정보처리시스템에 접속한 IP주소 등을 재분석하여 불법적인 개인정보 유출 시도를 탐지	2. 개인정보처리시스템에 접속한 IP(Internet Protocol)주소 등을 분석하여 불법적인 개인정보 유출 시도 탐지 및 대응
	⑥ 전년도 말 기준 직전 3개월간 그 개인정보가 저장 · 관리되고 있는 이용자 수가 일일평균 100만명 이상이거나 정보통신서비스 부문 전년도 (법인인 경우에는 전 사업연도를 말한다) 매출액이 100억원 이상인 정보통신서비스 제공자등은 개인정보처리시스템에서 개인정보를 다운로드 또는 파기할 수 있거나 개인정보처리시스템에 대한 접근권한을 설정할 수 있는 개인정보취급자의 컴퓨터 등을 물리적 또는 논리적으로 망분리 하여야 한다.	–
	⑦ 정보통신서비스 제공자등은 이용자가 안전한 비밀번호를 이용할 수 있도록 비밀번호 작성 규칙을 수립하고, 이행한다. ⑧ 정보통신서비스 제공자등은 개인정보취급자를 대상으로 다음 각 호의 사항을 포함하는 비밀번호 작성규칙을 수립하고, 이를 적용 · 운용하여야 한다. 1. 영문, 숫자, 특수문자 중 2종류 이상을 조합 하여 최소 10자리 이상 또는 3종류 이상을 조합하여 최소 8자리 이상의 길이로 구성 2. 연속적인 숫자나 생일, 전화번호 등 추측하기 쉬운 개인정보 및 아이디와 비슷한 비밀번호는 사용하지 않는 것을 권고 3. 비밀번호에 유효기간을 설정하여 반기별 1회 이상 변경	제5조(접근 권한의 관리) ⑤ 개인정보처리자는 개인정보취급자 또는 정보주체가 안전한 비밀번호를 설정하여 이행할 수 있도록 비밀번호 작성규칙을 수립하여 적용하여야 한다.

구분	개인정보의 기술적·관리적 보호조치 기준 (2015. 5. 19.)	개인정보의 안전성 확보조치 기준 (2016. 9. 1.)
	⑨ 정보통신서비스 제공자등은 취급중인 개인정보가 인터넷 홈페이지, P2P, 공유설정 등을 통하여 열람권한이 없는 자에게 공개되거나 외부에 유출되지 않도록 개인정보처리시스템 및 개인정보취급자의 컴퓨터와 모바일 기기에 조치를 취하여야 한다.	제6조(접근통제) ③ 개인정보처리자는 취급중인 개인정보가 인터넷 홈페이지, P2P, 공유설정, 공개된 무선망 이용 등을 통하여 열람권한이 없는 자에게 공개되거나 유출되지 않도록 개인정보처리시스템, 업무용 컴퓨터, 모바일 기기 및 관리용 단말기 등에 접근 통제 등에 관한 조치를 하여야 한다.
	⑩ 정보통신서비스 제공자등은 개인정보처리시스템에 대한 개인정보취급자의 접속이 필요한 시간 동안만 최대 접속시간 제한 등의 조치를 취하여야 한다.	제6조(접근통제) ⑤ 개인정보처리자는 개인정보처리시스템에 대한 불법적인 접근 및 침해사고 방지를 위하여 개인정보취급자가 일정시간 이상 업무처리를 하지 않는 경우에는 자동으로 시스템 접속이 차단되도록 하여야 한다.
접근통제	—	제5조(접근 권한의 관리) ④ 개인정보처리자는 개인정보처리시스템에 접속할 수 있는 사용자 계정을 발급하는 경우 개인정보취급자 별로 사용자계정을 발급하여야 하며, 다른 개인정보취급자와 공유되지 않도록 하여야 한다. ⑥ 개인정보처리자는 권한 있는 개인정보취급자만이 개인정보처리시스템에 접근할 수 있도록 계정정보 또는 비밀번호를 일정 횟수 이상 잘못 입력한 경우 개인정보처리시스템에 대한 접근을 제한하는 등 필요한 기술적 조치를 하여야 한다. ⑦ [별표]의 유형1에 해당하는 개인정보처리자는 제1항 및 제6항을 아니할 수 있다. 제6조(접근통제) ④ 고유식별정보를 처리하는 개인정보처리자는 인터넷 홈페이지를 통해 고유식별정보가 유출·변조·훼손되지 않도록 연 1회 이상 취약점을 점검하고 필요한 보완 조치를 하여야 한다. ⑥ 개인정보처리자가 별도의 개인정보처리시스템을 이용하지 아니하고 업무용 컴퓨터 또는 모바일 기기를 이용하여 개인정보를 처리하는 경우에는 제1항을 적용하지 아니할 수 있으며, 이 경우 업무용 컴퓨터 또는 모바일 기기의 운영체제(OS : Operating System)나 보안프로그램 등에서 제공하는 접근 통제 기능을 이용할 수 있다. ⑦ 개인정보처리자는 업무용 모바일 기기의 분실·도난 등으로 개인정보가 유출되지 않도록 해당 모바일 기기에 비밀번호 설정 등의 보호조치를 하여야 한다.

구분	개인정보의 기술적 · 관리적 보호조치 기준 (2015. 5. 19.)	개인정보의 안전성 확보조치 기준 (2016. 9. 1.)
접근통제	–	⑧ [별표]의 유형1에 해당하는 개인정보처리자는 제2항, 제4항부터 제5항까지의 조치를 아니할 수 있다.
접속기록	제5조(접속기록의 위 · 변조방지) ① 정보통신서비스 제공자등은 개인정보취급자가 개인정보처리시스템에 접속한 기록을 월 1회 이상 정기적으로 확인 · 감독하여야 하며, 시스템 이상 유무의 확인 등을 위해 최소 6개월 이상 접속기록을 보존 · 관리하여야 한다.	제8조(접속기록의 보관 및 점검) ② 개인정보처리자는 개인정보의 분실 · 도난 · 유출 · 위조 · 변조 또는 훼손 등에 대응하기 위하여 개인정보처리시스템의 접속기록 등을 반기별로 1회 이상 점검하여야 한다. ① 개인정보처리자는 개인정보취급자가 개인정보처리시스템에 접속한 기록을 6개월 이상 보관 · 관리하여야 한다.
	② 단, 제1항의 규정에도 불구하고 「전기통신사업법」 제5조의 규정에 따른 기간통신사업자의 경우에는 보존 · 관리해야할 최소 기간을 2년으로 한다.	–
	③ 정보통신서비스 제공자등은 개인정보취급자의 접속기록이 위 · 변조되지 않도록 별도의 물리적인 저장 장치에 보관하여야 하며 정기적인 백업을 수행하여야 한다.	③ 개인정보처리자는 개인정보취급자의 접속기록이 위 · 변조 및 도난, 분실되지 않도록 해당 접속기록을 안전하게 보관하여야 한다.
암호화	제6조(개인정보의 암호화) ① 정보통신서비스 제공자등은 비밀번호는 복호화 되지 아니하도록 일방향 암호화하여 저장한다.	제7조(개인정보의 암호화) ② 개인정보처리자는 비밀번호 및 바이오정보는 암호화하여 저장하여야 한다. 다만, 비밀번호를 저장하는 경우에는 복호화 되지 아니하도록 일방향 암호화하여 저장하여야 한다.
	② 정보통신서비스 제공자등은 다음 각 호의 정부에 대해서는 안전한 암호알고리즘으로 암호화하여 저장한다. 1. 주민등록번호 2. 여권번호 3. 운전면허번호 4. 외국인등록번호 5. 신용카드번호 6. 계좌번호 7. 바이오정보	제7조(개인정보의 암호화) ① 개인정보처리자는 고유식별정보, 비밀번호, 바이오정보를 정보통신망을 통하여 송신하거나 보조저장매체 등을 통하여 전달하는 경우에는 이를 암호화하여야 한다. ② 개인정보처리자는 비밀번호 및 바이오정보는 암호화하여 저장하여야 한다. ③ 개인정보처리자는 인터넷 구간 및 인터넷 구간과 내부망의 중간 지점(DMZ : Demilitarized Zone)에 고유식별정보를 저장하는 경우에는 이를 암호화하여야 한다.
	–	⑤ 개인정보처리자는 제1항, 제2항, 제3항, 또는 제4항에 따라 개인정보를 암호화하는 경우 안전한 암호알고리즘으로 암호화하여 저장하여야 한다.

구분	개인정보의 기술적 · 관리적 보호조치 기준 (2015. 5. 19.)	개인정보의 안전성 확보조치 기준 (2016. 9. 1.)
암호화	—	제7조(개인정보의 암호화) ④ 개인정보처리자가 내부망에 고유식별정보를 저장하는 경우에는 다음 각 호의 기준에 따라 암호화의 적용여부 및 적용범위를 정하여 시행할 수 있다. 　1. 법 제33조에 따른 개인정보 영향평가의 대상이 되는 공공기관의 경우에는 해당 개인정보 영향평가의 결과 　2. 암호화 미적용시 위험도 분석에 따른 결과 부칙 제2조(적용례) 영 제21조의2제2항에 따른 주민등록번호의 암호화 적용시기 이후에는 고유식별정보 중 주민등록번호는 제7조제4항을 적용하지 아니한다.
	③ 정보통신서비스 제공자등은 정보통신망을 통해 이용자의 개인정보 및 인증정보를 송 · 수신할 때에는 안전한 보안서버 구축 등의 조치를 통해 이를 암호화해야 한다. 보안서버는 다음 각 호 중 하나의 기능을 갖추어야 한다. 　1. 웹서버에 SSL(Secure Socket Layer) 인증서를 설치하여 전송하는 정보를 암호화하여 송 · 수신하는 기능 　2. 웹서버에 암호화 응용프로그램을 설치하여 전송하는 정보를 암호화하여 송 · 수신하는 기능	—
	④ 정보통신서비스 제공자등은 이용자의 개인정보를 컴퓨터, 모바일 기기 및 보조저장매체 등에 저장할 때에는 이를 암호화해야 한다.	⑦ 개인정보처리자는 업무용 컴퓨터 또는 모바일 기기에 고유식별정보를 저장하여 관리하는 경우 상용 암호화 소프트웨어 또는 안전한 암호화 알고리즘을 사용하여 암호화한 후 저장하여야 한다.
	—	⑥ 개인정보처리자는 암호화된 개인정보를 안전하게 보관하기 위하여 안전한 암호 키 생성, 이용, 보관, 배포 및 파기 등에 관한 절차를 수립 · 시행하여야 한다. ⑧ [별표]의 유형1 및 유형2에 해당하는 개인정보처리자는 제6항을 아니할 수 있다.

구분	개인정보의 기술적·관리적 보호조치 기준 (2015. 5. 19.)	개인정보의 안전성 확보조치 기준 (2016. 9. 1.)
악성 프로그램 방지	제7조(악성프로그램 방지) 정보통신서비스 제공자등은 악성 프로그램 등을 방지·치료할 수 있는 백신 소프트웨어 등의 보안 프로그램을 설치·운영하여야 하며, 다음 각호의 사항을 준수하여야 한다.	제9조(악성프로그램 등 방지) 개인정보처리자는 악성프로그램 등을 방지·치료할 수 있는 백신 소프트웨어 등의 보안 프로그램을 설치·운영하여야 하며, 다음 각 호의 사항을 준수하여야 한다.
	1. 보안 프로그램의 자동 업데이트 기능을 사용하거나, 또는 일 1회 이상 업데이트를 실시하여 최신의 상태로 유지	1. 보안 프로그램의 자동 업데이트 기능을 사용하거나, 일 1회 이상 업데이트를 실시하여 최신의 상태로 유지
	2. 악성프로그램관련 경보가 발령된 경우 또는 사용 중인 응용 프로그램이나 운영체제 소프트웨어의 제작업체에서 보안 업데이트 공지가 있는 경우, 즉시 이에 따른 업데이트를 실시	2. 악성프로그램 관련 경보가 발령된 경우 또는 사용 중인 응용 프로그램이나 운영체제 소프트웨어의 제작업체에서 보안 업데이트 공지가 있는 경우 즉시 이에 따른 업데이트를 실시
	–	3. 발견된 악성프로그램 등에 대해 삭제 등 대응조치
물리적 접근 방지	제8조(물리적 접근 방지) ① 정보통신서비스 제공자등은 전산실, 자료보관실 등 개인정보를 보관하고 있는 물리적 보관 장소에 대한 출입통제 절차를 수립·운영하여야 한다.	제11조(물리적 안전조치) ① 개인정보처리자는 전산실, 자료보관실 등 개인정보를 보관하고 있는 물리적 보관 장소를 별도로 두고 있는 경우에는 이에 대한 출입통제 절차를 수립·운영하여야 한다.
	② 정보통신서비스 제공자등은 개인정보가 포함된 서류, 보조저장매체 등을 잠금장치가 있는 안전한 장소에 보관하여야 한다.	② 개인정보처리자는 개인정보가 포함된 서류, 보조저장매체 등을 잠금장치가 있는 안전한 장소에 보관하여야 한다.
	③ 정보통신서비스 제공자등은 개인정보가 포함된 보조저장매체의 반출·입 통제를 위한 보안대책을 마련하여야 한다.	③ 개인정보처리자는 개인정보가 포함된 보조저장매체의 반출·입 통제를 위한 보안대책을 마련하여야 한다. 다만, 별도의 개인정보처리 시스템을 운영하지 아니하고 업무용 컴퓨터 또는 모바일 기기를 이용하여 개인정보를 처리하는 경우에는 이를 적용하지 아니할 수 있다.

구분	개인정보의 기술적·관리적 보호조치 기준 (2015. 5. 19.)	개인정보의 안전성 확보조치 기준 (2016. 9. 1.)
출력· 복사시 보호조치	제9조(출력·복사시 보호조치) ① 정보통신서비스 제공자등은 개인정보처리시스템에서 개인정보의 출력시(인쇄, 화면표시, 파일생성 등) 용도를 특정 하여야 하며, 용도에 따라 출력 항목을 최소화 한다. ② 정보통신서비스 제공자등은 개인정보가 포함된 종이 인쇄물, 개인정보가 복사된 외부 저장매체 등 개인정보의 출력·복사물을 안전하게 관리하기 위해 출력·복사 기록 등 필요한 보호조치를 갖추어야 한다.	–
표시 제한 보호조치	제10조(개인정보 표시 제한 보호조치) 정보통신 서비스 제공자 등은 개인정보 업무처리를 목적으로 개인정보의 조회, 출력 등의 업무를 수행하는 과정에서 개인정보 보호를 위하여 개인 정보를 마스킹하여 표시제한 조치를 취할 수 있다.	–
규제 재검토	제11조(규제의 재검토) 방송통신위원회는 「행정 규제기본법」 제8조 및 「훈령·예규 등의 발령 및 관리에 관한 규정」(대통령훈령 제334호)에 따라 이 고시에 대하여 2015년 1월 1일을 기준으로 매 3년이 되는 시점(매 3년째의 12월 31일까지를 말한다)마다 그 타당성을 검토하여 개선 등의 조치를 하여야 한다.	–
관리용 단말기의 안전조치	–	제10조(관리용 단말기의 안전조치) 개인정보 처리자는 개인정보 유출 등 개인정보 침해사고 방지를 위하여 관리용 단말기에 대해 다음 각 호의 안전조치를 하여야 한다. 1. 인가 받지 않은 사람이 관리용 단말기에 접근 하여 임의로 조작하지 못하도록 조치 2. 본래 목적 외로 사용되지 않도록 조치 3. 악성프로그램 감염 방지 등을 위한 보안조치 적용

구분	개인정보의 기술적 · 관리적 보호조치 기준 (2015. 5. 19.)	개인정보의 안전성 확보조치 기준 (2016. 9. 1.)
재해 · 재난 대비 안전조치	–	제12조(재해 · 재난 대비 안전조치) ① 개인정보처리자는 화재, 홍수, 단전 등의 재해 · 재난 발생 시 개인정보처리시스템 보호를 위한 위기대응 매뉴얼 등 대응절차를 마련하고 정기적으로 점검하여야 한다. ② 개인정보처리자는 재해 · 재난 발생 시 개인정보처리시스템 백업 및 복구를 위한 계획을 마련하여야 한다. ③ [별표]의 유형1 및 유형2에 해당하는 개인정보처리자는 제1항부터 제2항까지 조치를 이행하지 아니할 수 있다.
파기	–	제13조(개인정보의 파기) ① 개인정보처리자는 개인정보를 파기할 경우 다음 각 호 중 어느 하나의 조치를 하여야 한다. 　1. 완전파괴(소각 · 파쇄 등) 　2. 전용 소자장비를 이용하여 삭제 　3. 데이터가 복원되지 않도록 초기화 또는 덮어쓰기 수행 ② 개인정보처리자가 개인정보의 일부만을 파기하는 경우, 제1항의 방법으로 파기하는 것이 어려울 때에는 다음 각 호의 조치를 하여야 한다. 　1. 전자적 파일 형태인 경우 : 개인정보를 삭제한 후 복구 및 재생되지 않도록 관리 및 감독 　2. 제1호 외의 기록물, 인쇄물, 서면, 그 밖의 기록매체인 경우 : 해당 부분을 마스킹, 천공 등으로 삭제

③ 개인정보 보호 관련 법 · 지침 · 가이드라인 등 현황('17. 1월 현재)

1) 방송통신위원회 소관 법·지침·가이드라인 등

구분	제 목	제정일	최근 개정		비고
			개정일	시행일	
법령	정보통신망 이용촉진 및 정보보호 등에 관한 법률	'86. 5. 12.	'16. 3. 22.	'16. 9. 23.	제22조의2 (접근권한에 대한 동의)는 '17. 3. 23. 시행
	정보통신망 이용촉진 및 정보보호 등에 관한 법률 시행령	'86. 12. 31.	'16. 9. 22.	'17. 9. 22.	–
	위치정보의 보호 및 이용 등에 관한 법률	'05. 1. 27.	'15. 12. 1.	'16. 6. 2.	–
	위치정보의 보호 및 이용 등에 관한 법률 시행령	'05. 7. 27.	'15. 8. 3.	'15. 8. 4.	–
고시 *직접 위임을 받은 경우에만 법적구속력 있음	개인정보의 기술적 · 관리적 보호조치 기준	'08. 5. 19.	'15. 5. 19.	'15. 5. 19.	–
	개인정보 보호 법규 위반에 대한 과징금 부과기준	'11. 1. 5.	'15. 12. 31.	'15. 12. 31.	–
	본인확인기관 지정 등에 관한 기준	'12. 8. 8.	'15. 7. 31.	'15. 8. 1.	–
	위치정보사업허가 세부심사기준별 평가방법	'08. 5. 19.	'15. 7. 31.	'15. 8. 1.	–
지침(예규) *원칙적으로 구속력 없음	없음	–	–	–	–
가이드라인	(폐지) 정보통신서비스제공자를 위한 개인정보 보호 가이드	'11. 1월	–	–	'정보통신 서비스 제공자를 위한 개인정보 보호 법령 해설서'로 개정 되어 폐지
	안전한 쇼핑 및 물품 배송을 위한 개인정보 보호 수칙 가이드	'12. 8월	–	–	–
	온라인 개인정보 취급 가이드라인	'14. 11. 12.	–	–	–
	(폐지) 빅데이터 개인정보 보호 가이드라인	'14. 12. 23.	–	–	'개인정보 비식별 조치 가이드라인'이 제정되면서 '16. 7. 1 폐지

구분	제 목	제정일	최근 개정		비고
			개정일	시행일	
가이드라인	스마트폰 앱 개인정보 보호 가이드라인	'15. 8. 6.	–	–	–
	인터넷 자기게시물 접근배제요청권 가이드라인	'16. 4 .29.	–	'16. 6월	–
	개인정보 비식별조치 가이드라인	'16. 6. 30.	–	'16. 6. 30.	관계부처 합동
해설서 (안내서)	정보 통신망 서비스 이용	정보통신서비스제공자를 위한 개인정보 보호 법령 해설서	'12. 9월	–	–	–
		정보통신서비스제공자를 위한 주민등록번호 사용 제한 정책 안내서	'12. 6월	'15. 2월	–	–
		개정 정보통신망법 개인정보 보호 신규제도 안내서	'12. 8월	–	–	–
		개인정보의 기술적 · 관리적 보호조치 기준 해설서	'12. 9월	–	–	
		페이스북 이용자를 위한 개인정보 보호 안내서	'12. 11월	–	–	–
		인터넷 상 주민등록번호 파기 안내서	'14. 11월	–	–	
		개정 정보통신망법 및 시행령 ('14. 11. 29. 시행) 안내서	'15. 2월	–	–	–
		온라인 개인정보 취급 가이드라인 Q&A	'15. 2월	–	–	–
		(폐지) 빅데이터 개인정보 보호 가이드라인 해설서	'15. 2월	–	–	'개인정보 비식별 조치 가이드라인'이 제정되면서 '16. 7. 1 폐지
		정보통신서비스 제공자를 위한 개인정보 보호 자율점검 체크리스트	'15. 6월	–	–	–
		정보통신서비스 제공자 등을 위한 개인정보 유출 대응 매뉴얼	'16. 8. 31.	–	–	–
	아이핀	i-Pin 2.0 도입 안내서	'10. 6월	–	–	–
	위치 정보	위치정보 관리적 · 기술적 보호조치 권고 해설서	'11. 9월	'15. 11월	–	–
	스마트 폰앱	앱 개발자를 위한 개인정보 보호 안내서	'12. 3월	–	–	–

구분		제목	제정일	최근 개정		비고
				개정일	시행일	
해설서 (안내서)	스팸	사업자를 위한 불법스팸 방지 안내서	'06. 3월	'13. 12월	–	–
		이용자를 위한 불법스팸 방지 안내서	'11. 1월	–	–	–
		불법 스팸 방지를 위한 정보통신망법 안내서	'14. 12월	'16 12월	–	–
		불법 스팸 방지를 위한 정보통신망법 안내서 Q&A	'15. 2월	'16. 10월	–	–
		불법 성인스팸 전송자 이용제한 및 통신과금 취소 처리절차 안내서	'11. 10월	'15. 9월	–	–
		정보통신망법 제50조의4 필요한 조치에 대한 안내서	'15. 8월	'16. 6월	–	–
		앱 푸쉬(App Push)광고 안내서	'15. 9월	–	–	–

2) 행정자치부 소관 법·지침·가이드라인 등

구분	제목	제정일	최근 개정		비고
			개정일	시행일	
법령	개인정보 보호법	'11. 3. 29.	'16. 3. 29.	'16. 9. 30.	–
	개인정보 보호법 시행령	'11. 9. 29.	'16. 9. 29.	'16. 9. 30.	–
	개인정보 보호법 시행규칙	'11. 11. 19.	'14. 11. 19.	'14. 11. 19.	–
고시 *직접 위임을 받은 경우에만 법적구속력 있음	개인정보의 안전성 확보조치 기준	'11. 9. 30.	'16. 9. 1.	'16. 9. 1.	–
	개인정보 영향평가에 관한 고시	'11. 9. 30.	'15. 12. 31.	'15. 12. 31.	–
지침(예규) *원칙적으로 구속력 없음	개인정보 위험도 분석 기준 및 해설서	'12. 3월	–	–	'개인정보 안전성 확보조치 기준' 고시와 같이함
	표준 개인정보 보호 지침	'11. 9. 30.	'16. 6. 30.	'16. 6. 30.	–

구분	제 목	제정일	최근 개정		비고
			개정일	시행일	
가이드라인	뉴미디어 서비스 개인정보 보호 가이드라인	'08. 2월	'14. 12월	–	–
	개인정보 영향평가 수행안내서	'11. 12. 1.	–	–	–
	홈페이지 개인정보 노출방지 가이드라인	'12. 1월	'14. 12월	–	–
	소상공인 개인정보 보호조치 구현 가이드	'12. 7월	–	–	–
	개인정보 보호 가이드라인 – 인사 · 노무편	'12. 8월	'15. 12월	–	–
	의료분야 개인정보 보호 가이드라인	'12. 9월	'15. 2월	–	–
	개인정보 보호 가이드라인 – 학원교습소편	'12. 9월	'15. 12월	–	–
	개인정보의 암호화 조치 안내서	'12. 10월	'17. 1월	–	–
	공공기관 영상정보처리기기 설치운영 가이드라인	'12. 12월	–	–	–
	민간분야 영상정보처리기기 설치운영 가이드라인	'12. 12월	–	–	–
	사회복지시설 개인정보 보호 가이드라인	'13. 12월	–	–	–
	약국 개인정보 보호 가이드라인	'13. 12월	–	–	–
	주민등록번호 수집 금지제도 가이드라인	'14. 1월	–	–	–
	영상정보 처리기기 설치 · 운영 가이드라인	'15. 1월	–	–	–
	(IT 수탁사용) 시스템 개발 · 운영자를 위한 개인정보 보호 가이드라인	'15. 3월	–	–	–
	개인정보 수집/제공 동의서 가이드라인	'15. 12월	'16. 7월	–	–
	주민번호 처리기준 및 절차 가이드라인	'15. 12월	–	–	주민번호 수집 근거 법령 보유 기관 적용
	개인정보 수집 최소화 가이드라인	'16. 12월	–	–	–
해설서 (안내서)	개인정보 보호 법령 및 지침 고시 해설서	'11. 12월	'16. 12월	–	–
	개인정보 영향평가에 관한 고시 해설서	'11. 9월	–	–	–
	개인정보의 안전성 확보조치 기준 해설서	'11. 9월	'17. 1월	–	'개인정보 안전성 확보 조치 기준' 고시와 같이함
	홈페이지 개인정보 노출방지 안내서	'16. 6월	–	–	–
사례집	개인정보분쟁조정위원회 사례집	'12. 5월	'16. 5월	–	'16. 7월 개보위 이관
	분야별 주민등록번호 처리기준 상담사례집	'15. 12월	–	–	–

참/고/문/헌

1. 개인정보보호 위원회, "개인정보보호 연차보고서", 2016. 8월

2. 행정자치부, "개인정보보호 법령 및 지침·고시 해설", 2016. 12월

3. 방송통신위원회, "정보통신서비스 제공자를 위한 개인정보보호 법령 해설서", 2012. 9월

4. 한국인터넷진흥원, "지능정보사회 선도를 위한 개인정보보호 이슈 및 동향", 2017. 2월

5. 행정자치부, "개인정보 영향평가 수행 안내서", 2016. 4월

6. 행정자치부 등 합동부처, "개인정보 비식별 조치 가이드라인", 2016. 6월

7. 방송통신위원회, "인터넷 자기게시물 접근배제요청권 가이드라인", 2016. 4월

8. 행정자치부, "개인정보 암호화 조치 안내서", 2017. 1월

9. 행정자치부, "개인정보의 안전성 확보조치 기술 해설서", 2017. 1월

10. 행정자치부 등, "우리 기업을 위한 "유럽 일반 개인정보 보호법(GDPR)" 안내서", 2017. 4월

11. 방송통신위원회, "개인정보의 기술적·관리적 보호조치 기준 해설서", 2017. 7월

12. 개인정보분쟁조정위원회, "2016 개인정보 분쟁조정 사례집", 2017. 6월

13. 고학수, "빅데이터 산업 활성화를 위한 법적 과제", 한국정보보호법학회 정기학술세미나, 2015. 6월

14. 고학수, "개인정보 보호의 법과 정책, 서울대학교 법과 경제연구센터", 박영사, 2016. 8월

15. 김동국 등, "빅데이터 기반의 개인정보 비식별화 동향", 한국인터넷정보학회 제16권 제2호, 2015. 12월

16. 방송통신위원회, KISA, "온라인 개인정보보호 포털", https://www.i-privacy.kr

17. 행정자치부, KISA, "개인정보보호 종합포털", https://www.privacy.go.kr

18. 한국정보화진흥원, "잊혀질 권리와 관련된 법적 쟁점", 2012. 12월

19. 한국CPO포럼, "개인정보관리사 자격시험 대비 가이드 북", https://www.cpptest.or.kr

20. 행정자치부, 한국인터넷진흥원, "2016년 공공기관 개인정보보호 관리수준 진단 매뉴얼", 2016. 4월

찾아보기